**philosophia** 1

Collana diretta da
"Giovanni Cucci, S.J. - Georg Sans, S.J."

Georg Sans

Al crocevia della filosofia contemporanea

Progetto grafico di copertina: Serena Aureli

Impaginazione: Lisanti Srl - Roma

© 2010 Pontificio Istituto Biblico
Gregorian & Biblical Press
Piazza della Pilotta 35, 00187 - Roma
www.gbpress.net - books@biblicum.com

2012 prima ristampa
2015 seconda ristampa

ISBN 978-88-7839-**160**-4

Prefazione

Ho scritto il presente libro mosso dal senso di perplessità, se non di vero e proprio smarrimento, che lo studente e a volte anche lo studioso provano di fronte alla grande varietà e alla frammentazione del pensiero filosofico contemporaneo. Infatti, una volta tramontati i grandi sistemi del pensiero idealistico, e venute meno le letture ragionate della storia della filosofia, come pervenire oggi ad una visione unitaria delle vicende del pensiero filosofico tra Otto- e Novecento? E come evitare allora che il lettore si perda nella molteplicità delle correnti e dei loro rivoli, subissato dalla enorme messe di informazioni? Per far fronte a questi problemi, ci si deve sforzare di delineare un'immagine riconoscibile dei percorsi del pensiero contemporaneo, superando anzitutto l'idea della storia della filosofia come mera dossografia, ovvero come semplice resoconto cronologicamente ordinato di che cosa è avvenuto. In altre parole, bisogna cercare di comprendere le ragioni che hanno dato origine alle correnti di pensiero e ne hanno guidato l'evoluzione.

Sorretto da quest'idea di fondo, il volume si impernia su alcune tesi generali. Quella principale è che il panorama filosofico degli ultimi due secoli è caratterizzato fondamentalmente da quattro tipi di pensiero. La seconda tesi riguarda invece l'influenza del pensiero di Hegel sulla situazione presente. Le due tesi si intersecano; è infatti sufficiente uno sguardo alle vicende della filosofia post-hegeliana, per rendersi conto di quanto essa sia stata profondamente dominata dall'esigenza di prendere posizione rispetto alla pretesa hegeliana di edificare un sistema filosofico onnicomprensivo, fondato sulla sola ragione. Detto con una battuta: la filosofia, dopo Hegel, è sostanzialmente una reazione a Hegel. Di fronte alla filosofia speculativa hegeliana, ci sono, a mio avviso, tre tendenze o linee di fuga: il pensiero scientifico, quello esistenziale e quello linguistico. In tal modo, chiunque si ponga il problema degli orientamenti della filosofia contemporanea si trova per così dire al crocevia di questi quattro tipi di pensiero. I capitoli che seguono si propongono così di munire il lettore di uno strumento interpretativo, una specie di bussola, per orientarsi e meglio comprendere il panorama filosofico dei nostri giorni, alla luce di questa idea storiografica.

Al crocevia della filosofia contemporanea

Questo volume rappresenta il frutto dell'insegnamento di un corso istituzionale di storia della filosofia contemporanea presso la Pontificia Università Gregoriana a Roma. Se non avessi avuto davanti ai miei occhi studenti provenienti da ogni parte del mondo, con i più differenti retroterra culturali, il testo forse non sarebbe mai stato scritto. A loro vanno quindi i miei primi ringraziamenti. Tra coloro che hanno discusso con me vari argomenti, offrendomi i loro consigli, vorrei ricordare in modo particolare Gaia De Vecchi, che ha ispirato il titolo, e specialmente Federico Perelda, il quale con grande pazienza e sensibilità ha saputo adeguare le idee provenienti da una mente tedesca alla logica della lingua italiana.

Introduzione

In questo libro mi sono proposto di raccontare una storia della filosofia contemporanea. Dico di proposito *una* storia, poiché, se da un lato sono ben consapevole che è possibile scriverne altre, di orientamento ben diverso, dall'altro coltivo qui il proposito di presentare la filosofia dell'Ottocento e del Novecento in modo sostanzialmente organico e unitario. Molti studiosi, in effetti, negano l'unità del pensiero contemporaneo: l'epoca presente, a loro avviso, si distingue dalle passate proprio per l'assenza di un principio unificante, cosicché ogni tentativo di tratteggiare le linee portanti della contemporaneità sembra destinato a fallire, sfociando in una pluralità di storie slegate[1]. Ora, in parte è vero che la filosofia degli ultimi due secoli non dà l'impressione di avere uno sviluppo lineare e armonico; nondimeno, ritengo possibile fornire alcune indicazioni per aiutare il lettore a orientarsi nell'intreccio delle molteplici correnti, scuole ed idee. Il mio filo conduttore sarà la presenza costante, quand'anche non sempre esplicita, del pensiero di Georg Wilhelm Friedrich Hegel.

La proposta di sviluppare un sistema filosofico onnicomprensivo, basato sulla pura ragione, ha incontrato sostenitori entusiasti, ma anche detrattori risoluti. In ogni caso, Hegel, sia per la novità del metodo dialettico, sia per l'enorme mole degli argomenti trattati – in modo particolare entro la sua filosofia dello spirito –, è stato un interlocutore di importanza imprescindibile per tanti pensatori contemporanei. Eppure c'è un'altra ragione essenziale per riconoscere a Hegel il suo ruolo fondamentale: egli è stato il primo grande pensatore a mettere in risalto la *storicità* del pensiero. Le idee filosofiche, secondo lui, non nascono fuori dallo spazio e dal tempo; anzi, così come ogni individuo è figlio del suo tempo, allo stesso modo la filosofia è «il proprio tempo colto in pensieri»[2]. Ciò ovviamente non vuol dire che i

---

[1] Così, per esempio, G. Fornero e S. Tassinari (*Le filosofie del Novecento*, Mondadori, Milano 2002) offrono un impressionante panorama intellettuale del secolo passato, rinunciando però a parlare de la filosofia, al singolare.

[2] «Was das Individuum betrifft, so ist ohnehin jedes ein Sohn seiner Zeit; so ist auch die Philosophie ihre Zeit in Gedanken erfasst» (G. W. F. Hegel, *Grundlinien der Philosophie des Rechts*, Berlin 1821, pp. XXI–XXII; trad. it. di V. Cicero, Bompiani, Milano 2006, p. 61).

concetti e le dottrine filosofiche siano solo dei fatti contingenti, prodotti dal caso; ma, all'opposto, che li si deve considerare come delle risposte, per lo più razionali, a determinate condizioni storiche. È stato lo stesso Hegel a ricordarci che esistono non solo la storia particolare degli individui, quella dei popoli e delle nazioni, nonché la storia universale; ma che esiste anche una storia delle idee, la quale costituisce un momento, una parte integrante del pensiero stesso. Su queste basi, anticipando una tesi generale di questo volume, io qui sosterrò che le idee filosofiche contemporanee siano, per dir così, delle reazioni al sistema di Hegel.

Ora, per Hegel le idee si sviluppavano attraverso un processo teleologico, rivolto verso la sempre più chiara manifestazione di una suprema realtà, chiamata lo Spirito Assoluto. In seguito, quest'idea finalistica è stata variamente contestata, al punto che oggi è generalmente accettata la tesi opposta, quella della storicità del pensiero. Sono davvero in pochi, ai nostri tempi, a credere che vi sia una logica, una trama razionale soggiacente alla storia, tale da rendere quest'ultima un percorso lineare, culminante in un unico e vero sistema. Peraltro, la stessa storicizzazione della filosofia ha ulteriormente contribuito alla relativizzazione delle idee, le quali vengono considerate quali semplici effetti del condizionamento storico, senza alcun valore perenne, assoluto. Il compito dello storico, di conseguenza, si limita alla mera rassegna di un folto elenco di pensatori, correnti e dottrine; mentre, per converso, sarebbe vano e infondato il tentativo di cercare un elemento razionale che innervi lo sviluppo storico del pensiero.

Una tale visione storicista possiede indubbiamente dei pregi. Infatti, facendo un bilancio a due secoli di distanza da Hegel, l'unica conclusione certa che sembra potersi trarre è l'impossibilità di integrare tutte le idee filosofiche in un unico sistema. Ed è per questo motivo che la filosofia contemporanea appare come un insieme disordinato di voci e opinioni. La frammentazione dei discorsi filosofici sembra ormai un fatto irreversibile. Questa conclusione non è però così solida come sembra. Anzi, proprio la nostra maggiore consapevolezza storica, da un lato, e la crescente differenziazione delle questioni teoriche, dall'altro, rinnovano l'esigenza di fornire un quadro di riferimento generale, una griglia concettuale entro cui possano trovare posto le varie voci del dibattito e del dissenso: sia il pensiero altrui, la molteplicità delle idee; sia il proprio punto di vista. Kant, a questo proposito, parlava significativamente di una «storia filosofica della filosofia»³. Ciò vuol dire che lo storico della filosofia, oltre ai meri dati biografici e dossografici, deve anzitutto esaminare l'ordine logico con cui le idee si sono susseguite, nonché individuare gli snodi teorici, le opzioni sistematiche, rispetto a cui i pensatori del passato hanno operato le loro scelte.

L'indicazione kantiana è quindi preziosa, e verrà qui tenuta bene in vista. È nel suo spirito che qui verranno distinti *quattro tipi* di pensiero, ritenuti costitutivi rispetto alla filosofia contemporanea. La mia tesi, infatti, è che il pensiero contemporaneo, pur nella sua amplissima varietà, sia configurato strutturalmente in modo simile ad un incrocio da cui si dipartono le quattro alternative fondamentali, di modo che chiunque voglia filosofare oggi si trovi, per così dire, al crocevia di questi approcci. Nella presente introduzione, dunque, cercherò anzitutto (a) di illustrare la concezione di una storia filosofica della filosofia. Poi offrirò una descrizione sintetica delle quattro vie imboccate dal pensiero contemporaneo, cominciando (b) dal sistema di Hegel come un primo tipo di filosofare. Ma dal momento che la pretesa di un pensiero puro ha ampiamente influenzato la successiva storia della filosofia, le rimanenti correnti a mio parere si dimostrano riconducibili (c) a tre tipi di obiezioni contro il programma hegeliano: il pensiero scientifico, quello esistenziale e quello linguistico⁴.

a) Una storia filosofica della filosofia

Il più antico e famoso compendio di storia della filosofia è la raccolta delle *Vite e dottrine dei più celebri filosofi* di Diogene Laerzio, un autore greco del III secolo, che tratta 83 pensatori, dai presocratici fino a Epicuro. Il metodo di Diogene è biografico e dossografico: dapprima sono riferiti i dati principali della vita di ogni filosofo, talvolta con l'aggiunta di aneddoti,

---

[3] L'espressione «eine philosophische Geschichte der Philosophie» si trova in alcuni appunti che Kant stese in occasione della preparazione di uno scritto sulla domanda *Quali sono i reali progressi compiuti dalla metafisica in Germania dai tempi di Leibniz e di Wolff?* (in: Kants gesammelte Schriften, de Gruyter, Berlin 1900 segg., vol. XX, p. 341; trad. it. di P Manganaro, Bibliopolio, Napoli 1977, p. 137).

[4] Un simile approccio tipologico è stato perseguito prima da W. Schulz, il quale distingue cinque idee guida della filosofia contemporanea: la scientificità, l'interiorità, la corporeità, la storicità e la responsabilità (cfr. *Philosophie in der veränderten Welt*, Neske, Pfullingen 1972; trad. it. di G. Costa et al., Marietti, Genova 1986–88). A differenza di Schulz intendo però mettere in risalto l'impatto duraturo del pensiero idealistico.

massime e citazioni; dopo di che vengono presentate in modo sommario le sue teorie. Questo metodo è stato seguito poi da innumerevoli storici della filosofia, sino ai nostri giorni. Paradossalmente, anche lo stesso Hegel – che nelle *Lezioni sulla storia della filosofia* sosteneva l'esistenza di un ordine teleologico nell'evoluzione del pensiero – trattava i singoli filosofi in quel modo, elencando i loro dati biografici, le opere maggiori, e riassumendo le loro dottrine principali. Nel corso dell'Otto e del Novecento, con ben altra consapevolezza e sensibilità storiche, sono state scritte varie storie del pensiero filosofico, in alcuni casi opere davvero monumentali, di vasta portata e fine erudizione[5]. Nei tempi più recenti, però, si è affermata la tendenza verso lo specialismo: le opere di storia della filosofia non sono più di un unico autore, ma il frutto della collaborazione di vari studiosi, ciascuno dei quali è un esperto di determinati pensatori o correnti[6].

Per quel che riguarda i metodi della storiografia, va notata una significativa differenza tra il metodo narrativo introdotto da Diogene e ripreso dai grandi storici moderni, da una parte, e certe tendenze attuali, ormai ampiamente diffuse, dall'altra. La differenza riguarda i ruoli e l'importanza dei singoli pensatori, rispetto al contesto culturale cui appartengono. Il metodo narrativo, infatti, si basa sulla premessa che le idee filosofiche siano sostanzialmente i prodotti delle attività intellettuali dei singoli pensatori. Ma una simile visione delle cose ora può apparire inadeguata: la storia della filosofia, secondo le concezioni correnti, non riguarda tanto i singoli pensatori o i loro pensieri, ma le correnti culturali generali che caratterizzano le varie epoche. Queste correnti si imperniano in nozioni e concezioni più specifiche, la cui delineazione è compito dello storiografo. Egli deve ricorrere, anzitutto, alle fonti, cioè ai testi filosofici nei quali le idee sono sedimentate, per ricavarne i temi e i problemi fondamentali, nonché i concetti e gli argomenti utilizzati; dall'analisi testuale si possono finalmente ricostruire le premesse e le convinzioni generali di un periodo. Molti studiosi, seguendo la

---

[5] Ancora in uso nelle università sono la classica *Storia della filosofia* di N. Abbagnano (3 tomi, UTET, Torino 1946–50, più volte ristampata ed aggiornata) e *A history of philosophy* di F. Copleston SJ (9 tomi, Burns and Oates, London 1947–75; trad. it. di S. Sarti et al., Paideia, Brescia 1966–89).

[6] Da segnalare anzitutto la *Storia della filosofia* a cura di P. Rossi e C. A. Viano (6 volumi, Laterza, Roma; Bari 1993–99) e la *Routledge History of Philosophy* a cura di G. H. R. Parkinson e S. Shanker (10 volumi, Routledge, London; New York 1993–99).

nuova impostazione, hanno persino voluto sostituire l'espressione "storia della filosofia" con "storia delle idee", ossia "storia intellettuale".

Non intendo qui approfondire il significato specifico di queste denominazioni; mi limito però a notare che, ad esser conseguenti, una visione più ampia ed organica della storia del pensiero dovrebbe allora considerare, oltre alle idee strettamente filosofiche, anche le opere d'arte e quelle letterarie, prestando attenzione inoltre agli sviluppi politici, economici e sociali, e riconoscendo altresì nelle grandi scoperte scientifiche dei fattori determinanti rispetto alle teorie filosofiche[7]. Peraltro, la tendenza a considerare come l'oggetto primo dell'analisi storica le grandi correnti culturali, le idee epocali, anziché le dottrine di pensatori isolati, si è rafforzata nel momento in cui è entrata in crisi l'idea stessa di soggetto autonomo, autore consapevole dei propri pensieri. Alcuni scrittori novecenteschi hanno persino rifiutato la nozione di *soggetto*, su cui poggia la tradizionale storiografia filosofica. A loro avviso, la ricerca storica non dovrebbe incentrarsi primariamente su singoli testi e teorie, bensì indagare gli elementi ricorrenti e le strutture generali[8].

Nonostante queste prese di posizione, ritengo sia un errore rinunciare completamente all'idea di filosofia intesa come il prodotto dell'attività intellettuale del singolo. Infatti, per quanto si possano delineare le ampie correnti di pensiero e le scuole filosofiche, da ultimo, al loro interno, sono sempre i singoli pensatori ad essere i protagonisti e gli artefici del pensiero: sono gli individui a riflettere, dibattere, a dar vita a nuove idee. È un fatto incontestabile che la storia della filosofia, al pari della storia dell'arte, venga scandita dai contributi di alcuni personaggi eccezionali, i quali con il loro genio hanno condizionato le discussioni successive per secoli o addirittura per millenni, e le cui opere maggiori risultano più profonde e stimolanti di tutti i restanti testi secondari nel loro insieme. Questo, beninteso, non significa affatto negare che si debbano collocare le idee dei grandi filosofi in un determinato contesto storico. Nemmeno uno Hegel o uno Heidegger sono stati pensatori solitari: anch'essi sono cresciuti in un determinato ambiente, sono stati allievi di determinati maestri, han letto certi libri e seguito

---

[7] Lo studio accademico della "storia delle idee" fu fondato dallo statunitense Arthur O. Lovejoy (1873–1962). È inoltre interessante ricordare che Michel Foucault (1926–1984) fu titolare di una cattedra per la "storia dei sistemi di pensiero" al prestigioso Collège de France.
[8] Mi riferisco soprattutto alla corrente strutturalista francese (vedi cap. 26).

certe riviste, han dialogato e tenuto corrispondenza con dei colleghi; e certamente non avrebbero fatto la storia se le loro idee non fossero state recepite e trasmesse da altri pensatori, seguaci o critici che fossero. La storia della filosofia, dunque, deve tener conto delle due cose insieme: dei pensatori sommi, da un lato; e delle scuole e delle correnti di cui essi facevano parte, o cui si opponevano, dall'altro. Pertanto, anche le opere classiche si comprendono davvero solo tenendo presente lo sfondo concettuale generale, su cui però si stagliano come capolavori epocali.

I seguenti capitoli, nel loro insieme, forniranno una visione sintetica della filosofia contemporanea per agevolare la comprensione dei testi più importanti. La storia, perciò, non sarà raccontata in ordine cronologico, né sarà attribuita troppa importanza ai meri dati biografici e dossografici – peraltro facilmente reperibili nei manuali. Piuttosto, sarà dato spicco alle quattro tendenze principali del pensiero, nelle quali si lasciano riassumere, secondo la proposta interpretativa qui avanzata, le molteplici idee e correnti del XIX e XX secolo. Quei quattro tipi di pensiero quindi possono servire come una sorta di bussola per orientarsi nel pensiero contemporaneo, divenuto così ramificato, intricato, che nemmeno gli specialisti sembrano più in grado di dominarlo. La tipologia qui proposta rappresenta una prima, approssimativa classificazione delle differenti posizioni e opinioni. Certo, ci si potrebbe chiedere se una simile divisione non sia fin troppo schematica, e se l'approccio tipologico non finisca col distorcere l'immagine della filosofia, la quale, per sua natura, non si lascia limitare ad una prospettiva escludendone altre. Si tratta di riserve in parte giustificate; eppure, mi sembra che le opzioni teoriche che saranno qui avanzate non siano solo uno strumento interpretativo, un semplice mezzo euristico della storiografia; ma, al contrario, abbiano, proprio nella loro differenza reciproca, un profondo radicamento nella natura stessa del pensiero e della sua evoluzione storica. Sono convinto che la delineazione dei quattro orientamenti favorisca tanto la comprensione del singolo filosofo, quanto dello sviluppo storico nella sua portata più ampia.

b) La pretesa di Hegel

L'idea di interpretare la filosofia contemporanea come una reazione a Hegel non è nuova: già Karl Löwith, più di sessant'anni fa, aveva messo in luce una frattura nel pensiero dell'Ottocento, che divideva il sistema hege-

Introduzione

liano da una parte, dal pensiero di Marx, Kierkegaard e Nietzsche, dall'altra. Mentre Hegel apparteneva ancora al mondo cristiano-borghese, i suoi successori incarnavano già la dissoluzione del vecchio ordine[9]. La mia proposta, in un certo senso, approfondisce la tesi di Löwith, poiché esamino le questioni filosofiche che hanno segnato il declino dell'idealismo di Hegel. A differenza di Löwith però, non intendo presentare la filosofia hegeliana come l'espressione di un'epoca passata e superata. Al contrario, il mio obiettivo consiste nel mostrare che la pretesa di elaborare un sistema puramente razionale non va considerata solo negativamente, e cioè per il dato di fatto che gli autori recenti ne hanno preso le distanze; ma anche positivamente, poiché essa, nonostante tutto, continua ad essere una valida alternativa teorica sia al naturalismo sia all'ermeneutica – tendenze queste che sembrano dominare la scena filosofica quasi ovunque.

Per precisare il senso in cui Hegel sarà qui indicato come il maggiore esponente del pensiero puro, bisogna prima chiarire il rapporto tra la filosofia critica di Kant e l'idealismo postkantiano. Nelle tre *Critiche* – quelle della *ragion pura*, della *ragion pratica* e del *giudizio* – la filosofia moderna aveva raggiunto senza dubbio un suo vertice. Prendendo le mosse da Cartesio, i pensatori moderni avevano gettato alle spalle le convinzioni tradizionali, per rifondare il sapere sulla certezza immediata della coscienza soggettiva; ma al tempo stesso avevano sottolineato l'idea della libertà umana quale base dell'ordine politico e morale. In Kant questi due aspetti erano strettamente intrecciati: la ragione umana era considerata il fondamento tanto della conoscenza scientifica della realtà naturale, quanto della libera determinazione morale della volontà. È difficile sopravvalutare l'impatto di Kant sulla filosofia dei suoi tempi, e sui giovani pensatori della generazione immediatamente successiva. I primi idealisti, infatti, avevano inteso il proprio contributo filosofico essenzialmente come il tentativo di portare a compimento il progetto filosofico che, secondo loro, Kant aveva lasciato incompiuto.

Tuttavia, sebbene Fichte, Schelling e Hegel facessero continuo riferimento al filosofo di Königsberg, i loro sistemi appartengono ad una nuova fase

---

[9] Cfr. K. Löwith, *Von Hegel bis Nietzsche*, Europa-Verlag, Zürich; New York 1941; trad. it. di G. Colli, Einaudi, Torino 1949.

del pensiero. Mentre per Kant la filosofia aveva essenzialmente un ruolo critico, con i successori essa riacquista un ruolo costruttivo. In tal modo, tutte quelle discipline, relativamente alle quali Kant aveva negato si potesse conseguire una conseguenza oggettiva, tornarono ad essere, a pieno titolo, parte integrante dei sistemi filosofici. Questo sviluppo comportava anche una modificazione del concetto di ragione: Kant ne aveva delineato i limiti, proprio in quanto l'uomo è un essere finito; i suoi successori invece nutrivano l'ambizione di assumere la prospettiva dell'assoluto. Hegel, da parte sua, concepiva la filosofia come un insieme di varie discipline che, nel loro complesso, dispiegano l'essenza stessa della realtà, senza residui – ciò che Hegel chiama l'*idea assoluta*. Il suo sistema comprende tanto un'esposizione logico-metafisica dell'assoluto, quanto una trattazione articolata della realtà in tutte le sue dimensioni più specifiche. La filosofia hegeliana quindi rappresenta il più ambizioso tentativo mai intrapreso di conoscere tutto quello che c'è, il reale, in base ad un unico principio razionale.

Un ulteriore tratto distintivo del pensiero di Hegel è la spiccata coscienza storica. Egli, nonostante la sua tesi di poter raggiungere un punto di vista assoluto sulle cose, si mostra ben consapevole del fatto che le nostre idee, le nostre istituzioni sociali e qualunque prodotto della nostra creatività sono il risultato di un lunghissimo processo di evoluzione storica. La filosofia hegeliana della storia ha grandemente contribuito alla nascita dello *storicismo* contemporaneo; e ciò è avvenuto, curiosamente, nonostante Hegel avesse respinto ogni interpretazione relativistica della storia, avendo egli continuamente ribadito che lo sviluppo storico è diretto ad una sempre più compiuta realizzazione dell'idea assoluta.

Il pensiero di Hegel, per il nuovo metodo e per l'enorme ricchezza contenutistica, ha suscitato forti perplessità presso i lettori. Si potrebbe dire che non esista quasi disciplina filosofica alla quale il Nostro non abbia dato un contributo originale. Nella sua *Enciclopedia delle scienze filosofiche*, egli si occupa di logica e di metafisica, ma anche di matematica, meccanica, ottica, astronomia, chimica, geologia, botanica, zoologia, fisiologia, medicina, psicologia, diritto, etica, economia, politica, storia, arte e religione. Il fascino esercitato dall'unità del suo sistema, da un lato, e la smisurata ambizione di conseguire la conoscenza speculativa dell'assoluto, dall'altro, hanno fatto sì che la figura di Hegel in qualche modo domini l'epoca contemporanea. Intendo anzi mostrare che le diverse posizioni e correnti del pensiero odierno possono essere comprese come differenti tipi di reazioni rispetto al sistema hegeliano che ora illustrerò brevemente.

c) Le possibili reazioni

Il sistema di Hegel domina la storia della filosofia contemporanea come un masso erratico. Non è certo esagerato dire che l'opposizione a Hegel ha condizionato i dibattiti filosofici dell'Otto- e Novecento, al punto che anche chi aveva la pretesa di essere agli antipodi rispetto ad un qualsiasi sistema idealistico, ne ha invece subito una significativa influenza. A tutt'oggi le opinioni su Hegel divergono, ed è proprio per questo che le grandi correnti filosofiche contemporanee si presentano come una serie di controproposte all'idea di un pensiero puro. L'opinione diffusa può essere riassunta da una frase di Bertrand Russell, secondo il quale noi «non possiamo provare che l'universo nel suo insieme forma un unico armonioso sistema, così come crede Hegel»[10].

La concezione hegeliana della realtà fu rifiutata per motivi assai differenti, i quali possono però, a mio avviso, essere raggruppati nella forma di tre grandi obiezioni all'idealismo. In termini generali, una prima replica muove dal rapido *progresso scientifico* verificatosi negli ultimi due secoli. Molti pensatori, infatti, negavano l'affermazione hegeliana secondo cui il sapere filosofico non dovrebbe in alcun modo dipendere da fatti empirici, sostenendo, al contrario, che la riflessione filosofica debba basarsi sulle scoperte scientifiche. In altre parole, il filosofo, per non perdere contatto con la realtà e abbandonarsi a vane speculazioni, deve recepire i risultati più recenti della ricerca empirica. Tra le correnti che rientrano in questo tipo di pensiero, vanno annoverati i diversi positivismi: sia quelli classici di Auguste Comte e di John Stuart Mill, sia quello dei neoempiristi e del Circolo di Vienna.

Va ricordato che il progresso riguardava soprattutto le scienze della natura, per l'ampio uso del metodo esperimentale, e i grandi sviluppi nell'ambito della matematica. Di conseguenza, i filosofi della scienza avevano ritenuto indispensabile indagare i due pilastri delle scienze: le basi teoriche delle inferenze induttive, da una parte, e i fondamenti della matematica

---

[10] «We cannot prove that the universe as a whole forms a single harmonious system such as Hegel believes that it forms» (B. Russell, *The problems of philosophy*, Holt, New York; London 1912, p. 226; trad. it. di E. Spagnol, Feltrinelli, Milano 1988, p. 172).

dall'altra. Alcuni positivisti si erano proposti persino di estendere il metodo delle scienze naturali matematizzanti a quelle sociali, con l'ambizione di determinare un nuovo ordine politico, scientificamente fondato. Il loro tentativo però incontrò una forte opposizione, perché quel proposito sembrava assoggettare la società e la storia allo stesso genere di leggi universali che regolano la natura. Questo complesso di fattori produsse una certa ostilità nei confronti del positivismo, sollevando la questione ritenuta cruciale di che cosa distingua le scienze della natura da quelle dello spirito, e tutt'e due dalla filosofia; e cioè di come delimitare psicologia, sociologia, storia, economia eccetera rispetto alle scienze naturali e alla filosofia. In generale, malgrado l'immensa eterogeneità dei campi scientifici toccati, e delle posizioni filosofiche assunte, non è difficile accertare presso i positivisti la comune volontà di capovolgere il metodo aprioristico di Hegel, togliendo alla filosofia il presunto carattere di sapere puro, e sostituendone il supposto primato con quello dell'esperienza scientifica.

La seconda obiezione sollevata contro il sistema hegeliano mette al centro della riflessione filosofica l'*esistenza umana*: chi pratica la filosofia è sempre l'uomo, che cerca di comprendere sé stesso e il mondo circostante. L'impossibilità di prescindere dalla propria specifica condizione umana rende vano il tentativo di assumere la prospettiva dell'assoluto. I termini stessi della speculazione hegeliana, secondo questa riflessione, sono dunque privi di senso e di interesse. Anziché aspirare ad un pensiero puro, il filosofo deve piuttosto analizzare l'esistenza dell'uomo, interrogando l'esperienza concreta di ciascuno, al fine di rafforzare la coscienza di sé e di orientarsi nella vita. Gli esponenti del pensiero esistenziale davano grandissima importanza alla vitalità e alla volontà, in quanto opposte alla mera razionalità; ponevano l'accento sulla radice decisionale delle nostre convinzioni e degli atteggiamenti profondi; manifestavano interesse non tanto per le ampie costruzioni concettuali, ma per gli aspetti della vita che ci coinvolgono in prima persona; riflettevano sulla temporalità e sulla morte, quali determinazioni essenziali dell'essere umano; e davano spicco al significato del tutto peculiare dell'incontro interpersonale. Figure eminenti del pensiero esistenziale sono stati, a diverso titolo, Friedrich Nietzsche e Søren Kierkegaard, Martin Heidegger e Jean-Paul Sartre. Pur senza formare un gruppo omogeneo o un'unica scuola, essi hanno condiviso, in un modo o nell'altro, la convinzione che l'esistenza umana e l'esperienza vissuta debbano precedere la conoscenza dell'essenza delle cose.

Introduzione

Resta ora da esporre il terzo tipo di reazioni avverse alla filosofia hegeliana. Specialmente nel XX secolo, la pretesa di un pensiero puro è stata criticata non solo perché metteva in secondo piano il progresso scientifico o l'esperienza esistenziale, ma anche perché non teneva nel dovuto conto il condizionamento linguistico del sapere. Una schiera di pensatori contemporanei ha contestato la possibilità di concepire la filosofia indipendentemente da un determinato sfondo concettuale; per loro non può esistere alcun pensiero che non sia esprimibile in un qualche linguaggio. La lingua, oltre a servire a sviluppare le proprie idee ed intendere quelle altrui, è il medium necessario del pensiero, poiché senza elementi linguistici non ci sono le idee, o perlomeno non le si può afferrare. Tali considerazioni, all'inizio del Novecento, condussero alla cosiddetta svolta linguistica (*linguistic turn*). Soprattutto nell'area anglosassone i filosofi ritenevano che il loro compito primario fosse l'analisi del linguaggio; e mediante l'uso del metodo logico-analitico si aspettavano di scoprire l'origine dei problemi filosofici, e di trovar con ciò stesso soluzione ad essi.

Una simile svolta ha preso piede, in modo indipendente, qualche decennio dopo, anche nel vecchio continente, dove è ugualmente balzata in primo piano la dimensione linguistica della filosofia. Nel secondo Novecento, la scena filosofica in paesi come la Germania, la Francia e l'Italia fu ampiamente dominata da correnti interessate prevalentemente all'espressione linguistica del pensiero. Così nacquero nuovi tipi di studio dei testi, di ogni genere, classici e contemporanei, filosofici e letterari, e ciò condusse ad una fruttuosa serie di riflessioni e riletture originali. Vista la sorprendente convergenza tra filosofi analitici anglosassoni da una parte e pensatori continentali dall'altra, sulla centralità del linguaggio, mi pare opportuno assimilare i due schieramenti in un unico genere di controproposte all'idealismo. Come esponenti del pensiero linguistico mi limito qui a citare i nomi di Ludwig Wittgenstein e Hans-Georg Gadamer, altri saranno segnalati più avanti.

Per concludere il breve panorama delle reazioni all'hegelismo, e prima di passare all'esposizione dettagliata del tema del pensiero puro, mi preme notare che la svolta linguistica non sarà presentata come l'ultima fase di un processo storico lineare, che ha avuto inizio con la metafisica classica, ed è passato poi per la filosofia moderna della soggettività, concludendosi con la nuova filosofia del linguaggio. Parlando di quattro possibili tipi di pensiero contemporaneo, intendo piuttosto superare la diffusa immagine della filosofia novecentesca come di un pensiero incentrato unilateralmente sulla dimensione linguistica. Secondo quella visione riduttiva, gli antichi ed i medievali si sarebbero interessati alla questione dell'essere, i moderni invece avrebbero spostato la loro attenzione verso la coscienza dell'uomo, mentre i pensatori contemporanei si sarebbero dedicati soprattutto ai problemi del linguaggio. In tal modo, si sarebbero susseguiti tre grandi periodi, caratterizzati dai paradigmi rispettivamente dell'essere, del soggetto e del linguaggio.

Per quanto suggestiva possa essere questa ricostruzione, resta il fatto che nessuna delle tre caratteristiche paradigmatiche sembra adeguata per il pensiero moderno e contemporaneo. Tanto per fare un esempio, mentre il binomio di coscienza e linguaggio si applica facilmente ad autori come Cartesio e Kant da una parte, e a Wittgenstein dall'altra, la stessa cosa non vale per Hegel o Heidegger. Il primo, quando parlava di spirito assoluto, non si riferiva tanto alla coscienza soggettiva bensì alla realtà intera; mentre il secondo descrisse il proprio pensiero addirittura come ricerca del senso dell'essere. Ma le cose sono intricate anche là dove appaiono chiare. Per esempio, come interpretare l'interesse di Kant per le categorie dell'intelletto e per i giudizi sintetici a priori, se non in termini di linguaggio? O come spiegare lo sviluppo della filosofia analitica della mente se non in termini di coscienza? E da ultimo, non vanno dimenticate quelle correnti che sembrano sfuggire completamente alla suddetta classificazione. Basti pensare ai positivisti, i quali intendevano fondare la filosofia su un paradigma fisicalistico; oppure ai marxisti, che riducevano tutti i fenomeni sociali alla base economica, di cui coscienza e linguaggio non sono che riflessi, sovrastrutture. Per le difficoltà sollevate da quell'impostazione classificatoria, ho abbandonato la consueta disposizione, proponendo invece uno schema più articolato. Come indica l'immagine del crocevia, non credo che si possa riassumere la storia degli ultimi duecento anni nella semplice formula del passaggio dalla filosofia della coscienza al pensiero linguistico, senza tenere nella dovuta considerazione le correnti scientiste ed esistenzialiste; ma soprattutto senza riconoscere la continua presenza della pretesa hegeliana di sviluppare un sistema filosofico basato sul pensiero puro.

I. Il pensiero puro

Secondo una famosa definizione di Kant, le nostre conoscenze sono pure se «non contengono nulla di empirico»[1]. Per Kant, e per il filone di pensiero che ne è derivato, la purezza segna l'appartenenza di un determinato pensiero al campo filosofico; in altre parole, è per il loro carattere *non empirico* che le conoscenze filosofiche si distinguono da quelle ordinarie e scientifiche. Hegel ha ribadito quest'idea, affermando che la filosofia si muove in pensieri puri[2], senza riferirsi ad immagini, rappresentazioni di essi. Per "pensiero puro", qui, intendo dunque un tipo di filosofia che da una parte rifiuta ogni presupposto empirico, ma dall'altra non rinuncia alla pretesa di conoscere la realtà. La principale preoccupazione degli idealisti tedeschi è stata il tentativo di difendere la conoscibilità del vero contro le obiezioni scettiche. Kant, per realizzare tale programma, aveva proposto una riflessione critica sulle facoltà conoscitive dell'uomo; i suoi successori, invece, hanno ritenuto necessario imboccare vie più ardite, speculative, per afferrare il fondamento incondizionato di ogni sapere. Così, nell'arco di pochi anni, furono elaborati vari sistemi filosofici, ispirati dalla comune convinzione di poter conoscere a priori la realtà intera, il finito e l'infinito. Nonostante le critiche di Kant alla metafisica, i pensatori della generazione a lui successiva non hanno esitato a infrangere i suoi divieti di non oltrepassare i limiti della umana conoscenza.
A molti filosofi del XIX e XX secolo la pretesa di un pensiero puro è apparsa eccessiva, se non smisurata. Nondimeno, la filosofia idealista costituisce, come intendo mostrare, il presupposto indispensabile per un'adeguata comprensione del pensiero contemporaneo. Molte posizioni filosofiche di oggi si spiegano anche e soprattutto come prese di distanza dai presunti esiti estremi, inaccettabili, degli svolgimenti della filosofia intesa come pensiero puro. I primi capitoli della seguente esposizione saranno perciò dedicati alla presentazione di alcuni sistemi postkantiani. Gli autori discussi

---

[1] «Von den Erkenntnissen a priori heißen aber diejenigen rein, denen gar nichts Empirisches beigemischt ist» (I. Kant, *Kritik der reinen Vernunft*, Riga 1781; 2a ed. 1787, p. 3; trad. it. di C. Esposito, Bompiani, Milano 2004, p. 71).

[2] «...reine Gedanken festzuhalten und in ihnen sich zu bewegen» (G. W. F. Hegel, *Enzyklopädie der philosophischen Wissenschaften im Grundrisse*, 3a ed., Heidelberg 1830 [§ 3]; in: Gesammelte Werke, vol. 20, p. 42; trad. it. di V. Cicero, Bompiani, Milano 1996, p. 97).

saranno principalmente i tre grandi idealisti: Fichte, Schelling e Hegel. Essi si riagganciarono allo sforzo kantiano di rifondare la filosofia sulle funzioni conoscitive del soggetto pensante, sorretti dalla convinzione che si possano determinare a priori l'essere e il dover essere, ciò che c'è e ciò che dovremmo fare. Seguendo le orme di Kant, gli esponenti dell'idealismo tedesco cercarono di erigere dei sistemi filosofici in modo apriorico, senza basarli sui risultati delle scienze empiriche, senza rifarsi alla comune esperienza umana, e senza limitarsi ad analisi linguistiche. Il preteso metodo a priori non gli ha impedito di intendere la filosofia in un senso ampio e strutturato; anzi, lo scopo degli idealisti tedeschi è stato proprio includere nella trattazione sistematica i vari campi dello scibile: una fisica e un'etica, una logica e una metafisica, nonché le dottrine della natura e della storia, dell'arte e della religione. Essi si sforzarono di rendere giustizia a ciascuno di questi settori, non tanto per la loro specifica importanza, bensì perché consideravano la sistematicità un contrassegno della veridicità di un pensiero. Fichte, Schelling e Hegel erano convinti che la filosofia, in virtù della natura della stessa ragione, dovesse essenzialmente presentarsi nella forma di *sistema*. Il compito di ogni pensatore consisteva dunque nell'elaborare un sistema a priori di tutte le conoscenze possibili[3].

Oltre alla fondamentale pretesa di sistematicità, ci sono altri fulcri tematici del pensiero puro, come per esempio il concetto della libertà, o la questione della conoscibilità di Dio. Al centro dell'attenzione stanno però i rapporti tra ragione pura e sentimento, filosofia e arte, l'eterno e la storia. Per chiarire tali rapporti sono stati intrapresi vari tentativi di intendere il pensiero puro in maniera non metafisica, ponendo l'accento non sul suo contenuto speculativo, ma sui momenti concreti della cultura e della civiltà umane. Basti citare il caso dell'illustre studioso napoletano Benedetto Croce (1866–1952), e il suo *Ciò che è vivo e ciò che è morto della filosofia di Hegel*. In quel saggio Croce apprezza l'impegno di conciliare i momenti opposti della realtà, ma respinge altresì la tesi della supremazia della filosofia sulle altre forme dello spirito, criticando il «panlogismo» del pensatore tedesco[4]. Croce pone così l'accento sulla storicità dello spirito, dedicando particolare atten-

---

[3] L'importanza della sistematicità è messa in risalto da P. W. Franks, *All or nothing. Systematicity, transcendental arguments, and skepticism in German idealism*, Harvard University Press, Cambridge (Mass.) 2005.

[4] «Si è avuto torto nel considerare il panlogismo come il carattere fondamentale del sistema, quando invece non è se non l'escrescenza morbosa, sorta su di esso» (B. Croce, *Ciò che è vivo e ciò che è morto della filosofia di Hegel*, Laterza, Bari 1907, p. 185).

zione all'estetica e alla storiografia; e pur seguendo Hegel nell'elaborazione di un sistema filosofico, tiene distinti e separati quelli che sono secondo lui i quattro ambiti dell'attività umana: il bello, il vero, l'utile e il buono[5].

Ci sono dunque interpretazioni differenti, spesso contrastanti, dell'idealismo tedesco. Esso viene considerato come una filosofia dell'assoluto, oppure della libertà; della storia oppure della religione. Preferisco non addentrarmi in queste discussioni, assumendo qui una prospettiva che tenga conto soprattutto dell'origine, della fondazione teorico-speculativa del sapere filosofico. Ciò consente sia di ricollegare il programma dei primi idealisti alla svolta critica operata da Kant, sia di gettare luce sull'impianto generale del sistema hegeliano. La seguente trattazione, quindi, si articolerà in due sezioni. Nella prima (A) verrà esposto come, a partire della filosofia critica kantiana, sia sorta la pretesa di edificare un sistema idealista. In questo contesto, si prenderanno in considerazione alcune obiezioni sollevate contro Kant, originate dalla esigenza avvertita tanto da Fichte che dal giovane Schelling di porre un nuovo fondamento incondizionato al sapere. La seconda sezione (B) invece sarà dedicata alla filosofia di Hegel. Illustrerò il progetto di una logica speculativa sulla quale egli ha voluto fondare il proprio sistema; poi esporrò la funzione di ciò che può considerarsi il capolavoro di Hegel, la *Fenomenologia dello spirito*. In seguito commenterò alcuni tratti essenziali della sua filosofia politica e sociale; e da ultimo mi occuperò della scuola hegeliana che ha trasformato, tra l'altro, la filosofia della religione di Hegel in una visione atea dell'uomo. La mia trattazione dei tre grandi idealisti non seguirà l'ordine cronologico, né vuole insinuare una gradazione di preferenza. Sarebbe anzi errato concludere che il sistema di Hegel sia più perfetto o più valido delle filosofie di Fichte o Schelling. Lungi da ogni giudizio di valore, l'articolazione che ho scelto riflette piuttosto l'impatto storico del pensiero hegeliano. Infatti, tenendo conto delle ripercussioni effettive, non si può fare a meno di riservare un posto privilegiato a Hegel, anche a rischio di dare l'impressione che i primi idealisti costituiscano solo un'anticipazione della grandezza del suo pensiero. Spero che i prossimi capitoli forniscano comunque prove sufficienti per convincere il lettore dell'importanza autonoma dei contributi filosofici di Fichte e di Schelling.

---

[5] Per un approfondimento sull'idealismo crociano – che qui non posso condurre per motivi di spazio e per il modesto impatto al di fuori dei confini italiani – rimando all'importante studio di G. Galasso, *Croce e lo spirito del suo tempo*, Il saggiatore, Milano 1990.

A. IL PRIMO IDEALISMO

La denominazione "idealismo" non gode di una buona reputazione; anzi, a numerosi filosofi l'idealismo è sembrato e continua a sembrare una posizione da evitare quasi ad ogni costo. L'atteggiamento negativo nei confronti dell'idealismo spesso deriva dalla diffusa opinione che esso sia da identificare con una sorta di scetticismo che nega la realtà del sapere; oppure con una sorta di soggettivismo, che ritiene essere le nostre rappresentazioni mentali gli unici oggetti conoscibili. Dal punto di vista storiografico, ancor prima di discutere della correttezza di simili interpretazioni, bisogna notare un fatto paradossale. Gli esponenti dell'idealismo tedesco ritenevano loro compito principale delineare il fondamento del sapere, immune rispetto alle obiezioni scettiche sollevate contro la filosofia critica di Kant. Per questo motivo si è proposto di interpretare la filosofia classica tedesca addirittura come una lotta contro il soggettivismo[6]. Il progetto perseguito sia da Fichte che dal giovane Schelling si potrebbe riassumere nella domanda: come è possibile rimanere fedeli alla concezione kantiana della ragione spontanea e autodeterminantesi, senza rinunciare alla realtà oggettiva del conoscere e del dovere?

Per realizzare il loro programma, i primi idealisti cercano anzitutto un principio assoluto del sapere. Le proposte sistematiche di Fichte e di Schelling non si distinguono tanto per il richiamo alla critica kantiana della ragione, comune ed entrambe; bensì per la diversa concezione di quel principio assoluto, e per lo specifico modo in cui ciascuna spiega la capacità della ragione di afferrare l'assoluto. Il termine idealismo, in quanto riferito alla filosofia classica tedesca, possiede quindi un significato ben preciso: designa il tentativo di erigere un sistema filosofico sulla base di un principio assoluto, afferrabile tramite la pura e sola ragione. Siccome la preoccupazione centrale dei primi idealisti consiste nello stabilire un principio la cui realtà oggettiva non può essere messa in dubbio, non sembra molto credibile che questi pensatori abbiano voluto sostenere un soggettivismo, che riduce gli oggetti a semplici rappresentazioni, trasformando il reale in idee.

---

[6] Cfr. F. C. Beiser, *German idealism. The struggle against subjectivism, 1781–1801*, Harvard University Press, Cambridge (Mass.) 2002.

Per la stessa ragione, bisogna essere cauti nell'opporre semplicemente tale idealismo ad un realismo, senza prima accertare se questi termini siano stati intesi in un senso ontologico, epistemico o altro. Secondo Kant, per esempio, era necessario assumere la prospettiva dell'idealismo trascendentale, proprio per evitare l'idealismo empirico che mette in dubbio l'esistenza delle cose esterne; dubitare di quest'esistenza, afferma Kant, «non mi è mai venuto in mente»[7]. Nondimeno, nonostante simili dichiarazioni, Kant e i suoi seguaci sono stati ripetutamente accusati di scetticismo e di soggettivismo. La mia presentazione storica del primo idealismo persegue pertanto il duplice scopo di evidenziare come si sia potuta formare la diffusa quanto distorta immagine di questi pensatori, e di fornire alcune indicazioni che consentano al lettore di pervenire a una più adeguata comprensione di essi.

1. L'eredità kantiana

Appare pressoché impossibile sopravvalutare l'impatto di Immanuel Kant (1724–1804) sul pensiero contemporaneo. Il filosofo di Königsberg, anzitutto, diede la propria impronta alla filosofia classica tedesca perlomeno fino a Hegel; inoltre, il suo pensiero ha dato adito a una serie di dibattiti, che si sono protratti sino ai giorni nostri. La filosofia critica ha condizionato così fortemente le generazioni successive, che Kant è rimasto uno dei principali autori di riferimento per la comprensione del pensiero otto- e novecentesco. Non è qui possibile offrire un'esposizione, neppure riassuntiva, della filosofia kantiana; mi limito, per i presenti scopi, ad (a) elencare alcune questioni che a mio avviso hanno maggiormente condizionato il pensiero di Fichte, Schelling e Hegel. In seguito (b) mi rivolgerò alle prime reazioni alla filosofia critica, con particolare attenzione alle obiezioni scettiche rivolte contro di essa. Il capitolo (c) si concluderà con un cenno al tentativo di trovare rimedio alla presunta insufficienza della pura ragione tramite il ricorso alla fede (c).

---

[7] «Dieser von mir sogenannte [sc. transzendentale] Idealismus betraf nicht die Existenz der Sachen (die Bezweifelung derselben aber macht eigentlich den Idealismus in rezipierter Bedeutung aus), denn die zu bezweifeln, ist mir niemals in den Sinn gekommen» (I. Kant, *Prolegomena zu einer jeden künftigen Metaphysik, die als Wissenschaft wird auftreten können*, Riga 1793, p. 71; trad. it. di P. Carabellese; riv. da H. Hohenegger, Laterza, Roma; Bari 1996, p. 91).

a) La filosofia critica

Con la *Critica della ragion pura* Kant avviò una rivoluzione nel modo di fare filosofia. Quando Kant entrava in scena, dominava ancora la metafisica tradizionale, della scuola di Leibniz e Wolff. Essa si presentava come un sistema in quattro parti, fondato sui principi di non-contraddizione e di ragion sufficiente. L'ontologia studiava le proprietà di ogni ente possibile, la psicologia si occupava dell'anima umana, la cosmologia del mondo della natura, e la teologia di Dio. Kant criticò le pretese della metafisica razionalista come infondate, senza però aderire all'empirismo dei britannici, che riconoscevano come valide solo le idee prodotte dall'esperienza sensibile. Kant scelse una via di mezzo: a differenza degli empiristi sostiene certi elementi a priori, che devono precedere ogni esperienza, anzi la rendono possibile. Si tratta in primo luogo delle forme dello spazio e del tempo, che strutturano le nostre intuizioni. Infatti, spazio e tempo non sono nozioni ricavate per astrazione dalle cose effettivamente percepite, ma sono anteriori ad ogni percezione sensibile. Il secondo tipo di elementi a priori della conoscenza sono le categorie, cioè determinati concetti puri, corrispondenti alle diverse funzioni del nostro intelletto nella sintesi giudicativa. Dalla combinazione di questi due elementi (forme dell'intuizione, categorie dell'intelletto), derivano poi alcuni giudizi a priori, i quali rappresentano le condizioni di possibilità di tutti gli oggetti dell'esperienza. Fra i principi dell'intelletto puro spiccano, per citare solo i più importanti, il principio della permanenza della sostanza e la legge di causalità. La giustificazione della validità oggettiva di questi principi sta al centro dell'Analitica trascendentale con cui Kant intende rimpiazzare l'ontologia tradizionale.

Nella seconda parte della *Critica della ragion pura*, il filosofo pone un limite netto alla nostra capacità di conoscere le cose, sia a priori che a posteriori. Ogni conoscenza – afferma Kant – si basa su sensazioni ricevute; pertanto non possiamo assolutamente conoscere nient'altro che oggetti sensibili, ossia cose spazio-temporali. Con tale verdetto Kant nega che si dia conoscenza degli oggetti della metafisica speciale razionalista, quali l'anima umana, il mondo e Dio. Nella Dialettica trascendentale mira a dimostrare che le proposizioni metafisiche, lungi dall'avere valore epistemico, provengono da ragionamenti illusori, che la ragione umana conduce rispetto alle suddette idee (io, mondo, Dio). Così Kant confuta la dimostrazione dell'immortalità dell'anima, mostra l'incapacità della metafisica di affrontare alcune importanti questioni cosmologiche che si prefiggeva di risolvere, e critica le prove dell'esistenza di Dio. Per evidenziare che gli oggetti conoscibili rispecchiano le forme attraverso cui li apprendiamo, Kant parla, rispetto ad essi, di fenomeni (*Erscheinungen*), distinguendoli dalle cose in se stesse (*Dinge an sich*), e cioè considerate indipendentemente dalle nostre condizioni di conoscenza. Con la dottrina dell'idealismo trascendentale Kant comunque non intende ridurre gli oggetti dell'esperienza a rappresentazioni intese come stati mentali, ma continua ad affermare un rapporto di referenza tra le nostre idee da una parte e le cose che queste rappresentano dall'altra[8].

In un secondo momento, Kant si occupò della fondazione dell'etica. Mentre nell'ambito della conoscenza teoretica aveva rivendicato la necessità dei dati sensibili, nella filosofia pratica insegna il contrario: nel campo morale non dobbiamo assolutamente lasciarci guidare da motivi empirici, poiché deve essere la sola e pura ragione a determinare ciò che è bene e ciò che è male. A partire da questa convinzione, Kant indica un principio meramente formale dell'agire etico, il celebre imperativo categorico: «Agisci in modo che la massima della tua volontà possa valere sempre, al tempo stesso, come principio di una legislazione universale»[9]. Siccome l'unica fonte di tale legge fondamentale è la stessa ragione, Kant proclama l'autonomia del soggetto morale. Essere autonomi significa non solo non soggiacere a nessuna costrizione, esterna o interna, ma essere capaci di determinare se stessi ad agire secondo un principio razionale della volontà. È per questo motivo che secondo Kant la legge morale da un lato e la libertà dall'altro s'implicano reciprocamente[10].

Le riflessioni di Kant quindi proseguiranno nella direzione di un completamento del suo sistema filosofico. Nella *Critica della ragion pratica*, egli esamina le implicazioni del nostro essere soggetti ad una legge morale universale. Questa riflessione lo porta a postulare l'esistenza di Dio e l'im-

---

[8] Per un'interpretazione integrale della filosofia teoretica di Kant rimando a H. E. Allison, *Kant's transcendental idealism. An interpretation and defense*, Yale University Press, New Haven; London 1983; 2a ed. riv. 2004.

[9] «Handle so, dass die Maxime deines Willens jederzeit zugleich als Prinzip einer allgemeinen Gesetzgebung gelten könne» (I. Kant, *Kritik der praktischen Vernunft*, Riga 1788, p. 54; trad. it. di V. Mathieu, Bompiani, Milano 2004, p. 61).

[10] Il tema della reciprocità tra moralità e libertà è sviluppato da H. E. Allison, *Kant's theory of freedom*, Cambridge University Press, Cambridge 1990.

mortalità dell'anima, perché solo così è giustificata la speranza dell'uomo in una felicità perfetta, premio per l'integerrima moralità. Nella *Critica del giudizio*, invece, Kant si dedica a questioni di estetica e di teleologia: basandosi sul principio regolativo della finalità, il filosofo sviluppa il concetto di organismo vivente e approfondisce l'idea di un progresso storico dell'umanità. Benché Kant non abbia mai accettato le proposizioni metafisiche in ambito teoretico, né rinunciato ad un fondamento formale della morale, la sua opera nel complesso si presenta molto più ricca di quanto non possa apparire dalla diffusa immagine legata alla figura di un Kant severo critico del sapere o arcigno maestro del dovere. I pensatori delle generazioni successive perciò si sono riagganciati ad aspetti assai diversi della filosofia kantiana, quali l'appercezione trascendentale e l'autonomia della ragione, l'intuizione intellettuale e la fede pratica, la finalità della natura e la storia universale. Prima però di esporre questi sviluppi, vorrei occuparmi di alcuni oppositori di Kant a lui coevi.

b) Le prime reazioni

La filosofia critica ebbe un successo strepitoso in Germania, dove *La Critica della ragione pura* pochi anni dopo la pubblicazione nel 1781 fu uno dei libri più discussi. Nel decennio seguente l'opera di Kant diveniva il punto di riferimento di quasi tutti i dibattiti filosofici, nonché una delle fonti principali per l'insegnamento accademico. Il filosofo era sulla bocca di tutti. Anche personaggi illustri si mettevano in pellegrinaggio verso Königsberg per vedere il famoso studioso, sperando di ricevere udienza e di avere il privilegio di pranzare con lui. Kant, infatti, dopo aver scritto e insegnato per tutta la mattina, a tavola di solito invitava degli ospiti, con i quali conversava a volte per ore, evitando però scrupolosamente le tematiche filosofiche. L'anziano maestro ormai non si occupava più di tanto delle controversie dell'epoca. Raggiunta una certa età, intendeva piuttosto portare avanti il progetto del proprio sistema, senza entrare in discussioni con altri; piuttosto lasciava ad allievi e seguaci il compito di difendere e perorare la sua causa.

La diffusione del pensiero kantiano all'estero fu ovviamente più lenta, e si dovettero attendere anni per la traduzione delle sue opere maggiori in altre lingue europee. La prima edizione italiana della *Critica* apparve solo nel 1820-22. È probabilmente per questo motivo che l'opera principale di Kant finì non prima del 1827 sull'Indice dei libri proibiti della chiesa cattolica, dove è rimasta fino all'abolizione di quest'ultimo. In Francia si ebbe una traduzione nel 1835, in Inghilterra nel 1838 e in Spagna solo nel 1883. Ma anche in Germania la filosofia critica non fu accolta favorevolmente ovunque. I suoi oppositori più fermi provenivano dalla scuola di Leibniz e di Wolff, che lo stesso Kant aveva così aspramente criticato. Oltre a questi scolastici, gli antagonisti di Kant si trovavano negli ambienti illuministi di Berlino, dove primeggiava Moses Mendelssohn (1729–1786), celebre filosofo ebreo, chiamato da molti il "Socrate tedesco". Mendelssohn cercava di conciliare la tradizionale teologia naturale con la religione giudaica, sperando in questo modo di favorire la riconciliazione tra tedeschi ed ebrei. Il poeta Gotthold Ephraim Lessing (1729–1781) gli fece un ritratto indimenticabile quando raffigurò Mendelssohn nel suo dramma *Nathan il saggio*. Questi allora con molta perspicacia prevedeva che il proprio tentativo di una sintesi tra filosofia e teologia fosse minacciato dalla critica kantiana.

Un altro esponente di spicco tra gli avversari di Kant fu Friedrich Heinrich Jacobi (1743–1819). Figlio di un commerciante benestante, Jacobi si dedicò soprattutto all'attività di scrittore. Egli animò un salotto letterario e fu in corrispondenza epistolare con quasi tutte le celebrità dell'epoca. Jacobi si dedicò anche alla filosofia, esercitando un influsso fortissimo sul corso della storia delle idee, pur non essendo un filosofo di professione. La critica mossa da Jacobi a Kant si trova in un volume apparso nel 1787 contemporaneamente alla seconda edizione della *Critica della ragion pura*. Il libro reca il titolo *David Hume sulla fede, ovvero idealismo e realismo*, e contiene un'appendice "Sull'idealismo trascendentale" nel quale Jacobi mette in dubbio che Kant sia effettivamente riuscito a stabilire un rapporto tra le nostre rappresentazioni e un qualche oggetto. Jacobi, in altre parole, sostiene che la filosofia trascendentale conduce allo scetticismo.

Le critiche di Jacobi sono interessanti perché sono basate unicamente sui fondamenti teoretici dello stesso idealismo trascendentale e dunque sono interne al pensiero kantiano, a differenza di quelle di molti altri. Il suo argomento parte dall'affermazione di Kant che, per conoscere dei fenomeni, dobbiamo ricevere delle sensazioni, e cioè ci devono essere date delle intuizioni. Il nostro intelletto conosce qualcosa se dispone di dati empirici. Jacobi ora si chiede come la modificazione della nostra sensibilità vada concepita secondo Kant. Come si spiega l'impressione degli oggetti sui sensi? La difficoltà è nota come il problema dell'affezione: se conosco una cosa solo come essa appare a me, la causa delle intuizioni non può essere il fenomeno stesso, poiché questo è già il prodotto di un'attività dell'intelletto la quale a sua volta presuppone le sensazioni. Attribuendo l'affezione al fenomeno, si cadrebbe quindi in un circolo vizioso. Sarebbe però ugualmente sbagliato attribuire la capacità di causare le nostre sensazioni alle cose considerate in se stesse, perché in quel caso si violerebbe il principio kantiano secondo cui delle cose in sé non possiamo sapere nulla. Un kantiano ortodosso, di conseguenza, si trova davanti ad un dilemma: all'origine delle sensazioni ci devono essere o gli oggetti dell'esperienza o le cose in sé; ma né gli uni né le altre possono esserlo. Jacobi pertanto constata sconfortato che

> «Per diversi anni di seguito ho dovuto incominciare daccapo sempre di nuovo la *Critica della ragion pura*, poiché restavo preso continuamente in questa difficoltà, che senza quel presupposto [dell'affezione dei sensi] non potevo entrare nel sistema, e con quel presupposto non potevo restarvi»[11].

L'argomento di Jacobi fu approfondito da Salomon Maimon (1753–1800), un pensatore ebreo appartenente al gruppo intorno a Mendelssohn. Dopo aver studiato a fondo la *Critica della ragion pura*, Maimon stese un ampio commento nel quale avanza una serie di obiezioni. Kant lesse il manoscritto e dovette ammettere che nessuno dei suoi oppositori finora aveva capito così bene la questione principale sulla possibilità dei giudizi sintetici a priori. Il filosofo incoraggiò la pubblicazione del testo, che apparve nel 1790 sotto il titolo di *Saggio sulla filosofia trascendentale*. Come Maimon giustamente osserva, l'argomento di Kant verte in gran parte sulla capacità dell'intelletto di applicare i concetti puri alle intuizioni date dalla sensibilità. Ma come possono interagire due facoltà talmente eterogenee? E come possiamo sapere se è lecito applicare un concetto determinato a certe intuizioni? Il dualismo tra sensibilità e intelletto, tra ricettività e spontaneità, per Maimon non ha nessuna riconciliazione finale, per cui la filosofia critica ri-

---

[11] «...dass ich verschiedene Jahre hintereinander die Kritik der reinen Vernunft immer wieder von vorne anfangen musste, weil ich unaufhörlich darüber irre wurde, dass ich ohne jene Voraussetzung in das System nicht hineinkommen, und mit jener Voraussetzung darin nicht bleiben konnte» (F. H. Jacobi, *David Hume über den Glauben, oder Idealismus und Realismus*, Breslau 1787; in: Werke, Meiner, Hamburg 1998 segg., vol. 2, p. 109; trad. it. di G. Sansonetti, in: *Scritti kantiani*, Morcelliana, Brescia 1992, p. 73).

conduce proprio a quello scetticismo che Kant voleva fugare. Come si vedrà nei seguenti capitoli, la ricerca di un rimedio alla spaccatura tra facoltà opposte, tra intuizioni e concetti, è stata il nucleo del pensiero di molti pensatori post-kantiani, tra cui Fichte, Schelling e Hegel[12].

c) Sapere e credere
La figura di Jacobi ha avuto forti ripercussioni sulla storia delle idee. Il suo influsso, tuttavia, non è dovuto solo alle obiezioni scettiche contro la filosofia critica kantiana, ma è stata un'altra storia che lo rese famoso. Jacobi, infatti, ancora prima di studiare la *Critica della ragion pura*, si era immerso nella lettura dell'*Etica* di Spinoza, convincendosi che la metafisica spinoziana rappresenti il prototipo di ogni sistema filosofico razionale, al punto che, secondo lui, ogni sistema di pensiero coerente è una forma di spinozismo. Tale convincimento ha però alcune conseguenze indesiderate. Anzitutto, per uno spinoziano tutta la realtà è in verità un'unica sostanza, dominata da necessità assoluta. Chi professa lo spinozismo, secondo Jacobi, non solo rinuncia alla possibilità di credere in un Dio personale, ma deve anche sconfessare la libertà umana. In altre parole, accettare lo spinozismo equivale a diventare ateo e fatalista. È di queste circostanze che bisogna tener conto quando si considerano avvenimenti come i seguenti.

Nell'estate 1780 Jacobi andò a Wolfenbüttel, una piccola cittadina della Bassa Sassonia, dove riuscì ad avere due colloqui con il poeta Lessing, ormai vecchio. I due conversarono di filosofia, giungendo a discutere della metafisica di Spinoza. Dopo che l'ospite illustrò la sua interpretazione dell'*Etica*, Lessing si riconobbe spinozista. Pochi mesi dopo, egli morì. Jacobi riferì del memorabile incontro a Mendelssohn. I due si scambiarono alcune lettere, finché Jacobi nel 1785 pubblicò la corrispondenza in un volume intitolato *Sulla dottrina di Spinoza: lettere al signor Moses Mendelssohn*. Il libro era sensazionale: l'autore del *Nathan* era un ateo! Seguì un vivace dibattito sulla filosofia spinoziana, noto come polemica sul panteismo. Jacobi, senza nemmeno volerlo, aveva provo-

---

[12] È interessante notare che recentemente alcuni epistemologi hanno completamente abbandonato l'idea che vi sia un qualche contenuto non concettuale dell'esperienza. Si vedano in particolare W. Sellars, *Empiricism and the philosophy of mind* [1956], Harvard University Press, Cambridge (Mass.) 1997; trad. it. di E. Sacchi, Einaudi, Torino 2004, e J. McDowell, *Mind and world*, Cambridge (Mass.) 1994; trad. it. di C. Nizzo, Einaudi, Torino 1999.

cato un'ondata di entusiasmo per la filosofia di Spinoza, sulla cui scia riprese lo studio dell'*Etica*. Questa temperie investì persino il seminario ecclesiastico di Tubinga, accendendo gli animi dei giovani Hegel e Schelling i quali da quel momento in poi si servirono dell'antico motto panteistico *Hen kai pan*.

L'intenzione di Jacobi non era stata di semplice natura polemica, prova ne sia il fatto che, quando Lessing gli chiese quali fossero le sue motivazioni per credere in un Dio personale, Jacobi aveva risposto: «Io me la cavo con un *salto mortale*»[13]. Con l'immagine del salto mortale, del buttarsi a capofitto, Jacobi voleva indicare che non bastava la mera ragione per preservarci dall'ateismo, appunto perché il sistema filosofico più coerente, quello spinozista, conduceva proprio alla negazione di Dio. Al pensatore pertanto era richiesto un atto di fede. Con il suo salto mortale nella fede, proposto come l'unica vera alternativa allo spinozismo, Jacobi introduce a sostegno di certe convinzioni metafisiche qualcosa di nuovo: nell'esistenza di Dio e nella libertà umana non resta altro che crederci. Per le forti connotazioni religiose, la proposta di Jacobi da molti fu criticata come irrazionalista o fideista. Nel libro *David Hume sulla fede* l'autore si difese dalle accuse, riferendosi al concetto di *belief*, con cui il filosofo scozzese aveva chiamato la concezione vivida ossia la percezione intensa di qualche oggetto, e che era ben distinto dalla fede in senso religioso (*faith*). Come Hume, anche Jacobi utilizza il termine "fede" per descrivere un sentimento di certezza immediata, che non si lascia dedurre razionalmente e tuttavia corrobora certe convinzioni basilari.

Jacobi del resto non era l'unico pensatore che si richiamava alla fede: persino Kant in quegli anni ricorse all'opposizione tra sapere e credere. «Ho dovuto sospendere il sapere – scrisse nella prefazione alla seconda edizione della *Critica della ragion pura* – per far posto alla fede»[14]. I concetti puri ed i principi dell'intelletto secondo Kant consentono sì di conoscere gli oggetti dell'esperienza esistenti nello spazio e nel tempo, ma non si applicano alle cose in se stesse, né permettono di avere conoscenza degli oggetti della psicologia razionale, della cosmologia e della teologia naturale. Nonostante

---

[13] «Ich helfe mir durch einen Salto mortale aus der Sache» (Friedrich Heinrich Jacobi, *Über die Lehre des Spinoza in Briefen an den Herrn Moses Mendelssohn*, Breslau 1785; in: Werke, vol. 1, p. 20; trad. it. di F. Capra; riv. da V. Verra, Laterza, Bari 1969, p. 69).

[14] «Ich musste also das Wissen aufheben, um zum Glauben Platz zu bekommen» (I. Kant, *Kritik der reinen Vernunft*, Riga 1781; 2a ed. 1787, p. XXX; trad. it. di C. Esposito, Bompiani, Milano 2004, p. 51).

questi limiti, la nostra ragione cerca di afferrare l'incondizionato, e forma così le idee dell'anima, del mondo e di Dio. Kant, dopo aver dimostrato nella Dialettica trascendentale che queste idee rimangono vuote, nella seconda *Critica* per certi versi le reintroduce come postulati della ragione pratica: per conferire senso alla legge morale, occorre assumere che lo sforzo umano di migliorarsi possa proseguire in eterno; che viviamo in un mondo dove sono possibili le azioni libere e spontanee; e che esiste Dio quale garante della felicità dei giusti. Nondimeno, non si arriva mai, beninteso, ad avere un sapere intorno all'immortalità, alla libertà o all'esistenza di Dio. Per Kant, dunque, non ci resta che credere nei contenuti di quei postulati, con una fede razionale pura (*reiner Vernunftglaube*).

Si vede facilmente che Kant con il richiamo alla fede ha introdotto un altro dualismo nel suo sistema. Ai binomi di sensibilità e intelletto, di fenomeni e cose in sé, che strutturano la sua filosofia teorica, ora si aggiunge il contrasto tra intelletto e ragione, tra sapere teoretico e fede pratica. Alcuni pensatori dell'epoca quindi hanno cercato di rimediare ai problemi non risolti di Kant, accordando alla ragione pratica il primato sulla ragione speculativa, come fece per esempio Fichte. Altri invece hanno approfondito l'idea che ogni nostra conoscenza dipende da un sentimento immediato. A questo proposito sarebbe da citare Friedrich Schleiermacher (1768–1834), il quale nei celebri *Discorsi sulla religione* definisce l'essenza di quest'ultima come sentimento, come la devota intuizione dell'universo nelle sue varie manifestazioni[15]. La tendenza di surrogare la ragione filosofica mediante una specie di sentimento ha suscitato da ultimo le critiche di Hegel che ha discusso il tema in un lungo articolo intitolato *Fede e sapere*, del 1802. Hegel rimprovera i contemporanei per aver essi rinunciato alla pretesa di conoscere veramente l'assoluto, e per essersi arresi alla fede, come a qualcosa di meramente soggettivo. Questa considerazione porta direttamente al centro dei dibattiti del primo idealismo: dove arriva la ragione umana, e quali sono i suoi limiti? La ragione è sufficiente per rendere sicure le nostre conoscenze, o bisogna cercare un altro fondamento?

---

[15] «Ihr Wesen [sc. das der Religion] ist weder Denken noch Handeln, sondern Anschauung und Gefühl. Anschauen will sie das Universum, in seinen eigenen Darstellungen und Handlungen will sie es andächtig belauschen» (F. D. E. Schleiermacher, *Über die Religion. Reden an die Gebildeten unter ihren Verächtern*, Berlin 1799; in: Kritische Gesamtausgabe, de Gruyter, Berlin 1980 segg., vol. I/2, p. 211; trad. it. di G. Moretto, in: Scritti filosofici, UTET, Torino 1998, pp. 111–112).

2. La dottrina della scienza di Fichte

La filosofia di Kant, come si è già avuto occasione di notare, ha condizionato gran parte del dibattito successivo, venendo, a più riprese, criticata da alcuni ma difesa da altri. In questo contesto, a partire dal 1790, furono intrapresi vari tentativi di riforma della filosofia kantiana. Una serie di pensatori, pur condividendo in linea di principio l'impostazione di Kant, avevano creduto che questi non fosse riuscito a dare alla propria filosofia una forma persuasiva. Ai loro occhi, dunque, bisognava rimanere fedeli allo spirito del criticismo; ma non si doveva prendere Kant troppo alla lettera. L'esponente più famoso di un simile atteggiamento fu Johann Gottlieb Fichte (1762–1814), il quale formulava la cosiddetta dottrina della scienza (*Wissenschaftslehre*) per dare al sapere filosofico nuove e più solide basi. Kant, ormai vecchio, non apprezzava per nulla i propositi di Fichte, al punto che in una dichiarazione del 1799 riguardo alla dottrina della scienza citò il proverbio italiano: «dagli amici mi guardi Dio, che dai nemici mi guarderò io»[16].

Per ironia della sorte, Fichte deve la sua fama iniziale proprio al filosofo di Königsberg. D'origini modeste, Fichte, allora giovane teologo, viveva in ristrettezze economiche, mantenendosi come precettore, quando un suo allievo gli chiese di illustrargli la filosofia kantiana; egli accettò, mettendosi subito all'opera, e in poche settimane divorò le tre *Critiche*. Rimase così colpito dall'importanza attribuita da Kant alla libertà umana, da desiderare di conoscerlo personalmente. Allora si recò a Königsberg e, per far buona impressione sul maestro, redasse un piccolo scritto, il *Saggio di una critica di ogni rivelazione*. Il testo piacque a Kant, che si adoprò per farlo pubblicare, anche se in forma anonima. Il termine "critica", l'argomento, nonché lo stile di scrittura indussero il pubblico ad attribuire l'opera a Kant[17]. Poiché il saggio riscosse un certo successo, Kant si sentì in dovere di precisare che l'autore era Fichte, il giovane studioso di teologia; e che quindi tutto il merito spettava a lui. Grazie a questa vicenda, il trentenne Fichte divenne improvvisamente famoso.

---

[16] «Ein italienisches Sprichwort sagt: Gott bewahre uns nur vor unseren Freunden, vor unseren Feinden wollen wir uns wohl selbst in Acht nehmen» (in: *Kants gesammelte Schriften*, de Gruyter, Berlin 1900 segg., vol. XII, p. 371; trad. it. vol. XIII, p. 547).

[17] Lo scritto di Kant su *La religione nei limiti della semplice ragione* apparve, in effetti, solo un anno dopo il libretto di Fichte.

Due anni dopo, all'università di Jena, in Sassonia, si liberò una cattedra, e Fichte fu chiamato a ricoprirla. Nel maggio del 1794 cominciarono le sue lezioni. Le dispense approntate per il corso formarono la sua prima opera di ampio respiro, il *Fondamento dell'intera dottrina della scienza*. Nel frattempo, l'attenzione di Fichte si era spostata dal tema della religione ai problemi della fondazione sistematica di tutta la filosofia. Secondo Fichte, lo scetticismo è un atteggiamento filosofico pericolosamente insidioso e sempre in agguato[18]. Per questa ragione, secondo lui, il compito principale di un filosofo deve consistere nella ricerca di un fondamento inconcusso sia per la teoresi che per la prassi. Tale fondamento, per il Nostro, non può che trovarsi nell'auto-coscienza, nell'io; la dottrina della scienza inizia pertanto (a) con una riflessione sull'attività dell'io, e solo in un secondo momento, in funzione dell'attività fondatrice della coscienza di sé, vengono trattati (b) il rapporto tra soggetto ed oggetto, nonché le relazioni intersoggettive.

a) L'atto di porre se stesso
Per comprendere il programma di Fichte occorre risalire a Kant il quale, in un certo senso, era stato il primo a trattare l'io come un'attività, avendo egli messo in risalto la funzione sintetica dell'intelletto. Kant, infatti, aveva definito la *sintesi* in generale come «quell'operazione (*Handlung*) che consiste nell'aggiungere l'una all'altra diverse rappresentazioni, e nel comprendere la loro molteplicità in un'unica conoscenza»[19]. Tanto le figure, oggetto dell'intuizione, quanto i nostri concetti e giudizi sono i prodotti di una sintesi unificante molteplici rappresentazioni. Ora, ogni tipo di sintesi presuppone che le rappresentazioni sintetizzate appartengano allo stesso soggetto. Kant esprimeva questo requisito con la celebre formula:

---

[18] L'incubo dello scetticismo era stato evocato, tra l'altro, da uno scritto pubblicato anonimo e intitolato *Enesidemo*, nel quale veniva attaccato il predecessore di Fichte a Jena, Karl Leonhard Reinhold (1758–1823). Cfr. [Gottlob Ernst Schulze,] *Aenesidemus oder über die Fundamente der von dem Herrn Professor Reinhold in Jena gelieferten Elementar Philosophie. Nebst einer Verteidigung des Skeptizismus gegen die Anmaßungen der Vernunftkritik*, Helmstedt 1792; trad. it. di A. Pupi, Laterza, Bari 1971.

[19] «Ich verstehe aber unter Synthesis in der allgemeinsten Bedeutung die Handlung, verschiedene Vorstellungen zueinander hinzuzutun und ihre Mannigfaltigkeit in einer Erkenntnis zu begreifen» (I. Kant, *Kritik der reinen Vernunft*, 2a ed., p. 103; trad. it., p. 203).

«l'*io penso* deve poter accompagnare tutte le mie rappresentazioni»[20]. Infatti, se il soggetto non potesse diventare consapevole del fatto che le molteplici rappresentazioni sintetizzate gli appartengono, sono sue, il concetto di sintesi perderebbe di significato.

Essere consci di sé, dunque, per Kant, significava non tanto avere o essere consapevole di singole rappresentazioni, bensì unificarle e conoscere al contempo l'identità logica del soggetto sintetizzante. Kant definiva l'*io penso* come "unità sintetica originaria dell'appercezione", oppure, più brevemente, "appercezione trascendentale". Questa sta al centro della cosiddetta deduzione trascendentale delle categorie, la sezione più intricata di tutta la *Critica della ragion pura*, dove il filosofo intende dimostrare che i concetti puri dell'intelletto si riferiscono ad oggetti di una possibile esperienza, cioè a cose reali nello spazio e nel tempo. Fichte, con la dottrina della scienza, credeva probabilmente di star offrendo soltanto una semplice reinterpretazione dell'*io penso* kantiano, ma in verità compì un passo oltre. Secondo le idee di Fichte, per garantire la realtà del sapere, non basta che si riconoscano come sue basi l'autocoscienza ed i concetti puri dell'intelletto, come è in Kant. Piuttosto, ancor prima di ciò, si deve ammettere che la sintesi trascendentale è precisamente l'attività con cui l'io pone sé stesso. Giocando con la parola *Tat-sache* (fatto), Fichte parlava di una *Tat-handlung* (atto) dell'io, la quale costituisce il fondamento incondizionato di tutta la filosofia. Tutti i fatti, gli stati di cose del mondo, sono fondati sull'atto di autoposizione dell'io.

Fichte, in una prima fase del suo pensiero, riteneva di poter realizzare la fondazione della dottrina della scienza indicando alcune proposizioni fondamentali (*Grundsätze*), fungenti da cardini del sapere. Per introdurre il primo principio, egli si richiamò alla certezza e alla validità assolute delle proposizioni identiche. Un giudizio della forma "A = A" è valido comunque, qualsiasi cosa sia A, persino indipendentemente dal fatto se A esista o meno. Per esempio la proposizione "Pegaso è Pegaso" è vera, benché Pegaso e i cavalli alati in generale non esistano. Ma concepire la necessità con cui un qualunque A è uguale a sé stesso, presuppone, secondo Fichte, l'esistenza di un io, a sua volta identico con sé. L'io, anzi, deve *esistere* con la medesima necessità delle proposizioni identiche. Per questa ragione l'essenza dell'io consiste nel porre sé stesso, e nell'essere per sé stesso. Quest'argo-

---

[20] «Das: *Ich denke*, muss alle meine Vorstellungen begleiten können» (op. cit., p. 131; trad. it., p. 241).

mento quindi conduce alla pretesa che «originariamente l'io pone in modo assoluto il suo proprio essere»[21]. Dopo aver enunciato questo primo principio, Fichte, per concludere l'esposizione, osserva che a questa stessa proposizione avrebbe fatto cenno Kant nella sua deduzione delle categorie[22]. Fichte purtroppo non rimase molto fedele a tale esposizione della sua filosofia, e appena due anni dopo presentò la dottrina della scienza "nova methodo". Questa nuova versione ci è pervenuta nella forma di appunti, redatti da alcuni studenti, e di un piccolo testo intitolato *Saggio di una nuova esposizione della dottrina della scienza*, pubblicato nel 1797, che comprende però soltanto due introduzioni e un primo capitolo. In che cosa consiste, dunque, la novità della nuova versione? Nel 1794 Fichte aveva impiegato un metodo che egli stesso aveva caratterizzato come riflessivo: la riflessione su certi fatti della coscienza – le proposizioni identiche – conduce ad un principio incondizionato del sapere, l'autoposizione dell'io. Nell'esposizione *nova methodo*, invece, Fichte ricorre all'introspezione. Basta osservare sé stessi per constatare che nella nostra coscienza si trovano alcune idee, di cui noi stessi siamo autori. La "Prima introduzione" comincia infatti con una sorta d'esperimento mentale. Il filosofo invita il lettore a prestare attenzione a sé stesso, a percepire la differenza tra due tipi di rappresentazioni. Alcune idee sembrano dipendere unicamente da noi, dalla nostra libertà. La fantasia ci permette di immaginare qualsiasi cosa: possiamo chiudere gli occhi e immaginare di essere in montagna, innanzi a un magnifico tramonto; volendo, siamo perfino liberi di immaginarci un sole verde, anziché rosso. Nondimeno, se in questo stesso momento la porta della stanza vicina sbattesse violentemente, non saremmo assolutamente capaci di non avvertirne lo schianto. Quindi, mentre con la nostra volontà, tramite la fantasia, possiamo raffigurarci tutto quel che ci pare, riguardo alla conoscenza oggettiva sentiamo la necessità di adeguarci ad una realtà indipendente da noi. Ma, a differenza delle rappresentazioni prodotte liberamente, l'origine del secondo tipo di idee, quelle involontarie, richiede una spiegazione ulteriore.

---

[21] «Das Ich setzt ursprünglich schlechthin sein eigenes Sein» (J. G. Fichte, *Grundlage der gesamten Wissenschaftslehre*, Leipzig 1794; in: Gesamtausgabe, Frommann-Holzboog, Stuttgart-Bad Cannstatt 1962 segg., vol. I/2, p. 261; trad. it. di M. Sacchetto, in: Scritti sulla dottrina della scienza 1794–1804, UTET, Torino 1999, p. 157).

[22] «Auf unseren Satz, als absoluten Grundsatz alles Wissens hat gedeutet Kant in seiner Deduktion der Kategorien» (op. cit., p. 262; trad. it., p. 158).

Nella genesi dell'esperienza si mischiano, per così dire, i prodotti del nostro intelletto con elementi indipendenti da noi. Per tornare all'esempio di prima, quando avverto lo sbattere della porta, collego lo sbatacchio percepito con alcune cognizioni circa l'ambiente dove mi trovo. Se per esempio sono convinto che nei paraggi non ci siano porte, non identifico quel rumore violento con lo schianto di una porta, ma penso che la causa debba essere qualcos'altro. Ora, siccome l'esperienza è composta da due elementi eterogenei, spontaneità e ricettività, siamo posti, secondo Fichte, di fronte ad un'alternativa netta: la nostra conoscenza, in ultima analisi, o deriva dalla sola intelligenza umana, o dipende da qualcosa fuori di noi. In altri termini, dobbiamo scegliere tra due sistemi filosofici opposti:

«Secondo il primo sistema le rappresentazioni accompagnate dal sentimento della necessità sono prodotti dell'intelligenza che va presupposta a essi nella spiegazione; secondo l'altro sono prodotti di una cosa in sé a essi presupposta»[23].

Fichte chiama idealismo il primo sistema filosofico, e dogmatismo il secondo. L'idealismo riduce tutto all'io, il dogmatismo invece riduce tutto a una realtà presupposta come esistente in sé. Il secondo sistema filosofico è chiamato dogmatismo, giacché per la tradizione filosofica moderna, a partire da Cartesio, l'affermazione di una realtà ulteriore rispetto alle nostre idee, richiede comunque una giustificazione. Per Fichte invece non esiste nessuna prova diretta né per l'idealismo né per il dogmatismo, di modo che la scelta del sistema è rimessa al giudizio di ciascuno. Eppure il filosofo indica un criterio che può facilitare la decisione: la questione della libertà. Il dogmatismo, a suo avviso, toglie completamente la libertà e conduce al fatalismo. Così, in nome della libertà del pensare e dell'agire, Fichte opta per l'idealismo. Afferma Fichte:

«Quale filosofia si scelga, dipende dunque da che uomo si è, perché un sistema filosofico non è una morta suppellettile che possiamo de-

---

[23] «Nach dem ersten System sind die von dem Gefühl der Notwendigkeit begleiteten Vorstellungen Produkte der ihnen in der Erklärung vorauszusetzenden Intelligenz; nach dem letzteren, Produkte eines ihnen vorauszusetzenden Dinges an sich» (J. G. Fichte, «Erste Einleitung in die Wissenschaftslehre» [1797], in: Gesamtausgabe, vol. I/4, p. 188; trad. it., p. 358).

porre o prendere a nostro piacimento, ma è animata dall'anima dell'uomo che la possiede»[24].

Per Fichte era fuori di dubbio che al principio della filosofia vera stava la libera attività dell'intelligenza. Osservando sé stesso, il filosofo poteva scoprire tale atto. Per caratterizzare la consapevolezza immediata dell'attività fondamentale dell'io che pone sé stesso, Fichte parlava di un'*intuizione intellettuale*. Il termine era stato introdotto da Kant per designare la facoltà conoscitiva di un intelletto non-discorsivo, ovvero che non è condizionato da intuizioni ricevute dai sensi. Fichte per parte sua definisce l'intuizione intellettuale come «la coscienza immediata che io agisco e di che cosa io agisco» oppure «ciò grazie a cui io so qualcosa, perché sono io a farlo»[25]. L'autocoscienza, secondo Fichte, costituisce un sapere di sé stessi, proprio perché è legata a un atto di cui siamo immediatamente certi, anzi di cui siamo noi stessi autori. Per questa ragione l'esistenza dell'autocoscienza non può essere messa in dubbio. Se invece non facessi niente, se non compissi alcun atto di pensiero, non sarei consapevole di me, e non potrei né conoscere né volere niente, entro o fuori di me. Fichte, nel corso del tempo, approfondì ancora questa dottrina dell'autocoscienza. Nella postuma *Esposizione della dottrina della scienza degli anni 1801/02*, il filosofo descrisse il sapere assoluto come il compenetrarsi dell'essere e della libertà, il quale si presentava come «un occhio che riposa in sé stesso, in sé chiuso»[26].

---

[24] «Was für eine Philosophie man wähle, hängt sonach davon ab, was man für ein Mensch ist: denn ein philosophisches System ist kein toter Hausrat, den man ablegen oder annehmen könnte, wie es uns beliebte, sondern es ist beseelt durch die Seele des Menschen, der es hat» (op. cit., p. 195; trad. it., p. 365).

[25] «Sie [sc. die intellektuelle Anschauung] ist das unmittelbare Bewusstsein, dass ich handle und was ich handle; sie ist das, wodurch ich etwas weiß, weil ich es tue» (J. G. Fichte, «Zweite Einleitung in die Wissenschaftslehre» [1797], in: Gesamtausgabe, vol. I/4, p. 217; trad. it., p. 391).

[26] «Ein auf sich selbst ruhendes und geschlossenes Auge» (J. G. Fichte, *Darstellung der Wissenschaftslehre*, in: Gesamtausgabe, vol. II/6, p. 169; trad. it., p. 615). – La riscoperta di Fichte come teoretico dell'autocoscienza è dovuta a D. Henrich, *Fichtes ursprüngliche Einsicht*, Frankfurt 1967. Il saggio rappresenta una versione ampliata dell'articolo «La découverte de Fichte», in: *Revue de Métaphysique et de Morale* 72, 1967, pp. 154–169; trad. it. in: Metafisica e modernità. Il soggetto di fronte all'assoluto, Torino 2008, pp. 41–58. Della letteratura recente segnalo G. Zöller, *Fichte's transcendental philosophy. The original duplicity of intelligence and will*, Cambridge University Press, Cambridge 1998, e C. Klotz, *Selbstbewusstsein und praktische Identität. Eine Untersuchung über Fichtes Wissenschaftslehre nova methodo*, Klostermann, Frankfurt 2002.

Non c'è da stupirsi che l'idealismo di Fichte abbia suscitato aspre polemiche. La dottrina della scienza a molti sembrava, e sembra tuttora, l'esempio emblematico di un soggettivismo smisurato. Alcuni critici sostenevano addirittura che Fichte avesse letteralmente identificato l'io con il creatore di tutte le cose. Voler fondare il sapere unicamente sull'attività dell'io, a loro parere, significava aver perso il buon senso, e negare l'indipendenza della realtà oggettiva dalla mente. Va però tenuto presente che finora è stato illustrato solamente il passo iniziale del sistema fichtiano. Per valutare seriamente la dottrina della scienza, bisogna considerare come Fichte dispieghi il principio assoluto dell'io che pone sé stesso, nelle sue ulteriori determinazioni. Nella sezione seguente darò alcune indicazioni in proposito. In ogni caso, il filosofo rimase convinto per tutta la vita che la vera causa di incomprensioni e polemiche fosse il modo ancora inadeguato con cui aveva esposto il proprio pensiero. Così egli produsse complessivamente circa una dozzina di versioni differenti della dottrina della scienza, delle quali però, dopo il 1797, non ne pubblicò più nessuna. In questa sede mi limito a menzionare la famosa *Seconda esposizione dell'anno 1804*, poiché da qualche tempo si trova al centro dell'interesse degli studiosi. In essa Fichte si propone di condurre all'intellezione dell'essere (*Sein*), del quale la coscienza e il sapere sarebbero solo una apparizione (*Erscheinung*).

b) Io e non-io
Molti malintesi a proposito del *Fondamento dell'intera dottrina della scienza* si sarebbero potuti evitare se alcuni lettori, tra cui certi critici, ne avessero recepito non soltanto il primo paragrafo. Il suddetto principio dell'io che pone sé stesso, in realtà, non rappresenta l'unica proposizione fondamentale; ma ad essa fanno seguito una serie di altri principi volti ad integrarla e a svilupparla. Fichte nel 1794 presentava un insieme di tre proposizioni fondamentali, la seconda e la terza delle quali qualificano la prima. L'attività dell'io di porre sé stesso perciò va prontamente specificata. In questi ulteriori principi, l'autore parla sia di un non-io, sia del rapporto sussistente tra io e non-io. La prima specificazione riguarda un principio di opposizione: «All'io – dichiara Fichte – è assolutamente opposto un non-io»[27]. Ma

---

[27] «...wird dem Ich schlechthin entgegengesetzt ein Nicht-Ich» (J. G. Fichte, *Grundlage der gesamten Wissenschaftslehre*, p. 266; trad. it., p. 162).

siccome un io assolutamente posto, e un non-io assolutamente opposto, non possono semplicemente coesistere l'uno accanto all'altro, deve essere posto un limite ad entrambi. Allora, con le parole di Fichte, «io oppongo nell'io all'io divisibile un non-io divisibile»[28]. Questa seconda specificazione riguarda così una limitazione reciproca fra io e non-io. Riassumendo, si può dire che l'attività originaria dell'io comprende tre momenti che sono il porre, l'opporre e il limitare: si pone un soggetto assoluto, all'interno del quale si contrappongono un io limitato e un non-io limitato. Su questa struttura Fichte fonda tanto la teoresi quanto la prassi.

Quantunque la dottrina della scienza si basasse sulla libera attività del soggetto, Fichte era ben lontano da ogni volontarismo. Nelle restanti parti del suo sistema, anzi, esplorava i modi necessari con cui l'intelligenza si volge alla prassi. Per conoscere qualcosa – argomentava l'autore nella seconda parte del *Fondamento* – l'io deve determinare le sue rappresentazioni del non-io, ossia dell'oggetto. Tale capacità implica che l'io, oltre che essere attivo, si comporta insieme anche in modo passivo, e subisce una modificazione. A questo punto torna evidentemente il problema dell'affezione, del quale Kant, come si è visto, non era riuscito a trovare una soluzione convincente. Secondo Fichte, per sciogliere la difficoltà, bisogna supporre che vi sia una specie di un urto (*Anstoß*) da parte del non-io, che spinge l'io a limitare sé stesso; senza un tale urto l'io rimarrebbe indeterminato, e sarebbe impossibile concepire un qualsiasi oggetto in quanto opposto al soggetto. In analogia con le riflessioni sull'urto del non-io, Fichte nella terza parte del *Fondamento dell'intera dottrina della scienza*, definiva l'attività spontanea dell'io come un tendere (*Streben*) infinito. Il filosofo in questa fase impiega il concetto del tendere solo per chiarire l'origine del sentimento (*Gefühl*), mentre nelle opere successive lo porrà proprio alla base delle leggi pratiche.

Immediatamente dopo la conclusione del primo corso sulla dottrina della scienza, Fichte si mise alla stesura di un'etica. Così nel 1796 apparve una *Fondazione del diritto naturale*, seguita nel 1798 da un *Sistema della dottrina morale*. Mentre quest'ultimo trattava della giustificazione e determinazione dei doveri etici, la prima verteva sull'ordine intersoggettivo del diritto e della costituzione dello stato. Nel contesto pratico, il problema della limi-

---

[28] «Ich setze im Ich dem teilbaren Ich ein teilbares Nicht-Ich entgegen» (op. cit., p. 272; trad. it., p. 167).

tazione dell'io assumeva una nuova forma. Ogni individuo possiede un corpo, tramite il quale agisce nel mondo sensibile, e grazie al quale sta in contatto con altri. «L'uomo – secondo una nota sentenza di Fichte – diventa un uomo solo tra uomini»[29]. Per accingersi a determinare sé stesso, il soggetto deve essere sollecitato, ossia ricevere un invito (*Aufforderung*) ad agire in un determinato modo. Un simile appello, però, non poteva che provenire da un'altra autocoscienza, interagente con la prima. Ogni individuo può realizzare sé stesso e la propria libertà solo nella misura in cui è incoraggiato oppure sollecitato da altri. Questa considerazione ora permette a Fichte di avanzare una fondazione del diritto che non dipende dalla morale: per stabilire una relazione legale è sufficiente che l'un soggetto riconosca l'altro, e viceversa. Fichte, dunque, con il concetto di diritto intende un rapporto di reciproco riconoscimento (*Anerkennung*) tra persone, formulando pertanto il seguente principio di legalità:

> «Io devo riconoscere in tutti i casi l'essere libero fuori di me come un essere libero, devo cioè limitare la mia libertà mediante il concetto della possibilità della sua libertà»[30].

Anche Fichte, come già Kant, riprese, quando stava elaborando la sua etica, ad interessarsi alle questioni teologiche. Nel 1798 pubblicò un breve saggio *Sul fondamento della nostra fede in un governo divino del mondo*, nel quale espone il rapporto tra moralità e religione. In esso, dopo aver accertato la propria libertà come essere umano, nota che la destinazione morale dell'uomo rende necessario assumere l'esistenza di un mondo soprasensibile. Poi, proclama la sua fede: «Questo ordine morale è il divino che noi ammettiamo. […] Non abbiamo bisogno di nessun altro Dio e non possiamo concepirne nessun altro»[31]. Queste frasi non mancarono di suscitare

---

[29] «Der Mensch […] wird nur unter Menschen ein Mensch» (J. G. Fichte, *Grundlage des Naturrechts nach den Prinzipien der Wissenschaftslehre*, Jena; Leipzig 1796, in: Gesamtausgabe, vol. I/3, p. 347; trad. it. di L. Fonnesu, Laterza, Roma; Bari 1994, p. 35).

[30] «Ich muss das freie Wesen außer mir in allen Fällen anerkennen als ein solches, das heißt meine Freiheit durch den Begriff der Möglichkeit seiner Freiheit beschränken» (op. cit., p. 358; trad. it., p. 47).
– L'impatto della dottrina fichtiana del riconoscimento sul pensiero di Hegel studia R. Williams, *Recognition. Fichte and Hegel on the other*, State University of New York Press, Albany 1992.

[31] «Diese moralische Ordnung ist das Göttliche, das wir annehmen. […] Wir bedürfen keines anderen Gottes, und können keinen anderen fassen» (J. G. Fichte, «Über den Grund unseres Glaubens an eine göttliche Weltregierung» [1798], in: Gesamtausgabe, vol. I/5, p. 354; trad. it. di G. Moretto, in: La dottrina della religione, Guida, Napoli 1989, p. 81).

reazioni, evolutesi gradualmente nella più infelice vicenda della vita dell'autore. Fichte, infatti, fu accusato di ateismo. Però, anziché essere conciliante, riconoscendo un qualche sia pur minimo errore da parte sua, e di cambiare tono, insistette nella propria opinione, trattando i critici con ruvidezza e tracontaza. Dopo alcune polemiche con le autorità politiche ed accademiche, Fichte rassegnò le dimissioni dall'insegnamento, che vennero subito accettate. Una volta lasciata Jena, Fichte dovette nuovamente tornare a dare lezioni private. Si trasferì a Berlino, dove un decennio più tardi, nel 1810, gli si offrì una cattedra nell'università recentemente fondata. Tuttavia non gli fu dato di ricoprire per molto tempo nemmeno questo incarico. Nel gennaio del 1814 Fichte morì, a soli 51 anni. Quattro anni dopo sulla cattedra di filosofia gli succedette Georg Wilhelm Friedrich Hegel.

3. Il destino di Schelling

Chiunque si voglia occupare dell'idealismo tedesco rimane colpito dalla strabiliante velocità con cui, nel volgere di pochi anni, si sono avvicendati approcci e sistemi filosofici alquanto diversi. Di più: come si è già potuto osservare nel caso di Fichte, persino i singoli pensatori mutarono significativamente l'esposizione del proprio sistema, al punto che risulta difficile rinvenire un denominatore comune che unisca le varie fasi del pensiero di ciascuno, e raccolga insieme questi autori gli uni con gli altri. D'altro canto, questa straordinaria produttività filosofica è avvenuta nell'arco di pochissimo tempo, allorquando i maggiori esponenti dell'idealismo erano attivi presso l'università di Jena, in Sassonia. Quali furono dunque i fattori che scatenarono questa vera e propria temperie filosofica? A mio avviso, sono principalmente due. Un primo impulso fu dato dalla filosofia critica di Kant la quale, sia per la svolta copernicana su cui si impernia, sia per i problemi che aveva lasciato irrisolti, costituiva per la nuova generazione di pensatori un punto di riferimento imprescindibile. Un secondo elemento furono gli avvenimenti politici in Francia. La Germania alla fine del Settecento era un territorio diviso in un gran numero di piccoli stati, retti da sovrani o principi autocratici appoggiati dall'aristocrazia. I giovani intellettuali tedeschi, insoddisfatti per la repressione dei diritti dei comuni cittadini, si accesero di entusiasmo per la rivoluzione francese. Essi da un lato guardavano con nostalgia all'unità dell'Impero Germanico; ma dall'altro auspicavano un radicale rinnovamento sul modello francese, coltivando ideali di uguaglianza e di libertà politiche.

Da qualche decennio, gli studiosi hanno messo in luce anche un terzo fattore ritenuto alla base del rapido sviluppo del pensiero puro. Si tratta della circostanza per cui i maggiori esponenti della filosofia classica tedesca intrattennero rapporti di collaborazione personale; condussero intense discussioni, regolari scambi epistolari; si fecero reciprocamente visita, e in alcuni vissero persino sotto lo stesso tetto[32]. Di ciò può considerarsi esempio emblematico il sodalizio creatosi tra Hegel, Schelling e Hölderlin quando erano giovani studenti di teologia all'università di Tubinga, in preparazione al servizio da pastori protestanti. Tra il 1790 fino al 1793 essi, infatti, divisero la camera nel seminario ducale. Il duca del Württemberg aveva fondato il seminario – detto *Stift* – per formare il clero della chiesa evangelica regionale, e grazie a delle borse di studio, poteva venire frequentato anche da allievi di origini modeste. Così, nell'autunno del 1788, lo *Stift* di Tubinga accolse i diciottenni Georg Wilhelm Friedrich Hegel e Friedrich Hölderlin, mentre due anni dopo si unì il quindicenne Friedrich Wilhelm Joseph Schelling. Durante gli anni a Tubinga i compagni, oltre che dedicarsi all'apprendimento delle lingue greca ed ebraica, seguirono corsi di filosofia e teologia. Del resto s'immersero nello studio delle *Critiche* di Kant e del volume di Jacobi *Sulla dottrina di Spinoza*. Per via delle loro convinzioni eterodosse, i tre brillanti studenti entrarono presto in conflitto con le autorità, e alla fine nessuno scelse di diventare pastore.

Friedrich Wilhelm Joseph Schelling (1775–1854), pur essendo il più giovane del gruppo, fu il primo ad avere successo. A soli vent'anni pubblicò due celebri saggi, nei quali si mostrò seguace della dottrina fichtiana della scienza; all'età di ventitré fu già nominato professore straordinario all'università di Jena, diventando così collega di Fichte. Nel 1801 Schelling chiamò a lavorare all'università il più anziano amico Hegel, che finì per apparire come un collaboratore del professore giovane. Va detto però che la rapida e precoce ascesa di Schelling è solo un lato della medaglia; l'altro lato sono i quarantacinque anni, dal 1809 fino alla morte, durante i quali condusse

---

[32] Le ricerche pionieristiche di D. Henrich, a questo proposito, sono testimoniate nel volume programmatico: *Konstellationen. Probleme und Debatten am Ursprung der idealistischen Philosophie (1789–1795)*, Klett-Cotta, Stuttgart 1991.

una vita irrequieta, senza pubblicare quasi più nulla. Hegel, invece, dal 1818 fino alla morte, mentre il suo amico di gioventù ricopriva un posto presso l'Accademia delle scienze a Monaco di Baviera, divenne un insigne professore all'università di Berlino. Schelling mutò orientamento di pensiero tante volte che è stato paragonato a una specie di camaleonte della filosofia. Egli sopravvisse a Hegel per più di due decenni; nondimeno, la storiografia sull'idealismo fu largamente condizionata dall'idea hegeliana, un po' propagandistica, secondo cui più l'idealismo – dopo gli inizi con Kant e gli sviluppi con Fichte e Schelling – sarebbe culminato nel sistema di Hegel. È solo nella seconda metà del Novecento che è stata resa giustizia all'importanza della filosofia soprattutto del tardo Schelling. In seguito cercherò di cogliere alcuni momenti essenziali del suo pensiero, quali (a) la filosofia della natura e l'idea dell'identità assoluta; (b) l'importanza da lui attribuita al mito e all'arte; e infine (c) la distinzione fatta dall'ultimo Schelling tra filosofia negativa e filosofia positiva.

a) Natura e identità assoluta

Com'è stato accennato, il giovane Schelling sembrò iniziare la sua carriera come discepolo di Fichte. Tuttavia il legame tra i due pensatori, se mai fosse esistito, si sciolse dopo l'arrivo di Schelling a Jena. Dal 1797, infatti, egli cominciò a pubblicare una serie di scritti sulla filosofia della natura, nei quali l'influenza di Kant appare più rilevante del riferimento alla dottrina della scienza fichtiana. Ma già prima Schelling si dimostrò un pensatore originale, capace di inaugurare una fase autenticamente nuova della riflessione filosofica sulla natura. Kant, nei *Principi metafisici della scienza della natura*, aveva presentato una fisica a priori, basata sull'esposizione sistematica del concetto di materia. Schelling nelle sue *Idee per una filosofia della natura* si assunse invece il compito di dedurre la materia stessa. Ora, va ricordato che Kant non si era interessato soltanto alla natura inorganica, ma aveva cercato di chiarire l'origine degli organismi, ritenendo sbagliata la concezione cartesiana degli esseri viventi, secondo cui gli organismi altro non sono che macchine molto sofisticate. Nella *Critica del giudizio*, Kant contrappose pertanto la spiegazione meccanicistica della natura alla riflessione teleologica: mentre in fisica vale il meccanicismo, nella sfera degli organismi è necessario presupporre il finalismo. Di conseguenza, nel sistema kantiano troviamo un certo dualismo tra meccanicismo e teleologia, tra materia inorganica ed esseri viventi. Schelling invece ha tentato di riconciliare i questi due aspetti, tramite una concezione organica della stessa materia, e perciò dell'intera natura.

Assimilando la lezione platonica del *Timeo*, il Nostro pubblicò un altro libro, intitolato *Sull'anima del mondo: ipotesi di fisica superiore per illustrare l'organismo universale*, dove espose l'origine materiale della vita. Il passo successivo da compiere, a quel punto, era unificare la deduzione della materia, compiuta nelle *Idee*, con la recente dottrina dell'organismo universale. Schelling attese a questo compito nel suo primo corso universitario di Jena, le cui dispense apparvero come il *Primo abbozzo di un sistema di filosofia della natura*. Egli concepiva la natura come un complesso unitario modulare, una specie di scala (*Stufenfolge*), comprendente tanto le funzioni inorganiche quanto quelle organiche. Il compito del filosofo doveva consistere nel dedurre i diversi livelli dinamici di cui si compone la natura. Ogni grado rappresenta una determinata forma del rapporto reciproco tra i due principi fondamentali, opposti ma interagenti, ovvero l'attività produttiva da una parte, e il suo prodotto dall'altra. La natura, in altre parole, è costituita originariamente da un'attività assoluta, la quale successivamente viene ostacolata (*gehemmt*), a diversi livelli, di modo che essa si produce nelle sue varie forme in modo scalare. Sebbene la presentazione di Schelling possa suscitare numerosi interrogativi, perlomeno l'intenzione dell'autore è chiara: egli mira a rimuovere la dialettica tra meccanicismo e finalismo, per ribadire l'unità della natura. Alla fine del semestre stese ancora un'introduzione al *Primo abbozzo*, nella quale avanzò il concetto di una fisica speculativa. Il sistema di filosofia della natura progettato da Schelling nel 1799 si basava sull'identità della natura come mero prodotto (*natura naturata*) con la stessa natura come attività produttiva (*natura naturans*).

> «Nella misura in cui noi poniamo la totalità degli oggetti non solo come prodotto, ma necessariamente insieme come produttrice, essa si eleva per noi a natura»[33].

---

[33] «Insofern wir das Ganze der Objekte nicht bloß als Produkt, sondern notwendig zugleich als produktiv sehen, erhebt es sich für uns zur Natur» (F. W. J. Schelling, *Einleitung zu seinem Entwurf eines Systems der Naturphilosophie*, Jena 1799; in: Historisch-kritische Ausgabe, Frommann-Holzboog, Stuttgart-Bad Cannstatt 1976 segg., vol. I/8, p. 41; trad. it. di L. Pareyson, in: Grande Antologia Filosofica, vol. XVIII, Marzorati, Milano 1971, p. 107).

Nel considerare il *Primo abbozzo* bisogna tenere presente che per Schelling l'identità fra produttività e prodotto, *natura naturans* e *natura naturata*, indicava l'unione tra la natura come oggetto e la natura come soggetto, ossia del reale con l'ideale. L'impressione, nell'ambiente filosofico, era probabilmente che Schelling volesse ampliare il sistema fichtiano nella direzione della filosofia della natura, un ambito che Fichte sembrava avere trascurato. Inoltre, verosimilmente, lo stesso Fichte non aveva ancora riconosciuto l'autentica, originale indole delle ricerche di Schelling. Quest'ultimo, infatti, si era ormai considerevolmente allontanato dalla dottrina della scienza, prendendo la direzione di una filosofia dell'identità assoluta. Schelling nel 1800, a complemento della filosofia della natura, scrisse un *Sistema dell'idealismo trascendentale*. Il libro, oltre a trattare il sapere teoretico e l'agire pratico, conteneva anche una filosofia dell'arte, sulla quale tornerò nella prossima sezione. Nell'attuale contesto, interessa piuttosto il fatto che Schelling parli di due scienze fondamentali, anziché di una sola. La prima di esse è la filosofia della natura, che ha lo scopo di «pervenire dalla natura all'intelligenza»; la seconda, invece, è la filosofia trascendentale, che deve compiere il cammino inverso, ovvero «partire dal soggettivo, come primo ed assoluto, e farne risultare l'oggettivo»[34]. Con la pretesa di dar vita ad un unico sistema filosofico, che avrebbe compreso le due scienze opposte, Schelling prese ovviamente le distanze da Fichte il quale riservava esclusivamente alla dottrina della scienza il rango di essere l'unica vera disciplina filosofica.

Peraltro, Schelling non si contentò di presentare le due parti del sistema come giustapposte, poiché di lì a poco scrisse un'*Esposizione del mio sistema di filosofia*, nella quale presentò il fondamento comune alle due discipline, ferma restando comunque l'identità tra reale e ideale, oggetto e soggetto – identità che ora era intesa essere l'assoluto stesso. L'identità assoluta, secondo lo Schelling del 1801, può assumere tanto la forma dell'essere, nella natura; quanto la forma del conoscere, nello spirito. Ma l'identità dell'asso-

---

[34] «Die notwendige Tendenz aller Naturwissenschaft ist also, von der Natur aufs Intelligente zu kommen. [...] Wenn es also eine Transzendentalphilosophie gibt, so bleibt ihr nur die entgegengesetzte Richtung übrig, vom Subjektiven, als vom Ersten und Absoluten, auszugehen, und das Objektive aus ihm entstehen zu lassen» (F. W. J. Schelling, *System des transzendentalen Idealismus*, Tübingen 1800; in: Historisch-kritische Ausgabe, vol. I/9.1, pp. 30.32; trad. it. di L. Pareyson, in: op. cit., pp. 138.140).

luto precede la sua bipartizione in materia e coscienza, natura e spirito, che sono soltanto le manifestazioni opposte di un principio comune. Schelling, per esporre questo principio, parte dalla legge dell'identità "A = A" – che già Fichte aveva impiegato per illustrare il primo principio incondizionato della dottrina della scienza. La proposizione "A = A" esprime, per Schelling, l'identità assoluta tra soggetto e oggetto, e cioè ha per significato l'assoluto che conosce il proprio essere. Tale identità tuttavia non viene meno, non si scinde nel passaggio dall'assoluto al finito: sia il reale che l'ideale sono da considerare come l'assoluto stesso, posto con prevalenza dell'elemento oggettivo in un caso, e di quello soggettivo nell'altro. Riassumendo la spiegazione dell'identità assoluta, Schelling scrive:

> «A non può essere posta in se né come soggetto né come oggetto, ma solo l'uno e il medesimo A = A, con l'idealità preponderante (come espressione del conoscere) e con la preponderante realtà (come espressione dell'essere), e con l'indifferenza quantitativa di tutte due»[35].

È difficile ignorare la somiglianza della filosofia dell'identità di Schelling con la metafisica di Spinoza, la cui *Etica,* in seguito alla critica di Jacobi, veniva considerata da molti pensatori come il sistema massimamente razionale mai concepito. L'antico *Hen kai pan,* come sappiamo, era stato il motto che aveva unito i compagni di camerata a Tubinga. Inoltre, Schelling, in una famosa lettera del febbraio 1795, scrisse all'amico Hegel: «nel frattempo sono diventato spinozista»[36]; e nella summenzionata *Introduzione al suo abbozzo di un sistema di filosofia della natura,* il Nostro definì la fisica speculativa «lo spinozismo della fisica»[37]. Poiché sia Kant che Fichte si erano sempre pronunciati contro la metafisica spinoziana, si può ritenere che con il sistema dell'identità schellinghiano abbiano inizio la riabilitazione e il rafforzamento del concetto di sostanza asso-

---

[35] «Weder A als Subjekt noch A als Objekt kann an sich gesetzt werden, sondern nur das eine und selbe A = A mit der überwiegenden Idealität (als Ausdruck des Erkennens) und Realität (als Ausdruck des Seins) und der quantitativen Indifferenz beider» (F. W. J. Schelling, «Darstellung meines Systems der Philosophie» [1801], in: Sämtliche Werke, Stuttgart 1856–61, vol. IV, p. 136; trad. it. di E. De Ferri, Laterza, Bari 1923, p. 38).
[36] «Ich bin indessen Spinozist geworden» (Schelling a Hegel del 4 febbraio 1795, in: Historisch-kritische Ausgabe, vol. III/1, p. 22).
[37] «...daher sie am kürzesten als der Spinozismus der Physik bezeichnet werden kann» (F. W. J. Schelling, *Einleitung zu seinem Entwurf eines Systems der Naturphilosophie,* p. 30; trad. it., p. 99).

luta, il quale più tardi fu adottato e trasformato da Hegel. Queste osservazioni, già da sole, dovrebbero bastare a respingere qualsiasi ricostruzione della filosofia classica tedesca nei termini di una qualche specie di soggettivismo. Prima però di passare al sistema hegeliano e approfondire il versante metafisico dell'idealismo, vorrei concludere il racconto del destino di Schelling.

b) Mito e arte

Il giovane Schelling non solo si dedicò all'elaborazione di una filosofia della natura, ma produsse anche un trattato sull'arte. Il suddetto *Sistema dell'idealismo trascendentale* era infatti tripartito, comprendendo – oltre alla filosofia teorica dell'autocoscienza e alla filosofia pratica dell'autodeterminazione –anche una sezione dedicata all'arte. L'importanza dell'estetica aveva entusiasmato Schelling fin da quando era studente nel seminario ecclesiastico di Tubinga. A questo proposito, si può ricordare la passione di Schelling per i classici greci, condivisa con Hegel ma soprattutto con Hölderlin. Probabilmente nel 1796 uno degli amici stese un testo, che dagli studiosi è chiamato *Il più antico programma sistematico dell'idealismo tedesco*. Nel frammento, la cui paternità è tuttora incerta, si mettono in risalto due momenti: l'etica e l'arte. Per etica l'autore intende una metafisica della libertà, secondo un programma vasto, in cui si allude ad nuovo tipo di fisica, nonché ad una futura storia dell'umanità che dovrebbe superare le forme dello stato, della legislazione e del governo, per tendere alla «assoluta libertà di tutti gli spiriti»[38]. Poi l'anonimo autore si richiama all'idea della bellezza come unificatrice di tutte le altre idee, giacché solo nell'atto estetico si può cogliere l'unione del vero e del buono. Il testo quindi esige una "filosofia estetica", profetizzando che la poesia sarebbe sopravvissuta a tutte le scienze. L'arte assolverebbe la funzione di formare una "religione sensibile", a vantaggio tanto della gente comune, quanto dei filosofi. Alla fine del frammento, si dichiara che «noi dobbiamo avere una nuova mitologia, ma questa mitologia deve porsi a servizio delle idee, diventare mitologia della ragione»[39].

---

[38] «Absolute Freiheit aller Geister...» (in: *Das älteste Systemprogramm. Studien zur Frühgeschichte des deutschen Idealismus*, a cura di R. Bubner, Bouvier, Bonn 1973, p. 264; trad. it. di A. Massolo, in: *La storia della filosofia come problema e altri saggi*, Vallecchi, Firenze 1967, p. 250).

[39] «Wir müssen eine neue Mythologie haben, diese Mythologie aber muss im Dienst der Ideen stehen, sie muss eine Mythologie der Vernunft werden» (op. cit., p. 265; trad. it., p. 252).

Mentre l'idea di una mitologia della ragione fu poi accantonata dai tre pensatori, l'arte invece ha rappresentato per ciascuno di loro un tema di massimo rilievo. Schelling, appena arrivato a Jena, entrava in contatto con il gruppo dei primi romantici. Frequentava spesso i coniugi August Wilhelm e Caroline Schlegel, e conobbe pure Friedrich Schlegel, Ludwig Tieck e Friedrich von Hardenberg, detto Novalis. In quel cenacolo si discutevano vivacemente questioni di estetica, avversando, tra l'altro, l'allora diffusa predilezione per l'arte classica. Contro una simile tendenza, i romantici fecero valere i temi della religione cristiana, gli eroi medievali e le tradizioni orientali. Essi ammiravano "romanzi" come l'*Orlando furioso* di Ludovico Ariosto, la *Gerusalemme liberata* di Torquato Tasso oppure il *Don Chisciotte della Mancia* di Miguel de Cervantes, e tenevano in gran considerazione i drammi di William Shakespeare. «Romantico – scrisse Friedrich Schlegel una volta – è ciò che ci rappresenta una materia sentimentale in una forma fantastica»[40]. Lo stesso Schlegel sosteneva l'idea della poesia romantica come «poesia universale progressiva», che doveva «rendere viva e sociale la poesia, poetica la vita e la società»[41].

Solo recentemente si è cominciato a studiare il contributo propriamente filosofico dei primi romantici[42]. Schelling in un tale ambiente certamente si sentì a proprio agio; da esso trasse molteplici ispirazioni e fu incoraggiato a sviluppare una filosofia dell'arte. Nel *Sistema dell'idealismo trascendentale* egli assegnava ad essa un posto distinto, poiché l'arte costituirebbe l'unico modo nel quale si possa afferrare l'unità tra la necessità della natura, da un lato, e l'agire libero, dall'altro. Invece di rimandare semplicemente all'intuizione intellettuale dell'assoluto, Schelling rinvia all'opera d'arte, che rende visibile l'identità di conscio e inconscio.

---

[40] «... ist eben das romantisch, was uns einen sentimentalen Stoff in einer fantastischen Form darstellt» (F. Schlegel, «Gespräch über die Poesie» [1800], in: *Kritische Friedrich-Schlegel-Ausgabe*, Schöningh, Paderborn 1958 segg., vol. 2, p. 333; trad. it. di V. Santoli, in: *Frammenti critici e scritti di estetica* [1797–1800], Sansoni, Firenze 1967, p. 212).

[41] «Die romantische Poesie ist eine progressive Universalpoesie. [...] Sie will [...] die Poesie lebendig und gesellig und das Leben und die Gesellschaft poetisch machen» (F. Schlegel, «Athenäums-Fragmente» [1798], no. 116, in: op. cit., p. 182; trad. it., p. 64).

[42] Per un quadro generale si veda M. Frank, «*Unendliche Annäherung*». *Die Anfänge der philosophischen Frühromantik*, Suhrkamp, Frankfurt 1997.

«L'arte – dichiara Schelling – è l'unico vero ed eterno organo e documento insieme della filosofia, il quale [...] attesta quel che la filosofia non può rappresentare esternamente, cioè l'inconscio nell'operare e nel produrre, e la sua originaria identità con il cosciente»[43].

Nell'opera d'arte, dunque, coincidono natura inconscia e libertà creativa dell'artista. Nella conclusione del *Sistema*, Schelling si riallacciò all'idea di una nuova mitologia, che dovrebbe fungere da «intermediario del ritorno della scienza alla poesia»[44]. Tale programma di una mitologia della ragione evoca indubbiamente i miti filosofici di Platone; Schelling poi, per tutta la vita, si è interessato di mitologia antica. Da giovane studente aveva proposto un'interpretazione allegorica dei miti; a Jena li considerava prodotti di fantasia, e più tardi ne riconobbe anche la funzione religiosa. Quando riprese lo studio dei racconti mitologici delle divinità egiziane, indiane e greche, egli rinveniva in essi l'espressione non della riflessione filosofica, ma dell'esperienza religiosa. Per lo Schelling maturo, pertanto, non si trattava più di creare una nuova mitologia atta ad illustrare le idee della ragione; ma di mettere in luce la razionalità insita nei miti già esistenti. Negli anni 1820 il Nostro iniziava a tenere lezioni sulla *Filosofia della mitologia*, nelle quali esponeva la storia dei miti come un processo organico. I miti, sostiene Schelling, provenendo da un monoteismo originario, esprimono le potenze di un mondo politeistico il quale a sua volta deve cedere il passo alla rivelazione giudaico-cristiana. Schelling quindi riconobbe alla positività di mito e religione un valore che oltrepassa i limiti di qualunque costruzione concettuale.

c) La filosofia positiva

Il rapporto di amicizia che legava Schelling con i romantici a Jena non si limitava ad una mera affinità spirituale, ma conobbe degli aspetti sentimentali. Egli s'innamorò di Caroline Schlegel, donna di grandi fascino e cultura. Tanto Caroline quanto sua figlia di primo letto, Augusta, attiravano in effetti l'attenzione di molti visitatori di casa Schlegel. Nell'estate del 1800

---

[43] «...dass die Kunst das einzige wahre und ewige Organon zugleich und Dokument der Philosophie sei, welches [...] beurkundet, was die Philosophie äußerlich nicht darstellen kann, nämlich das Bewusstlose im Handeln und Produzieren und seine ursprüngliche Identität mit dem Bewussten» (F. W. J. Schelling, *System des transzendentalen Idealismus*, p. 328; trad. it., p. 191).

[44] «...das Mittelglied der Rückkehr der Wissenschaft zur Poesie» (op. cit., p. 329; trad. it., p. 192).

però la giovane Augusta morì, all'età di quindici anni, e il matrimonio tra August Wilhelm e Caroline entrò in una grave crisi, da cui non si riscosse più. Tre anni dopo la morte della figlia, Caroline Schlegel abbandonò il marito e sposò Schelling. La coppia lasciò Jena per stabilirsi dapprima a Würzburg, e poi a Monaco di Baviera. Nel 1809 anche Caroline morì improvvisamente. Schelling cadde in una profonda disperazione. Si risposò tre anni dopo, ma non si riprese che molto lentamente. Nel frattempo era apparso un primo volume di scritti filosofici, che racchiudeva le importanti *Ricerche filosofiche sull'essenza della libertà umana*. Secondo molti studiosi, in questo saggio si indagano per la prima volta i limiti del progetto idealista. Sollevando il problema del male, Schelling approfondisce il tema della libertà, che era stato al centro del pensiero kantiano e fichtiano, dando inizio ad una lunga serie di speculazioni sulla personalità di Dio da una parte, e sulla storicità dall'altra[45]. Schelling non smise più di occuparsi di questi argomenti, fino alla fine; ma gli studi che seguirono trovarono scarsa eco, anzitutto per la semplice ragione che egli, dopo il volume sopraccitato, per quarantacinque anni non pubblicò quasi più niente.

La fortuna volle che Schelling – proprio quando era divenuto ormai un astro in declino, anche per via del suo silenzio in campo scientifico e dell'irresistibile ascesa di Hegel – venisse invitato dal governo prussiano a ricoprire una cattedra all'università di Berlino, dove ancora dominava la scuola hegeliana. Il re di Prussia in persona si era proposto, con questa mossa, di indebolire l'hegelismo. Il 15 novembre 1841 Schelling iniziava il suo corso intitolato *Filosofia della rivelazione*. Tra gli uditori c'erano futuri uomini illustri come Michail Bakunin, Friedrich Engels e Søren Kierkegaard; ma non ci volle molto perché la maggior parte degli ascoltatori perdesse interesse per il vecchio professore, le cui lezioni apparivano pretenziose ed oscure. Schelling, con parole altisonanti, annunciava la venuta di una nuova filosofia; ma la sua esposizione, alquanto prolissa, sembrava inclinare verso una specie di gnosticismo. La sua polemica pungente nei confronti di Hegel, per di più, lo faceva apparire come un reazionario al servizio del governo.

---

[45] Un ottimo commentario alle *Ricerche filosofiche* è il volume scritto a più mani: F.W.J. *Schelling: Über das Wesen der menschlichen Freiheit*, a cura di O. Höffe e A. Pieper, Akademie-Verlag, Berlin 1995; trad. it. di F. Moiso e F. Viganò, Guerini, Milano 1997.

Che cosa intendeva Schelling per filosofia della rivelazione? Durante gli anni 1830, egli aveva iniziato a ripensare a fondo il contributo che la sola ragione poteva dare alla filosofia. La sua principale preoccupazione al riguardo era il problema della transizione dal pensiero all'essere. Come da un'idea si poteva mai giungere alla realtà? Benché Schelling stesso, nella cosiddetta filosofia dell'identità, avesse propugnato l'unità assoluta dell'ideale e del reale, in seguito si era convinto che l'essere preceda da sempre il pensiero. Proprio perciò criticava Hegel, avendo questi tentato di dedurre la realtà della natura dal puro pensiero logico. Allora c'erano due posizioni da evitarsi in filosofia, secondo l'ultimo Schelling: da una parte i sistemi puramente razionali, che non possiedono alcun rapporto con la realtà; e dall'altra le derive irrazionalistiche. Schelling persegue una terza via, elaborando una filosofia bipartita. La prima parte, chiamata *filosofia negativa*, comprende un'esposizione puramente razionale del concetto di Dio, molto somigliante al tradizionale argomento ontologico; la seconda parte, invece, è una *filosofia positiva*, che studia le manifestazioni reali della divinità nella creazione del mondo, nei miti antichi e nella religione rivelata.

Schelling offrì varie stesure della sua tarda filosofia, senza però mai giungere ad una formulazione definitiva. L'esplicito richiamo alla rivelazione cristiana, nonché una certa oscurità nei dettagli, giocarono a sfavore della filosofia positiva del Nostro la quale, per circa un secolo, trovò scarso interesse. Le cose mutarono solo a partire dalla seconda metà del Novecento, quando alcuni interpreti le dedicarono rinnovata attenzione, giungendo a ritenerla una posizione filosofica del livello del sistema hegeliano, se non addirittura superiore[46]. Un tale giudizio si comprende tenendo presente che l'aspetto forse più interessante della filosofia dell'ultimo Schelling è che essa, proprio resistendo alla tentazione di dedurre la realtà dall'idea, sarebbe in grado di salvaguardare la fatticità storica, ovviando così a quelle difficoltà che rendono difficilmente accettabile la filosofia hegeliana.

---

[46] Sono da citare a proposito i contributi classici di H. Fuhrmans, *Schellings letzte Philosophie. Die negative und positive Philosophie im Einsatz des Spätidealismus*, Junker und Dünnhaupt, Berlin 1940, e W. Schulz, *Die Vollendung des Deutschen Idealismus in der Spätphilosophie Schellings*, Kohlhammer, Stuttgart 1955.

B. IL SISTEMA DI HEGEL

I primi idealisti, pur accogliendo alcuni elementi della filosofia critica di Kant, avevano avvertito l'esigenza di dare fondamenta più stabili al sapere, cercando il *principio assoluto* di tutte conoscenze filosofiche. Come precedentemente già visto, sia Fichte che Schelling avevano proposto nuove ed originali riflessioni riguardo tanto alla costituzione del soggetto, quanto al mondo naturale e alla storia. Ciò nondimeno, è stato Georg Wilhelm Friedrich Hegel (1770–1831) ad elaborare il sistema idealistico più completo e particolareggiato. Il suo metodo dialettico divenne la parola d'ordine per intere generazioni di pensatori; la sua filosofia del diritto rappresenta tuttora una valida alternativa alla filosofia politica di Kant; le sue lezioni sulla filosofia della storia universale, dell'arte e della religione continuano ad esercitare notevole influenza nel dibattito intorno a queste discipline. Il principio assoluto – che Fichte aveva identificato con l'io che pone sé stesso, e che Schelling aveva descritto come l'identità tra soggetto e oggetto, tra natura e spirito – fu chiamato da Hegel "idea". L'idea assoluta, di cui tutta la realtà finita non è che la manifestazione, non è un presupposto, o il frutto di un'evidenza; bensì è introdotta quale il risultato di un lungo sviluppo di categorie logiche, al quale fa seguito un percorso altrettanto lungo, dedicato alle determinazioni concrete della natura e dello spirito.

Il *sistema hegeliano* è caratterizzato da una tensione tra due elementi: l'apparente rigore formale, da un lato, e la traboccanteccchevole ricchezza contenutistica, dall'altro. Ciò ne rende oltremodo difficile l'esposizione. La difficoltà di integrare i due aspetti, senza semplicemente accostarli o contrapporli, è comprovata da un giudizio di Benedetto Croce, espresso verso la fine della sua vita, secondo cui la dialettica «era nata per spazzar il dualismo del positivo e del negativo, del vero e dell'errore, della vita e della morte, del bene e del male». Ma, dopo aver rilevato la capacità unificante del pensiero hegeliano, il filosofo napoletano prosegue con il rimprovero che Hegel, nel corso della costruzione del sistema, avrebbe «dialettizzato il non dialettizzabile, i concetti empirici e i collettivi processi storici, con un dialettizzare arbitrario e di mera formula»[47]. La critica del Croce mi sembra rappresentativa di un sospetto diffuso, condiviso sia dai sostenitori quanto dai detrattori di Hegel, secondo

---

[47] B. Croce, «Una pagina sconosciuta degli ultimi mesi della vita di Hegel» [1948], in: *Indagini su Hegel*, Laterza, Bari 1952, p. 16.

cui aderire alla logica speculativa equivarrebbe a sdraiarsi su un letto di Procruste. La logica sarebbe, in altre parole, una gigantesca forzatura. È in questo senso che frequentemente si oppone il presunto ordine deduttivo, che sembra determinare il sistema hegeliano fin nelle ramificazioni più sottili, alla varietà effettiva delle nostre esperienze concrete che non sembrano poter essere mai afferrate ed esaurite da un punto di vista unico ed esclusivo. Una simile critica si ritrova in parecchi manuali e in molte discussioni accademiche: è divenuta una specie di luogo comune. Mette conto di notare, però, che negli studi più recenti si è affermato anche un orientamento interpretativo di segno opposto, volto a rendere giustizia proprio all'aspetto sistematico del pensiero di Hegel, riscattandolo dall'accusa di forzatura panlogista.

Il mio proposito è, per prima cosa, evitare di ridurre l'opera hegeliana ad una raccolta di concetti e teorie che possono anche essere considerati come in sé interessanti, ma senza alcun legame sistematico fra loro. Al contrario, sosterrò qui un'interpretazione secondo cui la logica speculativa hegeliana non è affatto un involucro esteriore e superfluo, bensì una specie di *fondazione metafisica* delle varie discipline filosofiche, quali la filosofia della natura, del diritto, dell'arte, della religione, eccetera. L'impianto generale del sistema di Hegel implica, infatti, una sorta di parallelismo strutturale tra le categorie logiche del pensiero soggettivo, da una parte, e la costituzione oggettiva della realtà, dall'altra. Questa presunta unità dell'idea assoluta con l'ordine reale delle cose suscita invece la domanda se e in che misura il filosofo sia rimasto fedele al programma kantiano di compiere una critica della ragione. Non è forse ricaduto in una forma di metafisica essenzialmente precritica?

Rispondere a questa domanda, in modo positivo o negativo, equivale a compiere una scelta di fondo rispetto al pensiero hegeliano, offrendo di esso una lettura metafisica o, all'opposto, non metafisica[48]. Le letture del primo tipo vedono nel sistema un nuovo tipo di metafisica dell'assoluto, mentre le altre lo considerano anzitutto una teoria del nostro modo contingente di concepire la realtà. La mia intenzione è superare questo contrasto, mostrando che Hegel mira a rilevare e valorizzare proprio la realtà, ossia l'oggettività delle categorie soggettive, e che la sua non può pertanto che essere una metafisica della soggettività. Per illustrare questa tesi, non seguirò l'ordine cronologico delle opere

---

[48] Il binomio risale a K. Hartmann, «Hegel. A non-metaphysical view», in: *Hegel. A collection of critical essays*, a cura di A. MacIntyre, Doubleday, Garden City (NY) 1972, pp. 101–124.

hegeliane, ma inizierò da una breve presentazione della logica speculativa in cui il filosofo sviluppa la sua concezione dell'assoluto. Dopo aver spiegato le basi metafisiche del sistema, tratterò dell'opera considerata il suo capolavoro, la celeberrima *Fenomenologia dello spirito*. Gli ultimi due capitoli di questa prima parte saranno invece dedicati, rispettivamente, alla filosofia del diritto e alla filosofia della religione. Come si vedrà, è stata quest'ultima disciplina a suscitare le controversie più appassionate sull'eredità di Hegel.

4. La logica speculativa

La culla dell'idealismo tedesco, come si è detto, fu l'università di Jena, dove aveva insegnato Fichte dal 1794. Quattro anni dopo, Schelling ricevette proprio lì un posto come professore di filosofia; ma egli non era stato certo il primo dei tre compagni di Tubinga a trasferirsi in Sassonia, poiché già nel 1795 Hölderlin si era recato a Jena dove seguiva le lezioni di Fichte. Solo recentemente si è portato alla luce lo specifico contributo di Friedrich Hölderlin (1770–1843) allo sviluppo della filosofia classica tedesca. Mentre prima egli era stato considerato soprattutto come un grande poeta, apprezzato per la straordinaria bellezza del linguaggio e l'eccezionale profondità del pensiero, la sua importanza come filosofo è rimasta largamente sottovalutata, finché, nel 1961, fu pubblicato un suo breve scritto intitolato *Giudizio e essere*. Hölderlin in quel testo si oppone alla pretesa fichtiana secondo cui il primo principio della dottrina della scienza permette di afferrare l'unità tra soggetto e oggetto; per contro, egli sostiene che l'autocoscienza, alla quale si riferisce la proposizione "io sono io", più che l'unità di soggetto e oggetto, implica la loro divisione. Giocando con il significato etimologico della parola tedesca giudizio (*Urteil*), egli spiega l'autocoscienza come risultato di una partizione originaria (*Ur-teilung*) tra l'io come soggetto e l'io come oggetto. A questa separazione però, a suo avviso, è necessario presupporre «un intero di cui oggetto e soggetto sono parti»[49]. Tale unità, che sta alla base dell'autocoscienza – e quindi precede il primo principio di

---

[49] «...die notwendige Voraussetzung eines Ganzen, wovon Objekt und Subjekt die Teile sind» (F. Hölderlin, «Urtheil und Seyn» [1795], in: Sämtliche Werke, Kohlhammer, Stuttgart 1943–85, vol. IV/1, p. 216; trad. it. di R. Bodei, in: Sul tragico, Feltrinelli, Milano 1989, p. 75). – Una dettagliata interpretazione di *Giudizio e essere* è fornita da D. Henrich, *Der Grund im Bewusstsein. Untersuchungen zu Hölderlins Denken (1794–1795)*, Klett-Cotta, Stuttgart 1992.

Il pensiero puro

Fichte – è chiamata da Hölderlin essere assoluto (*absolutes Sein*). Così, già nel 1795, si annunciò quel passaggio dalla filosofia trascendentale a una metafisica dell'assoluto che solitamente è associato alla figura di Hegel.

È presumibile che Hölderlin avesse discusso le sue idee con l'amico Hegel, allorquando i due nel 1797 si ritrovarono a Francoforte. Hölderlin comunque non riuscì mai ad ottenere un incarico accademico, nonostante il suo acume filosofico. Dopo il volgere del secolo, peraltro, egli iniziò a soffrire di disturbi mentali, da cui non si riprese più. Diversa la sorte di Hegel che nel 1801 fu chiamato da Schelling a Jena, dove cominciò la sua carriera come libero docente, e scrisse la famosa *Fenomenologia dello spirito*. Egli avrebbe dovuto tuttavia aspettare altri quindici anni prima di ottenere una cattedra di filosofia presso l'università di Heidelberg. Nel frattempo, lavorò come redattore presso un giornale, e assunse l'incarico di preside di un liceo classico a Norimberga. In questo periodo, mentre insegnava filosofia ai ragazzi, Hegel redasse i tre tomi della *Scienza della logica*, contenenti la fondazione metafisica del suo sistema. È a questa fondazione che vorrei dedicare ora la mia attenzione, esaminando dapprima (a) la concezione hegeliana dell'assoluto e quindi (b) l'ardua questione del metodo dialettico.

a) Sostanza e soggetto

Basta scorrere l'indice della *Scienza della logica* per accorgersi che questo libro non tratta di logica formale nel senso tradizionale. Sebbene la terza parte dell'opera contenga anche una "Dottrina del concetto", nella quale si analizzano, tra l'altro, il giudizio e il sillogismo, a prevalere sono, nel complesso, le nozioni che solitamente si annoverano nella metafisica. Certo, non bisogna dimenticare che già Kant nell'Analitica e nella Dialettica trascendentali della *Critica della ragion pura* aveva combinato elementi logici con riflessioni di ordine ontologico e metafisico. I concetti puri dell'intelletto, ossia le categorie nonché le idee trascendentali della ragione, rappresentano in effetti il modo come noi concepiamo la realtà oggettiva, sotto forma di giudizi e sillogismi. Mentre Kant però propone una riflessione sulle nostre facoltà conoscitive, per Hegel le forme logiche fungono da elementi costitutivi della stessa realtà. La *Scienza della logica* mira a dimostrare che le nozioni metafisiche tradizionali non bastano per cogliere la verità delle cose, e che per descrivere adeguatamente la realtà, ciò che c'è, occorre passare ad una metafisica della soggettività.

Hegel, in una frase famosa e spesso citata, tratta dalla prefazione alla *Fenomenologia dello spirito*, dichiara che «tutto dipende dal concepire ed esprimere il vero non come sostanza, bensì propriamente come soggetto»[50]. Si legga con molta attenzione quest'affermazione, perché l'autore non chiede affatto di abbandonare completamente la nozione di sostanza: il vero non va propriamente concepito come sostanza, eppure il termine "sostanza" conserva una sua importanza, ancorché limitata, per la comprensione del vero. Esprimendo il vero pure come sostanza, Hegel onora la grande tradizione filosofica; ma, al tempo stesso, ne prende le distanze. L'idea che la determinazione fondamentale di qualunque cosa sia quella di sostanza risale ad Aristotele. I richiami hegeliani però, più che allo Stagirita, sono a Spinoza. Questi infatti, con la sua *Etica*, aveva proposto un sistema metafisico basato interamente sull'idea di un'unica sostanza assoluta. Abbiamo già ricordato il rinnovato interesse per lo spinozismo a partire della polemica di Jacobi contro il panteismo (vedi cap. 1). Parlando del vero come sostanza, Hegel quindi si riferisce, pur non senza riserve, all'olandese. Secondo la metafisica spinoziana, le determinazioni dell'assoluto, gli attributi e i modi, derivano dalla riflessione del soggetto, e restano perciò qualcosa di esterno rispetto alla sostanza stessa. Hegel, al contrario, mirava a concepire un assoluto che determinasse sé stesso; per questa ragione egli arricchì il significato della nozione di sostanza con il carattere della soggettività. Si comprende allora perché il vero debba essere concepito ed espresso non come sostanza ma altrettanto come soggetto.

Hegel dunque non si era proposto di sostituire la nozione di sostanza con quella di soggetto, ma aveva ritenuto indispensabili tutte e due. Ora, quali sono le proprietà dell'assoluto per cui lo si deve definire non solo e non tanto come sostanza, ma anche, e meglio, come soggetto?[51] Per giustificare la pretesa del filosofo si possono indicare tre momenti costitutivi dell'assoluto, tutti legati all'idea della sua autodeterminazione: l'assoluto, inteso come soggetto, possiede anzitutto una struttura autoreferenziale; per que-

---

[50] «Es kommt [...] alles darauf an, das Wahre nicht als Substanz, sondern ebenso sehr als Subjekt aufzufassen und auszudrücken» (G. W. F. Hegel, *Phänomenologie des Geistes*, Bamberg 1807; in: Gesammelte Werke, Meiner, Hamburg 1968 segg., vol. 9, p. 18; trad. it. di V. Cicero, Rusconi, Milano 1995, p. 67).

[51] La mia esposizione di questo tema è debitrice dell'opera di R.-P. Horstmann, *Wahrheit aus dem Begriff. Eine Einführung in Hegel*, Hain, Frankfurt 1990.

sto esso si realizza e determina in un processo orientato verso un fine; in tale senso, l'assoluto può essere detto libero.

Iniziamo dal primo aspetto. L'autoreferenzialità deve caratterizzare qualsiasi soggetto. Ogni soggetto, in quanto è conscio di sé, nella propria autocoscienza si riferisce a sé stesso come ad un oggetto, e per quanto agisce, si riferisce a sé stesso determinando la propria volontà. In Hegel il concetto di determinazione autoreferenziale ha assunto un senso molto particolare. Rifacendosi di nuovo a Spinoza, secondo il quale ogni determinazione è negazione, Hegel si è convinto che determinarsi significhi *negare* se stessi, ossia diventare altro da sé. Ma siccome la determinazione di sé implica una negazione di sé, è anche possibile concepire un tipo di autodeterminazione che sia formalmente la negazione di una negazione. Nacque così la nota figura della doppia negazione, la negazione della negazione, della quale il Nostro si serve come di motore per avviare lo sviluppo logico delle categorie. Mentre per la logica formale negare una negazione equivale ad affermare la posizione originaria, Hegel parla di "negazione determinata" per indicare che «ciò che si contraddice non si risolve nello zero, nel nulla astratto, ma si risolve essenzialmente solo nella negazione del suo contenuto particolare»[52]. La negazione determinata, anziché annullare il concetto, arricchisce il suo significato; la doppia negazione non produce tautologie, ma contribuisce alla determinazione concreta di un nuovo concetto. Nella prossima sezione commenterò un esempio molto noto di processo logico autoreferenziale.

Negando sé stesso e diventando altro da sé, l'assoluto secondo Hegel percorre una serie di stadi, sviluppandosi gradualmente, fino ad arrivare alla sua piena e completa realizzazione. La negazione determinata, lungi dall'essere solo un espediente o persino un trucco metodologico per generare il contenuto di categorie logiche che altrimenti apparirebbero vuote, è l'elemento costitutivo di un processo autoreferenziale, orientato verso un fine. Dalla combina-

---

[52] «...dass das sich Widersprechende sich nicht in Null, in das abstrakte Nichts auflöst, sondern wesentlich nur in die Negation seines besonderen Inhalts» (G. W. F. Hegel, *Wissenschaft der Logik: Das Sein*, Nürnberg 1812, in: Gesammelte Werke, vol. 11, p. 25; trad. it. di A. Moni; riv. da C. Cesa, Laterza, Bari 1968, vol. 1, p. 36). – Sul concetto di negazione resta tuttora fondamentale lo studio di D. Henrich, «Hegels Grundoperation. Eine Einleitung in die "Wissenschaft der Logik"», in: *Der Idealismus und seine Gegenwart*, a cura di U. Guzzoni et al., Meiner, Hamburg 1976, pp. 208–230.

zione dei due momenti, dell'autoreferenzialità con la finalità, si può desumere che Hegel concepisce l'assoluto come una specie di organismo. Senza citare espressamente Kant, egli ricorre alla definizione kantiana degli esseri aventi un'organizzazione interna. Affinché qualcosa formi un organismo, infatti, si richiede che le parti «siano possibili soltanto mediante il loro riferimento al tutto»[53]. Soltanto in virtù dell'interazione tra le sue parti, l'organismo forma un'unità che si organizza da sé, capace di conservare e determinare sé stessa.

Per via del carattere olistico, e dello stretto legame con la metafisica di Spinoza, la concezione hegeliana dell'assoluto è stata considerata da molti studiosi, non senza ragione, come una forma di monismo. Per Hegel, come per Spinoza, tutta la realtà possiede un'intrinseca unità, al punto da essere un'unica cosa, e tutte le determinazioni concrete ineriscono a quest'unica sostanza. Pensando l'assoluto altrettanto come soggetto, Hegel pone però l'accento sulla libertà. Il processo di autodeterminazione dell'assoluto non dipende da alcun fattore esterno, ciò che lo renderebbe eteronomo, ma segue soltanto la propria natura, la dinamica della ragione stessa. In ciò si nota ancora l'influsso di Kant, il quale nel concetto di "autonomia" aveva legato l'idea della libertà alla legislazione della ragion pratica. Secondo Hegel, la sostanza assoluta deve pertanto essere espressa come soggetto appunto per non cadere nel necessitarismo di Spinoza.

Nonostante l'enorme impatto sia della critica kantiana, sia della metafisica di Spinoza, l'idea hegeliana di un assoluto che determini sé stesso probabilmente è stata resa possibile grazie all'influenza degli immediati predecessori: Fichte e Schelling. La metafisica hegeliana della soggettività, in realtà, si ispira alla dottrina fichtiana dell'io. Più precisamente, Hegel accolse l'interpretazione della medesima fornita da Schelling. Quest'ultimo aveva descritto l'autocoscienza come identità assoluta tra soggetto e oggetto. E non a caso la *Scienza della logica* culmina in una "Logica soggettiva", capace di instaurare un tale rapporto di identità tra ideale e reale. Ciò che Hegel chiama "idea assoluta", unisce infatti in sé soggetto e oggetto, concetto e realtà. Tale struttura poi sta alla base dell'intero sistema. In un importante paragrafo dell'*Enciclopedia delle scienze filosofiche* egli la caratterizza così:

---

[53] «...dass die Teile (ihrem Dasein und der Form nach) nur durch ihre Beziehung auf das Ganze möglich sind» (I. Kant, *Kritik der Urteilskraft*, Berlin 1790 [§ 65], in: Kants gesammelte Schriften, de Gruyter, Berlin 1900 segg., vol. V, p. 373; trad. it. di M. Marassi, Bompiani, Milano 2004, p. 445).

Il pensiero puro

«L'idea è essenzialmente processo, poiché la sua identità non è altro che l'identità assoluta e libera del concetto nella misura in cui è la negatività assoluta, e perciò è dialettica. L'idea è il percorso durante il quale il concetto, in quanto universalità che è singolarità, si determina come oggettività in opposizione all'idea stessa, e questa esteriorità che ha per sua sostanza il concetto si riconduce, mediante la propria dialettica, nella soggettività»[54].

Da questa citazione risulta un'ulteriore peculiarità della "Dottrina del concetto" di Hegel. L'idea assoluta, in virtù della capacità di determinare sé stessa, non equivale ai concetti universali ed astratti della logica formale. Realizzando sé stessa, l'idea anzi si rende concreta e diventa qualcosa di singolare. Per cogliere il significato dei termini "idea" e "concetto" in Hegel, bisogna quindi ideare, ossia concepire un'entità che unisca un aspetto universale, ideale, concettuale, con uno singolare, reale, concreto. L'autore per questa ragione aggiunse una nota al paragrafo citato, nella quale ammonisce di non scambiare la soggettività dell'idea assoluta con la «soggettività unilaterale» in cui essa «si abbassa quando giudica e determina»[55]. Il nostro intelletto, secondo Hegel, tende sempre a ridurre l'assoluto a uno dei momenti, escludendo l'altro: soggettivo *o* oggettivo, universale *o* singolare, ideale *o* reale, eccetera. Per il filosofo invece la verità consiste nel comprendere gli opposti in una sola idea assoluta.

b) Il metodo dialettico

Sovente sotto il titolo di dialettica si presenta qualcosa di simile ad una caricatura del metodo di Hegel. Questa constatazione vale anzitutto per la descrizione della dialettica come di una tecnica esoterica che permetterebbe agli iniziati di generare in modo prodigioso qualsiasi concetto filosofico, sola-

---

[54] «Die Idee ist wesentlich Prozess, weil ihre Identität nur insofern die absolute und freie des Begriffs ist, insofern sie die absolute Negativität und daher dialektisch ist. Sie ist der Verlauf, dass der Begriff als die Allgemeinheit, welche Einzelheit ist, sich zur Objektivität und zum Gegensatz gegen dieselbe bestimmt und diese Äußerlichkeit, die den Begriff zu ihrer Substanz hat, durch ihre immanente Dialektik sich in die Subjektivität zurückführt» (G. W. F. Hegel, *Enzyklopädie der philosophischen Wissenschaften im Grundrisse*, 3a ed., Heidelberg 1830 [§ 215]; in: Gesammelte Werke, vol. 20, p. 218; trad. it. di V. Cicero, Rusconi, Milano 1996, p. 393).

[55] «...von der einseitigen Subjektivität, [...] wozu sie sich urteilend, bestimmend herabsetzt, zu unterscheiden ist» (ibid.).

mente applicando il semplice schema triadico di tesi, antitesi, sintesi. Contro questo diffuso fraintendimento va ricordato che lo schema così semplificato fu introdotto da uno storico della filosofia ormai dimenticato, tal Heinrich Moritz Chalybäus. Hegel però non espone la struttura dell'andamento dialettico in quei termini quasi da nessuna parte. Per convincersi poi che il metodo adoperato dal maestro è incomparabilmente più flessibile di quanto non risulti dalle irrigidite esposizioni dei seguaci, è sufficiente considerare i modi differenti con cui Hegel ha trattato nel tempo varie sezioni del sistema. Il filosofo infatti, come oggi sappiamo grazie a scrupolosi studi storico-genetici, nel corso degli anni aveva sottoposto a profonde revisioni l'impianto di alcune discipline, tra cui, per esempio, la filosofia dello spirito soggettivo o la filosofia della religione. Ora, se la dialettica fosse una specie di meccanismo rigido, l'articolazione del sistema non dovrebbe poter subire alcun cambiamento. Non si può negare, tuttavia, che numerose esposizioni di Hegel si svolgono proprio in tre passi, di cui i primi due introducono delle determinazioni opposte, mentre nel terzo si tenta di riconciliare il contrasto. Che cosa, dunque, si nasconde veramente dietro la celebre nozione di dialettica?

La dialettica per Hegel non assomiglia tanto ad uno strumento che il filosofo applica alle categorie logiche, come potrebbe invece fare l'artigiano utilizzando un attrezzo; il termine esprime piuttosto la natura del pensiero stesso. Per comprendere che cosa Hegel intende per dialettica, bisogna inoltre considerare che egli la oppone alla speculazione. Riprendendo il binomio kantiano di intelletto e ragione, anche Hegel distingue tra la logica speculativa della ragione e la mera logica dell'intelletto. Per *intelletto* Hegel intende la facoltà di pensare nel senso usuale della parola. Quando riflettiamo su una qualche cosa, cerchiamo delle determinazioni generali che si è giustificati ad attribuire all'oggetto in questione. Chi per esempio pensa a Dio, forse dirà che egli è infinito, onnipotente ed eterno. Secondo Hegel, però, è pur vero che ci accorgiamo dei limiti di siffatte determinazioni, che non corrispondono mai completamente alla cosa che si vuole descrivere. Prendiamo solo il concetto di "infinito": normalmente all'infinito si contrappone il finito; ma appena si medita su questa definizione dell'infinito, si scopre che un infinito al quale è contrapposto il finito smette di essere infinito, proprio perché è concepito come limitato dal finito. Esattamente questa dinamica viene chiamata da Hegel "dialettica": il momento dialettico della logica speculativa è «quell'oltrepassamento immanente in cui l'unilateralità e limitatezza delle determinazioni intellettive si presentano [...] come negazione delle determinazioni stesse»[56].

Per illustrare meglio il momento dialettico, immaginiamo un dialogo tra uno spinozista e un idealista hegeliano. Se lo spinozista affermasse che l'assoluto è sostanza, l'idealista potrebbe negare questa tesi ribattendo che invece è soggetto. Allora lo spinozista potrebbe incalzare l'interlocutore chiedendo: "Dunque sostieni che l'assoluto *non* sia una sostanza?" L'altro risponderebbe: "Ma sì che l'assoluto è una sostanza; nondimeno, va inteso ugualmente anche come soggetto." Lo spinozista, attaccato alle leggi del pensiero e al principio del terzo escluso, si spazientisce e afferma: "Insomma, basta giocare con le parole! O l'assoluto è sostanza, o non lo è. Non c'è una terza possibilità. Se è sostanza, allora non è soggetto; e se invece è soggetto, allora non è sostanza." L'hegeliano sospira, e spiega pazientemente che il termine "sostanza", allo scopo di comprendere l'assoluto, lungi dall'escludere il senso di "soggetto", lo deve invece assorbire, poiché proprio in questo passaggio da una determinazione ad un'altra, opposta alla precedente, consiste la dialettica quale movimento del pensiero. «La dialettica – scrisse Hegel – è la natura vera e propria delle determinazioni intellettive, delle cose e del finito in generale»[57]. Questa frase è da prendere alla lettera, giacché implica che chiunque voglia conoscere l'infinito debba in qualche maniera oltrepassare le opposizioni dialettiche. Per afferrare l'assoluto non basta raccogliere un insieme di asserzioni intellettive, ossia di concetti finiti, slegati; bisogna piuttosto trovare una forma di pensiero che riesca ad integrare le determinazioni contrapposte. Hegel, già nel primissimo scritto jenese, caratterizzava l'assoluto come «l'identità dell'identità e della non-identità»[58]. Nell'*Enciclopedia* quindi parla del «momento speculativo» il quale «coglie l'unità delle de-

---

[56] «...dies immanente Hinausgehen, worin die Einseitigkeit und Beschränktheit der Verstandesbestimmungen sich als [...] ihre Negation darstellt» (op. cit. [§ 81], p. 119; trad. it., p. 229).

[57] «...ist die Dialektik vielmehr die eigene, wahrhafte Natur der Verstandesbestimmungen, der Dinge und des Endlichen überhaupt» (ibid.; trad. ital, p. 227).

[58] «Das Absolute selbst aber ist darum die Identität der Identität und der Nichtidentität; Entgegensetzen und Einssein ist zugleich in ihm» (G. W. F. Hegel, *Differenz des Fichteschen und Schellingschen Systems der Philosophie*, Jena 1801; in: Gesammelte Werke, vol. 4, p. 64; trad. it. di R. Bodei, in: Primi scritti critici, Mursia, Milano 1971, p. 79).

terminazioni nella loro contrapposizione»[59]. L'unità speculativa, per esempio tra le categorie di sostanza e di soggetto in quanto descrizioni opposte dell'assoluto, costituisce l'elemento positivo della logica hegeliana. Se non giungessimo all'unità degli opposti, non conosceremmo mai il vero.

Quantunque l'assoluto alla fine debba essere concepito come l'unità speculativa di determinazioni contrapposte, il momento dialettico rimane un elemento indispensabile del metodo di Hegel. Ciò significa che nessuna delle determinazioni emerse durante il movimento del pensiero è semplicemente cancellata. Le categorie negate vengono *conservate* mantenendo un loro valore, anche se limitato, per la comprensione del tutto. Il senso speculativo di un concetto, anzi, dipende dalle determinazioni che durante il movimento dialettico sono state *tolte*[60]. La metafisica hegeliana pertanto non si fonda direttamente sul concetto dell'idea assoluta, senza una mediazione, ma sull'insieme di tutte le categorie che nel corso della logica sono introdotte e progressivamente tolte nella loro unilateralità. Riguardo al valore dei concetti costituenti i momenti parziali dell'idea, Hegel presenta le singole categorie logiche persino come altrettante definizioni transitorie dell'assoluto. Seguendo l'indice dell'opera, si potrebbero perciò elencare le varie categorie, e attribuirle all'assoluto come suoi predicati, ottenendo così una serie di proposizioni simili alle seguenti: l'assoluto è l'essere, l'assoluto è l'essenza, l'assoluto è la sostanza, eccetera. Solo al termine della *Scienza della logica* si arriva finalmente alla definizione più completa e perfetta dell'assoluto, secondo la quale esso è l'idea.

Non è possibile, in questa sede, seguire l'intero sviluppo, spesso intricato, della *Scienza della logica*. Mi limito perciò ad esporre a titolo di esempio la famosa triade iniziale dell'opera, che comprende le categorie dell'essere, del nulla e del divenire, riferendomi peraltro alla versione più breve e compatta del testo, cioè ai paragrafi iniziali della logica dell'*Enciclopedia delle scienze filosofiche*, il compendio usato da Hegel per le sue lezioni. Il filosofo,

---

[59] «Das Spekulative oder Positiv-Vernünftige fasst die Einheit der Bestimmungen in ihrer Entgegensetzung auf» (G. W. F. Hegel, *Enzyklopädie der philosophischen Wissenschaften im Grundrisse*, 3a ed. [§ 82], p. 120; trad. it., p. 229).

[60] Come nota Hegel, il termine tedesco *aufheben* significa non solo "togliere" o "rimuovere", ma anche "conservare" o "mantenere" qualche cosa (cfr. *Wissenschaft der Logik*, 2a ed., Stuttgart 1832; in: Gesammelte Werke, vol. 21, pp. 94–95; trad. it. di A. Moni; riv. da C. Cesa, Laterza, Bari 1968, vol. 1, pp. 100–101).

a quanto pare, impiegava parecchio tempo per spiegare agli uditori perché la filosofia debba iniziare con il concetto dell'*essere*. La ragione sta nella esigenza di purezza del pensiero filosofico, che non può avere né postulati né presupposti tratti dall'esperienza. La logica speculativa, in quanto scienza a priori, non può partire da un qualche contenuto empirico; e d'altra parte, all'inizio della scienza, non si dispone nemmeno di uno specifico contenuto razionale, un presunto principio primo, da cui prendere le mosse. Per questo motivo, ad essere la prima categoria della logica si presta soltanto il concetto dell'essere puro, immediato e indeterminato: «L'essere puro costituisce l'inizio perché esso è tanto pensiero puro quanto anche l'immediatezza indeterminata e semplice»[61].

La completa assenza di qualsiasi determinazione – vuotezza che deve caratterizzare l'essere puro – mette tuttavia in moto un movimento dialettico del pensiero, poiché induce subito a pensare che il puro e semplice essere equivale così, in ragione della sua indeterminatezza, al nulla, al niente. Per Hegel, le definizioni che "l'assoluto è l'essere" e "l'assoluto è il nulla" non si distinguono perché sono entrambe del tutto astratte, prive di ogni contenuto. L'essere e il nulla vuoti, astratti, esprimono dunque il medesimo contenuto concettuale: in essi non c'è nulla da pensare. La logica speculativa, però, non si ferma al momento dialettico; il pensiero tenta anzi di cogliere l'affinità tra l'essere e il nulla nella loro immediatezza, e così passa alla terza categoria: «La verità tanto dell'essere quanto del nulla, pertanto, è l'unità di entrambi. Questa unità è il divenire»[62]. Hegel, a questo punto, richiama l'uso ordinario del linguaggio per mostrare che la scelta del concetto di divenire sia tutt'altro che arbitraria. La parola "divenire", infatti, significa il passaggio da ciò che non è a ciò che è. Chi afferma, per esempio, di un ragazzo, che sta crescendo e diventa un uomo, congiunge l'idea di fanciullo con quella di adulto. Il termine "divenire" unisce le due proprietà apparentemente contraddittorie, attribuite al medesimo soggetto. In modo simile, secondo Hegel, l'assoluto è comprensibile soltanto nella misura in

---

[61] «Das reine Sein macht den Anfang, weil es sowohl reiner Gedanke als das unbestimmte, einfache Unmittelbare ist» (G. W. F. Hegel, *Enzyklopädie der philosophischen Wissenschaften im Grundrisse*, 3a ed. [§ 86], p. 122; trad. it., p. 233).

[62] «Die Wahrheit des Seins sowie des Nichts ist daher die Einheit beider; diese Einheit ist das Werden» (op. cit. [§ 88], p. 124; trad. it., p. 237).

cui nel suo concetto si uniscono determinazioni opposte. Perciò la logica speculativa costituisce l'unica via per conoscere l'assoluto in modo autentico. La categoria del divenire si trova appena all'inizio della *Scienza della logica*; ad essa fa seguito un articolato e complesso percorso concettuale che, attraverso la trattazione di numerosi altri concetti, giunge alla conclusione, all'idea assoluta. Anche senza percorrere tutte le tappe di questo lungo cammino, spero nondimeno di aver fornito le indicazioni sufficienti per intravedere come Hegel abbia utilizzato la dialettica nel porre le basi metafisiche del suo sistema filosofico.

5. La fenomenologia dello spirito

La *Fenomenologia dello spirito* è indubbiamente una delle più grandi opere di tutta la storia della filosofia, sia per la ricchezza dei contenuti, sia per l'enorme influsso esercitato su altri pensatori. Il libro fu scritto in circostanze quasi drammatiche. Anzitutto, Hegel, come libero docente, aveva urgente bisogno di pubblicare un volume onde ottenere una cattedra all'università; nel frattempo, la situazione politica a Jena si era fatta sempre più precaria. Nell'estate del 1806 la Prussia si alleò con la Russia e la Sassonia contro la Francia; a metà ottobre le truppe napoleoniche invasero la città. Il giorno successivo, nella famosa battaglia di Jena-Auerstedt, la coalizione subì una disfatta totale. Hegel, grande ammiratore di Napoleone, dovette lasciare la sua abitazione per mettersi al sicuro. Durante la sua assenza, i soldati francesi occuparono la sua casa, mettendo tutto a soqquadro, incluse le sue carte. Pare che il filosofo, per fortuna, solo pochi giorni prima avesse già spedito all'editore il prezioso manoscritto della *Fenomenologia*. Nell'aprile del 1807 finalmente uscì il libro, un volume di ben 750 pagine, scritte in uno stile denso, persino astruso, al punto che allora furono pochi i lettori che lo studiarono per intero. La ricezione dell'opera di solito si concentra su alcuni brani di particolare importanza. Peraltro, vista l'ampiezza degli argomenti affrontati da Hegel, anche la presente illustrazione si limita ad alcuni aspetti salienti. Mi dedicherò dapprima (a) al progetto originario di una scienza dell'esperienza della coscienza; quindi (b) parlerò della dialettica dell'autocoscienza che Hegel esamina nella famosa sezione su signore e servo, aggiungendo alcune osservazioni riguardo alla storicità delle forme dello spirito.

a) L'esperienza della coscienza

Quando Hegel aveva iniziato a comporre la *Fenomenologia dello spirito*, si era proposto probabilmente di scrivere una specie di introduzione al sistema, che doveva precedere la *Scienza della logica*. Quest'ultima, infatti, presuppone il punto di vista del pensiero puro, che Hegel perciò riteneva di dover giustificare preliminarmente, quale condizione di possibilità dell'indagine propria della logica speculativa. L'idea era di assumere la prospettiva della coscienza comune, e di condurre passo dopo passo il lettore fino al sapere assoluto, ossia al pensiero puro. Ciò ben si accorda col fatto che il titolo originariamente scelto da Hegel per il libro era: "Scienza dell'esperienza della coscienza". Di che cosa si tratta? Per rispondere, è opportuno soffermarsi sull'ultima parola: *coscienza*. Questo termine in Hegel indica una realtà non tanto psicologica, ma epistemica; egli chiama "coscienza" qualsiasi tipo di relazione tra un soggetto e un oggetto. Tale rapporto, però, non è definito una volta per tutte, giacché si possono dare molteplici interpretazioni tanto di ciò che figura come soggetto conoscente, quanto di ciò che è l'oggetto conosciuto. Se si pensa alla coscienza nel senso usuale della parola, cioè alla coscienza di una persona, consapevole di qualcosa, ci si può chiedere: qual è il suo oggetto epistemico? Potremmo fornire varie risposte: forse un qualche dato sensoriale, o una cosa percepita, o qualche concetto; oppure un giudizio, o persino una teoria scientifica. Si può esser consapevoli, per esempio, di una sensazione di freddo, del traffico urbano, del fatto che Roma è la capitale dell'Italia, o della teoria dell'evoluzione di Darwin.

Nel corso della storia del pensiero filosofico, sono state ritenute corrette le varie risposte qui elencate. L'originalità della *Fenomenologia dello spirito* consiste invece nel riprendere tutte quante quelle proposte, per discutere il contributo e la validità di ciascuna. Ma quella lista dei possibili oggetti di coscienza è solo parziale, e può essere ancora ampliata: si pensi per esempio all'autocoscienza, il cui oggetto è la coscienza stessa. Oppure si pensi ai rapporti intersoggettivi, ovvero a delle situazioni in cui la coscienza ha come oggetto non una cosa, ma la coscienza di un'altra persona. Hegel allarga ulteriormente il campo di indagine, riflettendo anche sul caso in cui il soggetto non è più semplicemente un individuo, ma un'intera comunità che ha una certa comprensione di sé stessa. Pure in questo caso si tratta di una forma di autocoscienza, con soggetto e oggetto collettivi, e proprio una relazione di questo tipo è indicata nel sesto capitolo della *Fenomenologia* come "spirito": lo spirito è «io che è noi, e noi che è io»[63]. Hegel per *spirito* intende dunque una sorta di organismo sociale, una società, un insieme di autocoscienze. Così caratterizzato, lo spirito è un modo specifico di vedere le cose, un determinato modo di vivere. A questo proposito, il Nostro chiama l'oggetto della coscienza di sé, sia collettiva, sia individuale, un "mondo" (*Welt*), cosicché ogni comunità o società ha ed è un mondo suo proprio. L'uso che Hegel fa del concetto di mondo corrisponde a quello del linguaggio comune, nel quale ricorrono espressioni come "il mondo antico", "il mondo europeo", "il mondo del calcio", eccetera. Lo spirito, pertanto, non è costituito tanto dagli individui componenti una comunità, ma dalle istituzioni vigenti in essa, ossia dall'insieme delle norme, usi, costumi, mentalità, secondo cui le singole persone pensano, sentono, agiscono[64].

Dopo aver chiarito in che senso la *Fenomenologia dello spirito* si occupa delle diverse forme e figure di coscienza, bisogna adesso chiedersi in che cosa consista l'*esperienza* della coscienza. Hegel, come Aristotele, dà per scontato che qualsiasi forma di coscienza miri al sapere, alla conoscenza della verità. La verità consiste in un rapporto di corrispondenza tra soggetto ed oggetto, del quale la coscienza può diventare consapevole. L'avanzamento della *Fenomenologia* è determinato dalla discrepanza tra, da un lato, la tendenza della coscienza al conseguimento del sapere, e, dall'altro, le eventuali inadeguatezze tra il soggetto del conoscere e l'oggetto conosciuto. Nell'introduzione dell'opera si legge:

> «Da un lato, infatti, la coscienza è coscienza dell'oggetto, dall'altro lato, invece, è coscienza di se stessa; coscienza di ciò che ai suoi occhi è il vero, e coscienza di sapere questo vero. Poiché entrambi i momenti sono per la coscienza, essa stessa è il loro confronto. La corrispondenza o meno tra il suo sapere e l'oggetto diviene tale per la coscienza»[65].

---

[63] «Ich, das Wir, und Wir, das Ich ist» (G. W. F. Hegel, *Phänomenologie des Geistes*, Bamberg 1807; in: Gesammelte Werke, Meiner, Hamburg 1968 segg., vol. 9, p. 108; trad. it. di V. Cicero, Rusconi, Milano 1995, p. 273).

[64] La dimensione sociale della concezione hegeliana dello spirito è messa in risalto da T. Pinkard, *Hegel's Phenomenology. The sociality of reason*, Cambridge University Press, Cambridge 1994.

[65] «Das Bewusstsein ist einerseits Bewusstsein des Gegenstandes, andererseits Bewusstsein seiner selbst; Bewusstsein dessen, was ihm das Wahre ist, und Bewusstsein seines Wissens davon. Indem beide für dasselbe sind, ist es selbst ihre Vergleichung; es wird für dasselbe, ob sein Wissen von dem Gegenstand diesem entspricht oder nicht» (G. W. F. Hegel, *Phänomenologie des Geistes*, p. 59; trad. it., p. 163).

La coscienza quindi ha la possibilità di diventare consapevole della corrispondenza tra l'idea che essa si è formata del suo oggetto, e l'oggetto stesso. Fintantoché non riconoscerà il pieno accordo dei due momenti, la coscienza non sarà ancora giunta a sapere il vero. D'altra parte, è proprio la consapevolezza della mancata corrispondenza ad indurre la coscienza a modificare la sua concezione del rapporto conoscitivo, passando così da una forma di coscienza ad un'altra, mutando il rapporto tra sé e l'oggetto conosciuto. Chi per esempio si avvede dell'impossibilità di conoscere un oggetto in base a dei meri dati sensoriali, è indotto a concepire la cosa percepita secondo categorie più complesse; oppure, chi comprende che l'oggetto di indagine non si lascia descrivere adeguatamente con le sole leggi scientifiche, riconosce magari la dimensione storico-sociale della stessa realtà conosciuta. La *Fenomenologia* non presenta altro che una lunga serie di tentativi di stabilire la piena corrispondenza tra soggetto e oggetto epistemici. Ogni volta che la coscienza corregge una certa concezione del sapere, giungendo ad una nuova figura, l'esperienza di discrepanza si ripete, in termini nuovi, e la coscienza si avvede che anche in questo caso non c'è perfetta corrispondenza tra i due momenti. Nel passaggio da una figura alla successiva, la coscienza accumula esperienze, e apprende gradualmente come interpretare la relazione tra soggetto e oggetto in modo corretto.

Lo scopo principale della *Fenomenologia dello spirito* consiste nel mostrare che esiste un'unica forma in cui il soggetto corrisponde veramente all'oggetto: il cosiddetto "sapere assoluto". La coscienza diventa *sapere assoluto* nella misura in cui è tolta ogni opposizione tra sé ed un oggetto presupposto come ad essa estraneo. In altre parole, il sapere deve corrispondere al saputo, in modo tale che l'oggetto conosciuto sia identico al soggetto conoscente. Il sapere assoluto perciò rappresenta un tipo di autocoscienza. «Il sapere assoluto – afferma Hegel – è lo spirito che sa sé stesso nella figura dello spirito»[66]. Non è difficile riconoscere la somiglianza del sapere assoluto hegeliano con l'io di Fichte e l'identità assoluta di Schelling. Hegel però, a differenza dei predecessori, rileva la necessità di percorrere un lungo cammino, attraverso il quale la coscienza comune si eleva a pensiero puro.

La *Fenomenologia* dunque persegue una finalità strettamente propedeutica: il filosofo vuol convincere il lettore che esiste un'unica forma di co-

---

[66] «Es ist der sich in Geistesgestalt wissende Geist» (op. cit., p. 427; trad. it., p. 1049).

scienza che può essere considerata effettivamente l'autentico sapere del vero. Mentre tutte le altre figure sono imperfette, solo nel caso del sapere assoluto è pienamente giustificata la pretesa di conoscere la verità. Ora, poiché il soggetto della coscienza si riferisce a se stesso, anche tutta la realtà conosciuta deve esibire la struttura della coscienza di sé. «Per lo spirito giunto al sapere – spiega ancora Hegel – la verità è nella forma del sapere se stesso»[67]. Le interpretazioni dell'esito della *Fenomenologia* non sono unanimi. Ancora duecento anni dopo la pubblicazione dell'opera, gli studiosi sono lontani dall'aver offerto una valutazione largamente condivisa del capolavoro di Hegel. Rispetto a tali controversie, si può far notare almeno questo risultato sicuro: la validità della logica e metafisica speculative presuppone sicuramente la pretesa di disporre di un sapere assoluto, ma non dipende immediatamente dal risultato della *Fenomenologia*. Anzi, sembra che lo stesso Hegel abbia in seguito abbandonato il progetto di una scienza dell'esperienza della coscienza, sostituendo l'introduzione fenomenologica al sistema con una premessa più stringata[68].

b) La dialettica dell'autocoscienza

Finora mi sono dedicato alla *Fenomenologia dello spirito* nel suo insieme, illustrando i concetti fondamentali, quali la coscienza, lo spirito e il sapere assoluto, e indicando la funzione sistematica dell'opera; nella presente sezione cercherò invece di cogliere qualche aspetto più particolare. Una dottrina di Hegel molto originale e tuttora di grande interesse è quella secondo cui, per la costituzione dell'autocoscienza, occorrono almeno due persone. In genere si ammette che l'uomo sia un animale sociale, ovvero che esiste solo come membro di una collettività, magari per ragioni meramente biologiche; e pure si concede che la dimensione intersoggettiva abbia grande importanza per lo sviluppo della persona. Nondimeno, si è abituati ad usare il termine "autocoscienza" per indicare un fenomeno strettamente individuale. L'autocoscienza è la consapevolezza che il singolo ha di se stesso, indipendentemente da altri soggetti o da fattori esterni: questo è

---

[67] «Die Wahrheit ist [...] für den wissenden Geist in der Form des Wissens seiner selbst» (ibid.).
[68] Mi riferisco al "Concetto preliminare" della scienza della logica nell'*Enciclopedia*, dove Hegel paragona tre possibili posizioni del pensiero rispetto all'oggettività, cioè la metafisica, l'empirismo e la filosofia critica nonché il sapere immediato.

quanto hanno insegnato sia Cartesio che Kant. Hegel invece propone una concezione dell'autocoscienza che include essenzialmente il rapporto ad un'altra coscienza.

La prima parte del quarto capitolo della *Fenomenologia*, che reca come titolo "Autonomia e non autonomia dell'autocoscienza", rappresenta uno dei passi più celebri del libro, e ha attirato l'attenzione di un gran numero di pensatori contemporanei[69]. L'argomentazione di Hegel muove dalla premessa che il soggetto, per diventare autocoscienza, deve entrare in un rapporto con qualcosa che da una parte sia diverso dal lui, ma che dall'altra gli sia identico. Un soggetto, in altre parole, per diventare autocoscienza, deve aver come oggetto non una cosa, ma un altro soggetto. Il movimento dialettico dell'autocoscienza ora dipende dalle diverse interpretazioni che si possono dare della relazione tra la coscienza e il suo altro. L'altro della coscienza, per Hegel, non costituisce solo un momento interno alla medesima coscienza di sé. Non basta, dunque, considerare l'autocoscienza sotto due aspetti, dapprima come soggetto consapevole, e poi come l'oggetto di cui essa è consapevole. Di conseguenza, non è sufficiente ricorrere alla distinzione kantiana tra il soggetto logico trascendentale, pensante, e il soggetto empirico, conosciuto. Hegel infatti introduce un altro individuo, una seconda coscienza, numericamente distinta dalla prima. L'apparire di questo altro, se da un lato rende la trattazione più concreta, dall'altro raddoppia la difficoltà di descrivere la natura dell'autocoscienza, poiché entrambe le coscienze si riferiscono ora l'una all'altra come ai propri oggetti. Hegel svolge la tematica dell'incontro fra due coscienze, accostandola all'incontro tra due persone, sostenendo la tesi che, affinché una coscienza possa diventare certa di sé, deve essere riconosciuta dall'altra.

Conviene ricordare che anche Fichte aveva messo in evidenza i rapporti intersoggettivi, e fondato la propria filosofia del diritto sul concetto del mutuo riconoscimento tra persone (vedi cap. 2). Hegel ha approfondito questo tema, sottolineando l'inevitabile conflittualità della relazione con l'altro, nonché le condizioni materiali influenti sul processo formativo per

---

[69] Di particolare importanza è stata l'interpretazione di questo brano nelle famose lezioni parigine di A. Kojève, *Introduction à la lecture de Hegel. Leçons sur la Phénoménologie de l'Esprit professées de 1933 à 1939 à l'École des Hautes Études*, a cura di R. Queneau, Gallimard, Paris 1947; trad. it. di G. F. Frigo, Adelphi, Milano 1996.

le coscienze. La vicenda che egli espone nel quarto capitolo della *Fenomenologia* inizia proprio con il *conflitto*: quando due coscienze, ossia due uomini, s'incontrano per la prima volta, anziché riconoscersi l'un l'altro, si considerano reciprocamente come una minaccia, e ciò origina immediatamente una lite violenta. Hegel così smentisce l'idea romantica che gli uomini siano naturalmente pacifici e inclini a rispettarsi l'un l'altro; con la figura di questa iniziale lotta, egli sembra piuttosto alludere alla dottrina dello stato naturale caratterizzato da un *bellum omnium contra omnes*, avanzata da Thomas Hobbes. Hegel però fa derivare il conflitto non tanto da una supposta natura aggressiva dell'uomo, ma dalla struttura dialettica dell'autocoscienza. Per essere certa di sé, la coscienza deve togliere ogni legame di dipendenza da altro. Tra le cose estranee alla coscienza, spiccano il proprio corpo fisico, da un lato, e l'altra persona dall'altro. Ne segue che l'individuo entra in lotta contro il suo simile, cercando di ucciderlo e mettendo allo stesso tempo a repentaglio la propria vita.

«Il rapporto tra le due autocoscienze – nota Hegel – si determina come un dar prova di sé, a se stesso e all'altro, mediante la lotta per la vita e la morte»[70]. Lo scontro tuttavia non conduce alla morte di uno degli avversari, ma finisce con la sottomissione spontanea dell'uno al dominio dell'altro. Tale esito della lotta, secondo Hegel, non è dovuto solo alla decisione di uno dei due contendenti di non sacrificare la propria vita; ma è comprovato anche dalla considerazione che la morte di uno dei due renderebbe impossibile il riconoscimento che l'altro desidera. Invece, se uno si assoggetta al potere dell'altro, lo deve riconoscere come il padrone. Nasce proprio così la relazione di signore (*Herr*) e servo (*Knecht*). La figura di signoria e servitù ha indotto parecchi interpreti a credere che Hegel non abbia voluto riferirsi affatto alle speculazioni di Hobbes e di altri circa un presunto stato naturale, ma che in questa sezione della *Fenomenologia dello spirito* si trovino i primi elementi di una riflessione approfondita sulla storia dell'umanità. In realtà il rapporto stabilitosi tra signore e servo corrisponde esattamente alle condizioni sociali che Hegel nelle future lezioni sulla filosofia della storia universale presenterà come caratteristiche dell'antichità, più precisamente del mondo

---

[70] «Das Verhältnis beider Selbstbewusstsein[e] ist also so bestimmt, dass sie sich selbst und einander durch den Kampf auf Leben und Tod bewähren» (G. W. F Hegel, *Phänomenologie des Geistes*, p. 111; trad. it., p. 281).

greco, poiché la democrazia greca a suo avviso fu essenzialmente una società schiavista.

Una volta ricomposta la lite e riconosciuto il dominio del signore, il testo prosegue con una riflessione di grande interesse sulla base materiale, economica, del rapporto tra la coscienza autonoma del signore e la coscienza non autonoma del servo. Quest'ultimo, infatti, deve riconoscere il padrone non astrattamente, ma prestandogli servizio. Il servo deve *lavorare* per mantenere chi lo comanda; il servo coltiva la terra, ed esercita la sua abilità trasformando gli oggetti materiali, mentre il signore ne gode i frutti. Come notano i lettori più attenti, Hegel non trascura la dimensione economica degli ordinamenti sociali. Anzi, non sono tanto le idee politiche, quanto in un certo senso le condizioni economiche a causare il passo successivo dello sviluppo della coscienza. Il lavoro compiuto dal servo, secondo Hegel, possiede un duplice effetto. Il signore, da una parte, diventa sempre più dipendente dai servizi che gli sono prestati, fino ad aver bisogno del servo per la propria sopravvivenza. Il servo, dall'altra parte, conquista un nuovo tipo di autonomia: totalmente dedicato al lavoro, il servo impara a controllare se stesso ed a differir l'appagamento dei piaceri, perché chi sopporta una fatica deve rinunciare alla soddisfazione immediata dei desideri. Grazie al lavoro però cambia anche il volto delle cose. I prodotti del lavoro rispecchiano la destrezza e la creatività dell'artigiano, il quale così comincia a riconoscere se stesso negli oggetti che ha fabbricato. «In tal modo, dunque, la coscienza che lavora giunge a intuire l'essere autonomo come se stessa»[71].

Chi cercasse degli elementi per una filosofia della storia, può certamente interpretare questo brano come una metafora per la decadenza dell'aristocrazia e l'ascesa della borghesia al termine del medioevo. Altri forse potranno pensare alle rivolte degli schiavi nell'impero romano, attendendosi che Hegel ora tratti dei complotti del servo contro il padrone, orditi per conseguire finalmente l'indipendenza politica e sociale. Il testo della *Fenomenologia* tuttavia delude una simile aspettativa: la liberazione del servo inizia nella sfera del pensiero, dove egli si eleva ad un grado di coscienza superiore. Nella seconda parte del capitolo, Hegel tratta alcune figure del-

---

[71] «Das arbeitende Bewusstsein kommt also hierdurch zur Anschauung des selbständigen Seins als seiner selbst» (op. cit., p. 115; trad. it., p. 289).

l'autocoscienza libera, tra cui lo stoicismo e lo scetticismo. Con queste figure, la coscienza ha raggiunto una certa libertà di pensiero. Sia la coscienza stoica che quella scettica si formano una concezione propria della realtà, ma tale sforzo rimane senza conseguenze pratiche: lo stoico rinuncia ad ogni godimento diretto delle cose; mentre lo scettico, non appena agisce, contraddice alle proprie convinzioni teoretiche. La terza figura dell'autocoscienza libera discussa in questo contesto è il cristianesimo. Anche il cristiano si forma un'idea, un'immagine ideale, che però non corrisponde né all'uomo né al mondo finito, ma solamente alla coscienza del Dio infinito. Hegel descrive questa figura con la celebre espressione della *coscienza infelice*: il soggetto soffre della propria finitezza, e desidera la redenzione e l'unione con Dio.

Sul tema della religione farò ritorno in seguito (vedi cap. 7); per il momento è sufficiente indicare come Hegel effettivamente risolve la tensione tra signore e servo. Come si è visto, la coscienza servile, mediante il servizio che presta al padrone, conquista una certa autonomia di pensiero. Per quanto invece riguarda il signore, questi alla fine non può accontentarsi di essere riconosciuto da parte di chi gli si è sottomesso, ma vuol essere riconosciuto da un suo pari. Emerge così la situazione paradossale che il signore non si sente veramente riconosciuto, mentre il servo si considera libero. Questo stato di cose cambia in modo sostanziale soltanto nel momento in cui si stabiliscono dei rapporti sociali reciproci. Il lettore della *Fenomenologia* deve attendere fino al sesto capitolo, per vedere la costituzione di una società nella quale ciascuno è riconosciuto e rispettato. Storicamente parlando, la realizzazione del riconoscimento reciproco è stato il risultato di un lungo processo culturale, iniziato con la *polis* greca, passato per il diritto romano, e culminato nello stato moderno. Nel sesto capitolo della *Fenomenologia*, intitolato "Lo spirito", Hegel ripercorre alcuni passi decisivi di questo sviluppo per dare spicco alle esperienze più significative delle diverse epoche.

È stata, in effetti, una delle grandi innovazioni della filosofia hegeliana quella di intrecciare le riflessioni sistematiche con le osservazioni storiche. Secondo Hegel non solo la storia della filosofia, ma anche la *storia universale* contiene dei momenti logici; ciò vuol dire che i processi storici si sviluppano in conformità con la logica speculativa, dando luogo ad una sempre più completa realizzazione dell'idea assoluta. Per il filosofo era ovvio che certi fenomeni storici, come la religione cristiana, la riforma protestante, lo stato moderno oppure la filosofia più recente, rappresentassero una sorta di manifestazione delle verità speculative. Hegel dunque, lungi da ogni relativismo, propone una concezione finalista della storia dello spirito. La sua filosofia della storia perciò presenta non poche difficoltà agli interpreti ed è stata sottoposta alle critiche più severe. In termini generici, il dibattito verte intorno alla questione se esista un vero progresso storico, se gli eventi abbiano un significato, uno scopo; oppure se la storia universale non dimostri alcun ordine o finalità superiori. Sebbene il pensiero contemporaneo sia fortemente convinto della storicità costitutiva di qualsiasi fenomeno, sia naturale che spirituale, solo pochi filosofi posteriori hanno voluto accettare la pretesa hegeliana della razionalità insita nello sviluppo storico. Anche in questo rispetto, il capolavoro del maestro più che fornire delle risposte conclusive, ha suscitato le discussioni successive.

6. La filosofia politica

Al grande pubblico Hegel è noto non tanto per la logica e metafisica speculative, ma per la sua filosofia politica. Nell'ambito della cosiddetta filosofia dello spirito oggettivo, egli presenta, tra l'altro, la dottrina dello stato e illustra in modo concreto la sua concezione dialettica della storia universale. Hegel, sin dai primi anni a Jena, aveva tenuto lezioni su specifici settori delle filosofie della natura e dello spirito. Tuttavia, il "Sistema della scienza", del quale la *Fenomenologia dello spirito* sarebbe dovuto essere soltanto una prima parte, non fu mai terminato. L'unica opera nella quale Hegel espone l'intero sistema è l'*Enciclopedia delle scienze filosofiche*, pubblicata per la prima volta nel 1817, ed usata dall'autore come testo per le sue lezioni. Quattro anni più tardi, Hegel scrisse i *Lineamenti di filosofia del diritto*, anch'essi redatti nello stile di un compendio. Il libro consiste di 360 brevi paragrafi contenenti le tesi principali, molti dei quali accompagnati da ampie note. Oltre a questi due volumi, Hegel aveva pubblicato soltanto una serie di saggi; pertanto, su temi così importanti come l'estetica, la filosofia della religione o la storia della filosofia non possediamo alcun testo stilato da Hegel stesso. Nondimeno esistono parecchi altri libri che portano il nome del filosofo, recanti come titolo per esempio *Lezioni di estetica*, oppure *Lezioni sulla filosofia della storia*. In realtà questi scritti sono opera dei primi allievi di Hegel i quali, subito dopo la scomparsa del maestro, curarono l'edizione delle sue opere, includendo in esse anche i testi degli appunti e delle dispense risalenti ai numerosi corsi tenuti da Hegel alle università di Jena, Heidelberg e Berlino. Sebbene il filosofo avesse scritto non più di quattro libri, la prima edizione completa delle sue opere ammontava a 18 volumi. In alcuni casi, per esempio in quelli delle filosofie della natura e del diritto, i curatori si limitarono ad inserire delle aggiunte a certi paragrafi dell'*Enciclopedia* o dei *Lineamenti*. In altri casi, invece, l'operazione compiuta dai curatori fu ben più radicale; essi raccolsero materiale di provenienza e datazione differenti, per comporre testi di carattere eterogeneo. Per questo motivo una buona parte delle opere che si è soliti attribuire a Hegel, in verità furono redatte dai suoi discepoli[72]. Per alcune sezioni del sistema, i redattori poterono ricorrere ai manoscritti originali lasciati da Hegel; ma per le parti rimanenti impiegarono gli appunti presi dagli studenti. Gli eredi per parte loro non si curarono di indicare e distinguere accuratamente le singole fonti, anzi si sforzarono soprattutto di comporre un testo fluido e scorrevole.

Ciononostante, va detto che l'impresa nel complesso è ben riuscita, poiché le *Lezioni* non di rado appaiono molto più accessibili che non i libri stilati dal maestro stesso; ciò ha fatto sì che la diffusione delle opere postume abbi distolto l'attenzione dagli scritti sistematici principali, quali la *Fenomenologia dello spirito* e la *Scienza della logica*. Di conseguenza vengono spesso discussi singoli momenti della filosofia hegeliana, trascurando la base speculativa su cui poggia l'intero sistema. Un'altra difficoltà deriva dal fatto che i curatori delle *Lezioni* talvolta presentano il pensiero di Hegel in una maniera così schematica, che scompare tutta la sottigliezza con la quale il Nostro seppe trattare la realtà fenomenica. Solo negli ultimi decenni sono stati ricuperati e pubblicati molti degli appunti e manoscritti usati per la compilazione delle *Lezioni* e ciò ha consentito di giungere ad una ricostruzione attendibile degli insegnamenti di Hegel. Data l'ampiezza del materiale, mi limiterò in questo capitolo alla filosofia dello spirito oggettivo, esposta nei rispettivi paragrafi dell'*Enciclopedia* e nei *Lineamenti di filosofia del diritto*. Dopo (a) una spiegazione della nozione di spirito oggettivo, (b) sarà illustrato bre-

---

[72] Si tratta delle *Lezioni sulla filosofia della religione*, a cura di P. Marheineke (1832), delle *Lezioni sulla storia della filosofia*, a cura di K. L. Michelet (1833), delle *Lezioni sulla estetica*, a cura di H. G. Hotho (1835) e delle *Lezioni sulla filosofia della storia*, a cura di E. Gans (1837); 2a ed. a cura di K. Hegel (1840).

vemente ciascuno dei suoi tre momenti: il diritto astratto, la moralità e l'eticità. Alla fine (c) ricorderò il contributo forse più significativo della filosofia politica di Hegel, la differenziazione tra società civile e stato.

a) Lo spirito oggettivo
Un problema pressante, che Hegel secondo molti interpreti non è riuscito a risolvere, è quello del passaggio dalla logica speculativa alla filosofia reale, cioè alle filosofie della natura e dello spirito. Come è possibile passare da categorie meramente logiche alla realtà spazio-temporale? Hegel conclude la scienza della logica con l'enigmatica affermazione che l'idea assoluta «si decide [...] a emancipare liberamente sé come natura»[73]. Come si può notare, l'assoluto secondo Hegel possiede la tendenza ad uscire da sé, realizzando se stesso. Esso non resta una mera idea, ma prende la forma della realtà concreta e finita. Questa tendenza a manifestarsi non è imposta all'assoluto da qualche potere esterno o superiore, ma è insita nella libera capacità di determinare se stesso. Il filosofo perciò non esita a paragonare l'emanazione della natura con la *creazione* del mondo dal nulla. Indipendentemente da questa similitudine con la creazione, va riconosciuto che Hegel esprime con chiarezza la sua convinzione che la realtà tutta, naturale e spirituale, costituisca un'estrinsecazione dell'idea assoluta. Si osservi inoltre la forte componente teleologica di questo pensiero: l'assoluto, manifestandosi nel mondo finito, tende a realizzare se stesso nel modo più perfetto. Il mondo dunque deve percorrere un processo volto a produrre delle forme che rispecchiano l'assoluto il più adeguatamente possibile. D'altra parte, siccome l'assoluto per Hegel è da concepirsi anzitutto come soggetto, la natura tenderà a svilupparsi verso esseri dotati di coscienza e intelligenza, capaci a loro volta di concepire l'idea assoluta.

Se tutta la realtà è da intendersi come la manifestazione dell'assoluto, il compito fondamentale della filosofia consiste nel porre in luce i tratti dell'idea, del logos, nel reale, ossia nel comprendere la realtà in conformità al-

---

[73] «Die absolute Freiheit der Idee aber ist, dass sie [...] sich entschließt, [...] sich als Natur frei aus sich zu entlassen» (G. W. F Hegel, *Enzyklopädie der philosophischen Wissenschaften im Grundrisse*, 3a ed., Heidelberg 1830 [§ 244]; in: Gesammelte Werke, vol. 20, p. 231; trad. it. di V. Cicero, Rusconi, Milano 1996, p. 417). – Il passaggio dalla logica speculativa alla filosofia della natura fu severamente criticato dall'ultimo Schelling il quale propose come soluzione una filosofia positiva (vedi cap. 3).

l'idea. È in questo senso che va intesa la famosa dichiarazione hegeliana secondo cui «ciò che è razionale è reale; ciò che è reale è razionale»[74]. Questa frase, tratta dalla prefazione ai *Lineamenti di filosofia del diritto*, naturalmente non ha mancato di suscitare equivoci. Anzi, è stata quella prefazione che ha suscitato, più di ogni altro testo di Hegel, le accuse di conservatorismo reazionario. In realtà, sembra che il filosofo, date le circostanze storiche particolari avesse cercato, con quella ed altre affermazioni, di apparire conciliante nei confronti della censura governativa. Tuttavia l'interpretazione che fa riferimento alla restaurazione politica post-napoleonica non rende giustizia al pensiero di Hegel. Se tutto ciò che è reale fosse veramente razionale, non bisognerebbe cambiare più niente; al contrario dovremmo sopportare qualunque sofferenza ed arrenderci a tutte le ingiustizie, essendo reali in quanto razionali. Forse lo Hegel maturo ha avuto effettivamente una certa inclinazione per il fatalismo politico; nondimeno, egli certamente non ha voluto contestare il fatto che il mondo nel quale viviamo sia lontano dall'essere perfetto, e che la riflessione filosofica debba spingere ad impegnarci per un mondo migliore. Questo però non cancella assolutamente il fatto che il compito del filosofo sia di comprendere la realtà, e quindi di concepirla in base a categorie razionali.

Come appare allora l'idea assoluta nella realtà politica? Come si manifesta la razionalità di una società? Ho già avuto l'occasione di rilevare che i rapporti intersoggettivi, per Hegel, sono inizialmente conflittuali, e che il riconoscimento reciproco è il risultato di un lungo processo, raggiunto allorché si crea un certo ordine sociale capace di tutelare le singole persone, in modo che ciascuno possa realizzare la propria libertà. La filosofia pratica mira innanzi tutto ad evidenziare le strutture che garantiscono il libero sviluppo di ogni uomo. Nonostante la filosofia del diritto sia fondata sull'idea della libertà del singolo, le strutture in cui questa libertà può effettivamente realizzarsi devono possedere un carattere collettivo, ossia oggettivo. La libertà, per Hegel, non diventa reale se non all'interno di determinate istituzioni sociali, quali il diritto, la famiglia e lo stato. Per questo i *Lineamenti della filosofia del diritto* recano come sottotitolo "Diritto naturale e scienza dello

---

[74] «Was vernünftig ist, das ist wirklich; und was wirklich ist, das ist vernünftig» (G. W. F Hegel, *Grundlinien der Philosophie des Rechts*, Berlin 1821, p. XIX; trad. it. di V. Cicero, Bompiani, Milano 2006, p. 59).

stato in compendio". L'autore si è proposto di congiungere la tradizionale dottrina del diritto naturale con le questioni più recenti della scienza dello stato, alla luce della convinzione che il diritto non può sussistere in astratto, ma solo entro un ordine concreto, legato a specifiche istituzioni. «Il sistema giuridico – scrisse Hegel – è il regno della libertà realizzata, è il mondo dello spirito prodotto, come una seconda natura, dallo spirito stesso»[75]. Il termine di seconda natura allude ad Aristotele; la definizione del diritto come "il mondo dello spirito" invece si riferisce all'assetto sistematico della filosofia hegeliana. Come l'idea assoluta si manifesta nella realtà finita, così anche lo spirito si oggettivizza nelle istituzioni sociali. Per quanto il concetto di spirito includa un tale momento sociale ed istituzionale, il suo significato autentico oltrepassa di gran lunga sia la consueta concezione di una coscienza isolata, sia quella oggi in voga di una comunità comunicativa.

b) Diritto astratto, moralità ed eticità
Mentre le prime riflessioni sulla filosofia politica erano dominate dall'entusiasmo per la *polis* greca, Hegel nel corso degli anni cominciò a esaminare più a fondo le condizioni dell'età moderna. Siccome la modernità era caratterizzata da una crescente differenziazione della vita sociale, egli si mise a elaborare una teoria che ricostruiva i diversi livelli e le molteplici forme di rapporti e istituzioni sociali. Il frutto maturo di questo sforzo erano i *Lineamenti di filosofia del diritto*. In termini ancora generali, va constatato che Hegel in quest'opera mira a saldare l'individuo, con i suoi interessi specifici, alla comunità, colle sue esigenze e norme universali. La funzione del diritto consiste proprio nell'equilibrare le necessità contrastanti di entrambe le parti. Alcune leggi, infatti, sono create per regolare la proprietà delle cose; altre servono a ordinare i contratti stipulati. Chi infrange la proprietà altrui, oppure viola un contratto, può essere punito, sempre secondo le leggi. L'insieme di queste regole, non necessariamente codificate, costituisce i diritti civile e penale, presentati nella prima sezione dei *Lineamenti*.

Nella seconda sezione del libro Hegel tratta di un altro momento dello spirito oggettivo, la *moralità*. Essa riguarda non più i rapporti tra le persone

---

[75] «Das Rechtssystem [ist] das Reich der verwirklichten Freiheit, die Welt des Geistes aus ihm selbst hervorgebracht, als eine zweite Natur» (op. cit. [§ 4], p. 14; trad. it., p. 87).

ma le azioni compiute dal singolo soggetto, imputategli in virtù della sua libera volontà. Poiché la volontà è comunque soggetta alla tensione tra le inclinazioni particolari del singolo e certi principi morali più generali, nasce il senso del dovere, per il quale ci sentiamo obbligati di agire in un determinato modo. Ma invece di elaborare un'etica normativa, Hegel a questo punto si mette a criticare duramente due interpretazioni erronee del dovere morale. La prima concezione etica che egli considera insoddisfacente è la fondazione della metafisica dei costumi di Kant. Secondo la critica hegeliana, ripetuta in varie occasioni, l'imperativo categorico non basterebbe come fondamento per giustificare i doveri materiali, e Kant non sarebbe riuscito a fornire delle norme concrete. L'obiezione di formalismo, la cui fondatezza voglio lasciare in sospeso, è rimasta la più prominente critica mossa alla morale kantiana fino ai nostri giorni[76]. La seconda concezione respinta da Hegel è la morale dei romantici, i quali assegnano un valore eccessivo alla coscienza individuale. Se l'individuo potesse davvero rivendicare, come i romantici sostenevano, la capacità di determinare il bene morale, esclusivamente in virtù della testimonianza immediata della coscienza di ciascuno, mancherebbe ogni criterio oggettivo per giudicare le azioni altrui, e la società sarebbe destinata a dissolversi. Per questo motivo, secondo Hegel, né la morale kantiana né quella romantica si sono mostrate in grado di riconciliare il particolare con l'universale.

Così come le norme giuridiche, per il Nostro anche le leggi morali rimangono in un certo senso astratte. Non basta stabilire un codice di leggi, né fidarsi dei principi morali delle singole persone, per regolare le azioni degli uomini; occorre piuttosto creare delle istituzioni che garantiscano il diritto e promuovano la messa in pratica delle norme. In altre parole, bisogna superare la prospettiva limitata del diritto astratto, come pure il punto di vista ristretto della morale individuale. Per rendere esplicito l'irrinunciabile aspetto istituzionale delle norme sociali, Hegel coniò la nozione di eticità (*Sittlichkeit*). Nella sua filosofia pratica emerge così un contrasto tra moralità ed eticità, tra una vita conforme a certi principi mo-

---

[76] Hegel lanciò la critica del formalismo per la prima volta nel saggio *Sui diversi modi di trattare scientificamente il diritto naturale* (1802-03). Nel XX secolo la critica del formalismo fu ripetuta da M. Scheler (cfr. *Der Formalismus in der Ethik und die materiale Wertethik. Neuer Versuch der Grundlegung eines ethischen Personalismus*, Niemeyer, Halle 1916; trad. it. di G. Alliney, Bocca, Milano 1944).

rali, e una vita all'interno di istituzioni giuste[77]. Come va concepita quindi la relazione tra individuo e comunità? La società e lo stato sono al servizio dei cittadini e devono primariamente tutelare la loro libertà? Oppure le istituzioni politiche perseguono un fine comune, al quale gli individui devono sottomettersi? In modo molto schematico si è soliti chiamare "liberalismo" l'opinione che gli interessi e la libertà dei singoli cittadini abbiano la precedenza assoluta sui valori sociali; una filosofia invece che dia la priorità alla comunità, subordinando gli interessi privati al bene comune, è indicata con il termine "comunitarismo". Il dissidio tra liberalisti e comunitaristi pervade tutta la filosofia politica contemporanea: mentre i liberalisti si riallacciano normalmente alla dottrina del contratto sociale, molti comunitaristi si riferiscono al concetto hegeliano di eticità[78]. Tuttavia si potrebbe forse attenuare il contrasto tra le due fazioni, proprio basandosi sulla filosofia hegeliana del diritto, con la quale il pensatore intende opporsi ad ogni tentativo di ridurre un momento all'altro: Hegel, da un lato, rifiuta la teoria liberale del contratto sociale, poiché per fondare uno stato non è sufficiente cercare il mero accomodamento degli interessi particolari di tutti i singoli. Dall'altro lato, egli considera le istituzioni politiche e sociali come la realizzazione oggettiva della stessa libertà dei cittadini. Contrariamente a quanto talvolta si sente dire, il filosofo non concepisce lo stato come qualcosa di fine a sé stesso, né come lo strumento per mezzo del quale lo spirito assoluto persegue spietatamente i propri progetti, passando sopra a qualunque individuo che gli sbarri la strada. Hegel anzi definisce l'eticità come «il concetto della libertà divenuto mondo dato e natura dell'autocoscienza»[79]. Per eticità egli intende dunque la concreta forma istituzionale in cui la libertà umana si sta realizzando.

---

[77] La distinzione hegeliana tra moralità ed eticità può sembrare eccentrica perché la parola "morale" non è altro che la traduzione latina del termine greco "etica"; il binomio nondimeno è stato ripreso da vari pensatori, ciascuno dei quali sfortunatamente conferì un significato diverso ai due concetti.

[78] Una lettura comunitarista della filosofia sociale di Hegel offrono C. Taylor, *Hegel and modern society*, Cambridge University Press, Cambridge 1979; trad. it. di A. La Porta, Il mulino, Bologna 1984, e A. Honneth, *Leiden an Unbestimmtheit. Eine Reaktualisierung der Hegelschen Rechtsphilosophie*, Reclam, Stuttgart 2001; trad. it. di A. Carnevale, Manifestolibri, Roma 2003. Una critica molto aspra, anche se non ugualmente fondata, contro Hegel è stata mossa da K. R. Popper (cfr. *The open society and its enemies*, vol. 2: The high tide of prophecy. Hegel, Marx and the aftermath, Routledge and Kegan Paul, London 1945; trad. it. di R. Pavetto, Armando, Roma 1974).

[79] «... der zur vorhandenen Welt und zur Natur des Selbstbewusstseins gewordene Begriff der Freiheit» (G. W. F Hegel, *Grundlinien der Philosophie des Rechts*, Berlin 1821 [§ 142], p. 156; trad. it., p. 293).

c) *Società civile e stato*

L'epoca moderna, per Hegel, si distingue dai tempi antichi e medievali sotto due aspetti principali: la marcata consapevolezza della libertà dell'individuo, da una parte, e la progressiva complessità delle forme di convivenza sociale, dall'altra. Per questo Di conseguenza, il concetto di *polis* risulta insufficiente per comprendere la nuova realtà politica e sociale. Hegel, tenendo conto delle mutate circostanze, introdusse una nuova categoria di istituzioni, la società civile (*bürgerliche Gesellschaft*), che colma il divario tra la famiglia e lo stato. In origine l'espressione *societas civilis* significava l'unione dei cittadini e dell'ordine politico, in quanto opposti allo stato naturale; Hegel invece la assume per designare uno specifico tipo di istituzioni sociali non statali. Siccome in tedesco manca una distinzione tra "civile" (nel senso di appartenente alla società o allo stato) e "borghese" (nel senso di appartenente alla borghesia), per Hegel è stato facile associare il concetto di società civile con l'ascesa della classe borghese nei tempi moderni. L'origine storica ben precisa del termine "società civile" tuttavia non ha impedito ai posteri di utilizzarlo pure con riferimento ad una situazione storica come la nostra, dove la borghesia ha essenzialmente perso la sua posizione preminente: sviluppatasi all'inizio dell'epoca moderna, la società civile continua a costituire un momento importante dell'ordine sociale.

Hegel è stato non solo il primo pensatore a descrivere sistematicamente il fenomeno della società civile, ma anche uno dei suoi critici più risoluti. Egli presenta lo stato come una specie di rimedio a determinate aberrazioni della società civile durante l'età industriale. Gli effetti di una sfrenata dinamica economica rendevano necessario, a suo parere, lo stato al fine di ristabilire la giustizia sociale che sembrava scomparire in un mondo governato solamente da spietate leggi economiche. Nell'*Enciclopedia* e nei *Lineamenti*, una larga parte dei paragrafi dedicati alla società civile trattano in effetti di economia. Riprendendo alcuni elementi dell'economia politica, in particolare dello scozzese Adam Smith (1723–1790), Hegel descrive le istituzioni economiche come finalizzate al soddisfacimento dei vari bisogni dei singoli cittadini. Il settore economico è caratterizzato dunque dal perseguimento dei propri interessi da parte di ciascuno. Hegel, sotto il titolo de "Il sistema dei bisogni", analizza le diverse forme che questi bisogni e interessi possono assumere, mostrando che il loro soddisfacimento esige un complesso sistema di servizi e strutture. Si parte dall'osservazione che ogni singolo uomo e ogni famiglia hanno certe necessità, quali cibo, vestiti, avere una casa, assistenza sanitaria, educazione, eccetera. La ricchezza di una società ora corrisponde alla sua capacità di appagare tali desideri dei cittadini. Siccome nello stato civile non è lecito prendere semplicemente possesso dei beni di cui si ha bisogno – come invece si poteva immaginare accadesse in un presunto stato naturale –, il singolo deve lavorare per partecipare al benessere economico generale. Ognuno cerca di produrre degli oggetti di scambio, cioè delle merci che si possono vendere per acquistare cose di proprietà altrui.

Hegel allora mette in risalto la primordiale importanza del *lavoro* quale fattore costitutivo del sistema economico. Quando tratta di economia, egli non s'interessa soltanto della produzione di merci o del flusso di denaro, e non si propone nemmeno di offrire una teoria quantitativa dei prezzi, salari o profitti, ma riflette sulle ripercussioni antropologiche e sociali delle condizioni economiche. Le sue previsioni in merito, purtroppo, non sono particolarmente incoraggianti: Hegel dapprima osserva che i desideri della gente col tempo diventano sempre più svariati e raffinati. Nella stessa misura in cui gli uomini sono liberati dalla preoccupazione concreta per la sopravvivenza quotidiana, aumentano i bisogni più astratti e si moltiplica la domanda di beni voluttuari. Per accontentare i consumatori s'incominciano a escogitare mezzi sempre più sofisticati. «Il lavoro – constata Hegel – è la mediazione che consiste nel procurare e allestire, per i bisogni particolarizzati, dei mezzi altrettanto particolarizzati»[80]. Fornire queste merci richiede dei metodi produttivi complicati e diversificati, il che rende indispensabile una più grande divisione del lavoro. Per lunghi secoli il sistema economico era stato fondato sugli agricoltori e gli artigiani, che conoscevano il proprio mestiere e producevano i beni necessari; nelle moderne fabbriche, invece, cooperano un gruppo di specialisti, ciascuno dei quali sa svolgere il suo lavoro con grande professionalità, ma senza conoscere l'attività altrui. Alla moltiplicazione e diversificazione dei bisogni corrisponde così la differenziazione delle cognizioni e abilità di chi lavora per appagare tali desideri.

La divisione del lavoro caratteristica dell'età borghese ha prodotto insomma un duplice effetto. Da una parte si è verificata una notevole crescita

---

[80] «Die Vermittlung, den partikularisierten Bedürfnissen angemessene, ebenso partikularisierte Mittel zu bereiten und zu erwerben, ist die Arbeit» (op. cit. [§ 196], p. 198; trad. it., p. 351).

delle conoscenze scientifiche e delle capacità tecniche dell'umanità. Per questo nella società civile una persona è considerata istruita solo nella misura in cui possiede la formazione necessaria per poter svolgere un lavoro specializzato, e dispone inoltre dei mezzi che le permettono il soddisfacimento anche dei desideri più eccentrici. Dall'altra parte, la crescente divisione del lavoro ha portato presto a conseguenze dannose, illustrate da Hegel come un processo di *astrazione*. Con la divisione del lavoro, infatti, è aumentata la facilità con cui si svolgono certe attività, il che consente di fabbricare una quantità enorme di beni. Al tempo stesso, però, è cresciuta l'uniformità dei processi produttivi, il che non solo ha reso più monotono il lavoro in fabbrica, ma ha condotto anche alla sostituzione degli operai con le macchine.

Hegel nota ancora un terzo aspetto di tale astrazione: quanto più il singolo cittadino si specializza in un determinato campo, tanto più dipende dai beni prodotti e servizi effettuati da altri. Nei *Lineamenti* egli descrive con lucidità le aberrazioni del sistema economico capitalista: grazie all'incremento della produzione, e al miglioramento dell'igiene e della salute pubbliche, la popolazione è cresciuta sensibilmente. Perciò, nonostante l'industrializzazione fosse progredita, facendo incrementare l'insieme complessivo dei beni, la classe lavoratrice, sempre più numerosa, si è impoverita, mentre le ricchezze accumulate finivano nelle mani di pochi ricchi. Hegel trasse la conclusione disincantata che «nonostante l'eccesso di ricchezza, la società civile non è ricca abbastanza [...] per ovviare all'eccesso di povertà e al generarsi della plebe»[81].

La mera legge del libero mercato non basta per garantire l'ordine e la giustizia sociali. Hegel, a differenza dei liberalisti, dubitava della capacità del sistema economico di assicurare il benessere del maggior numero dei cittadini. I difetti e le insufficienze del sistema dei bisogni anzi gli sembravano giustificare il transito dalla società civile allo stato. Quest'ultimo a suo avviso era superiore a quella, appunto perché faceva prevalere il bene comune sugli interessi particolari. La funzione dello stato era sì il mante-

---

[81] «Es kommt hierin zum Vorschein, dass bei dem Übermaß des Reichtums die bürgerliche Gesellschaft nicht reich genug ist, [...] dem Übermaß der Armut und der Erzeugung des Pöbels zu steuern» (op. cit. [§ 245], p. 233; trad. it., p. 403).

nimento degli individui, dei loro diritti e del loro benessere; ma allo stato spettava ugualmente il ricondurre la famiglia e la società civile, incentrate sui propri bisogni, al rispetto dei valori comuni. Solo formando uno stato, gli individui potevano realizzare in modo adeguato la propria libertà. «Lo stato – scrisse il Nostro – è la realtà della libertà concreta»[82]. Lo stato rappresenta l'unica istituzione che Hegel considera veramente ragionevole, perché solo nello stato coesistono la libertà individuale e il bene comune di tutti i cittadini. Purtroppo non posso approfondire il tema della costituzione dello stato, volta a garantire il sottile equilibrio tra gli interessi particolari da una parte, e il bene comune dall'altra. Nemmeno posso soffermarmi sulla questione delle relazioni internazionali. Hegel, a differenza di Kant, non aderisce mai alla visione cosmopolita di uno stato universale. I rapporti tra i singoli stati per lui costituiscono piuttosto il materiale della storia universale, nel corso della quale dovrebbe manifestarsi la razionalità del reale. Il filosofo espresse questa convinzione nella celebre affermazione che la storia universale è il tribunale del mondo ossia il giudizio universale (*Weltgericht*). Hegel, più che secolarizzare ogni sorta di discorso escatologico, con questa frase intende rafforzare la tesi principale del suo sistema: se l'idea assoluta in ultima analisi non si realizzasse nelle strutture del mondo storico, dovremmo giudicare errata la convinzione nella razionalità del reale.

7. La scuola hegeliana

Il 14 novembre 1831 Hegel, a poco più di sessant'anni, morì inaspettatamente a Berlino; i medici gli diagnosticarono un attacco di colera. Durante l'ultima fase della vita, s'era formato intorno a lui un gruppo di seguaci, ai quali non sarebbe mai venuto in mente di mettere in questione le dottrine del maestro; anzi, erano convinti che il loro compito fosse estendere meticolosamente i principi della filosofia speculativa a tutti i campi dello scibile; e ciò iniziarono a fare. L'armonioso svolgimento di questo proposito non durò tuttavia a lungo; già dopo pochi anni sorse un'aspra controversia sulla corretta interpretazione del pensiero hegeliano. In un primo momento il

---

[82] «Der Staat ist die Wirklichkeit der konkreten Freiheit» (op. cit. [§ 260], p. 251; trad. it., p. 429).

dibattito verteva solamente sulla filosofia della religione, poi si allargò alle questioni politiche, ed infine incluse anche la metafisica e il metodo dialettico. Per ragioni di brevità, il presente capitolo sarà dedicato al problema della religione: cercherò dapprima (a) di cogliere alcuni tratti essenziali della filosofia della religione di Hegel; quindi (b) illustrerò le diverse interpretazioni di essa, concentrandomi sulla critica mossa da Feuerbach al cristianesimo.

a) La religione come rappresentazione

Anche dopo aver lasciato il seminario ecclesiastico di Tubinga, Hegel continuò ad interessarsi di teologia. La religione non solo fu tema di alcuni scritti giovanili[83], ma è pure trattata nel prolisso, penultimo capitolo della *Fenomenologia*, e figura nell'assetto definitivo del sistema come uno dei momenti principali della filosofia dello spirito. Si può ben dire che Hegel, dopo la critica di Kant contro la teologia naturale tradizionale, abbia sostituito quest'ultima con un trattato di filosofia della religione il quale si occupa non tanto degli argomenti filosofici in favore dell'esistenza di Dio, o degli attributi e delle operazioni divine in genere, bensì considera le diverse religioni come un fenomeno storico-culturale. Hegel, più precisamente, capovolse la situazione verificatasi dopo Kant, in almeno due rispetti. Per prima cosa rifiutò la tesi kantiana secondo cui l'unico modo di afferrare razionalmente l'assoluto sarebbe stata la fede pratica. La presa di distanza da Kant non lo conduce però a una nuova forma di irrazionalismo o a un fideismo simile al salto mortale di Jacobi (vedi cap. 1), poiché Hegel introduce l'idea di un sapere speculativo dell'assoluto. Nel contempo egli insiste sulla differenza specifica fra filosofia e religione, e questo è l'altro rispetto a cui egli si distingue dalla posizione kantiana e dall'intera tradizione illuminista. L'innovazione hegeliana sul tema del rapporto filosofia e religione consiste nell'idea che, mentre la prima tende ad una conoscenza propriamente concettuale dell'assoluto, la seconda invece lo rappresenta in forme sensibili.

---

[83] I testi, pubblicati postumi come *Hegels theologische Jugendschriften*, a cura di H. Nohl, Mohr, Tübingen 1907; trad. it. di E. Mirri e N. Vaccaro, Guida, Napoli 1972, costituiscono una fonte indispensabile per comprendere la genesi del sistema hegeliano.

La tesi hegeliana del carattere rappresentativo della religione – lungi dal limitarsi all'illustrazione di alcune proprietà metafisiche dell'assoluto, oppure all'accertamento del valore pratico della fede in Dio – consente al filosofo di studiare l'ampia varietà delle diverse forme di religione. Distinguere la religione dalla filosofia, quindi, non significa affatto negare la possibilità di una comprensione propriamente filosofica degli stessi fenomeni religiosi. Peraltro, già nella *Fenomenologia dello spirito* si trova la definizione della religione come di una specie di coscienza che l'assoluto ha di se stesso: «Nella religione – afferma Hegel – lo spirito che sa se stesso è immediatamente la sua autocoscienza pura»[84]. Questa definizione può sorprendere, in quanto Hegel non parla né di Dio quale oggetto della religione, né dell'uomo credente quale soggetto che entra in rapporto con Dio; in essa, piuttosto, si ritrova lo schema tipico della *Fenomenologia*, ovvero la figura dello spirito conscio di sé. Ora, anche se nella citata definizione non sono menzionati né Dio né l'uomo, appare nondimeno chiaro che Hegel in essa si riferisce alla coscienza dell'infinito che il soggetto umano consegue nella religione – solo che questa coscienza, per diventare veramente consapevolezza dell'assoluto, deve essere interpretata come relazione interna dello spirito con se stesso. Hegel, dunque, presenta il rapporto dell'uomo con Dio come una forma di coscienza che l'assoluto ha di sé. Senza la logica e la metafisica hegeliane che giustificano il senso di tale affermazione, essa apparirebbe una sciocchezza o una blasfemia.

Lo stretto legame tra la religione e la concezione hegeliana dello spirito è comprovato da uno sguardo generale alla struttura del suo sistema filosofico. Come si può desumere dall'*Enciclopedia*, opera che contiene l'unica elaborazione completa del sistema, scritta di proprio pugno da Hegel, la religione segue la trattazione dell'arte, e precede il capitolo sulla filosofia. Arte, religione e filosofia costituiscono i tre momenti del cosiddetto *spirito assoluto*; esse rappresentano quei momenti della cultura umana, nei quali l'assoluto si manifesta come tale. L'arte, secondo Hegel, aveva svolto la sua funzione in modo esemplare nell'antichità, quando venivano create delle

---

[84] «Der sich selbst wissende Geist ist in der Religion unmittelbar sein eigenes reines Selbstbewusstsein» (G. W. F Hegel, *Phänomenologie des Geistes*, Bamberg 1807; in: Gesammelte Werke, Hamburg 1968 segg., vol. 9, p. 364; trad. it. di V. Cicero, Rusconi, Milano 1995, p. 897).

opere, preferibilmente sculture, i cui tratti regolari presentavano la perfetta dignità divina. Con il cristianesimo è poi iniziata una fase di progressiva spiritualizzazione; i cristiani non solo concepivano Dio stesso come spirito, bensì interpretavano la sua relazione all'uomo come un rapporto di rivelazione. È per questa ragione che Hegel non ha trovato alcuna difficoltà a inserire la religione rivelata nell'insieme della filosofia dello spirito. A partire dal 1821 egli offriva all'università di Berlino un corso di *Lezioni sulla filosofia della religione*, nel quale, oltre a illustrare il concetto di religione e a discutere la storia delle religioni non cristiane, esamina i principali dogmi e teologumeni del cristianesimo[85].

Hegel, nonostante tenesse la religione in grande considerazione, particolarmente quella rivelata, è rimasto sempre fedele alla convinzione che solo la filosofia può conoscere veramente l'assoluto. La differenza tra religione e filosofia si incentra nei diversi modi in cui l'assoluto si manifesta in ciascuna di esse, ovvero nella forma di rappresentazione (*Vorstellung*) nell'una e di concetto (*Begriff*) nell'altra. La religione secondo Hegel comprende sostanzialmente una serie di rappresentazioni del divino: immagini sacre, racconti mitologici, pratiche rituali, eccetera. Nella religione rivelata vi si aggiungono le figure dei profeti, del popolo di Dio e del messia. Tutti questi fenomeni nella religione sono considerati come manifestazioni immediate dell'assoluto. La filosofia invece oltrepassa la forma della rappresentazione, per giungere alla comprensione mediata ossia concettuale dell'assoluto, l'unica veramente adeguata. Per afferrare l'assoluto allora non basta riferirsi a qualche rappresentazione religiosa, ma bisogna esporre sistematicamente il suo concetto filosofico. Una volta esposta l'idea dell'assoluto, è possibile assegnare alla religione il suo posto specifico fra i vari momenti dello spirito, cioè tra arte e filosofia.

Non c'è da stupirsi che la concezione hegeliana del rapporto fra la religione come rappresentazione, e la filosofia come conoscenza concettuale dell'assoluto abbia suscitato reazioni contrastanti. Un primo interrogativo è in che misura la filosofia della religione di Hegel sia ancora conforme alla

---

[85] Sulla filosofia hegeliana della religione informano F. Biasutti, «La religione», in: *Guida a Hegel*, a cura di C. Cesa, Laterza, Roma; Bari 1997, pp. 237–280, e W. Jaeschke, *Die Religionsphilosophie Hegels*, Wissenschaftliche Buchgesellschaft, Darmstadt 1983.

fede cristiana e compatibile con la teologia. Le opinioni a questo riguardo divergono. Alcuni dei seguaci del maestro si accontentarono di veder inclusi nel sistema hegeliano i dogmi più importanti del cristianesimo, quali la trinità, la creazione, l'incarnazione e la redenzione; altri invece criticarono il maestro per non aver egli portato a compimento il suo studio della religione. Secondo questi ultimi, Hegel avrebbe dovuto non solo subordinare la religione alla filosofia, ma eliminare completamente la fede religiosa. I due schieramenti interpretativi già allora ricevettero un nome in analogia alle due opposte fazioni presenti nell'assemblea nazionale francese dopo la rivoluzione del 1789: venne chiamata "destra" coloro che ritenevano conciliabile la posizione hegeliana con l'ortodossia protestante, e invece "sinistra" il gruppo di pensatori più giovani, i quali, pur ispirandosi a Hegel, affermavano il carattere essenzialmente umano del cristianesimo[86].

Il conflitto fra destra e sinistra hegeliane scoppiò proprio in cristologia; al centro della controversia stava la corretta interpretazione della vita di Gesù. Il lettore si ricordi che già gli illuministi del Settecento avevano negato ogni significato soprannaturale dei Vangeli, riducendo la vita di Gesù ad un semplice evento storico: il valore razionale del cristianesimo per loro coincideva con le sue dottrine morali. Dopo che gli illuministi avevano criticato gli elementi miracolosi dei racconti biblici, i discepoli di Hegel, probabilmente contro le intenzioni del maestro, misero in questione anche la veridicità storica dei Vangeli. L'hegeliano David Friedrich Strauss (1808–1874) scrisse una *Vita di Gesù* per dimostrare che i racconti evangelici erano le espressioni mitologiche di certe convinzioni religiose, sviluppatesi nella comunità cristiana primitiva. Strauss definiva *mito evangelico*

«un racconto che si riferisce immediatamente o mediatamente a Gesù, e che noi possiamo considerare non come espressione di un fatto, ma come prodotto di un'idea dei suoi partigiani primitivi»[87].

---

[86] Alcuni testi significativi sono raccolti in *La sinistra hegeliana*, a cura di K. Löwith, trad. it. di C. Cesa, Laterza, Bari 1960; orig. ted. Frommann-Holzboog, Stuttgart-Bad Cannstatt 1962.

[87] «Evangelischen Mythos nennen wir eine solche, auf Jesus mittelbar oder unmittelbar sich beziehende Erzählung, welche und soweit wir sie nicht als Abdruck einer Tatsache, sondern als Niederschlag einer Idee seiner frühesten Anhänger betrachten dürfen» (D. F. Strauss, *Das Leben Jesu, kritisch bearbeitet*, Tübingen 1835–36; 4a ed. 1840, vol. 1, p. 97; trad. it. Milano 1863–65, vol. 1, p. 101).

Per quanto risulta dalle fonti, Strauss propose in buona fede l'interpretazione mitologica dei Vangeli, cercando di attenersi al senso della nozione di rappresentazione dell'assoluto, secondo la concezione hegeliana della religione. Al di là delle molteplici polemiche contro Strauss, occorre riconoscere che la *Vita di Gesù* è una pietra miliare del cammino che condusse al metodo storico-critico dell'esegesi biblica. D'altro canto, Strauss nel corso degli anni ruppe del tutto con la filosofia hegeliana, spingendosi verso posizioni sempre più radicali, fino all'ateismo. Non è stato però lui, ma un altro hegeliano di sinistra a ridurre definitivamente la filosofia della religione a critica del cristianesimo.

b) L'essenza antropologica della religione
Parlando dell'ala sinistra della scuola hegeliana, il primo nome da citare è Ludwig Feuerbach (1804–1872). Egli non ricoprì mai una cattedra universitaria, e trascorse la vita come studioso privato e pubblicista. La sua fama è dovuta anzitutto al libro su *L'essenza del cristianesimo*, che esercitò notevole influenza, per esempio su Karl Marx. A questo proposito, si pensi alle famose *Tesi su Feuerbach*, stese da Marx nel 1845, nelle quali questi giustamente annotava che «Feuerbach risolve l'essenza religiosa nell'essenza umana»[88]. Il libro di Feuerbach, infatti, tratta nella prima parte "L'essenza vera ossia antropologica della religione", nella seconda parte invece presenta "L'essenza non vera ossia teologica della religione". Non è certo un caso che la struttura bipartita de *L'essenza del cristianesimo* ricordi l'articolazione della Logica trascendentale di Kant. Come Kant nell'Analitica trascendentale aveva stabilito i principi oggettivi che regolano il mondo della nostra esperienza, così anche Feuerbach espone dapprima le verità antropologiche che stanno alla base della religione. E come Kant nella Dialettica trascendentale aveva respinto tra l'altro la teologia naturale della scuola di Wolff, perché fondata su ragionamenti fittizi, così anche Feuerbach, nella seconda parte dell'opera, critica la teologia per aver questa pervertito la vera natura antropologica della religione. Per rendere ancora più esplicito il ri-

---

[88] «Feuerbach löst das religiöse Wesen in das menschliche Wesen auf» (K. Marx, «Thesen über Feuerbach» [1845], in: K. Marx; F. Engels, *Werke*, Dietz, Berlin 1956–90, vol. 3, p. 6; trad. it. in: Opere scelte, a cura di L. Gruppi, Editori riuniti, Roma 1966, p. 189).

ferimento a Kant, l'autore voleva intitolare il suo libro "Critica dell'irragionevolezza pura"; prevalse però la contrarietà dell'editore.

Per comprendere la polemica feuerbachiana contro il cristianesimo, bisogna tornare ancora alla filosofia di Hegel. All'età di appena vent'anni, il giovane Feuerbach si era recato a Berlino per seguire le lezioni hegeliane, in particolare sulla filosofia della religione. Lo studente fu colpito dalla concezione speculativa della religione, per la quale questa è «il concetto dello spirito cosciente della sua essenza, di se stesso»[89]. Hegel, come ho accennato, per coscienza di sé da parte dello spirito intende una specie di autocoscienza dell'assoluto, la quale si manifesta nel fenomeno della religione. Feuerbach invece capovolse la concezione hegeliana, interpretando la religione come una forma di coscienza che l'uomo aveva di sé. Non era più Dio a rivelarsi nella coscienza religiosa dell'uomo, ma l'uomo era chiamato a riscoprire i propri tratti distintivi nell'idea che egli si era formato di Dio. «La coscienza che l'uomo ha di Dio – dichiara Feuerbach – è la coscienza che egli ha di se stesso, la conoscenza di Dio è la conoscenza che l'uomo ha di sé»[90].

La riflessione dell'autore prende le mosse dalla premessa che ogni atto di coscienza tende a conoscere l'essenza del suo oggetto, ovvero gli attributi che rendono quell'oggetto ciò che è. Nel caso di Dio, inteso come oggetto della coscienza religiosa, di solito si elencano alcuni predicati essenziali come quelli di persona, legislatore morale, padre degli uomini, santo, giusto, misericordioso, eccetera. Riflettendo su questi attributi divini, secondo Feuerbach, ci si accorge che essi sono riconducibili a qualche esperienza umana, anzi che si tratta di qualità umane, applicate a Dio in senso analogico. Certo, non ogni singolo uomo possiede effettivamente le suddette qualità, avendo ciascuno i propri limiti e mancanze. Nondimeno i predicati citati, nel complesso, descrivono per Feuerbach la natura del genere umano, e rivelano un profondo desiderio di perfezione insito in ogni uomo. Ne

---

[89] «Der Begriff der Religion [...] ist der Begriff des Geistes, der seines Wesens, seiner selbst bewusst ist» (G. W. F. Hegel, *Vorlesungen über die Philosophie der Religion*, in *Vorlesungen*, Meiner, Hamburg 1983 segg., vol. 3, p. 55; trad. it. di S. Achella, Guida, Napoli 2003 segg., vol. 1, p. 112).

[90] «Das Bewusstsein Gottes ist das Selbstbewusstsein des Menschen, die Erkenntnis Gottes die Selbsterkenntnis des Menschen» (L. Feuerbach, *Das Wesen des Christentums*, Leipzig 1841; in: Sämtliche Werke, Frommann, Stuttgart 1903–11, vol. 6, p. 15; trad. it. di C. Cometti, Feltrinelli, Milano 1971, p. 34).

segue che i presunti attributi divini altro non rappresentano che le caratteristiche specifiche della stessa natura umana. In altre parole, l'uomo concepisce Dio a partire dalla propria essenza; l'idea di un Dio sapiente, potente e benevolo è insomma un antropomorfismo:

> «Dio è l'amore che appaga i nostri desideri, i bisogni del nostro sentimento – è l'anelito del cuore divenuto realtà, il desiderio che ha raggiunto la certezza del suo adempimento e della sua validità.»[91]

Se la rappresentazione di Dio in realtà è soltanto un prodotto dei desideri umani, la religione, che in Hegel era una forma di coscienza dell'assoluto, in Feuerbach si trasforma in una mera illusione. Dio, al quale il fedele si rivolge pregando, non è altro che «il suo stesso essere oggettivato»[92]. Sebbene Feuerbach non utilizzi il termine di *proiezione*, reso celebre da Sigmund Freud, il filosofo ha largamente prefigurato la critica psicanalitica della religione. La religione però per Feuerbach, a differenza che per Freud, non poggia semplicemente sugli impulsi inconsci del singolo soggetto, bensì sullo scambiare erroneamente la natura umana per Dio. Da un punto di vista strettamente teorico questo sbaglio potrebbe sembrare facilmente emendabile; ma è invece da un punto di vista pratico-sociale che questo errore ha effetti molto ampie e dannose per il progresso e il benessere dell'umanità. La religione provoca infatti una scissione della coscienza: tutte le qualità positive del genere umano vengono attribuite a Dio, cosicché al singolo uomo resta unicamente la coscienza dei propri difetti e deficienze. L'uomo, di conseguenza, concepisce sé stesso come peccatore, e anziché sviluppare le proprie predisposizioni buone, anela alla salvezza divina.

Secondo Feuerbach era assolutamente errato aspettarsi da Dio la redenzione dell'umanità. La liberazione dell'uomo non sta nell'attesa di qualche opera salvifica divina, ma nella demolizione della religione stessa, la quale distoglie gli uomini dal realizzare la propria natura sostanzialmente buona. Togliere l'idea illusoria di Dio significa riconciliare l'uomo con se stesso, aiutandolo a riappropriarsi dei suoi attributi essenziali. La critica della re-

---

[91] «Gott ist die Liebe, die unsere Wünsche, unsere Gemütsbedürfnisse befriedigt – er ist selbst der verwirklichte Wunsch des Herzens, der zur Gewissheit seiner Erfüllung, seiner Gültigkeit [...] gesteigerte Wunsch» (op. cit., p. 145; trad. it., p. 135).

[92] «...sein gegenständliches Wesen selbst» (op. cit., p. 15; trad. it., p. 34).

ligione dunque è intesa a far valere la dignità del genere umano. Svelando l'origine antropologica della teologia cristiana, Feuerbach ritiene di incoraggiare l'umanità verso l'altruismo. Naturalmente si può dubitare dell'intenzione filantropica di questa critica al cristianesimo. Le società dove è venuta meno la presenza della religione in realtà non si sono dimostrate le più umane. Quanto alla storia del pensiero, resta da constatare che il passaggio dalla filosofia dello spirito assoluto all'antropologia ha significato il congedo definitivo del sistema hegeliano. Nel 1843, due anni dopo l'opera principale, Feuerbach stese un libretto dal titolo *Principi della filosofia dell'avvenire*, nel quale prospettava una nuova filosofia strettamente antropologica, basata sul rovesciamento dell'idealismo. «La filosofia di Hegel – scrisse Feuerbach – rappresenta il compimento della filosofia moderna. S'intende quindi che la necessità storica e la giustificazione di una nuova filosofia si riattaccano principalmente ad una critica di Hegel»[93]. Quali direzioni la critica di Hegel ha effettivamente preso, sarà esaminato nelle restanti parti del presente libro.

Per ragioni di spazio, non è possibile dedicarsi qui ai filosofi cosiddetti neoidealisti. Tale scelta è particolarmente sofferta, per due ragioni. In primo luogo perché la filosofia analitica del linguaggio nacque in buona parte come una reazione contro alcuni pensatori neohegeliani britannici del tardo Ottocento (vedi cap. 21); ed in secondo luogo per il forte impatto dei neoidealisti sulla filosofia italiana novecentesca[94]. Fu sopratutto Benedetto Croce (1866–1952) a conservare la memoria di Hegel in un'epoca segnata dal positivismo ed esistenzialismo. Sulla scia del maestro egli elaborò un sistema di "Filosofia come scienza dello spirito", comprendente trattati di estetica, logica, etica ed economia[95]. Accanto a Croce bisogna menzionare Giovanni Gentile (1875-1944), inizialmente compagno di strada, ma poi bia-

---

[93] «Die Vollendung der neueren Philosophie ist die hegelsche Philosophie. Die historische Notwendigkeit und Rechtfertigung der neuen Philosophie knüpft sich daher hauptsächlich an die Kritik Hegels» (L. Feuerbach, *Grundsätze der Philosophie der Zukunft*, Zürich 1843; in: Sämtliche Werke, vol. 2, p. 274; trad. it. di N. Bobbio, Einaudi, Torino 1946, p. 97).

[94] Rimando a questo proposito allo studio di M. Mustè, *La filosofia dell'idealismo italiano*, Carocci, Roma 2008.

[95] Cfr. B. Croce, *Estetica come scienza dell'espressione e linguistica generale*, Sandron, Milano 1902; *Lineamenti di una logica come scienza del concetto puro*, Giannini, Napoli 1905; *Filosofia della pratica. Economica ed etica*, Laterza, Bari 1909.

simato dal filosofo napoletano per il suo coinvolgimento con il fascismo. Il cosiddetto *attualismo* di Gentile rappresentava una radicalizzazione dell'idealismo hegeliano in quanto Gentile riduceva tutto all'atto puro di coscienza e negava qualsiasi realtà empirica oppure trascendente[96]. Il terzo gruppo di neoidealisti che non figurano nella presente esposizione sono i grandi pensatori russi, tra cui spicca Vladimir Solov'ëv (1853–1900). Per superare la scissione fra slavofili e occidentalisti, spiritualità russa e razionalismo moderno, Solov'ëv si riagganciò all'ultimo Schelling, sviluppando una visione uni-totalitaria del mondo[97]. Tutti questi autori e correnti possiedono non solo un grande valore in sé, ma hanno anche favorito la discussione del pensiero di Hegel dopo il tramonto della sua scuola.

---

[96] Cfr. G. Gentile, *Teoria generale dello spirito come atto puro*, Mariotti, Pisa 1916.
[97] Sulla recezione delle idee hegeliane in Russia si veda G. Planty-Bonjour, *Hegel et la pensée philosophique en Russie 1830–1917*, Nijhoff, Den Haag 1974; trad. it. di G. Gigante, Guerini, Milano 1995.

II. Il pensiero scientifico

Nella seconda metà dell'Ottocento, l'influsso dell'hegelismo in Germania diminuì notevolmente[1]. Gli enormi progressi delle scienze empiriche furono una delle ragioni per cui il progetto di Hegel aveva perso parte della sua forza di persuasione. Mentre l'idealismo pretendeva di conoscere la realtà in base a principi aprioristici, lo sviluppo delle scienze sembrava dimostrare l'inadeguatezza di un simile approccio. Molti filosofi, perciò, si convinsero che prima di esporre una determinata visione del mondo occorreva studiare i risultati della ricerca scientifica. Basti citare, a titolo d'esempio, Friedrich Albert Lange (1828–1875), il quale solitamente è annoverato tra i primi esponenti del neocriticismo. Autore di una celebre *Storia del materialismo*, Lange scherniva le filosofie di Fichte, Schelling e Hegel come «romanticismo concettuale tedesco» e «metafisica poetante»[2]. All'idealismo egli oppose il materialismo, la cui storia ricostruiva risalendo fino all'atomismo greco. Lange consigliava ai filosofi esercizi di logica formale, di calcolo delle probabilità, di teoria dell'induzione, e lo studio delle scienze positive. Egli valorizza il pensiero di Kant, poiché il criticismo, a differenza dell'idealismo e del materialismo, è compatibile con le più recenti scoperte delle scienze naturali, senza per questo negare l'importanza di ideali etici e sociali.

Molti rappresentanti del nuovo pensiero scientifico possono, in effetti, essere ascritti alla corrente neokantiana. All'inizio erano anzitutto le ricerche fisiologiche e psicologiche a suggerire il ritorno a Kant. In seguito i filosofi si sono prefissi come compito primario quello di elaborare una teoria della conoscenza, soprattutto scientifica[3]. Sarebbe tuttavia erroneo considerare il neocriticismo come l'unica filosofia in favore del pensiero scientifico, e tanto

---

[1] La situazione era diversa in altri paesi europei: In Francia la presenza del pensiero hegeliano continuava grazie a Victor Cousin (1792–1867); in Italia Bertrando Spaventa (1817–1882) fondava un'importante scuola hegeliana a Napoli; in Gran Britannia infine l'influsso di Hegel appariva nell'idealismo assoluto di Francis Herbert Bradley (1846–1924) e Bernard Bosanquet (1848–1923).

[2] «Deutsche Begriffsromantik» e «dichtende Metaphysik» (F. A. Lange, *Geschichte des Materialismus und Kritik seiner Bedeutung in der Gegenwart*, 2a ed., 2 voll., Iserlohn 1873–77, vol. 2, pp. 1 e 66).

[3] Una buona visione d'insieme del movimento neokantiano fornisce M. Ferrari, *Introduzione a il neocriticismo*, Laterza, Roma; Bari 1997.

meno come la prima. Piuttosto, un tipo di filosofia avente come punto di riferimento le scienze positive si era già originato in Francia durante la prima metà dell'Ottocento, e più tardi si era sviluppato in Gran Bretagna. Tutti questi pensatori condividevano la convinzione che qualsiasi riflessione filosofica deve partire dagli esiti delle scienze positive. Visto però che nessuna teoria scientifica finora si era dimostrata infallibile, anche l'idea di un sistema filosofico che sarebbe rimasto inalterato per sempre era certamente illusoria. Per questa ragione si respinse qualunque filosofia perenne, incluso il pensiero puro degli idealisti tedeschi, affermando che ogni filosofo in linea di principio deve essere disposto a rivedere le proprie dottrine sulla base del progresso scientifico.

Una tale concezione della filosofia va incontro a una grande difficoltà, derivante dalle crescenti differenziazioni sia nel settore scientifico sia nell'ambito filosofico. Mentre un pensatore come Cartesio, oltre ad elaborare un sistema filosofico, era stato anche un valente scienziato, la maggior parte dei filosofi sette e ottocenteschi non svolsero ricerche empiriche. Inoltre, mentre pensatori come Schelling e Hegel avevano sicuramente delle competenze scientifiche, i loro seguaci no, al punto che Lange critica gli epigoni hegeliani i quali «non studiano ciò che ha studiato Hegel, ma studiano Hegel»[4]. D'altra parte, va riconosciuto che l'aumentata complessità degli stessi studi empirici nel corso dell'Ottocento ha reso quasi impossibile al singolo studioso acquisire conoscenze in ogni ramo dello scibile.

Gli ultimi due secoli non solo hanno portato a una scissione tra la ricerca empirica da un lato e la riflessione filosofica dall'altro, ma si è verificata anche un frazionamento progressivo delle singole scienze positive. Dopo che per molto tempo si era parlato di un'unica scienza naturale, ad un certo punto la fisica, la chimica e la biologia sono divenute discipline indipendenti, con un metodo e un campo di ricerca specifici. Nella seconda metà del XIX secolo, poi, è iniziato un ulteriore processo di differenziazione, riguardante le cosiddette scienze umane. La psicologia e la sociologia avevano metodi di indagine propri, il che fece sorgere il problema di come delimitare queste discipline rispetto sia alla riflessione filosofica che alle

---

[4] «Seine "Schüler" aber studieren nicht, was Hegel studiert hat, sondern sie studieren Hegel» (F. A. Lange, *Geschichte des Materialismus*, vol. II, p. 142).

scienze naturali. In una serie di dibattiti si è tracciata la distinzione tra due generi di scienze positive: quelle che studiano la natura, e quelle che invece si occupano del mondo storico e sociale. Nel prosieguo, verranno dapprima (A) considerate le scienze sociali e la storia, per chiarire il rapporto tra scienze naturali e umane, e per illustrare le diverse concezioni che sono state proposte di queste ultime; quindi (B) sarà descritta l'influenza che il progresso delle scienze naturali, della matematica e della logica ha avuto sul pensiero filosofico contemporaneo.

A. LE SCIENZE SOCIALI E LA STORIA

Ricordiamo innanzi tutto alcune tappe del progresso scientifico e tecnico degli ultimi due secoli che han cambiato non solo la nostra visione della realtà, ma la realtà stessa. Nel 1800 il fisico italiano Alessandro Volta presentò la prima pila. Fecero seguito il telegrafo, la lampadina, il grammofono. Alla fine dell'Ottocento un altro italiano, Guglielmo Marconi, costruì la prima radiotrasmittente. Trent'anni dopo furono realizzati l'apparecchio televisivo e il calcolatore programmabile. Oggigiorno si lavora con i computer portatili e si comunica con i telefoni cellulari. Anche i mezzi di trasporto erano cambiati radicalmente: grazie alla rete ferroviaria era diventato possibile spostarsi molto più rapidamente che con le precedenti diligenze postali trainate da cavalli. Più tardi fu inventato il motore a combustione interna. Nel 1903 decollò il primo aereo a motore, per un volo di nientemeno che dodici secondi. Nel 1969 due uomini misero piede sulla Luna, mentre oggi si hanno le offerte di turismo spaziale. Di grande impatto è stato poi il progresso nell'assistenza medica e sanitaria. È solo dalla metà del XIX secolo, infatti, che per esempio si sono potute fare estrazioni dentarie sotto anestesia. A cavallo tra i due secoli furono scoperti i raggi X e la radioattività, che presto furono impiegati con scopi diagnostici e terapeutici. Ai nostri giorni infine si studia la possibilità di curare le malattie ereditarie con la terapia genetica.

Tutti questi esempi mostrano le ripercussioni delle scoperte scientifiche sulla vita concreta degli uomini. Si pensi inoltre a come le macchine e gli elettrodomestici hanno reso più facile il lavoro manuale e più comoda la vita quotidiana. Nelle fabbriche si sono potute produrre grandi quantità di stoffe ed altre merci a prezzi accessibili. I medici sono riusciti a guarire malattie prima ritenute incurabili e a vaccinare la popolazione contro altre molte altre. Tuttavia sono ugualmente noti i problemi dovuti agli effetti collaterali della rivoluzione industriale, verificatisi principalmente nei grandi centri urbani. Il lavoro è diventato più monotono, e non di rado gli operai sono stati sostituiti da macchine, creando disoccupazione. La crescente razionalizzazione da un lato e l'aumento della popolazione dall'altro hanno prodotto un nuovo tipo di contrasti sociali. Per l'offerta eccessiva di manodopera, i salari sono divenuti sempre più bassi e le condizioni di lavoro sfavorevoli. In questa situazione nacque un nuovo tipo di pensiero, che univa all'analisi scientifica dei processi economici, politici e sociali una forte critica delle condizioni esistenti. Tali idee riformatrici e progressiste sono cresciute specialmente in Francia, dove – a causa della rivoluzione del 1789, e nonostante tutti gli sforzi restauratori dell'era post-napoleonica – la consapevolezza politica era più sviluppata che altrove in Europa. L'interesse per la trattazione scientifica delle questioni economiche, politiche e sociali ha condotto alla necessità di chiarire lo stato delle cosiddette scienze sociali. Nel corso dell'Otto- e Novecento una serie di tematiche tradizionalmente considerate filosofiche sono divenute oggetto di discipline empiriche, quali l'economia, la sociologia, la politologia, la storia e la psicologia. Ma finché queste scienze non si sono emancipate dalla filosofia, si è registrata una tendenza a considerare compito del filosofo la ricerca del progresso politico e sociale, o a ridurre la filosofia a mera comprensione della storia e cultura umana.

8. Il positivismo

Il primo grande esponente del pensiero scientifico contemporaneo fu il filosofo francese Auguste Comte (1798–1857). È stato Comte a coniare la nozione di positivismo che si utilizza ancor oggi per designare un tipo di filosofia caratterizzata dal riferimento alle scienze empiriche, e dal rifiuto di qualunque speculazione metafisica o teologica. I positivisti si distinguono per la fiducia incrollabile nella razionalità scientifica, che secondo loro contribuisce a promuovere il progresso dell'umanità. Il pensiero di Comte riflette in particolare le esperienze politiche della Francia ottocentesca. Cresciuto sotto l'impero napoleonico, egli da giovane conobbe da vicino la restaurazione della dinastia borbonica, che aveva portato alla riduzione dei diritti dei cittadini, mentre l'aristocrazia e la chiesa avevano riottenuto alcuni dei privilegi perduti durante la rivoluzione del 1789. Comte incominciò la sua carriera come segretario del filosofo Claude Henri de Saint-Simon (1760–1825)[5]. Questi in gioventù aveva partecipato alla guerra d'indipendenza nordamericana. Nel periodo della restaurazione, aveva sviluppato l'idea di un socialismo utopistico. Saint-Simon criticò

---

[5] La formazione del pensiero di Comte e l'influsso di Saint-Simon sono studiati da H. Gouhier, *La jeunesse d'Auguste Comte et la formation du positivisme*, 3 voll., Vrin, Paris 1933–41.

l'improduttività dell'aristocrazia e del clero, chiedendo la rifondazione della società sulla "classe industriale", che comprendeva gli operai, agricoltori e artigiani, insieme agli imprenditori e banchieri. Comte ben presto si allontanò da Saint-Simon e iniziò a tenere lezioni sulla propria filosofia. Le sue riflessioni sono documentate nei sei volumi del *Corso di filosofia positiva*, pubblicati tra il 1830 e il 1842. Nel suo capolavoro, Comte formulò per la prima volta (a) il principio fondamentale del positivismo, cioè la convinzione che soltanto le affermazioni scientifiche possono avere validità epistemica. Inoltre, dalla scienza Comte s'aspettava (b) un contributo decisivo alla riorganizzazione della società. Idee simili a quelle di Comte furono elaborate dal britannico John Stuart Mill, il rappresentante maggiore del liberalismo ottocentesco, che propugnò (c) l'etica utilitaristica e la teoria dello stato liberale.

a) Superare la metafisica

Comte deve una buona parte della sua fama alla cosiddetta legge dei tre stadi (*loi des trois états*). Il principio, enunciato in forma programmatica all'inizio del *Corso di filosofia positiva*, serve all'autore per descrivere e ricostruire la storia dell'umanità. Secondo Comte, sia il singolo uomo sia l'umanità intera si sviluppano percorrendo tre stadi, ciascuno contrassegnato da un certo tipo di idee. I tre stadi differiscono infatti nel modo con cui si concepisce la realtà. Sin dai tempi più remoti, spiega Comte, gli uomini si sono interessati alle cause prime e finali dei fenomeni, aspirando a conoscere l'origine e il destino delle cose. Poiché queste cause non erano direttamente accessibili, dapprima si sono date spiegazioni di carattere teologico. In quello stadio, tutte le cose sono apparse agli uomini come l'espressione immediata della volontà di un agente superiore. Solo più tardi le idee teologiche furono sostituite da una serie di concetti metafisici. Si introdussero allora delle forze astratte ritenute alla base di tutte le cose. In seguito anche le pretese metafisiche si sono rivelate insostenibili, e si è passati ad un terzo stadio, nel quale i fenomeni osservati, anziché essere derivati da qualche volontà divina o da principi metafisici, vengono connessi mediante leggi generali di natura empirica. Questa fu, secondo Comte, l'origine della filosofia positiva. Una volta giunti allo stadio scientifico, non s'indagano più le cause prime o finali, ma si studia unicamente la regolarità delle cose e delle loro relazioni. Anche la filosofia deve finalmente accontentarsi di una descrizione funzionale dei fenomeni, senza pretendere di conoscerne i principi e fondamenti.

«Nello stadio positivo – afferma Comte – lo spirito umano, riconoscendo l'impossibilità di ottenere nozioni assolute, rinuncia a cercare l'origine e il fine dell'universo e a conoscere le cause intime dei fenomeni, per consacrarsi unicamente alla scoperta, con l'uso ben combinato del ragionamento e dell'osservazione, delle loro leggi effettive, cioè delle loro relazioni invariabili di successione e di somiglianza»[6].

Ora, si potrebbe sospettare che Comte stesso avesse violato i principi della filosofia scientifica quando aveva legato lo sviluppo del pensiero umano alla ferrea legge dei tre stadi. Va perciò ribadito che la successione regolare degli stadi secondo Comte costituisce un fatto scientifico, scoperto con l'osservazione e stabilito «sulle verifiche storiche che risultano da un esame attento del passato»[7]. L'autore peraltro aggiunge un secondo elemento per comprovare la validità della legge dei tre stadi, consistente nelle «prove razionali fornite dalla conoscenza della nostra organizzazione»[8]. Ogni singolo uomo, in effetti, da bambino assomiglia ad un teologo, da giovane diventa metafisico, e da adulto infine si converte in fisico. Questo processo di maturazione è seguito anche dall'umanità nella sua evoluzione storica. Inizialmente il genere umano si trovava in uno stadio fittizio, supponendo che esistesse un gran numero di divinità che incessantemente intervenissero nel corso della natura. Con l'andar del tempo, il numero delle divinità fu ridotto, finché rimase un unico Dio, il quale, con la sua provvidenza, aveva creato l'universo, governandolo con saggezza. Quindi la fede in Dio fu so-

---

[6] «Dans l'état positif, l'esprit humain reconnaissant l'impossibilité d'obtenir des notions absolues, renonce à chercher l'origine et la destination de l'univers, et à connaître les causes intimes des phénomènes, pour s'attacher uniquement à découvrir, par l'usage bien combiné du raisonnement et de l'observation, leurs lois effectives, c'est-à-dire leurs relations invariables de succession et de similitude» (A. Comte, *Cours de philosophie positive*, Paris 1830–42, vol. I, pp. 4–5; trad. it. di A. Negri, in: Grande Antologia Filosofica, vol. XXIII, Marzorati, Milano 1975, p. 495).

[7] «…les vérifications historiques résultant d'un examen attentif du passé» (op. cit., p. 3; trad. it., p. 495).

[8] «…les preuves rationnelles fournies par la connaissance de notre organisation» (ibid.). – La dimensione antropologica del positivismo comteano è stato recentemente messa in risalto da J. Grange, *La philosophie d'Auguste Comte. Science, politique, religion*, Presses universitaires de France, Paris 1996, e da A. Kremer-Marietti, *Entre le signe et l'histoire. L'anthropologie positiviste d'Auguste Comte*, Klincksieck, Paris 1982.

stituita dalla speculazione metafisica. Come nello stadio teologico si era avuta fede in molte divinità, così in quello metafisico si iniziava col supporre una serie di forze immanenti che inducono gli esseri all'azione. Solo in un secondo momento si è passati all'idea di un'unica entità generale, la natura, dalla quale dipendono tutti i fenomeni osservabili. Nell'epoca moderna l'umanità ha finalmente superato anche lo stadio astratto della metafisica e ha raggiunto lo stadio scientifico o positivo. Nonostante il terzo stadio fosse quello definitivo, la scienza continua a progredire; in modo simile alla teologia e alla metafisica, essa tende ad una sempre maggiore unificazione. Comte alla fine prospetta la creazione di un sistema positivo che deve comprendere la spiegazione scientifica di tutti i fenomeni, naturali e storico-sociali.

«La perfezione del sistema positivo, verso la quale questo tende senza sosta, sebbene è molto probabile che non debba mai raggiungerla, è quella di poter rappresentarsi tutti i fenomeni suscettibili di osservazione come casi particolari di un solo fatto generale, come, per esempio, la gravitazione universale»[9].

Il programma comtiano di una filosofia scientifica era intimamente connesso ad un'aspra polemica contro la teologia e la metafisica, le cui affermazioni sono, secondo lui, prive di senso. Nel *Discorso sullo spirito positivo*, steso nel 1844, Comte enunciava la regola fondamentale secondo cui «ogni proposizione che non è strettamente riducibile alla semplice enunciazione di un fatto, particolare o universale, non può presentare nessun senso reale ed intelligibile»[10]. L'atteggiamento decisamente antiteologico e antimetafisico costituisce una sorta di denominatore comune che unisce il positivismo ottocentesco con il neopositivismo novecentesco. Basti citare a questo proposito l'illustre filosofo della scienza Hans Reichenbach (1891–1953), pro-

---

[9] «La perfection du système positif, vers laquelle il tend sans cesse, quoiqu'il soit très probable qu'il ne doive jamais l'atteindre, serait de pouvoir se représenter tous les divers phénomènes observables comme des cas particuliers d'un seul fait général, tel que celui de la gravitation, par exemple» (A. Comte, *Cours de philosophie positive*, vol. I, p. 5; trad. it., p. 496).

[10] «Toute proposition qui n'est pas strictement réductible à la simple énonciation d'un fait, ou particulier ou général, ne peut offrir aucun sens réel et intelligible» (A. Comte, *Discours sur l'esprit positif*, Paris 1844, pp. 12–13; trad. it. di A. Negri, in: Opuscoli di filosofia sociale e discorsi sul positivismo, Sansoni, Firenze 1969, p. 316).

fessore di fisica e collega di Albert Einstein all'università di Berlino. Nel 1933 dovette lasciare la Germania a causa dell'ascesa dei nazisti al potere. Distintosi per i suoi contribuiti all'interpretazione filosofica della fisica relativistica, e per le sue ricerche nell'ambito delle teorie dell'induzione e della probabilità, Reichenbach redasse uno scritto programmatico su *La nascita della filosofia scientifica*, nel quale confrontava la vecchia filosofia speculativa con quella nuova. Mentre la prima pretendeva di risolvere i problemi in modo aprioristico, la seconda esamina i risultati delle scienze particolari. Poiché la vecchia filosofia non s'interessava delle scienze, si perdeva in vane speculazioni, escogitando dei sistemi metafisici che in realtà non contenevano altro che «vaghe generalità o fantasiose descrizioni dei rapporti fra l'uomo e il mondo»[11]. La filosofia scientifica invece smaschera il linguaggio metaforico dei metafisici e dei teologi; e anziché inventare nuovi sistemi, collabora alla risoluzione dei problemi scientifici, rinunciando tuttavia alla pretesa di giungere ad una certezza assoluta.

b) Riorganizzare la società

Per rendere giustizia ai positivisti bisogna innanzitutto riconoscere la loro preoccupazione di promuovere lo sviluppo sociale. «Lo spirito positivo – ribadisce Comte – conduce sempre a stabilire un'esatta armonia elementare tra le idee di esistenza e le idee di movimento»[12]. Per quanto riguarda le condizioni sociali, stabilire un equilibrio tra esistenza e movimento per Comte significa da una parte costruire un ordine stabile e duraturo d'istituzioni, e dall'altra favorire il continuo miglioramento degli uomini. L'idea di conciliare ordine e progresso era uno slogan del movimento positivista, il cui influsso durante la seconda metà dell'Ottocento fu particolarmente forte nei paesi latinoamericani. In Brasile, per esempio, dopo la caduta della monarchia si stese una costituzione repubblicana ispirata proprio dalle dottrine comtiane, mentre al centro della nuova bandiera si mise il motto "Ordem e Progresso". Le questioni sociali, infatti, occupavano ben tre dei

---

[11] «...vague generalities, or picturesque descriptions of the relation between man and the world» (H. Reichenbach, *The rise of scientific philosophy*, University of California Press, Berkeley; Los Angeles 1951, p. 117; trad. it. di A. Pasquinelli, Il mulino, Bologna 1961, p. 119).

[12] «L'esprit positif conduit toujours à établir une exacte harmonie élémentaire entre les idées d'existence et les idées de mouvement» (A. Comte, *Discours sur l'esprit positif*, p. 89; trad. it., p. 358).

sei volumi del *Corso di filosofia positiva*: i primi tre tomi trattavano la matematica, l'astronomia, la fisica, la chimica e la biologia; i restanti erano dedicati alla società. Comte aveva progettato la prima parte di quest'opera come una grande dimostrazione storica della crescente importanza del sapere positivo nell'ambito delle scienze naturali, con l'intenzione di giustificare la necessità di uno studio ugualmente scientifico delle condizioni sociali. Per rendere più ovvia la complementarità tra le scienze naturali e la filosofia sociale, Comte chiamava quest'ultima una "fisica sociale". Nello stesso contesto egli introdusse l'espressione di "sociologia", per cui è considerato in un certo senso il fondatore di questa scienza. Il compito della fisica sociale o sociologia è lo «studio positivo dell'insieme delle leggi fondamentali proprie ai fenomeni sociali»[13].

Benché Comte avesse coniato il termine di sociologia, la sua fisica sociale ha poco in comune con le attuali teorie sociologiche: per la maggior parte si tratta di un'indagine storica che ancora una volta porta alla luce lo schema dei tre stadi. Lo stadio teologico – comprendente le epoche del feticismo, del politeismo e del monoteismo – era caratterizzato per Comte dalla supremazia dei sacerdoti e da forme di governo militare. Lo stadio metafisico, i cui principi derivavano sostanzialmente dall'illuminismo e dalla rivoluzione francese, conduceva alla paralisi dell'ordine sociale precedente. Secondo Comte, questo secondo stadio rappresentava solo un periodo di transizione, durante il quale si realizzava il disfacimento del vecchio regime, in attesa dello stadio positivo. Comte credeva che il passaggio al terzo stadio fosse imminente, e pertanto non nutriva grande stima per la filosofia politica moderna. La teoria contrattuale e la concezione di un ordine sociale basato sull'idea della volontà generale – come aveva sostenuto Rousseau – gli sembravano le tipiche speculazioni astratte di un metafisico. Comte, per contro, era preoccupato per la profonda crisi intellettuale e morale che si era verificata in seguito alla rivoluzione del 1789. Per superare questa crisi era necessaria in primo luogo la divulgazione del sapere positivo. Il filosofo perciò avanzò una riorganizzazione del sistema educativo, nello spirito scientifico, e si propose di favorire l'educazione

---

[13] «...l'étude positive de l'ensemble des lois fondamentales propres aux phénomènes sociaux» (A. Comte, *Cours de philosophie positive*, vol. IV, p. 252; trad. it. di F. Ferrarotti, UTET, Torino 1967, vol. 1, p. 179).

delle masse proletarie. Comte stesso, per molti anni, aveva offerto pubbliche lezioni di astronomia; come introduzione a questa scienza, scrisse il menzionato *Discorso sullo spirito positivo*. Attraverso sforzi del genere, Comte non solo sperava di contribuire alla diffusione delle conoscenze scientifiche, ma si aspettava anche di suscitare effetti di carattere morale: lo spirito positivo avrebbe dovuto favorire la socievolezza umana e l'altruismo, necessari per la realizzazione di una società solidale. Purtroppo il filosofo non spiegò mai con chiarezza quale potrebbe essere l'ordine costituzionale più adatto allo spirito positivo. Sembra però che egli non perse la fiducia nel progresso morale e spirituale dell'umanità, come unica e solida base della riorganizzazione politica.

c) Difendere la libertà
Mentre Auguste Comte elaborava la sua "fisica sociale", che può essere riassunta nel binomio ordine e progresso, in Gran Bretagna fu sviluppato un altro tipo di pensiero politico molto importante per la cultura contemporanea: mi riferisco a John Stuart Mill (1806–1873), il filosofo più rilevante di lingua inglese dell'Ottocento, e uno degli esponenti maggiori di tutti i tempi del liberalismo[14]. Radicato nella tradizione empiristica di John Locke e David Hume, Mill recepì anche alcune idee provenienti dal continente, specialmente dalla Francia. Durante gli anni 1840, Mill mantenne un fitto scambio epistolare con Comte, subendone l'influenza, come testimoniano gli scritti coevi. Nel 1843 Mill pubblicò un *Sistema di logica*, nel quale espose la sua teoria della conoscenza scientifica, dando un peso particolare al problema dell'induzione. Ogni scienza, secondo Mill, è fondata sulla generalizzazione di certi dati della nostra esperienza. Benché la possibilità d'indurre una proposizione generale da una serie di fatti osservati si basi sulla supposizione della regolarità della natura, tale regolarità deve essere comprovata a sua volta in modo induttivo. Persino i ragionamenti deduttivi richiedono una premessa universale che non può che essere dimostrata per induzione. La teoria milliana dell'induzione ha avuto notevole impatto sul pensiero contemporaneo; nondimeno, vorrei passare subito all'ultima parte del *Sistema di logica*, dedicata alle cosid-

---

[14] A questo proposito rimando alle monografie di F. Restaino, *J. S. Mill e la cultura filosofica Britannica*, La nuova Italia, Firenze 1968, e di J. Skorupski, *Why read Mill today?*, Routledge, London; New York 2006.

dette scienze morali (*moral sciences*), quali la psicologia, l'economia, la sociologia e la storia. In questa sezione dell'opera Mill riconosce esplicitamente a Comte il merito di aver introdotto il metodo storico nella scienza sociale. La convinzione di Mill era che fosse possibile stabilire delle leggi generali nell'ambito non solo delle scienze naturali, ma anche in quello delle scienze morali, nonostante l'intrinseca complessità dei loro fenomeni.

Pur non essendosi mai dichiarato positivista, Mill condivideva pienamente l'obiettivo principale di cercare un connubio tra il progresso scientifico, l'avanzamento economico, l'evoluzione politica e morale. Al centro della sua filosofia sociale stava il credo liberalistico secondo cui bisogna anzitutto garantire la libertà di ciascuno, affinché possa realizzare se stesso. L'unico compito dello stato, di conseguenza, consiste nella sola tutela dei diritti di libertà e incolumità delle persone. Nessun cittadino, e nemmeno lo stato, erano autorizzati ad usare qualsiasi tipo di forza, se non per difendere i diritti altrui. Scrisse Mill nel famosissimo saggio *Sulla libertà*:

> «Il solo e unico fine che autorizzi l'umanità, individualmente o collettivamente, a interferire con la libertà di azione di uno qualunque dei suoi membri, è quello di proteggere se stessa. L'unico scopo che autorizzi l'esercizio del potere nei confronti di un qualsiasi membro di una comunità civile contro la sua volontà, è quello di evitare un danno agli altri»[15].

Un aspetto notevole della filosofia sociale di Mill è l'attenzione alla questione femminile. Tale consapevolezza è stata affinata per il legame del filosofo con Harriet Taylor (1807–1858), una grande fautrice della parità tra donne e uomini. Ferma sostenitrice del liberalismo, la Taylor aveva collaborato alla stesura del saggio *Sulla libertà*. Dopo la morte della consorte, Mill continuò ad impegnarsi per l'introduzione del suffragio femminile e pubblicò un manifesto contro *L'asservimento delle donne*.

Il liberalismo di Mill si inserisce nel quadro generale di una filosofia sociale incentrata sull'idea del conseguimento del bene di tutti, ossia della fe-

---

[15] «...that the sole end for which mankind are warranted, individually or collectively, in interfering with the liberty of action of any of their number, is self-protection. That the only purpose for which power can be rightfully exercised over any member of a civilized community, against his will, is to prevent harm to others» (J. S. Mill, *On liberty*, London 1859; in: Collected Works, University of Toronto Press, Toronto 1963–91, vol. 18, p. 223; trad. it. di E. Ristretta, in: La libertà. L'utilitarismo. L'asservimento delle donne, Rizzoli, Milano 1999, p. 75).

licità universale. Per realizzare questo scopo, e rendere felici le persone, Mill propugnò il principio utilitaristico. Fin da giovane, infatti, egli aveva appreso le dottrine dell'utilitarista Jeremy Bentham (1748–1832), con cui il padre di Mill era in contatto. L'etica utilitaristica muove dal presupposto che il desiderio universale degli uomini sia di conseguire il piacere, e di evitare il dolore, e cioè di conseguire la felicità. Per l'utilitarismo un'azione è buona nella misura in cui accresce il piacere e riduce il dolore. L'etica, quindi, valuta la felicità conseguita attraverso ogni azione, con l'intento di incrementare al massimo il piacere. Nel celebre saggio *Sull'utilitarismo*, pubblicato nel 1861, Mill approfondiva il principio di utilità propagato da Bentham: per ottenere la massima felicità non basta stimare la quantità, ma si deve considerare anche la qualità del piacere. A differenza della mera soddisfazione, il piacere secondo Mill permette una varietà di gradi. In realtà siamo propensi a preferire i piaceri propri delle facoltà più elevate rispetto ai piaceri di quelle inferiori. Ognuno, sostiene Mill, preferisce per esempio la scienza o l'arte, che sono proprie dell'uomo, ai piaceri dei sensi, comuni al regno animale. Nessun uomo colto, afferma ancora Mill, vorrebbe mai essere stolto, quand'anche sapesse che lo stolto sperimenta una quantità maggiore di piaceri. «È meglio essere una creatura umana inappagata che un maiale appagato; meglio essere un Socrate insoddisfatto che uno sciocco soddisfatto»[16].

Una seconda precisazione del principio utilitaristico proposta da Mill riguarda la portata del concetto di felicità. Per giudicare la bontà di una certa azione non è sufficiente considerarne gli effetti solo su chi la compie, come aveva sostenuto Bentham; ma si devono altresì valutare i piaceri e i dolori che essa può provocare negli altri: «Fra la propria felicità e quella altrui, l'utilitarismo richiede a chi agisce di essere rigorosamente imparziale, uno spettatore disinteressato e benevolo»[17]. Basandosi sul proposito di valutare in modo spassionato i piaceri e dolori di tutte le persone coinvolte, Mill si proponeva di giungere a formulare giudizi morali incontestabili, in quanto fondati sullo studio scientifico delle conseguenze delle nostre azioni. Con

---

[16] «It is better to be a human being dissatisfied than a pig satisfied; better to be Socrates dissatisfied than a fool satisfied» (J. S. Mill, «Utilitarianism» [1861], in: Collected Works, vol. 10, p. 212; trad. it. di E. Ristretta, in: op. cit., p. 245).

[17] «As between his own happiness and that of others, utilitarianism requires him [sc. the agent] to be as strictly impartial as a disinterested and benevolent spectator» (op. cit., p. 218; trad. it., pp. 255–256).

l'introduzione del pensiero scientifico in campo etico, egli prese le distanze dal tentativo kantiano di fondare il principio morale sulla pura ragione pratica. La netta opposizione ad ogni sorta di razionalismo e idealismo ha fatto dell'utilitarismo di Mill una delle teorie etiche più discusse nell'età contemporanea[18]. Rimangono tuttavia due questioni da risolvere. La prima riguarda il passaggio dall'affermazione che la felicità individuale è il desiderio di ciascuno, alla pretesa che la felicità di tutti sia desiderabile per tutti. A questa difficoltà si aggiunge il problema di determinare il significato del concetto di imparzialità. Una valutazione disinteressata della bontà delle azioni potrebbe cercare di massimizzare o la somma globale di felicità, oppure la felicità media. Nel primo caso si valuta l'insieme di tutti i singoli piaceri, nel secondo invece si stima il numero complessivo delle persone felici. L'imparzialità, nel primo caso, implicherebbe di trascurare l'infelicità di molti uomini, se questa contribuisce alla maggiore felicità di pochi altri; nel secondo caso, invece, significherebbe cercare di assicurare un minimo di felicità per il maggior numero di persone possibile.

Poiché Mill nel breve trattato *Sull'utilitarismo* non forniva una spiegazione chiara ed esaustiva del suo principio morale, ne continuano a coesistere letture diverse. Da una parte bisogna notare la particolare attenzione degli economisti e sociologi per le posizioni utilitaristiche: essi traducevano la nozione piuttosto vaga e ambigua di felicità nel concetto di preferenza, in base al quale poi elaboravano il calcolo dell'utilità e la teoria della scelta razionale. Dal momento che sulle preferenze personali si possono effettuare sondaggi, alcuni scienziati allora pretendevano di poter risolvere i problemi etici e politici in modo empirico. Dall'altra parte occorre ricordare il contributo di John Rawls (1921–2002) che sostituiva il principio della massima felicità con due principi fondamentali di giustizia: quello dell'eguale libertà di tutti i cittadini, e quello della promozione degli interessi di chi è più svantaggiato[19]. Riprendendo la dottrina tradizionale del contratto sociale, Rawls cercava di mostrare come i principi costitutivi delle moderne società de-

---

[18] Sull'insieme del tema si può consultare L. Fonnesu, *Storia dell'etica contemporanea. Da Kant alla filosofia analitica*, Carocci, Roma 2006.

[19] Cfr. J. Rawls, *A theory of justice*, Belknap, Cambridge (Mass.) 1971; trad. it. di U. Santini; riv. da S. Maffettone, Feltrinelli, Milano 1982. – A causa della polemica dell'autore contro l'utilitarismo, l'approccio di Rawls può sembrare più vicino all'etica di Kant che al modello di Mill; ritengo però che la sua teoria della giustizia unisca la tutela degli interessi individuali con l'universalismo di stampo kantiano.

mocratiche si lascino ricondurre al compromesso razionale tra gli interessi particolari di ciascuno.

9. Il socialismo

È difficile sopravvalutare l'impatto della filosofia di Karl Marx (1818–1883), rispetto sia alla storia del pensiero che rispetto alla storia in generale. Quando Marx morì a Londra, gran parte dei partiti operai di tutta l'Europa si richiamavano ai suoi insegnamenti. Nel Novecento i comunisti, dopo aver preso il potere, prima in Russia e poi in molti altri paesi, si erano proposti di mettere in pratica le dottrine marxiste. L'inumanità e le crudeltà commesse da bolscevichi, stalinisti e da tanti altri regimi comunisti durante il secolo passato sembra tuttavia aver gettato definitivamente il discredito sulla filosofia di Marx. Però non è mai giusto condannare qualcuno a causa delle innegabili aberrazioni dei suoi discendenti. Per quanto riguarda la figura di Marx, egli è stato talmente strumentalizzato dagli interessi politici e ideologici di molti suoi sostenitori ed eredi, che rimane difficile a tutt'oggi fornire una valutazione imparziale del suo pensiero. L'immagine del Nostro in realtà è stata fortemente influenzata dall'amico Friedrich Engels (1820–1895). Infatti, dal momento che Marx era privo di fondi e di conseguenza non pubblicava quasi niente, le sue idee originariamente si conoscevano quasi esclusivamente attraverso gli scritti di Engels. Solo dopo la morte di Marx, Engels iniziò a pubblicarne le opere.

Un altro personaggio che condizionò durevolmente l'immagine di Karl Marx fu il rivoluzionario russo Vladimir Il'ic Lenin (1870–1924). La sua rilettura delle idee del filosofo tedesco è diventata la dottrina ufficiale del partito comunista. Nell'Unione Sovietica e nei suoi stati satelliti il marxismo-leninismo ha rappresentato per più di mezzo secolo una specie di filosofia di stato, sottratta ad ogni discussione critica. Mi pare però che dopo la caduta del muro di Berlino nel 1989, e dopo il crollo di quasi tutte le dittature comuniste, le condizioni siano ora più favorevoli per studiare la filosofia marxiana senza preconcetti. In effetti, gli studi storico-critici sono iniziati già parecchi decenni fa, con la pubblicazione dei *Manoscritti economico-filosofici* nel 1932. In questi testi si può scorgere come il giovane Marx dapprima (a) assimilò ma poi lentamente abbandonò la filosofia hegeliana. A tale proposito sarà utile ricordare che il cosiddetto materialismo dialettico che spesso viene attribuito al Marx maturo, rappresenta, rispetto al pensiero di Hegel, poco più di una scopiazzatura di scarso valore; nessun stupore dunque per il fatto che nei testi di Marx non si trovi una caratterizzazione della storia ossia della realtà come essenzialmente dialettica, mentre invece predomini l'uso del termine dialettica per indicare un metodo volto criticare certe categorie economico-sociali.

Per vedere Marx a proprio agio come scrittore eloquente, basta leggere alcuni brani del famoso *Manifesto del partito comunista*, nel quale egli (b) incitò il movimento operaio alla rivoluzione contro la borghesia. Dopo la fallita rivoluzione del 1848, il pensiero di Marx si è incentrato su questioni economiche in senso più stretto; nei decenni successivi egli (c) produsse un'ampia critica della tradizionale economia politica. Alla fine del presente capitolo saranno illustrati alcuni concetti chiave del pensiero del Marx maturo. Per motivi di spazio non posso invece soffermarmi sulle diverse ramificazioni del marxismo dopo Marx, che non solo includono le correnti del comunismo, empiriocriticismo e stalinismo in Russia, e del maoismo in Cina, ma comprendono anche un numero consistente di intellettuali occidentali, dei quali cito solo l'ungherese György Lukács (1885–1971), l'italiano Antonio Gramsci (1891–1937), la Scuola di Francoforte in Germania (vedi cap. 11) e il francese Louis Althusser (1918–1990)[20]. Mi preme inoltre di avvertire che non si discuterà la validità o meno delle tesi marxiane secondo i criteri delle scienze economiche, ma ci si manterrà nel solco di una prospettiva strettamente filosofica.

a) La teoria dell'alienazione

Marx per quasi tutta la vita ha lavorato come giornalista. Proveniente da una famiglia ebrea convertitasi al protestantesimo, dopo la maturità si recò a Berlino per studiare la giurisprudenza. Lì conobbe alcuni giovani hegeliani di sinistra e s'immerse nella lettura delle opere di Hegel. Dal 1842 collaborò ad un giornale di opposizione nella Renania. Quando il giornale l'anno seguente fu vietato dalle autorità prussiane, Marx si trasferì con la moglie a Parigi. Nel 1844 pubblicò un articolo intitolato *Per la critica della*

---

[20] Per una visione d'insieme raccomando l'esposizione classica di L. Kolakowski, *Glówne nurty marksizmu: powstanie – rozwój – rozklad*, Instytut Literacki, Paris 1976–78; trad. it. di R. Landau, SugarCo, Milano 1980–85.

filosofia del diritto di Hegel, nel quale regolava pure i conti con Feuerbach. Riferendosi alla critica feuerbachiana della religione, Marx constatava che la fede religiosa era sì l'espressione dell'autocoscienza dell'uomo, ma della coscienza ideale di un uomo che viveva nella miseria reale. L'illusoria felicità futura oggetto della speranza dei fedeli costituiva in realtà la reazione disperata alle condizioni pietose della vita terrena; a causa della loro miseria si rifugiavano nella fede in Dio come in una sorta di narcotico. «La miseria religiosa esprime tanto la miseria reale quanto la protesta contro questa miseria», per cui la religione secondo Marx «è l'oppio del popolo»[21]. A differenza di Feuerbach, egli però non intraprese una polemica contro le convinzioni religiose; si propose non di togliere l'oppio a chi apparentemente ne aveva bisogno, ma di cambiare le condizioni economiche e sociali che rendevano necessario sperare nell'aldilà.

La critica della religione, per Marx, doveva trasformarsi in critica del diritto e della politica, e tale critica a suo avviso non poteva che implicare il superamento anche della *filosofia hegeliana*. Marx era giunto a questa convinzione attraverso un confronto dei diversi paesi europei: mentre in Francia per gli avvenimenti del 1789 e del 1830 i sovrani autoritari erano stato rovesciati, i re dell'Austria e della Prussia continuavano a reprimere l'opposizione con mano ferma. Tuttavia la Germania, in virtù della filosofia hegeliana, aveva in qualche modo raggiunto la stessa consapevolezza politica dei paesi vicini. «I tedeschi – scrisse Marx – nella politica hanno pensato ciò che gli altri popoli hanno fatto»[22]. Ma, nonostante la rivoluzione francese e la filosofia speculativa, la situazione della popolazione era ugualmente sfavorevole su entrambe le rive del Reno. Marx quindi ne concluse che chiunque intendesse combattere effettivamente la miseria sociale, doveva avversare anche il pensiero di Hegel. Il nucleo di una simile critica, per Marx, consisteva ora nello smascheramento di ciò che egli definì l'*alienazione* dell'uomo moderno. Il termine, che è rimasto al centro del discorso marxista, fu sviluppato per la prima volta nei suddetti *Manoscritti economico-filosofici*, stesi

---

[21] «Das religiöse Elend ist in einem der Ausdruck des wirklichen Elends und in einem die Protestation gegen das wirkliche Elend. Die Religion [...] ist das Opium des Volks» (K. Marx, «Zur Kritik der hegelschen Rechtsphilosophie» [1844], in: K. Marx; F. Engels, Werke, Dietz, Berlin 1956–90, vol. 1, p. 378; trad. it. in: Opere scelte, a cura di L. Gruppi, Editori riuniti, Roma 1966, p. 58).

[22] «Die Deutschen haben in der Politik gedacht, was die anderen Völker getan haben» (op. cit., p. 385; trad. it., p. 64).

durante il soggiorno a Parigi nel 1844. Marx in questo periodo strinse amicizia con Friedrich Engels che lo indusse allo studio dell'economia politica di Adam Smith (1723–1790), di David Ricardo (1772–1823) e di Jean-Baptiste Say (1767–1832). Il frutto delle riflessioni marxiane furono alcuni manoscritti dedicati all'analisi di vari concetti economici, quali il salario, il profitto, il denaro e la proprietà privata. Il fulcro delle ricerche era l'elaborazione di una concezione del lavoro alienato, che utilizzava certi elementi della filosofia hegeliana per controbattere le teorie degli economisti.

Le osservazioni del giovane Marx dimostrano una profonda comprensione del valore antropologico del lavoro. A questo riguardo, egli poteva richiamarsi alla dialettica tra signore e servo, descritta nel quarto capitolo della *Fenomenologia dello spirito*: il servo esprime e realizza se stesso mediante il lavoro. Coltivando la terra, trasformando le cose, il servo esercita un dominio sulla natura e, al contempo, incrementa le proprie capacità e attitudini (vedi cap. 5). Marx sposò sostanzialmente la concezione hegeliana, ritenendo però che il lavoro perdesse, nella società industrializzata, la sua funzione essenziale, poiché esso non contribuiva più in alcun modo all'autorealizzazione dell'uomo. Per descrivere il cambiamento verificatosi nell'età moderna, Marx adoperò il termine di alienazione ossia estraniazione (*Entfremdung*) – pure tratto dalla *Fenomenologia* di Hegel, nella quale significa uno specifico malessere dell'uomo moderno. Marx applicò il concetto alle moderne condizioni di lavoro che impedivano all'operaio di sviluppare le proprie capacità, anzi tendevano ad aggravare ulteriormente la sua miseria. Questo effetto, secondo Marx, era dovuto a tre fattori alienanti: il lavoratore anzitutto era separato dai prodotti della propria attività, poiché i beni che produceva appartenevano non a lui, ma all'industriale; e mentre quest'ultimo viveva nella ricchezza, l'operaio e la sua famiglia a malapena sopravvivevano, nell'indigenza. L'espropriazione però riguardava non solo i beni prodotti, ma anche, in secondo luogo, il lavoro stesso. Quel che dovrebbe costituire un'attività essenziale dell'uomo, finiva per essere nel caso degli operai sfruttati nelle industrie un male necessario, indispensabile per il loro mero sostentamento. Il lavoro alienato era svolto non per realizzare se stessi, né per fabbricare una determinata cosa, ma soltanto per mantenere la famiglia. Il terzo fattore alienante, infine, riguarda i rapporti interpersonali: invece di cooperare tra di loro e perseguire i fini comuni, gli uomini si erano alienati gli uni dagli altri. La società moderna era infatti divisa in due classi ostili, borghesia e proletariato, la classe dominante dei proprietari e la classe lavoratrice.

Il processo di alienazione, per Marx, rifletteva esattamente il modo in cui la tradizionale economia politica, e cioè la scienza economica, concepiva il lavoro salariato. L'alienazione, in altri termini, corrispondeva al processo attraverso il quale il lavoro umano si era gradualmente trasformato in una specie di merce, che gli operai vendevano e gli industriali compravano ad un determinato prezzo di mercato.

«Il lavoro – illustra Marx – non produce soltanto merci; esso produce se stesso e il lavoratore come una merce, precisamente nella proporzione in cui esso produce merci in genere»[23].

Il processo di alienazione, caratterizzante l'epoca moderna, per Marx non era giunto al termine, ma si acuiva nella misura in cui procedeva l'industrializzazione, col conseguente peggioramento delle condizioni materiali di vita degli operai. Lo sviluppo economico, anziché fornire i mezzi necessari per combattere la miseria della classe povera, tendeva piuttosto ad accrescere i contrasti sociali. Marx conclude dalle sue analisi che il nodo del problema stava nella *proprietà privata*. Poiché tanto i prodotti del lavoro quanto i mezzi necessari per produrli si trovavano nell'esclusivo possesso degli industriali, questi erano nella posizione di poter assumere e licenziare operai a piacimento. Al fine di ridurre il costo del lavoro, i capitalisti sfruttavano spietatamente i propri operai. Da ciò si poteva desumere che l'unico rimedio alla dinamica dell'alienazione, e quindi l'unica soluzione per impedire un ulteriore impoverimento della classe lavoratrice, era l'abolizione del lavoro salariato, e ciò per mezzo della cancellazione della proprietà privata dei mezzi produttivi. Marx, prevedendo le resistenze della borghesia industriale contro una simile riorganizzazione dell'ordine sociale, concluse che l'unica via di uscita era la prassi rivoluzionaria, messa in atto dalle masse proletarie sfruttate ed oppresse.

b) Lo spettro del comunismo
Dopo appena due anni Marx dovette lasciare Parigi e si trasferì a Bruxelles, dove visse fino al 1848. In quel periodo egli voltò definitivamente le

---

[23] «Die Arbeit produziert nicht nur Waren; sie produziert sich selbst und den Arbeiter als eine Ware, und zwar in dem Verhältnis, in welchem sie überhaupt Waren produziert» (K. Marx, «Ökonomisch-philosophische Manuskripte aus dem Jahre 1844», in: Werke, vol. 40, p. 511; trad. it., p. 115).

spalle alla filosofia hegeliana. A tale proposito annotava le leggendarie *Tesi su Feuerbach* includenti la nota affermazione che «i filosofi hanno soltanto diversamente interpretato il mondo ma si tratta di trasformarlo»[24]. Insieme all'amico Engels elaborò una vasta opera dedicata a *L'ideologia tedesca*, pubblicata però solo nel Novecento, nella quale i due polemizzano contro le idee dei giovani filosofi hegeliani di sinistra. L'errore principale dei pensatori tedeschi, a loro avviso, consisteva non tanto in una concezione sbagliata della religione o del diritto, bensì nel presupposto che le idee sarebbero i fattori determinanti dell'evoluzione storica. Hegel e Feuerbach, paradossalmente, avrebbero condiviso la convinzione che lo spirito, la coscienza sarebbero a fondamento delle trasformazioni della realtà economico-sociale.

«I giovani hegeliani concordano con i vecchi hegeliani in quanto credono al predominio della religione, dei concetti, dell'universale nel mondo esistente; solo che gli uni combattono quel predominio come usurpazione, mentre gli altri lo esaltano come legittimo»[25].

Marx ora rovescia tale concezione idealistica della storia in una visione materialistica; il che significa muovere non da concetti o da rappresentazioni al fine di spiegare le concrete condizioni storiche, ma, all'inverso, partire dall'esistenza materiale degli uomini per spiegare come da essa abbiano origine le forme spirituali e cioè i riflessi ideologici. Per Marx, in breve, «non è la coscienza che determina la vita, ma la vita che determina la coscienza»[26]. La storiografia dunque deve essere fondata su una base materialistica, sull'esame critico della vita reale nella società borghese, sullo studio dell'economia, del commercio e dell'industria. Da ciò Marx pensava di poter rilevare come le condizioni economiche avrebbero effettivamente determinato le idee dominanti: la potenza materiale si è trasformata regolar-

---

[24] «Die Philosophen haben die Welt nur verschieden interpretiert; es kommt darauf an, sie zu verändern» (K. Marx, «Thesen über Feuerbach», in: Werke, vol. 3, p. 7; trad. it., p. 190).

[25] «Die Junghegelianer stimmen mit den Althegelianern überein in dem Glauben an die Herrschaft der Religion, der Begriffe, des Allgemeinen in der bestehenden Welt. Nur bekämpfen die einen die Herrschaft als Usurpation, welche die andern als legitim feiern» (K. Marx; F. Engels, *Die deutsche Ideologie*, in: Werke, vol. 3, p. 19; trad. it., p. 232).

[26] «Nicht das Bewusstsein bestimmt das Leben, sondern das Leben bestimmt das Bewusstsein» (op. cit., p. 27; trad. it., p. 240).

mente in potere spirituale, di modo che il controllo dei mezzi della produzione materiale si è esteso pure sulla produzione intellettuale. In ogni epoca perciò prevalgono le idee della classe dominante.

«Le idee dominanti – scrisse Marx – non sono altro che l'espressione ideale dei rapporti materiali dominanti, sono i rapporti materiali dominanti presi come idee»[27].

Le analisi storiche prospettate da Marx dovevano mostrare che la vita reale nell'epoca moderna era condizionata anzitutto dalla crescente divisione del lavoro, la quale, insieme alla proprietà privata, aveva condotto alla nota divisione in classi. Poiché i contrasti tra ricchi e poveri, dominatori e oppressi, si inasprivano sempre di più, la storia doveva tendere al tramonto della borghesia. Marx tuttavia non credeva che ciò sarebbe avvenuto attraverso un semplice automatismo: date le resistenze della classe dominante a perdere il proprio potere e i propri privilegi, era solo mediante l'*iniziativa rivoluzionaria* dei proletari che la situazione si sarebbe rovesciata e la storia compiuta. Come la borghesia aveva portato avanti la rivoluzione del 1789, così la classe operaia era chiamata, al culmine dell'età industriale, ad affrontare il problema della miseria alla radice, rimuovendo la proprietà privata dei mezzi di produzione, e abolendo il lavoro salariato. Nacque così il concetto di rivoluzione comunista[28]. Marx ed Engels intanto si univano al movimento operaio e s'impegnavano per la fondazione di leghe e partiti dei lavoratori nei vari paesi europei. A tale scopo i compagni redassero un *Manifesto del partito comunista*, che apparve nel febbraio 1848.

Il *Manifesto comunista* inizia con la famosa presentazione del comunismo come di uno spettro che si aggira per l'Europa e spaventa tutte le forze restauratrici. I principali obiettivi dei comunisti sono la trasformazione del capitale in proprietà sociale, la fine dello sfruttamento e delle speculazioni

---

[27] «Die herrschenden Gedanken sind weiter nichts als der ideelle Ausdruck der herrschenden materiellen Verhältnisse, die als Gedanken gefassten herrschenden materiellen Verhältnisse» (op. cit., p. 46, trad. it., p. 260).

[28] Marx utilizza il termine comunismo spesso come opposto al socialismo, specialmente dei sansimonisti e di Pierre-Joseph Proudhon (1809–1865). Per un approfondimento della preistoria del marxismo si consulti l'opera classica di G. D. H. Cole, *A history of socialist thought*, vol. 1: The forerunners. 1789–1850, Macmillan, London 1953; trad. it. di L. Bernardi, Laterza, Bari 1967.

finanziarie, nonché il rafforzamento del ruolo e della dignità del lavoratore. Il pamphlet termina con l'inequivocabile incitamento alla rivoluzione violenta; i comunisti «dichiarano apertamente che i loro scopi non possono essere raggiunti che con l'abbattimento violento di ogni ordinamento sociale esistente»[29]. I comunisti, giunti alla consapevolezza dell'imminente rovina della società borghese, avevano formato un'associazione internazionale che allora si rivolse all'intera classe operaia con la celebre esortazione: «Proletari di tutti i paesi, unitevi!»[30] Nonostante gli effetti a lunga scadenza, l'appello in un primo momento non ebbe un grande eco: il *Manifesto* soprattutto non esercitò alcun influsso diretto sui moti rivoluzionari del 1848. Il fallimento della rivoluzione sia in Francia che in Germania indusse Marx a riporre maggiori speranze negli Inglesi. Ma, come si sa, la prevista rivoluzione proletaria si fece attendere per ancora più di mezzo secolo, fino a quando i comunisti russi nel 1917 salirono al potere. Alla rivoluzione d'ottobre succedettero settanta lunghi anni di dittatura del partito, finché il crollo del comunismo nell'Europa orientale è parso aver confutato, in modo definitivo, le previsioni storiche di Marx. Va detto però che uno sguardo imparziale sulla situazione globale all'inizio del terzo millennio rivela che le preoccupazioni marxiane per la reale miseria di un gran numero di uomini, e per l'ingiusta distribuzione della ricchezza non hanno perso nulla della loro attualità. Sebbene in un certo senso si possa constatare che la società borghese e il capitalismo siano sopravvissuti all'ideologia marxista, molti problemi osservati da Marx rimangono ancora da risolvere.

c) La critica dell'economia politica
Dopo il fallimento della rivoluzione del 1848, l'autore del *Manifesto del partito comunista* era diventato persona non gradita in Germania come in Francia. Marx allora si rifugiò a Londra, dove tirava avanti come giornalista, approfondendo nel frattempo gli studi di economia politica. Dopo dieci anni pubblicò un piccolo libro sintetico che recava come titolo *Per la critica dell'economia*

---

[29] «...erklären es offen, dass ihre Zwecke nur erreicht werden können durch den gewaltsamen Umsturz aller bisherigen Gesellschaftsordnung» (K. Marx; F. Engels, *Manifest der kommunistischen Partei*, London 1848; in: Werke, vol. 4, p. 493; trad. it., p. 326).
[30] «Proletarier aller Länder, vereinigt euch!» (ibid.).

politica. Il volume ha esercitato un influsso enorme per alcune righe della prefazione, dove Marx ricorda i suoi lavori precedenti, largamente inediti e quindi sconosciuti all'epoca, accennando tra l'altro alla dottrina che da Engels più tardi fu chiamata materialismo storico[31]. Si tratta della teoria sopra citata sulla relazione tra le condizioni economiche e le idee dominanti. Come si è già visto, per Marx non sono le idee politiche ma i fattori economici a determinare una società: i rapporti effettivi tra gli uomini dipendono dalla specifica divisione del lavoro nonché dalla distribuzione della proprietà.

«L'insieme di questi rapporti di produzione – dichiara Marx – costituisce la struttura economica della società, ossia la base reale sulla quale si eleva una sovrastruttura giuridica e politica e alla quale corrispondono forme determinate della coscienza sociale. [...] Non è la coscienza degli uomini che determina il loro essere, ma è, al contrario, il loro essere sociale che determina la loro coscienza»[32].

Il passo continua con una descrizione delle condizioni economiche, la quale per l'autore giustificava la speranza in un imminente cambiamento della base materiale, che a sua volta doveva provocare dei mutamenti nelle sfere del diritto e della religione. L'economia borghese, infatti, era caratterizzata da una latente ma sempre crescente contraddizione tra le forze produttive da una parte e i rapporti di produzione dall'altra, e cioè tra la vita reale dei lavoratori e l'ordine della proprietà privata, il quale ordine, anziché consentire il libero esercizio della produttività degli operai, li aveva messi in catene. Questo antagonismo portava necessariamente allo sconvolgimento delle condizioni economiche; Marx fu addirittura convinto che tale cambiamento potesse essere «constatato con la precisione delle scienze

---

[31] Sembra che Engels abbia introdotto il termine "materialismo storico" (*historical materialism*) negli anni 1890 per rendere in inglese l'espressione goffa "concezione materialistica della storia" (*materialistische Auffassung der Geschichte*). Va inoltre sottolineato che né Marx né Engels utilizzavano mai la nozione di "materialismo dialettico", che fu invece coniata dai marxisti russi per indicare l'insieme delle dottrine di Marx e di Engels.

[32] «Die Gesamtheit dieser Produktionsverhältnisse bildet die ökonomische Struktur der Gesellschaft, die reale Basis, worauf sich ein juristischer und politischer Überbau erhebt und welcher bestimmte gesellschaftliche Bewusstseinsformen entsprechen. [...] Es ist nicht das Bewusstsein der Menschen, das ihr Sein, sondern umgekehrt ihr gesellschaftliches Sein, das ihr Bewusstsein bestimmt» (K. Marx, *Zur Kritik der Politischen Ökonomie*, in: Werke, vol. 13, pp. 89; trad. it., p. 747).

naturali»[33], e per avviare un simile accertamento, egli intraprese i suoi studi di economia politica.

Il breve scritto *Per la critica dell'economia politica* del 1859 era dedicato all'analisi dei concetti principali della merce e del denaro. Marx cercava di mostrare come la tradizionale economia politica rifletteva il sistema economico capitalista; ma siccome non rimase soddisfatto dell'esposizione, presto ricominciò da capo, e allora redasse un imponente volume di quasi ottocento pagine, intitolato *Il capitale*. L'opera principale del filosofo, che vide la luce nel 1867, non si limita alla spiegazione dei concetti di merce e denaro, ma comprende una nuova teoria del plusvalore e dell'accumulazione di capitale. Come mai – si chiede Marx – una qualche cosa diventa una merce che si vende e si compra ad un certo prezzo? La merce, secondo le analisi di Marx, assomiglia a un oggetto magico, una sorta di feticcio: l'oggetto in quanto merce non solo si può usare o consumare, ma si lascia scambiare con denaro. La quantità di denaro che si può ricavare dalla vendita di una merce dipende non tanto dall'oggetto di scambio in sé, bensì dalle invisibili leggi del mercato.

Il segreto del capitalismo sta nel fatto che il prezzo di vendita, cioè il valore di scambio (*Tauschwert*) di qualsiasi prodotto, non corrisponde necessariamente al suo valore d'uso (*Gebrauchswert*) ma spesso lo supera. Sulla differenza tra valore d'uso e valore di scambio si fonda la possibilità di trarre profitto e di accumulare ricchezze. Nel capitalismo si producono le merci non per l'uso immediato, ma per venderle possibilmente ad un prezzo più alto rispetto al costo dei beni impiegati per la loro produzione. Infatti, per fabbricare qualche cosa, è necessaria una certa quantità di materie prime, determinati attrezzi o macchine per lavorare il materiale, e la manodopera. Tutti questi fattori produttivi sono in vendita, cosicché l'imprenditore, che già possiede i mezzi di produzione, può assumere facilmente degli operai per produrre merci. Grazie all'utile realizzato con la vendita dei prodotti, l'industriale riesce ad aumentare il suo patrimonio, accumulando nuovo capitale. Il contributo originale di Marx ora riguarda la specifica funzione del lavoro salariato per la realizzazione del profitto. Una volta che l'operaio ha venduto la propria forza lavoro all'imprenditore,

---

[33] «...naturwissenschaftlich treu zu konstatierenden Umwälzung in den ökonomischen Produktionsbedingungen» (ibid.).

quest'ultimo cercherà di impiegare il lavoratore nel modo più efficiente possibile, da una parte per l'aumento delle ore lavorative, dall'altra per la riduzione del tempo necessario per fabbricare il prodotto. Questa è la vera origine del plusvalore (*Mehrwert*) che il capitalista ricava dal lavoro dell'operaio. Lo scopo di chi compra la forza lavoro è

> «la produzione di merci che contengano una maggior quantità di lavoro di quella che paga, che contengano quindi una parte di valore che a lui non costa nulla e che ciò nonostante viene realizzata mediante la vendita delle merci»[34].

Nell'economia capitalistica dunque la valorizzazione del capitale è concomitante con lo sfruttamento degli operai. La forza lavoro, in effetti, è vendibile soltanto perché produce il plusvalore. Se il proprietario dei mezzi produttivi non potesse sfruttare la forza lavoro, perderebbe ogni interesse nell'assunzione di un operaio. Il lavoro salariato richiede, per sua natura, che l'operaio fornisca una determinata quantità di lavoro non retribuito. Secondo Marx si spiega così lo stretto legame esistente tra il processo di accumulazione del capitale e le sorti della classe operaia. L'unico modo di spezzare il circolo vizioso tra il continuo aumento della ricchezza di alcuni, e il progressivo impoverimento di molti altri, consiste pertanto nel rovesciamento del sistema di produzione capitalistico: per ristabilire la giustizia sociale occorre sopprimere la proprietà privata e abolire il lavoro salariato. Le conclusioni di Marx non si devono ovviamente condividere, tanto è vero che la teoria esposta nel *Capitale* è da ritenersi largamente sorpassata, se non confutata dal progresso delle scienze economiche. Dacché le previsioni storiche di Marx non si sono verificate, né le sue analisi economico-scientifiche sono corrette, il nostro interesse non può che concentrarsi sui contributi strettamente filosofici. A mio avviso ci sono principalmente due questioni che meritano di essere discusse: l'una riguarda lo stato antropologico del lavoro umano, e l'altra l'origine del plusvalore. Se il denaro come tale non si moltiplica da se stesso, da dove deriva allora la rendita e come si spiega l'accumulo dei beni nelle mani di pochi? Non appare affatto con-

---

[34] «...Produktion von Waren, die mehr Arbeit enthalten, als er zahlt, also einen Wertteil enthalten, der ihn nichts kostet und dennoch durch den Warenverkauf realisiert wird» (K. Marx, *Das Kapital. Kritik der politischen Ökonomie*, Hamburg 1867; in: Werke, vol. 23, p. 647; trad. it., p. 846).

traddetta l'intuizione fondamentale di Marx che alla fine è sempre il lavoro reale degli uni quello che crea la ricchezza eccessiva degli altri[35].

10. Lo storicismo

Quando si parla del progresso scientifico, spesso si ha in mente soltanto lo strabiliante sviluppo delle scienze naturali, mentre si dimentica facilmente l'avanzamento altrettanto rapido della conoscenza in aree come la psicologia, la sociologia o la storiografia[36]. Tutte queste discipline, che in origine erano dei rami della filosofia, nel corso degli ultimi due secoli hanno acquistato lo stato di scienze autonome. Solo nel corso del Novecento, infatti, nelle università si sono fondate le facoltà di psicologia, pedagogia o scienze sociali. Una storia del pensiero contemporaneo sarebbe dunque incompleta se non riferisse anche il processo dell'emancipazione di queste discipline empiriche dalla filosofia. La separazione definitiva tra la filosofia e le scienze storico-sociali era stata preceduta da lunghi dibattiti sul loro rapporto con le scienze della natura. È possibile trattare l'anima umana o la storia universale come se fossero dei fenomeni naturali? Si può studiare la società applicando il metodo sperimentale e la matematica? O bisogna utilizzare una metodologia completamente diversa da quella usata dalle scienze naturali? Non si dimentichi che i primi positivisti avevano equiparato i due tipi di scienze: Auguste Comte ideò addirittura una "fisica sociale", per arrivare ad un ordinamento razionale della società. John Stuart Mill, in modo simile, ritenne di poter applicare semplicemente il metodo della ricerca induttiva alle scienze morali (vedi cap. 8).

Un risoluto sostenitore della classificazione di tutte le scienze in due gruppi principali era il filosofo tedesco Wilhelm Dilthey (1833–1911). Egli a tale proposito introdusse il termine di scienze dello spirito (*Geisteswissenschaften*), mentre nelle lingue latine come pure nell'area anglofona si è imposta la nozione di scienze umane (*humanities*). Dilthey con la sua suddivisione si riagganciò all'articolazione del sistema di Hegel, che aveva distinto

---

[35] Sull'attualità del pensiero di Marx si veda anche il mio articolo «Che cosa rimane di Marx dopo la caduta del muro di Berlino?», in: *La Civiltà Cattolica* 160, 2009 IV, pp. 127–136.

[36] Ricordo, in ordine cronologico, l'opera di Leopold von Ranke (1795–1886) in storiografia, di William James (1842–1910) in psicologia e di Émile Durkheim (1858–1917) in sociologia.

tra filosofia della natura, da una parte, e filosofia dello spirito dall'altra. Come quest'ultima comprendeva l'antropologia, la psicologia, il diritto, la storia, l'arte e la religione, così (a) le scienze dello spirito per Dilthey trattavano del mondo storico della cultura, in quanto opposto alla natura. L'opera di Dilthey quindi costituisce un importante punto di riferimento per una serie di discussioni circa la comprensione della storia, solitamente riunite sotto il comune denominatore di *storicismo*. Avverto subito che il concetto è piuttosto vago, e ne esistono diverse accezioni; in linea di principio si tratta dell'idea che qualunque comprensione che l'uomo possa avere di se stesso e del mondo in cui vive, è impregnata dalle concrete condizioni storiche in cui è nata: si potrebbe perciò definire lo storicismo in prima approssimazione come l'affermazione dell'essenziale storicità e, in questo senso, relatività della realtà umana[37]. Sotto il titolo di storicismo non solo si è discusso del metodo e dello stato epistemologico delle scienze umane, ma (b) fu anche sollevata la spinosa questione di quale valore normativo possedessero i fatti storici. Infine, al tema dello storicismo è collegata la disputa sulla possibilità di una filosofia della storia: com'è possibile dare i giudizi generali sull'andamento delle cose, senza togliere la libertà a chi agisce? E, soprattutto, come uno può pronunciarsi sul futuro, senza pretendere di poterlo predire?[38] Poiché in questa sede non posso approfondire il complesso problema del senso della storia, mi limiterò a presentare un esempio emblematico di come (c) dallo studio accurato dei documenti storici, si è giunti ad una migliore comprensione di certi fenomeni economico-sociali.

a) Comprendere il mondo storico
Quando Dilthey apparve sulla scena, i giorni di Hegel e della scuola hegeliana erano ormai passati, e molti filosofi erano tornarti a studiare Kant. La principale critica che questi pensatori rivolsero all'hegelismo era il mancato contatto della speculazione filosofica con la realtà empirica; essi apprezzavano Kant prima di tutto come epistemologo, e si riallacciavano alla

---

[37] Della vastissima letteratura secondaria mi sembrano particolarmente utili H. Schnädelbach, *Geschichtsphilosophie nach Hegel. Die Probleme des Historismus*, Alber, Freiburg; München 1974; trad. it. di G. Moretto, Morano, Napoli 1990, F. Tessitore, *Introduzione a lo storicismo*, Laterza, Roma; Bari 1991, e A. Wittkau, *Historismus. Zur Geschichte des Begriffs und des Problems*, Vandenhoeck & Ruprecht, Göttingen 1992.
[38] Su quest'ultimo punto s'incentra la famosa polemica di K. R. Popper, *The poverty of historicism* [1944], Routledge and Kegan Paul, London 1957; trad. it. di C. Montaleone, Feltrinelli, Milano 1975.

Critica della ragion pura per una comprensione più profonda delle scienze naturali. Solo in un momento successivo i neokantiani si occuparono pure delle scienze storico-sociali[39]. Dilthey invece non solo si è interessato sin dall'inizio del problema della storia, ma in un certo senso rimase anche fedele all'ispirazione hegeliana. Così egli nel 1883 pubblicò un'*Introduzione alle scienze dello spirito*, grazie alla quale ricevette la stessa cattedra all'università di Berlino, che un tempo fu di Hegel. L'obiettivo di Dilthey era l'elaborazione di una fondazione epistemica delle scienze che hanno come oggetto l'uomo nel suo contesto storico e sociale. Alludendo a Kant, l'autore parla di una «critica della ragione storica». Per ragione storica Dilthey intende «la facoltà dell'uomo di conoscere se stesso, e la società e la storia da lui create»[40]. Ma com'è possibile afferrare il mondo storico, se esso, a differenza di quello naturale, non consiste di fatti accessibili alla semplice osservazione? Dilthey ricorda l'esempio dello psicologo, il quale deve basarsi sull'esperienza interna altrui, sui resoconti introspettivi, perché ciascuno è direttamente consapevole solo dei propri pensieri e sentimenti. Lo stesso vale per il sociologo, che altrettanto poco può ricorrere alla mera osservazione delle azioni umane o delle istituzioni sociali: per comprendere il loro significato, lo scienziato deve necessariamente riflettere sulle intenzioni e i valori che esprimono. Chi prende in considerazione solo i fenomeni fisici, non può mai arrivare alla vera conoscenza dell'uomo, proprio perché trascura la dimensione più essenziale che è quella della vita vissuta. Il termine di vita (*Leben*) in Dilthey pertanto non è da intendere nel senso biologico, ma significa l'esperienza umana, l'insieme delle vicende e attività delle persone. Questa vita vissuta allora rappresenta l'oggetto specifico delle scienze dello spirito o umane[41].

---

[39] Spicca a questo proposito Heinrich Rickert (1863–1936), esponente maggiore della scuola neokantiana del Baden.

[40] «Die Lösung dieser Aufgabe [sc. einer erkenntnistheoretischen Grundlegung der Geisteswissenschaften] könnte als Kritik der historischen Vernunft, d. h. des Vermögens des Menschen, sich selber und die von ihm geschaffene Gesellschaft und Geschichte zu erkennen, bezeichnet werden» (W. Dilthey, *Einleitung in die Geisteswissenschaften*, Leipzig 1883; in: Gesammelte Schriften, Vandenhoeck & Ruprecht, Göttingen 1914–2006, vol. 1, p. 116; trad. it. di G. A. De Toni; riv. da G. B. Demarta, Bompiani, Milano 2007, p. 229).

[41] Sarebbe interessante fermarsi qui sul pensiero di José Ortega y Gasset (1883–1955), il maggiore filosofo contemporaneo spagnolo, che elaborava il concetto di una ragione vitale per fronteggiare le sfide culturali del primo Novecento. Una critica a Dilthey si trova nel saggio «Guillermo Dilthey y la idea de la vida» [1933], in: *Obras completas*, Revista de Occidente, Madrid 1946–83, vol. 6, pp.165–214.

Dilthey constatò una fondamentale differenza tra le due classi di scienze, non solo quanto all'oggetto ma anche riguardo al metodo. Mentre le scienze naturali si basano su esperimenti e utilizzano la matematica, le scienze dello spirito partono proprio dall'esperienza vissuta (*Erleben*) dell'uomo, cercando di coglierne gli elementi e di metterli in relazione, finché si formi l'immagine d'insieme di una vita o di una società. In un primo momento della sua carriera, Dilthey definì il metodo delle scienze umane come una psicologia descrittiva. In questa circostanza, il filosofo coniò la fondamentale distinzione tra lo spiegare (*erklären*) e il comprendere (*verstehen*), quali i due opposti modi di conoscere, rispettivamente, la natura e lo spirito: «Spieghiamo, dunque, la natura, comprendiamo invece la vita psichica»[42]. L'opposizione tra spiegare e comprendere è rimasta fino ad oggi al centro delle discussioni sul rapporto tra scienze naturali e scienze umane. Possono esistere delle teorie scientifiche che non seguono il paradigma delle spiegazioni causali, cioè che non mirano alla deduzione di qualche evento particolare da una legge universale? O dobbiamo persino distinguere due tipi di avvenimenti, gli eventi naturali spiegabili in base a leggi causali, da una parte, e dall'altra le azioni dell'uomo, che si comprendono soltanto in funzione delle convinzioni e intenzioni di chi agisce?[43]

Nonostante l'innegabile importanza della giusta comprensione dell'esperienza vissuta altrui per le scienze dello spirito, si può dubitare che l'uso del termine "psicologia descrittiva" sia stato una scelta molto felice. Lo stesso Dilthey presto riconobbe che la vita umana non si esaurisce affatto nell'esperienza vissuta internamente. L'uomo in realtà è un essere attivo e creativo, che tende ad esprimere se stesso, compie svariate azioni, trasforma la natura, organizza la società, produce opere d'arte, elabora teorie scientifiche, eccetera. Riferendosi alla concezione hegeliana dello spirito oggettivo, Dilthey passò a designare l'insieme di queste espressioni, per così dire esterne, con il termine di oggettivazione (*Objektivation*) della vita. Il filosofo così supera la falsa restrizione delle scienze dello spirito all'introspezione,

---

[42] «Die Natur erklären wir, das Seelenleben verstehen wir» (W. Dilthey, «Ideen über eine beschreibende und zergliedernde Psychologie» [1895], in: *Gesammelte Schriften*, vol. 5, p. 144; trad. it. di A. Marini, in: *Psicologia descrittiva, analitica e comparativa*, Unicopli, Milano 1979, p. 139).

[43] Contro vari tentativi recenti di eliminare l'intenzionalità e di ridurre il metodo delle scienze storico-sociali alla spiegazione causale si rivolge G. H. von Wright, *Explanation and understanding*, Routledge and Kegan Paul, London 1971; trad. it. di G. Di Bernardo, Il mulino, Bologna 1977.

estendendo al contempo l'ambito delle scienze umane all'insieme delle azioni, opere, creazioni e istituzioni umane. Siccome tutte queste manifestazioni vitali sono il frutto di attività spirituali, l'oggettivazione della vita possiede un carattere essenzialmente storico. Il Dilthey maturo quindi fece ampio uso dell'espressione mondo storico (*geschichtliche Welt*), riferendosi alla stessa sfera di fenomeni che i neokantiani chiamavano la cultura[44]: il mondo storico ossia la cultura comprende tutte le dimensioni della realtà che recano l'impronta dell'attività umana.

Non appena si ammette l'oggettività del comprendere storico, è possibile ridefinire la funzione delle scienze dello spirito, il cui compito, nelle parole dello stesso Dilthey, consiste nella ricostruzione del mondo storico. Il filosofo, in effetti, presentò le sue idee mature in uno scritto intitolato *La costruzione del mondo storico nelle scienze dello spirito*, apparso nel 1910, un anno prima della morte. Rispetto alle opere precedenti, in questo saggio si trova sia una precisa delimitazione delle scienze umane rispetto a quelle naturali, sia un'adeguata caratterizzazione delle stesse scienze umane:

> «La connessione di *Erleben*, espressione e comprensione è ovunque il procedimento specifico per cui l'umanità esiste per noi come oggetto delle scienze dello spirito. Le scienze dello spirito sono così fondate in questa connessione di vita, espressione e comprensione»[45].

Nella fase conclusiva della produzione diltheyana, diventano più chiare anche le distanze da Hegel. Al primato hegeliano della speculazione metafisica, secondo Dilthey, è subentrata l'attenzione per l'analisi del dato delle manifestazioni storiche della vita. «Nelle scienze sistematiche dello spirito si è attuata invece fino ad oggi un'unione delle sue grandi idee con la ricerca positiva»[46]. La constatazione diltheyana invita a ricordare pure Benedetto

---

[44] Qui sarebbe da citare soprattutto la filosofia delle forme simboliche di Ernst Cassirer (1874–1945). Cfr. M. Ferrari, *Ernst Cassirer. Dalla scuola di Marburgo alla filosofia della cultura*, Olschki, Firenze 1996.

[45] «So ist überall der Zusammenhang von Erleben, Ausdruck und Verstehen das eigene Verfahren, durch das die Menschheit als geisteswissenschaftlicher Gegenstand für uns da ist. Die Geisteswissenschaften sind so fundiert in diesem Zusammenhang von Leben, Ausdruck und Verstehen» (W. Dilthey, *Der Aufbau der geschichtlichen Welt in den Geisteswissenschaften*, Berlin 1910; in: Gesammelte Schriften, vol. 7, p. 87; trad. it. di P. Rossi, in: Scritti filosofici [1905–1911], UTET, Torino 2004, p. 166).

[46] «In den systematischen Geisteswissenschaften dagegen vollzieht sich bis auf diesen Tag eine Verbindung seiner [sc. Hegels] großen Ideen mit der positiven Forschung» (op. cit., p. 116; trad. it., p. 205).

Il pensiero scientifico

Croce, il quale oltre a distinguersi per gli studi estetici e storici di vastissima portata, sviluppò una visione storicistica dello spirito, diretta contro la metafisica dell'assoluto di Hegel, nonché contro il positivismo italiano ottocentesco. Dopo aver pubblicato nel 1902 la sua *Estetica come scienza dell'espressione e linguistica generale*, Croce si mise ad elaborare il proprio sistema di una filosofia dello spirito, che comprendeva le quattro discipline di estetica, logica, economia ed etica, dirette alla conoscenza del bello, del vero, dell'utile e del bene. Le quattro parti del sistema crociano corrispondono alle diverse attività, teoretiche e pratiche, dello spirito umano che in esse si manifesta[47]. Così come Dilthey anche Croce dunque riduceva l'assoluto di Hegel alla storia dello spirito umano.

b) Fatti e valori

Per capire meglio la sfida dello storicismo bisogna tener presente l'immenso sviluppo delle scienze storiche durante l'Ottocento, quando ebbe inizio lo studio critico delle fonti storico-letterarie che produsse una quantità imprevista di dati empirici. Vista l'enorme varietà e molteplicità dei fatti, sembrava sempre meno probabile che si potesse trovare una qualche regolarità nel corso degli eventi. Lo studio della storia, notava lo storico svizzero Jacob Burckhardt (1818–1897), rivolgendosi contro l'idea hegeliana di una filosofia della storia universale, parte proprio dal presupposto del mutamento dei tempi e del continuo cambiamento delle forme di vita spirituale[48]. L'aumento delle conoscenze positive nel campo storico faceva crescere, infatti, la consapevolezza della storicità dell'uomo: tanto gli avvenimenti esterni quanto le proprie convinzioni apparivano allo storico come risultati di un lungo processo genetico. La tendenza alla storicizzazione evidentemente non risparmiava la validità delle nostre credenze, di modo che tanto per la comprensione quanto per la giustificazione delle norme e delle istituzioni sociali si cominciava a fare riferimento esplicito

---

[47] Per i dettagli e lo sviluppo del pensiero crociano rimando a G. Galasso, *Croce e lo spirito del suo tempo*, Il saggiatore, Milano 1990. Sul rapporto con Dilthey si veda F. Tessitore, «Croce e Dilthey», in: *Dilthey e il pensiero del Novecento*, a cura di F. Bianco, Angeli, Milano 1985, pp. 269–287.

[48] Le famose lezioni di Burckhardt all'università di Basilea furono pubblicate postume come *Considerazioni sulla storia universale*. Mi riferisco all'introduzione del corso sullo studio della storia nel semestre invernale 1868/69 (cfr. *Über das Studium der Geschichte. Der Text der "Weltgeschichtlichen Betrachtungen"*, a cura di P. Ganz, Beck, München 1982, p. 228).

alla loro genesi storica. Il diffondersi della prospettiva storicistica non mancò di suscitare il sospetto che la fondazione dei valori su meri fatti storici li avrebbe resi qualcosa di relativo: nacque così la polemica contro il relativismo tipico degli storici. Il termine "storicismo" in questa situazione fu usato per indicare la posizione di coloro che interpretavano tutti i fatti alla luce della loro origine storica, negando l'esistenza di qualsiasi valore assoluto. L'attacco più celebre contro la moda delle ricerche storiche era il saggio polemico *Sull'utilità e danno della storia per la vita*, steso dal giovane professor Friedrich Nietzsche nel 1874. Uditore di Buckhardt a Basilea, Nietzsche da un lato respinse la filosofia hegeliana della storia, mentre dall'altro dichiarò dannosa pure la scienza della storia. Poiché il sapere storico non possedeva alcuna utilità per la vita, il filosofo diagnosticò una «malattia storica» della cultura moderna[49].

Un importante tentativo di chiarire il rapporto tra fatti e valori nelle scienze storico-sociali fu intrapreso da Max Weber (1864–1920). Originariamente professore di economia, Weber scrisse opere che ebbero grande influenza soprattutto sullo sviluppo della sociologia. Nel 1904 egli redasse un saggio per difendere *L'oggettività conoscitiva della scienza sociale e della politica sociale*. L'autore parte dall'osservazione che nessuna descrizione del mondo reale può esaurire la molteplicità infinita dei fenomeni. Qualsiasi spiegazione scientifica, anzi, presuppone la selezione preliminare di una determinata parte della realtà, alla quale si volgono le indagini. La ricerca empirica, in altre parole, si basa su un accordo spesso tacito tra scienziati su quale sia l'aspetto più rilevante su cui far convergere le ricerche. Mentre le scienze naturali ora mirano a scoprire le leggi universali, per poi dedurre i singoli eventi, le scienze sociali al contrario si occupano dei casi particolari, per rinvenire magari qualche forma di regolarità. Ma siccome un certo avvenimento storico diventa oggetto di ricerca solo se possiede un significato rispetto al punto di vista adottato dallo studioso, sono in ultima analisi gli interessi degli stessi scienziati a orientare se non a determinare la conoscenza scientifica.

---

[49] «Historische Krankheit» (F. Nietzsche, *Unzeitgemäße Betrachtungen. Zweites Stück: Vom Nutzen und Nachteil der Historie für das Leben*, Leipzig 1874; in: Werke, de Gruyter, Berlin 1967–2006, vol. III/1, pp. 325–328; trad. it. di S. Giametta, Adelphi, Milano 1974, pp. 94–97).

«Non c'è nessuna analisi scientifica puramente "oggettiva" della vita culturale o [...] dei "fenomeni sociali", indipendentemente da punti di vista specifici e "unilaterali", secondo cui essi – espressamente o tacitamente, consapevolmente o inconsapevolmente – sono scelti come oggetti di ricerca, analizzati e organizzati nell'esposizione»[50].

Mi sembra utile rimarcare che la posizione di Weber è più sottile rispetto alla classica dicotomia empiristica tra essere e dover essere, tra fatti e valori. Quando lo scienziato adotta un punto di vista, non si tratta assolutamente di una decisione arbitraria. Al contrario, proprio perché dalle scienze empiriche non possono emergere dei valori, la scoperta di nuovi fatti non conduce né alla storicizzazione né alla relativizzazione dei valori. Siccome la stessa scienza poggia su determinati giudizi di valore, argomenta il filosofo, lo scienziato non deve sentirsi autorizzato a trarre conclusioni normative, prescrivendo agli altri come agire. La ricerca empirica per sua natura non produce norme di comportamento, per cui né la sociologia né l'economia né la storiografia possono darci insegnamenti morali. Weber fu piuttosto convinto che «non può mai essere compito di una scienza empirica quello di formulare norme vincolanti e ideali, per derivarne direttive per la prassi»[51]. In un noto saggio del 1917 l'autore finalmente parla del carattere di avalutatività (*Wertfreiheit*) delle scienze sociologiche ed economiche, ponendo in risalto la netta separazione tra scienze e politica. Come si può immaginare, la tesi di Weber ha sollevato forti obiezioni. Negare alle scienze sociali ogni legittimità nel determinare i valori, è sembrato a molti come dare carta bianca sia agli scienziati sia ai politici, poiché gli uni non devono tenere conto delle opinioni degli altri. Le polemiche in merito hanno fatto dimenticare spesso l'impegno del Nostro per la fondazione di un'etica politica. La professione del politico per Weber non consiste nel semplice agire secondo le proprie convinzioni, e per

---

[50] «Es gibt keine schlechthin "objektive" wissenschaftliche Analyse des Kulturlebens oder [...] der "sozialen Erscheinungen" unabhängig von speziellen und "einseitigen" Gesichtspunkten, nach denen sie – ausdrücklich oder stillschweigend, bewusst oder unbewusst – als Forschungsobjekt ausgewählt, analysiert und darstellend gegliedert werden» (M. Weber, «Die "Objektivität" sozialwissenschaftlicher und sozialpolitischer Erkenntnis» [1904]; in: *Gesammelte Aufsätze zur Wissenschaftslehre*, Mohr, Tübingen 1922, p.170; trad. it. di P. Rossi, in: Il metodo delle scienze storico-sociali, Einaudi, Torino 1958, p. 84).

[51] «...dass es niemals Aufgabe einer Erfahrungswissenschaft sein kann, bindende Normen und Ideale zu ermitteln, um daraus für die Praxis Rezepte ableiten zu können» (op. cit., p. 149; trad. it., p. 58).

il resto nell'affidarsi a Dio: il politico deve sempre prendere in considerazione tutti gli effetti prevedibili delle sue possibili decisioni, assumendosene la responsabilità. E se da un lato nessuno scienziato può sollevare il politico dalla responsabilità morale delle sue decisioni, la scienza dall'altro deve nondimeno offrire per quanto possibile un aiuto al politico nel cercare di prevedere le probabili conseguenze dei provvedimenti che intende adottare[52].

c) Le origini del capitalismo

Il concetto di storicismo è stato utilizzato anzitutto nel contesto del dibattito sulla possibilità o impossibilità di una filosofia della storia. Inaugurata da Johann Gottfried Herder (1744–1803), l'idea della comprensione filosofica dell'intera storia dell'umanità fu ulteriormente elaborata da Hegel, il quale sosteneva una concezione teleologica della storia universale. Tutta la serie dei vari imperi, l'ordine delle epoche, i cambiamenti sociali e persino lo sviluppo delle idee, secondo Hegel puntano verso l'unico fine della piena realizzazione e della perfetta consapevolezza della libertà. La filosofia speculativa, quindi, pretende non solo di conferire significato ai singoli eventi, ma anche di esporre la finalità interna al percorso della storia. Una simile affermazione certo non dovrà sorprendere chi ha dimestichezza con le basi metafisiche del sistema hegeliano: se tutta la realtà è una graduale manifestazione dell'idea assoluta, anche la storia non può che svilupparsi in conformità alle categorie della logica speculativa. Però molti pensatori otto- e novecenteschi, voltando le spalle alla filosofia speculativa, misero in questione la tesi finalistica, che sembrava loro confutata dall'evidenza empirica: le stesse ricerche storiche dimostravano a sufficienza l'impossibilità di stabilire un ordine teleologico degli avvenimenti[53].

Ma se non esiste alcun fine della storia, quale tipo di regolarità possiamo ancora rintracciare nel mondo delle scienze umane? Non sarebbe più pru-

---

[52] Nel saggio *La politica come professione* Weber coniò il noto binomio tra etica della convinzione (*Gesinnungsethik*) e etica della responsabilità (*Verantwortungsethik*; cfr. *Politik als Beruf* [1919], in: Gesammelte politische Schriften, Drei-Masken-Verlag, München 1921, pp. 441–442; trad. it. di A. Giolitti, in: Il lavoro intellettuale come professione, Einaudi, Torino 1966, pp. 109–112).

[53] Una critica spiccata del finalismo rappresenta la tesi di K. Löwith secondo cui ogni sorta di filosofia della storia costituisce una forma secolarizzata dell'escatologia cristiana (cfr. *Meaning in history. The theological implications of the philosophy of history*, University of Chicago Press, Chicago 1949; trad. it. di F. Tedeschi Negri, Edizioni di comunità, Milano 1963).

dente rinunciare alle grandi teorie e accontentarsi della mera constatazione dei singoli fatti? Invece di entrare nei particolari della discussione sullo stato epistemologico delle scienze storiche, preferisco ora accennare, a titolo d'esempio, a una proposta di Max Weber il quale per lunghi anni si dedicò allo studio della sociologia della religione, elaborando tra l'altro una tesi molto influente sull'origine del capitalismo nel protestantesimo. Le riflessioni di Weber ovviamente non esauriscono tutte le difficoltà di un'eventuale filosofia della storia, ma mi sembra che rappresentano un ottimo esempio di come dallo studio critico delle fonti storiche si possa arrivare all'analisi penetrante di un fenomeno sociale, che va ben oltre la mera enumerazione dei fatti. Malgrado la ricerca weberiana sul capitalismo fosse stata contestata da varie parti, essa è rimasta la trattazione più nota e discussa del tema.

Weber presentò le sue considerazioni nel 1905 in uno scritto su *L'etica protestante e lo spirito del capitalismo*. Come altri testi del Nostro, il saggio impressiona sia per la mole del materiale reperito sia per la grande capacità analitica dell'autore, che presenta le fonti in chiave strettamente sistematica, con lo scopo di evidenziare il nesso intrinseco tra il desiderio del capitalista di accumulare denaro, da una parte, e l'etica calvinista dall'altra. In contrasto con i marxisti, che facevano risalire le convinzioni religiose alla base materiale, Weber spiegò il sistema economico alla luce di certi valori religiosi. Non è il modo di produzione che condiziona le credenze religiose, ma sono queste ultime a determinare la nascita del capitalismo moderno. Ciò certamente non significa che la ricerca sociologica possa stabilire una sorta di legge storica; non esiste alcun principio universale del tipo "tutti gli uomini che credono a, agiscono nella maniera b", così come non si può individuare una specie di persone che per necessità si comportano da capitalisti. I protagonisti delle azioni nel mondo storico non sono i gruppi e neppure le nazioni, ma sempre i singoli individui; pertanto le scienze sociali devono studiare i casi particolari, al fine, eventualmente, di trovare tra di essi delle somiglianze. Per evidenziare questa differenza metodologica rispetto alle scienze naturali, Weber introdusse la nozione del ideal-tipo (*Idealtyp*) che designa un modello concreto, creato dallo scienziato per illustrare determinate relazioni sociali e per comprendere i processi storici. Il tipo ideale è un'immagine mentale, alla quale la realtà può più o meno corrispondere. Lo stesso Weber nel corso della carriera si è interessato di vari tipi ideali: nel campo politico si occupò delle figure della guida carismatica e del funzionario statale, nell'ambito della religione studiò tra l'altro la differenza tra chiese e sette, nel settore economico esaminò in modo particolare la razionalità rispetto allo scopo (*Zweckrationalität*), specifica della cultura occidentale moderna.

Il menzionato saggio invece prende le mosse dall'osservazione che statisticamente lo spirito imprenditoriale e il possesso di capitali si sono sviluppati specialmente nelle regioni dove la quota della popolazione cattolica è più bassa rispetto ai protestanti. Per questo motivo Weber iniziava a sospettare un nesso fra capitalismo e teologia protestante, fino a scoprire le radici del comportamento capitalista nella dottrina calvinistica della predestinazione. Giovanni Calvino, infatti, aveva insegnato che Dio nella sua onnipotenza ha prescelto alcuni uomini per salvarli, mentre tutti gli altri sono destinati alla dannazione eterna. La sorte delle anime non dipende, in questa teologia, dalle opere umane, dalla condotta degli uomini sulla terra; ma è appunto il frutto di una predeterminazione divina. L'aspetto tragico della condizione umana allora consiste nel non sapere quale sia la sorte di ciascuno: sarò tra gli eletti che andranno nel regno dei cieli, o sarò dannato all'inferno? Siccome è impossibile modificare la volontà divina, non rimane che il conforto di poter eventualmente scoprire il proprio destino. Ma come un cristiano può convincersi di essere eletto da Dio? Per Weber, la risposta di Calvino è la seguente: "Impegnati in questo mondo. Dedicati al lavoro. Non ti permettere nessun piacere, e non sprecare alcun bene che Dio ti ha regalato. Se facendo così riesci a compiere il tuo dovere con grande fedeltà, saprai che sei prescelto. Se invece fallisci nei tuoi tentativi, ciò dimostra che sei tra i dannati." In base a tale convinzione teologica, i calvinisti e i puritani profondevano le loro energie nel lavoro, con abnegazione, senza concedersi alcun piacere, ma accumulando enormi patrimoni. Constatando questo nesso fra l'etica professionale e la vita ascetica, Weber sostiene di aver rilevato il tratto distintivo dello spirito capitalistico:

> «Il *summum bonum* di questa "etica" – cioè l'acquisizione di denaro e di sempre più denaro, evitando nel modo più rigoroso ogni godimento spensierato – è così completamente spoglio di ogni punto di vista eudemonistico, per non dire edonistico, è concepito con tanta purezza come scopo autonomo, da apparire come qualcosa di completamente

trascendente e di assolutamente irrazionale di fronte alla "felicità" o alla "utilità" del singolo individuo»[54].

Con il protestantesimo per Weber in realtà era nato un nuovo tipo di ascesi. Mentre i monaci medievali si erano ritirati dal mondo per cercare Dio, i puritani rimanevano nel mondo e si dedicavano completamente al lavoro professionale. Per dare buona prova della loro elezione e vocazione, essi praticavano una specie di ascesi intramondana, e poiché non era loro concesso di consumare ciò che guadagnavano, tendevano ad accumulare sempre di più. In questo senso, secondo Weber, era proprio l'etica protestante a stare a fondamento dello spirito del capitalismo. Senza considerare il legame nascosto con la dottrina calvinistica della predestinazione, il comportamento ascetico del capitalista rimane incomprensibile o appare persino insensato. Chi invece presuppone il tipo ideale del calvinista, possiede un modello per spiegare l'etica professionale del capitalista. La tesi di Weber certamente non è sufficiente come ricostruzione della genesi dell'economia moderna, per cui è stata respinta da parte di storici e sociologi. Le critiche però non possono sminuire i meriti del nostro autore che non solo ha messo a fuoco il tema del rapporto tra credenze religiose, ordine sociale ed etica economica, ma ha dato anche un contributo importante per una comprensione adeguata del metodo delle scienze storico-sociali.

11. La teoria critica

Nel 1917, scoppiò in Russia la rivoluzione proletaria. La vittoria dei bolscevichi condusse alla famigerata dittatura non tanto del proletariato bensì del partito comunista. Da quel momento Lenin e i suoi seguaci rivendicarono l'esclusivo diritto di interpretare le dottrine di Marx e Engels. È dun-

---

[54] «Vor allem ist das *summum bonum* dieser "Ethik": der Erwerb von Geld und immer mehr Geld, unter strengster Vermeidung alles unbefangenen Genießens, so gänzlich aller eudämonistischen oder gar hedonistischen Gesichtspunkte entkleidet, so rein als Selbstzweck gedacht, dass es als etwas gegenüber dem "Glück" oder dem "Nutzen" des einzelnen Individuums jedenfalls gänzlich Transzendentes und schlechthin Irrationales erscheint» (M. Weber, «Die protestantische Ethik und der Geist des Kapitalismus» [1904–05], in: *Gesammelte Aufsätze zur Religionssoziologie*, Mohr, Tübingen 1920–21, vol. 1, p. 35; trad. it. di G. Giordano, in: Sociologia della religione, Edizioni di comunità Milano 1982, vol. 1, p. 35).

que solo nell'Europa occidentale che si è potuta sviluppare una filosofia marxista originale, indipendente dall'ortodossia leninista e capace di affrontare la questione di come mai il sistema economico capitalista, contrariamente alle profezie di Marx, non era affatto crollato ma perdurava, anche grazie all'inaspettata introduzione di alcune riforme a favore dei lavoratori, e specialmente della creazione di una sistema di previdenza sociale. In questa situazione molti pensatori si misero a studiare nuovamente le opere marxiane, e ne proposero delle interpretazioni più attente e scientifiche, meno condizionate dalla lotta rivoluzionaria.

Il primo a far ciò fu l'ungherese György Lukács (1885–1971) con il libro *Storia e coscienza di classe*. Fino alla sua conversione al marxismo, Lukács era su posizioni vicine a quelle di Max Weber, conoscendone gli studi sulla razionalizzazione quale tratto distintivo della modernità. Egli riprese dal *Capitale* di Marx l'idea di un feticismo della merce: tutti i rapporti sociali nell'età borghese erano caratterizzati dalla continua tendenza alla reificazione (*Verdinglichung*). La classe operaia, secondo Lukács, era l'unico ceto in grado di acquistare coscienza della reificazione, di comprendere che persino il lavoro umano era stato trasformato in una sorta di merce. Quando il lavoratore comprende di essere trattato come merce, la sua coscienza diventa da ultimo «l'autocoscienza della merce» ossia «l'autoconoscenza, l'autodisvelamento della società capitalistica»[55]. In seguito a questa presa di consapevolezza da parte del proletariato, Lukács si aspettava che scoppiasse la lotta di classe che avrebbe dovuto portare al rovesciamento del capitalismo.

La tesi di Lukács irritava i marxisti ortodossi, perché l'ungherese capovolse la relazione tra base reale e sovrastruttura stabilita da Marx e confermata da Lenin. Mentre questi predicavano che il capitalismo sarebbe andato in rovina a causa di problemi economici e delle contraddizioni inerenti al sistema di produzione, Lukács apparentemente abbandonò la concezione materialistica della storia per mettere di nuovo in gioco la coscienza, e quindi le idee umane come la vera origine dei cambiamenti storico-sociali.

---

[55] «...das Selbstbewusstsein der Ware; oder anders ausgedrückt: die Selbsterkenntnis, die Selbstenthüllung der [...] kapitalistischen Gesellschaft» (G. Lukács, «Die Verdinglichung und das Bewusstsein des Proletariats», in: *Geschichte und Klassenbewusstsein. Studien über marxistische Dialektik*, Malik, Berlin 1923, p. 185; trad. it. di G. Piana, Sugar, Milano 1967, p. 222).

Il pensiero scientifico

Tuttavia il pensiero di Lukács e la dottrina della reificazione esercitarono un influsso immenso sul marxismo novecentesco. In questo capitolo mi limiterò a esporre (a) alcune vicende della cosiddetta Scuola di Francoforte, nota principalmente per la teoria critica della società. Poi sarà illustrato (b) il concetto della ragione strumentale, che per questi autori ha condizionato tutto il pensiero occidentale, in particolare la razionalità economica e scientifica della nostra epoca. Alla fine del capitolo commenterò (c) l'ipotesi di una razionalità comunicativa che più recentemente fu proposta come rimedio alla tendenza alla reificazione.

a) La Scuola di Francoforte
Il libro di Lukács fu pubblicato nel 1923, presso una piccola casa editrice socialista, mentre l'autore era in esilio a Vienna. Le spese di stampa venivano elargiti da un giovane benefattore. Questo mecenate, figlio di un agiato commerciante, intendeva innanzi tutto promuovere le idee marxiste. Così convinse suo padre di fondare all'università di Francoforte un istituto per la ricerca sociale (*Institut für Sozialforschung*), che doveva dedicarsi allo studio empirico della società capitalistica. Tra i collaboratori dell'istituto spiccano i nomi di Max Horkheimer (1895–1973) e Theodor W. Adorno (1903–1969)[56]. Essendo di origine ebrea, entrambi dopo l'ascesa al potere dei nazionalsocialisti emigrarono negli Stati Uniti, dove continuarono le loro ricerche; nell'esilio a Los Angeles nacque il famoso libro su *La dialettica dell'Illuminismo*. Dopo la guerra Horkheimer e Adorno ritornarono in Germania per riorganizzare l'istituto, i cui membri da quel momento furono chiamati la Scuola di Francoforte[57]. I contributi di Horkheimer e Adorno non erano ristretti a riflessioni teoretiche, poiché i collaboratori dell'istituto durante gli anni trenta svolsero una viva attività di ricerca empirica. Cito a titolo d'esempio lo studio collettivo di filosofi, psicologi, economisti e sociologi sull'autorità nella famiglia e lo sviluppo

---

[56] Non posso qui soffermarmi sulle altre, importanti figure legate all'istituto di ricerca sociale, tra cui Walter Benjamin (1892–1940), Herbert Marcuse (1898–1979) e Erich Fromm (1900–1980).

[57] Sulla storia della scuola di Francoforte si veda M. Jay, *The dialectical imagination. A history of the Frankfurt School and the Institute of social research, 1923–1950*, Heinemann, London 1973; trad. it. di N. Paoli, Einaudi, Torino 1979, e R. Wiggershaus, *Die Frankfurter Schule. Geschichte, theoretische Entwicklung, politische Bedeutung*, Hanser, München 1986; trad. it. di P. Amari ed E. Grillo, Bollati Boringhieri, Torino 1992.

della personalità. Il progetto fu continuato negli anni quaranta con ricerche sulle origini dell'antisemitismo, che condussero al concetto del carattere autoritario, cioè di una personalità che si inserisce facilmente in una società gerarchica, o perché trova soddisfazione nel dominare i più deboli, e quindi si identifica con i potenti, oppure perché le piace piegarsi e obbedire ai più forti[58].

La ricerca sociale praticata dai Francofortesi si distingueva per la specifica combinazione di indagini empiriche con riflessioni teoriche; i dati rilevati attraverso sondaggi, interviste e altre documentazioni venivano interpretati alla luce di una teoria marxista della società. Per Horkheimer e Adorno, a differenza che per Weber, la missione dello scienziato non poteva essere avalutativa, ma doveva essere un'attività critica. Perciò Horkheimer, in un saggio programmatico del 1937, introdusse la nozione di teoria critica (*kritische Theorie*) come opposta alla concezione tradizionale di teoria. Ogni specie di lavoro, ogni tipo di attività, afferma Horkheimer, rispecchia il particolare modo di produzione della società in cui viene svolta; questo vale tanto per l'operaio alla catena di montaggio quanto per lo scienziato in un istituto universitario. Nella società industrializzata, il processo produttivo tende a trasformare il lavoro umano, e perfino il lavoratore stesso, in una merce. Poco importa se questa dinamica è chiamata, con Marx, alienazione oppure, seguendo Lukács, reificazione; il carattere di merce condiziona qualunque tipo di lavoro nel mondo moderno. Horkheimer quindi non fece altro che applicare il discorso di Marx e di Lukács alla ricerca scientifica, poiché anche la scienza moderna era caratterizzata dalla divisione sociale del lavoro.

Come il lavoratore dell'industria, così anche lo scienziato produce per così dire una merce che vende sul mercato. Un prodotto di lavoro ora si lascia vendere solo in quanto serve a chi lo compra: se l'acquirente per qualche motivo non potesse utilizzare il prodotto, certamente non lo comprerebbe. Riguardo alle teorie scientifiche ciò significa che devono essere applicabili in contesti ben diversi dal laboratorio o dallo studio dove

---

[58] La documentazione si trova nei volumi *Studien über Autorität und Familie. Forschungsberichte aus dem Institut für Sozialforschung*, a cura di M. Horkheimer, Alcan Paris 1936; trad. it. di A. Cinato et al., UTET, Torino 1974, e *The authoritarian personality*, a cura di T. W. Adorno, Harper, New York 1950; trad. it. di V. Gilardoni Jones, Edizioni di Comunità, Milano 1973.

sono escogitate. Per questa ragione le teorie non possono contenere alcun riferimento alla persona particolare oppure allo specifico punto di vista del ricercatore. Una buona teoria, come prodotto del lavoro scientifico, si fonda su dati sensibili ai quali, almeno in linea di principio, non solo lo scopritore ma qualsiasi persona sufficientemente preparata deve poter avere accesso, e si presta a essere applicata a seconda degli interessi e le necessità del committente. Il lavoro degli scienziati, come tradizionalmente era concepito, contribuiva in modo essenziale alla crescente tecnicizzazione della società moderna. Gli scienziati in realtà fornivano le teorie che permettevano la costruzione di sempre nuove macchine, per rendere ancora più efficiente la produzione industriale. Pur essendo coinvolti nella formazione dell'attuale modo di produzione, molti teorici non si sentivano assolutamente responsabili per l'uso che altri facevano delle loro scoperte, perché a loro avviso svolgevano un lavoro salariato come un altro. La concezione tradizionale della teoria in altri termini

«corrisponde all'attività dello studioso come viene svolta nella società accanto a tutte le altre attività, senza che diventi immediatamente trasparente la connessione tra le singole attività»[59].

Gli scienziati tradizionalmente non si preoccupavano, e spesso nemmeno si accorgevano degli eventuali effetti dannosi che le loro ricerche potevano avere, non appena le teorie erano effettivamente utilizzate, ma accettavano volentieri la propria funzione sociale a servizio della progressiva tecnicizzazione. La teoria critica invece rivolgeva l'attenzione sul nesso tra scienza moderna e ordine sociale capitalista. Horkheimer immaginava un tipo di scienziato che, anziché rendere i processi di produzione più efficienti, s'impegnasse per un modo di lavorare più umano. La teoria critica dunque mirava al superamento della reificazione, valorizzando non tanto lo zelo rivoluzionario della classe operaia bensì il ruolo degli intellettuali per la promozione dell'emancipazione umana.

---

[59] «Die traditionelle Vorstellung der Theorie [...] entspricht der Tätigkeit des Gelehrten, wie sie neben allen übrigen Tätigkeiten in der Gesellschaft verrichtet wird, ohne dass der Zusammenhang zwischen den einzelnen Tätigkeiten unmittelbar durchsichtig wird» (M. Horkheimer, «Traditionelle und kritische Theorie» [1937], in: *Gesammelte Schriften*, Suhrkamp, Frankfurt 1985-96, vol. 4, p. 171; trad. it. di G. Backhaus, in: Teoria critica, Einaudi, Torino 1974, vol. 2, p. 143).

b) La ragione strumentale

Le indagini di Horkheimer e Adorno, com'è stato accennato, ricevettero un'ulteriore spinta dagli avvenimenti politici europei degli anni trenta e quaranta: con Hitler in Germania e Stalin nell'Unione Sovietica, due dittatori crudeli e disumani dominavano la scena, portando il terrore e la guerra in tutto il continente. I due pensatori allora cominciarono a interrogarsi sulle origini del totalitarismo. Com'era possibile la nascita di regimi dittatoriali che commettevano barbarie inaudite proprio nell'epoca moderna? La genesi del totalitarismo, secondo i nostri autori, non si lasciava spiegare attraverso la semplice analisi dei fattori economico-sociali, ma richiedeva la comprensione integrale di tutto il processo di civilizzazione, a partire dalla mitologia greca, tale per cui la loro ricerca doveva abbracciare non pochi decenni ma un lasso di tempo pari alla storia della nostra civiltà. Horkheimer e Adorno quindi tentarono di rintracciare le radici della miseria attuale nella dinamica della stessa civilizzazione occidentale ossia europea. Essi raccolsero le loro riflessioni in un volume intitolato *Dialettica dell'illuminismo*. Steso durante la seconda guerra mondiale, il testo prima circolava in alcune copie negli Stati Uniti, poi fu pubblicato nel 1947 ad Amsterdam; la seconda edizione apparve solo nel 1969, dopo che il movimento studentesco aveva scoperto il libro e si riferiva alla critica della razionalità lì esposta.

La *Dialettica dell'illuminismo*, infatti, costituisce una vasta critica del concetto di razionalità che aveva condizionato non solo l'età dell'illuminismo e l'epoca moderna ma l'intera storia dell'umanità. La portata della critica emerge già dalle prime frasi del testo:

«L'illuminismo, nel senso più ampio di pensiero in continuo progresso, ha perseguito da sempre l'obbiettivo di togliere agli uomini la paura e di renderli padroni. Ma la terra interamente illuminata splende all'insegna di trionfale sventura»[60].

Horkheimer e Adorno qui delineano l'opposizione tra il pensiero razionale e la paura che assale l'uomo quando si trova esposto alle forze avverse

---

[60] «Seit je hat Aufklärung im umfassendsten Sinn fortschreitenden Denkens das Ziel verfolgt, von den Menschen die Furcht zu nehmen und sie als Herren einzusetzen. Aber die vollends aufgeklärte Erde strahlt im Zeichen triumphalen Unheils» (M. Horkheimer e T. W. Adorno, *Dialektik der Aufklärung*, Querido, Amsterdam 1947; Fischer, Frankfurt 1969, p. 19; trad. it. di L. Vinci, Einaudi, Torino 1966, p. 11).

della natura. Lo scopo dell'illuminismo consiste nel superare la paura, sottomettendo la natura al dominio dell'uomo. Questo processo di "illuminazione" però è segnato da una serie di ambiguità. Innanzitutto bisogna ricordare il prezzo che l'uomo deve pagare per la sottomissione della natura. Inizialmente egli scopre la capacità di controllare la natura e di intervenire per il soddisfacimento dei suoi bisogni. Ma ciò che in principio lo aiuta a sopravvivere, col passare del tempo conduce alla necessità di controllare se stesso e di reprimere i propri impulsi naturali. Il dominio esercitato sulla natura, inoltre, si è esteso ai rapporti tra gli stessi uomini, di modo che gli uni sono diventati i padroni degli altri. Alla fine tutte le relazioni dell'uomo, sia con le cose sia con i suoi simili, assumono un carattere strumentale. Horkheimer coniò il termine della ragione strumentale (*instrumental reason*) per designare la generale tendenza di trasformare la ragione scientifica in un mezzo al servizio dei poteri economici e politici[61].

Il processo di razionalizzazione è solitamente presentato come un progresso decisivo dell'epoca moderna rispetto ai tempi antichi. La razionalità, si sostiene, ha vinto sul mito: mentre nel mito la natura appare ancora misteriosa, la ragione rompe l'incantesimo e, con la propria luce, rischiara ogni cosa. Horkheimer e Adorno invece respingono questa concezione, rilevando una certa affinità tra mito e ragione strumentale. Il mito infatti, al pari della scienza, aiutava a superare la paura dell'ignoto e a domare le forze della natura. Ma se la funzione del mito in ultima analisi corrisponde a quella della scienza, il contrasto tra le due è solo apparente; il mito in verità costituisce già una prima forma di illuminismo, e la solita contrapposizione tra mito e ragione si rivela essa stessa un mito. La dialettica tuttavia non finisce qui, anzi l'estrema conseguenza del processo di razionalizzazione è il mutamento dell'illuminismo in totalitarismo. Nel Novecento, infatti, è avvenuto che l'umanità, anziché progredire verso una sempre maggiore e sempre più stabile affermazione della libertà, è ricaduta in un'epoca di barbarie crudeli e forse ineguagliabili. Secondo Horkheimer e Adorno, alla base sia del fascismo sia dello stalinismo sta proprio la ragione strumentale, nella sua ultima trasformazione dialettica. Entrambi i regimi totalitari, animati da una mitologia nazionalistica e razzista, hanno compiuto i loro crimini in modo siste-

---

[61] Cfr. M. Horkheimer, *Eclipse of reason*, Oxford University Press, New York 1947; trad. it. di E. Veccari Spagnol, Einaudi, Torino 1969.

matico e pianificato, tecnicamente quasi perfetto, mediante una micidiale macchina di sterminio. Date queste aberrazioni della civiltà occidentale, gli autori ritennero che fosse loro compito anzitutto comprendere e svelare la dialettica della ragione e illuminare l'illuminismo su se stesso[62].

c) L'agire comunicativo
Dalle analisi di Horkheimer e Adorno era emersa una visione ampiamente critica non solo e non tanto della società contemporanea bensì della ragione umana stessa. Gli autori della *Dialettica dell'illuminismo*, pur non rifiutando ogni utilizzo della ragione illuministica, non sembrano comunque indicare una via d'uscita dall'attuale crisi della civiltà. Per delineare un quadro meno fosco della modernità e della razionalità, occorrerebbe mostrare che l'uso strumentale della ragione in realtà non ne esaurisce le capacità, anzi che la si può impiegare anche in un modo favorevole allo sviluppo dell'umanità. Il primo filosofo a proporre una soluzione è stato Jürgen Habermas (nato nel 1929), l'esponente maggiore della seconda generazione della Scuola di Francoforte. Il pensiero di Habermas inaugura un nuovo orientamento della teoria critica, che ora si apre alla tradizione analitica anglosassone nonché alla filosofia trascendentale kantiana. Mentre i fondatori della Scuola, seguendo Marx, erano partiti dal lavoro come attività specifica dell'uomo, Habermas ha considerato un'altra attività ancora più fondamentale. La società, a suo avviso, non si basa semplicemente sul lavoro, ma è fondata prima di tutto sulla comunicazione linguistica. Nel 1981 Habermas pubblicò la sua opera maggiore, la *Teoria dell'agire comunicativo*, che contiene un'ampia esposizione della sua filosofia sociale. Il libro, insieme ad alcuni altri testi dell'autore, ha influenzato profondamente le discussioni filosofiche degli ultimi decenni.

Habermas scelse un approccio che gli permise di congiungere la visione weberiana della modernità come processo di razionalizzazione con le riflessioni sulla prassi linguistica[63]. Il risultato fu una complessa teoria della

---

[62] Adorno ha elaborato un concetto di razionalità che è conforme alla teoria critica nella postuma *Dialettica negativa* (cfr. *Negative Dialektik*, Suhrkamp, Frankfurt 1966; trad. it. di C. A. Donolo, Einaudi, Torino 1970).

[63] A questo proposito è opportuno ricordare l'influsso esercitato su Habermas dal suo collega dell'università di Francoforte Karl Otto Apel (nato nel 1922), i cui studi più importanti sul linguaggio sono raccolti in *Transformation der Philosophie*, 2 voll., Suhrkamp, Frankfurt 1973–76; trad. it. parziale di G. Carchia, Rosenberg & Sellier, Torino 1977.

comunicazione che include sia un'analisi critica della società moderna sia una nuova esplicazione del concetto di razionalità. La teoria di Habermas, in linea di massima, si impernia nella distinzione tra due tipi di ragione ossia tra due differenti accezioni del termine "razionalità". Entrambe le posizioni presuppongono in qualche modo la nozione del sapere proposizionale, per cui la ragione, in termini generali, può essere spiegata come l'insieme delle conoscenze di una persona; l'agire razionale invece è definito per l'uso che la persona fa del sapere. Ora, si possono concepire svariate finalità dell'agire razionale: un agente potrebbe, per esempio, proporsi di produrre un determinato effetto nel mondo. Per conseguire questo scopo, l'agente sceglie i mezzi adeguati e li usa. In quel caso si fa un uso strumentale della ragione, oppure, con le parole di Max Weber, si agisce razionalmente rispetto allo scopo (*zweckrational*). Chi parte da questo modello dell'agire, secondo Habermas, prende «una predecisione a favore di quel concetto di razionalità cognitivo-strumentale che attraverso l'empirismo ha contrassegnato fortemente l'autocomprensione della modernità»[64].

A questo primo tipo di razionalità, al quale si erano sostanzialmente limitate le ricerche dei suoi predecessori, Habermas oppone il concetto della *razionalità comunicativa*. A scanso di ogni equivoco, va precisato che qui non si tratta assolutamente di scambiare gli atti fisici con gli atti linguistici, o le azioni concrete con i discorsi. Habermas, anzi, mette in evidenza la possibilità di un uso strumentale dello stesso linguaggio: se l'agente non interviene direttamente nel mondo fisico, ma interagisce con altre persone allo scopo di influenzare le loro decisioni, la sua azione ha comunque un carattere strumentale. Per distinguere le azioni che obbediscono al calcolo dei propri interessi dall'agire comunicativo, Habermas chiama le prime "azioni strategiche"; pertanto solo chi dialoga e cerca l'intesa con gli altri può essere detto comunicare.

«Questo concetto di razionalità comunicativa – chiarisce Habermas – presenta connotati che in ultima analisi risalgono all'esperienza centrale

---

[64] «...eine Vorentscheidung zugunsten jenes Begriffs kognitiv-instrumenteller Rationalität, der über den Empirismus das Selbstverständnis der Moderne stark geprägt hat» (J. Habermas, *Theorie des kommunikativen Handelns*, Suhrkamp, Frankfurt 1981, vol. 1, p. 28; trad. it. di G. E. Rusconi, Il mulino, Bologna 1986, p. 64).

della forza unificante e fondante del consenso senza coazioni, propria del parlare argomentativo»[65].

L'agire comunicativo persegue l'obiettivo di superare le convinzioni solamente soggettive, per raggiungere un consenso tra gli interlocutori, senza che nessuno imponga le proprie opinioni a nessuno. Siccome la razionalità comunicativa, per Habermas, è l'unico modo per porre rimedio all'uso strumentale della ragione, si tratta di trasformare la filosofia in una teoria universale della prassi comunicativa. Egli quindi dedica i suoi sforzi al rilevamento delle condizioni di un dialogo efficace. Cito qualche esempio: per la comunicazione si esige che ogni parlante segua la grammatica, che nessuno si contraddica, che si affermino solo cose di cui si è convinti, che chiunque contesti l'asserzione di un altro sia pronto ad addurre ragioni, eccetera. Nessun dialogo comunicativo può felicemente realizzarsi e concludersi senza che tali regole vengano osservate. Habermas tuttavia non si ferma a stabilire le condizioni che riguardano gli enunciati del singolo parlante, ma analizza pure i principi relativi alla comunità comunicativa. Affinché le interazioni sociali siano effettivamente dirette verso un'intesa comunicativa, non si deve, ad esempio, escludere alcune persone dal discorso, né è lecito impedire a qualcuno di mettere in discussione un qualsiasi argomento o regola. Spetta proprio alla ragione comunicativa nel suo insieme di vigilare sull'osservazione di questi principi del libero dialogo.

Habermas ovviamente è consapevole del fatto che le condizioni citate sono lontane da essere realizzate ovunque; anzi i discorsi strategici troppo spesso sembrano prevalere sull'agire comunicativo, giacché l'ambizione di esercitare un potere sugli altri determina ampie parti della vita politica, economica e sociale. Ma, nonostante le molteplici esperienze contrarie alla ragione comunicativa, il filosofo rimane convinto della possibilità di conseguire il consenso senza coazioni, ossia della rivincita dell'agire comunicativo sui discorsi strategici e sulla ragione strumentale. Per risolvere la tensione tra le condizioni di una comunicazione ideale e la società reale, egli ritiene indispensabile presupporre in modo controfattuale l'esistenza di

---

[65] «Dieser Begriff kommunikativer Rationalität führt Konnotationen mit sich, die letztlich zurückgehen auf die zentrale Erfahrung der zwanglos einigenden, konsensstiftenden Kraft argumentativer Rede» (ibid.).

Il pensiero scientifico

una comunità nella quale le suddette condizioni sono già realizzate. Se la ragione non anticipasse l'esistenza di una comunità comunicativa ideale (*ideale Kommunikationsgemeinschaft*), essa perderebbe il modello di una mutua intesa a cui tendere. Perciò l'ipotesi controfattuale di una società giusta costituisce un momento essenziale della razionalità comunicativa. Con queste riflessioni Habermas intende indicare un ideale non tanto teoretico ma normativo. La razionalità comunicativa implica il dovere di creare un ordine sociale che renda possibile e favorisca il dialogo tra i cittadini, entro cui il linguaggio non venga utilizzato in modo strumentale e prevaricante, e in cui tutte le decisioni siano prese dopo un discorso pubblico libero.

Habermas, riflettendo sulle condizioni che rendono possibile l'agire comunicativo, ha sviluppato un argomento trascendentale volto a dimostrare che ogni atto comunicativo presuppone implicitamente il riconoscimento di certe regole del discorso, tali che chi non le accetta non comunica, pur parlando. Il Filosofo poi, proseguendo sulla stessa linea di ragionamento, propone un nuovo tipo di etica, detta "etica del discorso", secondo la quale sono da considerare giustificate tutte le norme che, in un discorso libero da tendenze prevaricanti, tutti gli interessati potrebbero accettare. Per Habermas quindi «possono pretendere validità soltanto quelle norme che trovano (o possono trovare) il consenso di tutti i soggetti coinvolti quali partecipanti a un discorso pratico»[66]. La funzione di questo principio fondamentale somiglia a quella dell'imperativo categorico di Kant, in quanto ambedue rappresentano delle formule universali atte a distinguere le norme buone da quelle cattive, scartando le ultime. L'etica del discorso di Habermas, insieme alla sua più recente filosofia del diritto, che include pure una teoria della democrazia[67], continua a condizionare il dibattito odierno nell'ambito della filosofia politica e sociale.

---

[66] «...dass nur die Normen Geltung beanspruchen dürfen, die die Zustimmung aller Betroffenen als Teilnehmer eines praktischen Diskurses finden (oder finden könnten)» (J. Habermas, «Diskursethik – Notizen zu einem Begründungsprogramm», in: *Moralbewusstsein und kommunikatives Handeln*, Suhrkamp, Frankfurt 1983, p. 103; trad. it. di E. Agazzi, Laterza, Roma; Bari 1985, p. 103).

[67] Cfr. J. Habermas, *Faktizität und Geltung. Beiträge zur Diskurstheorie des Rechts und des demokratischen Rechtsstaats*, Suhrkamp, Frankfurt 1992; trad. it. di L. Ceppa, Guerini, Milano 1996.

B. LE SCIENZE NATURALI E LA MATEMATICA

L'età moderna è nata e si è sviluppata all'insegna delle scienze, e di quelle naturali in modo particolare. Com'è già stato ricordato, le scoperte scientifiche e le loro applicazioni condizionano largamente la vita quotidiana. Il rapido progresso scientifico non solo ha rivoluzionato la nostra conoscenza della natura, ma ha cambiato pure la vita sociale, la coscienza di noi stessi e la comprensione della storia umana. La visione del mondo della maggior parte degli uomini di oggi, infatti, è determinata dalle scienze naturali, più che dalla filosofia o dalla religione. I recenti sviluppi scientifici e tecnologici rappresentano non solo una minaccia per ogni filosofia aprioristica fondata sulla pretesa di un pensiero puro, ma costituiscono anche una sfida per quei filosofi che si sentono più vicini agli studiosi di scienze naturali. Si pensi per esempio alle ripercussioni delle nuove teorie fisiche: la teoria della relatività mette in questione la concezione consueta di spazio e tempo, cosicché diventa impossibile stabilire in modo assoluto quanto dura un evento, o se un evento è simultaneo a qualche altro. Einstein in realtà abbandonava le idee comuni dello spazio tridimensionale e del tempo lineare, sostituendoli con lo spazio-tempo curvo a quattro dimensioni. Ugualmente pressanti sono gli interrogativi sollevati dalla meccanica quantistica; se la luce e gli elettroni si comportano tanto come particelle quanto come onde, i concetti fisici sembrano perdere il loro significato univoco, e le leggi scientifiche non paiono più universalmente valide, indicando solo la probabilità con cui un certo stato di cose si può verificare. Non è qui possibile entrare nei dettagli della filosofia della scienza del Novecento, assai complessa ed articolata; mi limiterò pertanto a delinearne le correnti principali, prestando particolare attenzione al ruolo che alcuni dei maggiori esponenti del pensiero scientifico hanno riservato alla filosofia.

12. L'empirismo logico

Molte innovazioni in fisica non sarebbero state possibili senza notevoli progressi della matematica. Nel corso dell'Ottocento, i matematici, tra le altre cose, perfezionarono il calcolo infinitesimale, introdussero la teoria degli insiemi, elaborarono le geometrie non euclidee, e infine tentarono di assiomatizzare tutta la matematica. Questi sviluppi provocarono pure un

Il pensiero scientifico

rinnovato interesse per la logica formale. Il britannico George Boole (1815–1864) realizzò un'analisi matematica della logica e creò il primo calcolo logico. Nel Novecento proseguirono gli sforzi di sviluppare tanto la matematica quanto la logica formale. Parecchi filosofi, in seguito ai successi delle scienze esatte, considerano la formalizzazione dei problemi una condizione essenziale della loro soluzione. Per questi pensatori, rinunciare agli strumenti logico-formali significa trattare i problemi filosofici in modo non scientifico; secondo loro, una questione che non si lasci formalizzare è priva di senso. Visto l'impatto della logica formale sulla filosofia contemporanea, qualsiasi descrizione del pensiero scientifico novecentesco deve quindi iniziare (a) con alcuni cenni alla nuova logica matematica. In seguito, mi dedicherò (b) a un gruppo di filosofi e scienziati, noti sotto il nome di Circolo di Vienna, considerati come i veri fondatori dell'empirismo logico per avere legato le due esigenze che ogni nostra affermazione, in ultima analisi, deve possedere una forma rigorosamente logica, ed essere fondata su dati sperimentali. Il capitolo si conclude (c) con uno sguardo alla generazione successiva per vedere come l'ottimismo degli empiristi logici di giungere a una visione scientifica del mondo fu scosso dalla scoperta che non può esistere alcuna evidenza empirica per decidere quale sia la teoria che meglio descrive il mondo.

Vorrei soggiungere che due dei maggiori esponenti della corrente neoempiristica, Bertrand Russell e Rudolf Carnap, hanno lasciato concise autobiografie intellettuali, dove riferiscono in modo chiaro e istruttivo gli incontri con altri filosofi dell'epoca e l'evoluzione del proprio pensiero. Russell, che da giovane era profondamente influenzato dal neoidealismo, specialmente di Francis Herbert Bradley (1846–1924), ricordando la sua vita intellettuale negli ultimi anni dell'Ottocento, afferma di sé: «Allora ero hegeliano fino alle midolla, e aspiravo a costruire una esauriente dialettica delle scienze, che sarebbe terminata con la dimostrazione che tutta la realtà è spirituale»[68]. La ribellione contro l'hegelismo avvenne a cavallo dei due secoli. La ragione per cui Russell allora respinse la metafisica monista e si

---

[68] «I was at this time a full-fledged Hegelian, and I aimed at constructing a complete dialectic of the sciences, which should end up with the proof that all reality is mental» (B. Russell, *My philosophical development*, Allen & Unwin, London 1959, p. 42; trad. it. di L. Pavolini, Longanesi, Milano 1961, p. 83).

convertì al pluralismo era il problema delle cosiddette relazioni esterne. Per Hegel, come pure per Bradley, ogni relazione tra due termini era riconducibile a proprietà inerenti all'unica sostanza assoluta. «Mi sembrava – racconta Russell – che questa teoria rendesse inesplicabile la matematica»[69]. Erano dunque le difficoltà legate alla logica della matematica che inizialmente lo condussero ad ammettere la possibilità di relazioni esterne[70]. Per rimpiazzare la dialettica hegeliana, Russell sviluppava il metodo dell'analisi logica, che poi diede il nome alla corrente filosofica più influente del ventesimo secolo. Come Russell, anche Carnap sottolinea l'incompatibilità della dialettica hegeliana con la logica formale. Ai membri del circolo di Vienna, la logica dialettica sembrava, per citare le sue parole, «incompatibile con la moderna logica simbolica che consideravamo la forma di logica fino ad allora più sviluppata»[71].

a) La logica matematica

Nonostante i filosofi, sin dai tempi di Aristotele, si siano interessati alla logica, bisogna aspettare i matematici ottocenteschi per dare la spinta decisiva all'avanzamento della logica moderna. Dalla matematica proveniva l'idea di formalizzare completamente il linguaggio logico. L'ambizione era di poter tradurre qualunque asserzione e ragionamento in un linguaggio formale, di modo che il compito fosse solo quello di effettuare un calcolo, senza rischiare di cadere in errore. Allo stesso modo in cui si risolve un'equazione o esegue un'addizione, così si possono ricostruire e verificare gli argomenti filosofici – o perlomeno così si pensava. Per realizzare il programma logistico era anzitutto necessario creare un linguaggio simbolico; si dovevano introdurre i segni e definire le espressioni senza che ci fosse la minima ambiguità circa il significato dei simboli. La logica formale otto- e

---

[69] «This view seemed to me to make mathematics inexplicable» (op. cit., p. 12; trad. it., p. 44).

[70] Il problema delle relazioni è spiegato con impareggiabile chiarezza da R.-P. Horstmann, *Ontologie und Relationen. Hegel, Bradley, Russell und die Kontroverse über interne und externe Beziehungen*, Athenäum, Königstein 1984, nonché da F. Perelda, *Hegel e Russell. Logica e ontologia tra moderno e contemporaneo*, Il poligrafo, Padova 2003.

[71] «...incompatible with modern symbolic logic, which we regarded as the best developed form of logic so far» (R. Carnap, «Intellectual Autobiography», in: *The philosophy of Rudolf Carnap*, a cura di P. A. Schilpp, Open Court, La Salle (Ill.) 1963, p. 24; trad. it. di P. A. Rovatti, Il saggiatore, Milano 1974, p. 24).

Il pensiero scientifico

novecentesca si distingue dalla logica antica proprio per l'esclusione completa del linguaggio corrente; non si ammette nessun termine se non è introdotto e definito secondo le regole del calcolo. Nondimeno, il programma di formalizzare i nostri pensieri presenta varie difficoltà. Il primo problema è di carattere formale o, meglio, sintattico: per fondare un calcolo logico bisogna prima stabilire una serie di assiomi, e poi provare che il sistema non contiene né conterrà delle incoerenze, poiché se ci fossero delle lacune o delle contraddizioni, i ragionamenti fatti con tale calcolo ne sarebbero limitati o inficiati. Una seconda difficoltà invece riguarda il significato dei simboli ossia la semantica: affinché la logica formale possa aiutarci effettivamente a chiarire i nostri pensieri, bisogna presupporre alcune regole di traduzione per passare dalla lingua ordinaria al calcolo logico e viceversa; il migliore argomento formale in realtà non serve a nulla se i termini usati non sono riconducibili al linguaggio naturale. Come si vedrà tra breve, i citati problemi hanno condizionato fortemente le discussioni sulla logica matematica.

Tra i fondatori della logica moderna sono da citare principalmente due pensatori. L'uno è il matematico tedesco Gottlob Frege (1848–1925), per lunghi anni professore presso l'università di Jena e allora quasi sconosciuto[72]. All'età di trent'anni Frege pubblicò un piccolo libro intitolato *Ideografia*, dedicato all'elaborazione di un linguaggio in formule "a imitazione di quello aritmetico". La scrittura concettuale o ideografia (*Begriffsschrift*), comprende, oltre alle lettere dell'alfabeto quali simboli per i contenuti, soprattutto dei segni che indicano varie operazioni logiche, quali la negazione, il condizionale, la congiunzione e la disgiunzione. Siccome Frege fu convinto della possibilità di riformulare qualsiasi ragionamento scientifico nei termini ideografici, avanzò l'idea di applicare il nuovo linguaggio logico anche nei campi del calcolo differenziale e integrale, della geometria, della fisica e persino della filosofia. Contrariamente alle aspettative dell'autore, l'*Ideografia* ebbe poco successo, tant'è vero che la notazione simbolica di Frege non si è mai imposta. Oggigiorno egli nondimeno è universalmente riconosciuto come uno dei più grandi logici di tutti i tempi. Va a suo merito aver strappato la logica dall'influenza dell'epistemologia e della psicologia. Molti filosofi dell'Ottocento, infatti, trattavano le questioni logiche come problemi essen-

---

[72] Una dettagliata descrizione della vita di Frege offre L. Kreiser, *Gottlob Frege. Leben – Werk – Zeit*, Meiner, Hamburg 2001.

zialmente empirici, legati allo specifico modo umano di pensare. Frege invece rifiutò lo psicologismo dei contemporanei, sostenendo che i principi logici erano dei giudizi analitici e quindi conoscibili a priori. Per adempiere la sua promessa e realizzare il programma di applicare lo strumentario logico alle singole scienze, Frege redasse in seguito uno scritto su *I fondamenti dell'aritmetica*, che recava come sottotitolo "Una ricerca logico-matematica sul concetto di numero". Facendo derivare il concetto di numero naturale dai principi logici, l'autore intendeva provare il carattere analitico delle leggi aritmetiche. «L'aritmetica diverrebbe, perciò, null'altro che una logica ulteriormente sviluppata, e ogni proposizione aritmetica acquisterebbe il carattere di una legge logica»[73]. Sempre proseguendo la sua ricerca, Frege si mise alla stesura dell'opera principale, *Le leggi fondamentali dell'aritmetica*. Nel primo volume, apparso nel 1893, egli esponeva di nuovo la scrittura concettuale e forniva esempi di dimostrazione dei singoli principi dell'aritmetica, ad esempio di quello secondo cui esiste un numero infinito di numeri, sulla sola base degli assiomi logici[74].

La convinzione della deducibilità delle leggi matematiche dalla logica formale spesso viene designata come logicismo. Un altro propugnatore della tesi logicista era Bertrand Russell (1872–1970). Questi era una persona poliedrica che, oltre ai molteplici contributi filosofici, spicca per l'instancabile impegno politico e civile. Durante la prima guerra mondiale fu licenziato dal Trinity College di Cambridge per la sua attività pacifista; rimase sempre fedele alla posizione antimilitarista, e nel 1955 stese un manifesto per il disarmo nucleare, firmato tra l'altro da Albert Einstein. Sposato per ben quattro volte, Russell dedicò alcuni scritti a temi morali quali l'educazione dei bambini, la sessualità e il matrimonio, la conquista della felicità. Fu uno scrittore prolifico che pubblicò non meno di settanta libri; nel 1950 fu insignito del Premio Nobel per la letteratura[75]. I capolavori del filosofo

---

[73] «Demnach würde die Arithmetik nur eine weiter ausgebildete Logik, jeder arithmetische Satz ein logisches Gesetz, jedoch ein abgeleitetes sein» (G. Frege, *Die Grundlagen der Arithmetik. Eine logisch mathematische Untersuchung über den Begriff der Zahl*, Breslau 1884, p. 99; trad. it. di C. Mangione, in: Logica e aritmetica. Scritti raccolti, Boringhieri, Torino 1965, p. 327).

[74] Un'eccellente analisi della filosofia della matematica di Frege offre M. Dummett, *Frege. Philosophy of mathematics*, Duckworth, London 1991.

[75] La vita movimentata di Russell racconta R. Monk, *Bertrand Russell*, 2 voll., Cape, London 1996–2000.

Il pensiero scientifico

risalgono però al primo decennio del Novecento. Dopo aver voltato le spalle all'idealismo hegeliano, Russell si occupò del problema di una fondazione logica della matematica. Appoggiandosi in un primo momento ai lavori del matematico italiano Giuseppe Peano (1858–1932) il quale aveva elaborato una serie di assiomi che definiscono l'insieme dei numeri naturali, Russell formulò la teoria del logicismo indipendentemente da Frege, le cui opere egli conobbe solo più tardi.

Quando Russell finalmente lesse *Le leggi fondamentali dell'aritmetica* di Frege, fu scosso da un paradosso che aveva scoperto riflettendo sulla teoria degli insiemi. In sostanza si tratta del problema che emerge quando un termine matematico ossia logico si riferisce a se stesso. Si consideri il caso di una classe, definita a piacere, che è elemento di se stessa; oppure di un predicato che si può predicare di se stesso. Si pensi per esempio ad un piccolo paese nel quale vive un unico barbiere del quale si sa che "rade tutti gli uomini che non si radono da soli". Questa frase implica una contraddizione: se il barbiere radesse se stesso, allora raderebbe un uomo che si rade da solo; ma per definizione quel barbiere rade tutte e sole le persone che non si radono da sé. Se invece non si radesse, allora ci sarebbe almeno un uomo che non si rade da solo, e che tuttavia non è raso dal barbiere. In entrambi i casi, la proposizione "il barbiere rade tutti gli uomini che non si radono da soli" è falsa. Una contraddizione analoga mina i fondamenti della matematica, perché nessun assioma ci impedisce di definire la classe che "contiene come elementi tutte le classi che non sono elementi di se stesse"; eppure questo concetto è contraddittorio. Infatti questa classe dovrebbe e non dovrebbe contenere se sessa come elemento. Russell nel giugno 1902 si rivolse in una lettera a Frege per comunicargli la difficoltà che aveva scoperto. La sua obiezione mise il matematico di Jena in una profonda crisi dalla quale non si riprese mai completamente. Russell invece cominciò a ricercare un rimedio a quel paradosso non risolvibile con i mezzi della logica tradizionale.

La soluzione alla quale Russell finalmente giunse prevede l'esclusione dei termini autoreferenziali, grazie ad una stratificazione gerarchica di tutti i termini. La cosiddetta teoria dei tipi stabilisce che le espressioni e gli insiemi dello strato più basso possono contenere esclusivamente degli elementi semplici; le espressioni e gli insiemi del secondo strato oltre agli elementi semplici possono contenere anche espressioni o insiemi del primo tipo, e così via. In questo modo si esclude la possibilità che qualche espressione si riferisca a se stessa oppure che un insieme contenga se stesso come elemento. Dopo aver lavorato alcuni anni alla sua proposta, Russell presentò la teoria dei tipi in un saggio del 1908, mentre l'elaborazione più completa si trova nei tre volumi dei *Principia matematica*, scritti insieme al collega più anziano Alfred North Whitehead (1861–1947)[76]. Come aveva fatto Frege, così anche i due britannici tentarono la deduzione logica dei concetti e delle leggi matematiche fondamentali. Però malgrado gli sforzi di Whitehead e Russell, il progetto della fondazione logica della matematica due decenni dopo fu scosso da un'altra scoperta sconvolgente: il giovane matematico viennese Kurt Gödel (1906–1978) produsse la prova di un teorema secondo cui qualunque sistema assiomatico, sufficientemente espressivo da contenere l'aritmetica, è logicamente incompleto, cioè contiene delle proposizioni che non possono essere né dimostrate né confutate all'interno dello stesso sistema. Gödel dimostrò poi un secondo teorema secondo cui, posto che un sistema formale sia coerente, esso non è strutturalmente in grado di dare dimostrazione della propria coerenza. Le rivelazioni di Gödel fecero crollare definitivamente il logicismo, anche se le conquiste di Frege e di Russell nel campo della logica continuano ad esercitare un forte influsso sul pensiero filosofico contemporaneo.

b) Il Circolo di Vienna

Con Kurt Gödel abbiamo ormai lasciato le isole britanniche e siamo tornati sul continente. Il prossimo capitolo della storia del pensiero scientifico è ambientato all'università di Vienna dove Gödel da studente negli anni 1920 assistette agli incontri di un gruppo di scienziati, formatosi intorno al filosofo Moritz Schlick (1882–1936)[77]. Fecero parte di questo circolo interdisciplinare filosofi e matematici, fisici e sociologi; tra essi spicca Rudolf Carnap (1891–1970), che nella sua autobiografia ha descritto i raduni settimanali della cerchia.

---

[76] Whitehead oggi è noto anzitutto per la sua filosofia del processo compresa in un monumentale saggio di metafisica (cfr. *Process and reality. An essay in cosmology*, Cambridge University Press, Cambridge 1929; trad. it. di N. Bosco, Bompiani, Milano 1965).

[77] Sul Circolo di Vienna in genere si vedano gli ottimi studi di R. Haller, *Neopositivismus. Eine historische Einführung in die Philosophie des Wiener Kreises*, Wissenschaftliche Buchgesellschaft, Darmstadt 1993, e F. Stadler, *Studien zum Wiener Kreis. Ursprung, Entwicklung und Wirkung des logischen Empirismus im Kontext*, Suhrkamp, Frankfurt 1997. Una immagine inconsueta e affascinante tratteggia invece A. Coffa, *The semantic tradition from Kant to Carnap. To the Vienna Station*, Cambridge University Press, Cambridge 1991; trad. it. di A. Peruzzi, Il mulino, Bologna 1998.

In occasione delle riunioni si dibattevano le questioni concernenti l'applicazione del metodo rigoroso della logica matematica ai problemi filosofici, tenendo conto sempre dei progressi nelle scienze empiriche. Il testo più celebre tra quelli discussi era probabilmente il *Tractatus logico-philosophicus* di Ludwig Wittgenstein, il quale di tanto in tanto partecipò agli incontri del Circolo di Vienna (vedi cap. 21). Carnap stesso, che frequentava il gruppo da libero docente, ebbe l'opportunità di presentare il manoscritto di un libro su *La costruzione logica del mondo*, apparso nel 1928. L'obiettivo dell'autore era quello di mostrare come tutti i concetti che utilizziamo per la rappresentazione del mondo siano costituiti da elementi semplici, organizzati in modi complessi. Sulla base di questi elementi fondamentali, oggetto di esperienza immediata, si costruiscono, secondo Carnap, prima il mondo fisico, poi la sfera psichica degli altri uomini, e infine il mondo intersoggettivo con gli oggetti spirituali della scienza e della cultura.

Uno degli interrogativi più controversi nel circolo riguardava la natura precisa degli elementi empirici, sui quali poggia il nostro sistema concettuale. Non potendo entrare nei dettagli, mi limito ad elencare le proposte che furono avanzate. Riallacciandosi alla tradizione dell'empirismo classico di John Locke e alla sua nozione di sensazione (*sensation*), Bertrand Russell aveva avanzato il termine dei dati sensoriali (*sense-data*) di una singola persona. Se concepisco un mucchio di neve, l'oggetto è costruito su una serie di percezioni quali "bianco", "freddo", "molle", "fondente", eccetera. Rudolf Carnap, sotto l'influsso della psicologia gestaltista, coniò la nozione di esperienze vissute elementari (*Elementarerlebnisse*). Moritz Schlick invece preferì l'espressione di proposizioni osservative (*Beobachtungssätze*) ossia constatazioni (*Konstatierungen*), per indicare gli enunciati relativi a esperienze immediate, cioè frasi come "adesso qui bianco". Ma, siccome un sistema costitutivo fondato sulle esperienze vissute elementari oppure sulle constatazioni dell'individuo sembrava contraddire il carattere intersoggettivo della scienza, il sociologo Otto Neurath (1882–1945), altro rappresentante autorevole del Circolo di Vienna, introdusse il concetto di proposizioni protocollari (*Protokollsätze*), il quale designa gli enunciati sulle percezioni di oggetti fisici da parte di una persona ad un momento determinato. Poiché le proposizioni protocollari non registrano solo le esperienze private ma si riferiscono a fatti pubblicamente osservabili, sono controllabili e correggibili. Per completare la storia, va aggiunto che Karl R. Popper creò il termine "proposizioni di base" (*Basissätze*), mentre Willard Van Orman Quine riprese la nozione di proposizioni osservative (*observation sentences*).

Nonostante le vivaci discussioni dei primi anni trenta circa la base empirica del sistema concettuale, tra i membri del Circolo di Vienna esisteva un pieno accordo sulla meta da perseguire. Nel 1929 avevano pubblicato un manifesto su *La concezione scientifica del mondo*, nel quale è raccontata la storia del circolo intorno a Schlick, e illustrato l'atteggiamento filosofico del nuovo empirismo. Gli autori avevano un programma essenzialmente bipartito: da un lato miravano a realizzare una scienza unificata (*Einheitswissenschaft*) che comprendesse i diversi campi della matematica, fisica, biologia, psicologia e delle scienze sociali. Con i positivisti ottocenteschi il Circolo di Vienna condivideva la convinzione che il materiale empirico fornito dalle scienze naturali e sociali fosse sufficiente per giungere a formulare un'unica e completa concezione del mondo. Tuttavia per arrivare all'unificazione della scienza non bastava raccogliere e accumulare i risultati delle singole discipline, ma bisognava mettere i dati e i fatti in un ordine sistematico. Lo specifico contributo dei filosofi, quindi, consisteva nell'analisi logica delle teorie scientifiche, allo scopo di ridurre tutte le affermazioni complesse ad asserzioni elementari, empiricamente verificabili. Mentre nel manifesto del 1929 questi elementi vennero identificati con i dati sensoriali (*Sinnesdaten*), più tardi prevalse l'opinione che le proposizioni elementari rappresentino degli stati di cose, e descrivano il mondo esterno in un linguaggio fisico.

Qualunque sia la base empirica, la concezione scientifica del mondo è fondata, oltre che su asserzioni elementari, sui principi logici adoperati sia per analizzare i concetti teorici sia per costruire le proposizioni complesse. Seguendo Frege e Russell, gli enunciati logici furono considerati analitici e a priori, per cui il credo del Circolo di Vienna recita così:

> «La concezione scientifica del mondo (*wissenschaftliche Weltauffassung*) riconosce solo le proposizioni empiriche su oggetti di ogni sorta e le proposizioni analitiche della logica e della matematica»[78].

---

[78] «Die wissenschaftliche Weltauffassung kennt nur Erfahrungssätze über Gegenstände aller Art und die analytischen Sätze der Logik und Mathematik» (Verein Ernst Mach, *Wissenschaftliche Weltauffassung. Der Wiener Kreis* [1929], in: O. Neurath, Gesammelte philosophische und methodologische Schriften, Hölder-Pichler-Tempsky, Wien 1981, vol. 1, p. 307; trad. it. di S. Tugnoli Pattaro, Laterza, Roma; Bari 1979, p. 79).

Questa dichiarazione conduce alla *pars destruens* e all'aspetto polemico del programma neoempirista. Molti scritti di Carnap e compagni traboccano di attacchi violenti contro metafisici e teologi. La concezione scientifica del mondo era intesa anche come critica ad ogni sorta di proposizioni non riducibili alla combinazione di asserzioni elementari e principi logici, per cui gli empiristi logici pretendevano di smascherare molte questioni filosofiche tradizionali come pseudoproblemi (*Scheinprobleme*), e di superare la metafisica mediante l'analisi logica del linguaggio. I bersagli più illustri furono l'idealismo hegeliano e il concetto heideggeriano dell'essere. Così Carnap, il quale nell'opera di entrambi gli autori trova soprattutto pseudoproposizioni, deplora che Heidegger «insieme con molte peculiarità della forma linguistica hegeliana, ha accolta anche l'eredità di parecchi suoi difetti logici»[79]. Metafisica e teologia secondo Carnap esprimono il sentimento della vita, ma oltre al carattere emotivo non possiedono alcun significato, essendo i metafisici dei poeti e dei musicisti falliti.

c) La naturalizzazione della filosofia

Con l'ascesa del fascismo al potere, il Circolo di Vienna fece una tragica fine: il gruppo fu sospettato di socialismo e venne sciolto. La maggior parte dei membri all'inizio degli anni 1930 dovette lasciare l'Austria; molti emigrarono in Gran Bretagna o negli Stati Uniti, dove trovarono asilo e poterono continuare le loro ricerche[80]. Carnap, per esempio, fu accolto presso l'università di Chicago, e nei decenni successivi redasse alcuni studi importanti sulla semantica e sulla teoria della probabilità, mentre insieme a Neurath lavorò al progetto di una Enciclopedia della scienza unificata. La celebrità di Carnap nel mondo anglofono è parzialmente dovuta al suo più giovane amico Willard Van Orman Quine (1908–2000), uno dei pensatori più fecondi della seconda metà del Novecento. Quine unì a un'eccellente formazione logica una straordinaria capacità letteraria. Egli trascorse la maggior parte della sua carriera accademica all'università di Harvard, dove

---

[79] «...der mit vielen Eigentümlichkeiten der Hegelschen Sprachform auch manche ihrer logischen Mängel übernommen hat» (R. Carnap, «Überwindung der Metaphysik durch logische Analyse der Sprache«, in: *Erkenntnis* 2, 1932, p. 235; trad. it. di A. Pasquinelli, in: Il neoempirismo, UTET, Torino 1969, p. 525).

[80] Le idee dell'empirismo logico nel mondo anglosassone furono divulgate dal libro di A. J. Ayer, *Language, truth and logic*, Gollancz, London 1936; trad. it. di G. De Toni, Feltrinelli, Milano 1961.

si laureò con Whitehead. Ancora studente, nel 1931, Quine seguì un corso di lezioni di Russell, allora professore ospite ad Harvard. Dopo il dottorato intraprese un viaggio in Europa, s'incontrò con Schlick e Gödel a Vienna, visitò Carnap a Praga e conobbe i famosi logici polacchi Stanislaw Lesniewski (1886-1939) e Alfred Tarski (1901-1983).

Per via delle critiche mosse a Carnap, la filosofia di Quine è spesso considerata come un superamento dell'empirismo logico. In effetti, in un noto saggio del 1951 Quine attaccò quelli che egli battezzò i *Due dogmi dell'empirismo*. Il primo dogma è la distinzione fatta dai neoempiristi tra verità logiche e verità di fatto, tra analitico e sintetico. Per l'altro dogma, invece, ogni affermazione, per possedere un significato, deve essere riducibile a termini riferentisi all'esperienza immediata. Quine intende mostrare che nessuno dei due dogmi è ben fondato. Per quanto riguarda la logica, egli nega l'esistenza delle proposizioni analitiche e, di conseguenza, la correttezza della distinzione tra analitico e sintetico. L'argomento addotto da Quine si riferisce a enunciati del tipo "Nessuno scapolo è sposato". Questa frase, di primo acchito, non sembra contenere una verità di fatto, né descrivere uno stato di cose: sembra vera in virtù del solo significato dei termini, e perciò sarebbe ancora corretta anche nel caso in cui, di fatto, non esistessero scapoli. In fondo, essa sembra significare (sostituendo alla parola "scapolo" il suo significato corrente di "uomo non sposato") la tautologia che "Nessun uomo non sposato è sposato". Quine però avanza la domanda: ci si può effettivamente convincere della sinonimia tra "scapolo" e "uomo non sposato" senza ricorrere a un qualche fatto? Com'è possibile conoscere il significato di una parola indipendentemente dalla nostra concezione del mondo? Convinto che la risposta debba essere negativa, egli respinse il concetto di analiticità.

Quine fu ugualmente scettico rispetto alla pretesa di fondare tutto il sapere su semplici asserzioni empiriche. Giacché non esistono le proposizioni analitiche, ben distinte da quelle sintetiche, è impossibile definire aprioristicamente il significato delle presunte proposizioni empiriche. In altre parole, per stabilire ad esempio la verità o falsità dell'enunciato "Cesare era uno scapolo", si deve presupporre un intero sistema concettuale, il quale a sua volta non è affatto svincolato dall'esperienza empirica. Anziché abbandonare l'empirismo, occorre dunque adottarne una versione quasi più radicale. Quine alla fine nega la differenza tra la ricerca empirica dello scienziato e l'analisi logica del filosofo, perché è impossibile verificare una singola asserzione senza mettere in discussione tutto il sistema teorico del quale essa fa parte.

«Le nostre asserzioni sul mondo esterno – scrisse il filosofo – affrontano il tribunale dell'esperienza sensibile non individualmente, ma soltanto come un corpo unico»[81].

Quine passò ad una concezione che oggi si è soliti chiamare olismo semantico. Riprendendo la dottrina del fisico francese Pierre Duhem (1861–1916), secondo cui non si può mai sottoporre al controllo dell'esperienza un'ipotesi isolatamente, ma soltanto una teoria nel suo insieme, Quine estese l'olismo epistemico di Duhem alla semantica: tanto la conferma empirica di una teoria scientifica, quanto il significato di ogni enunciato linguistico dipendono dall'intero sistema. Quine pertanto paragona le nostre conoscenze ad una rete annodata dall'uomo (*man-made fabric*), dove tutte le proposizioni sono legate tra loro. Persino le leggi logiche, che determinano le mutue connessioni tra le singole credenze, costituiscono elementi della medesima rete. Appena si modifica una parte dell'insieme, si provocano inevitabilmente dei mutamenti perfino nelle zone remote del sistema. Questa rete delle nostre convinzioni tocca, lungo i suoi margini, l'esperienza, di modo che un'esperienza recalcitrante ci obbliga a rivedere una quantità più o meno rilevante delle nostre conoscenze. In questo senso il lavoro sia del filosofo sia dello scienziato riguarda tutto il sistema concettuale e l'intera concezione del mondo.

Quine definì la sua posizione empirismo senza dogmi; in varie occasioni egli si è pure dichiarato un fautore del *naturalismo*. Nel suo ultimo libro il filosofo, riprendendo i grandi temi della sua ricerca, chiarisce che spetta alla scienza decidere quale schema concettuale dobbiamo utilizzare per riferirci agli oggetti esterni. Per naturalismo l'autore intende «una ricostruzione razionale del processo attraverso il quale l'individuo o la specie acquisiscono una teoria non arbitraria del mondo esterno»[82]. Egli poi trat-

---

[81] «Our statements about the external world face the tribunal of sense experience not individually but only as a corporate body» (W. V. O. Quine, «Two dogmas of empiricism» [1951], in: *From a logical point of view*, Harvard University Press, Cambridge [Mass.] 1953, p. 41; trad. it. di P. Valore, Cortina, Milano 2004, p. 59).

[82] «…rational reconstruction of the individual's and/or the race's actual acquisition of a responsible theory of the external world» (W. V. O. Quine, *From stimulus to science*, Harvard University Press, Cambridge [Mass.] 1995, p. 16; trad. it. di G. Rigamonti, Il saggiatore, Milano 2001, p. 15).

teggia il percorso che dalla stimolazione dei nostri organi di senso conduce fino alle complesse teorie fisiche e matematiche. Siccome gli stimoli sensoriali che condizionano la nostra concezione delle cose non la determinano tuttavia completamente, gli scienziati devono elaborare una descrizione teorica del mondo, lasciandosi guidare nelle loro scelte da criteri pragmatici, quali la capacità esplicativa, la semplicità e la precisione dei concetti adoperati (vedi cap. 14). Ricostruendo l'evoluzione della scienza, la filosofia, secondo Quine, ci aiuta a comprendere «come noi, abitatori fisici del mondo fisico, possiamo ricavare la nostra teoria scientifica sulla costituzione generale del mondo a partire dai miseri contatti che abbiamo con esso»[83].

13. La filosofia della scienza

Con lo sviluppo della logica matematica da parte di Frege e di Russell iniziava l'ascesa inarrestabile della cosiddetta filosofia analitica che ha condizionato largamente il pensiero angloamericano novecentesco. Di essa mi occuperò specificamente in seguito, nella quarta parte, dedicata al pensiero linguistico. Per quanto riguarda invece il campo delle scienze esatte, bisogna dire che le idee basilari degli empiristi logici ebbero scarso successo. Come è già stato notato, nel 1931 Kurt Gödel confutò definitivamente la possibilità di una fondazione logico-assiomatica della matematica. Pochi anni dopo anche la concezione neoempiristica della ricerca scientifica fu sottoposta ad una severa critica da parte di Karl Raimund Popper (1902–1994). Egli aveva mantenuto intensi contatti con i membri del Circolo di Vienna; nondimeno osservò che la dottrina empirista non corrispondeva assolutamente alla prassi degli scienziati. Nel 1935 pubblicò un libro sulla *Logica della ricerca scientifica*; in esso egli giunse ad una descrizione sostanzialmente opposta all'immagine neopositivista.

Dopo essere emigrato dall'Austria, Popper si dedicò alle grandi questioni di filosofia della storia e della politica. Agli anni quaranta risalgono due contributi polemici contro lo storicismo e il totalitarismo, nei quali Popper dice peste e corna di Platone, Hegel e Marx. «La fama di Hegel – si legge ne *La so-*

---

[83] «Naturalism [...] would address the question how we, physical denizens of the physical world, can have projected our scientific theory of that whole world from our meager contacts with it» (ibid.).

cietà aperta e i suoi nemici – è stata fatta da coloro che preferiscono una rapida iniziazione nei più profondi segreti di questo mondo ai faticosi tecnicismi di una scienza che, dopo tutto, può solo deluderli con la sua incapacità di svelare tutti i misteri»[84]. Ritornando alla filosofia della scienza, il nome di Popper è indissolubilmente legato (a) al razionalismo critico e al metodo della falsificazione che egli contrappose all'empirismo logico. Però nemmeno la concezione popperiana sopravvisse per molto tempo, anzi nella seconda metà del XX secolo essa fu abbandonata a favore (b) di una visione più storica della ricerca scientifica. Alla fine del secolo è rimasta aperta soprattutto (c) la questione del realismo: i concetti scientifici svolgono una funzione solo all'interno di determinate teorie o si riferiscono a oggetti reali? Le leggi naturali servono solo a descrivere i fenomeni o determinano realmente il corso degli eventi? Sono queste le domande che dominano i dibattiti più recenti tra i filosofi della scienza.

a) Il falsificazionismo
Popper nutriva una certa insoddisfazione per la concezione della ricerca scientifica dei suoi tempi. La maggioranza dei filosofi, sotto l'influsso della tradizione empirista, spiegava la conoscenza attraverso il concorso di due momenti essenziali: la percezione sensibile e la riflessione logica. Si parte da certi dati empirici, che si raccolgono o per semplice osservazione o mediante esperimenti pianificati, e da essi si inferiscono per induzione le leggi universali della natura. Una teoria scientifica è ritenuta vera purché sia confermata dall'esperienza; tutte le proposizioni teoriche perciò devono essere controllate, ricollegandole ai dati empirici. Un tale procedimento era stato battezzato da Schlick metodo della *verificazione*. In altre parole, lo scienziato prima formula un'ipotesi, poi la sottopone a verifica in modo tale che «l'esser presente o non esser presente di certi dati fornisca il criterio per la verità o falsità del giudizio»[85]. Il verificazionismo però conduce ad una difficoltà

---

[84] «Hegel's fame was made by those who prefer a quick initiation into the deeper secrets of this world to the laborious technicalities of a science which, after all, may only disappoint them by its lack of power to unveil all mysteries» (K. R. Popper, *The open society and its enemies*, vol. 2: The high tide of prophecy. Hegel, Marx and the aftermath, Routledge and Kegan Paul, London 1945, p. 25; trad. it. di R. Pavetto, Armando, Roma 1974, p. 42).

[85] «...dass das Vorhandensein oder Nichtvorhandensein bestimmter Daten das Kriterium für die Wahrheit oder Falschheit des Urteils abgibt» (M. Schlick, *Allgemeine Erkenntnislehre*, Springer, Berlin 1918; 2a ed. 1925, p. 149; trad. it. di E. Palombi, Angeli, Milano 1986, p. 188).

di carattere logico. Consideriamo per esempio la presunta legge di natura secondo cui tutti i cigni sono bianchi. Esiste senza dubbio un grandissimo numero di dati empirici che comprovano la validità di questa legge; la citata proposizione tuttavia si riferisce non solo ai tanti casi di cigni finora osservati, ma include anche tutti i cigni non osservati; anzi, si presume che persino i cigni che popolano un'isola deserta nell'oceano, e che perciò non saranno mai sottoposti a un esame scientifico, siano comunque bianchi.

La difficoltà che la verificazione delle leggi scientifiche non è quasi mai esaustivamente compiuta, potrebbe sembrare di ordine meramente pragmatico. Il verificazionista probabilmente risponderà al modo seguente: "Prendiamo il caso dei presunti cigni che vivono su un'isola disabitata: se lì ci fosse un osservatore umano, la sua esperienza confermerebbe senz'altro la validità della legge." Un simile ragionamento nondimeno manca il punto, perché non si esclude la possibilità che un bel giorno qualche ricercatore s'imbatta in un cigno nero. A rigore, il verificazionista non dovrebbe considerare vera alcuna proposizione prima di aver controllato letteralmente tutti i casi rientranti in essa. Di fatto, però, lo scienziato da un determinato numero di casi osservati, induce una legge universale che comprende pure quelli non osservati. Le teorie scientifiche dunque poggiano su prove induttive, ed è proprio a questo punto che comincia la critica di Popper: se è impossibile verificare le proposizioni universali, la verità delle teorie scientifiche dipende non tanto dai dati empirici bensì dalla validità delle *inferenze induttive*. L'argomento del Nostro si muove nella stessa linea delle tesi neopositivistiche, e verte sul fatto che il principio di induzione non costituisce né una proposizione empirica, né un giudizio analitico. Ora, se il metodo induttivo non può essere né giustificato a priori, né tratto dall'esperienza, allora, proprio attenendosi ai criteri dei neopositivisti, è privo di fondamento.

Dal punto di vista logico formale è possibile dedurre un giudizio singolare da un'asserzione universale, oppure negare una proposizione universale in base a un affermazione particolare; mentre il primo caso permette l'applicazione di una legge ai singoli casi, il secondo serve per la confutazione delle teorie false. Se tutti i cigni sono bianchi, allora ogni cigno che incontrerò sull'isola deserta sarà bianco; se invece proprio su quell'isola m'imbatto in un cigno nero, allora l'affermazione universale secondo cui tutti i cigni sono bianchi è falsa. Una concezione della ricerca scientifica che rispetti queste riflessioni logiche è chiamata da Popper «dottrina del metodo deduttivo dei controlli»[86]. Una proposizione scientifica, secondo Popper, va intesa anzitutto come un'ipotesi verosimile, dalla quale lo scienziato può trarre conclusioni per mezzo della deduzione logica. Queste conclusioni poi sono sottoposte a vari tipi di controlli. Una parte delle prove consiste nel confronto logico delle conclusioni sia tra loro sia con altre teorie. L'altra parte dei controlli sono gli esperimenti scientifici e le applicazioni tecnologiche. Si deducono certe predizioni, e se le conclusioni si sono rivelate accettabili, l'ipotesi originaria è considerata corroborata; se invece «le conclusioni sono state falsificate, allora la loro falsificazione falsifica anche la teoria da cui le conclusioni sono state dedotte logicamente»[87]. Siamo quindi giustificati nel ritenere verosimile una teoria finché non si presentano dei casi che la confutano, cioè finché non è stata falsificata.

Il metodo deduttivo dei controlli fu caratterizzato in seguito da Popper come "razionalismo critico" – *razionalismo* perché rifiuta il principio empiristico dell'induzione, *critico* perché la scienza si fonda sulla selezione delle teorie. Anziché pretendere di conoscere la verità con certezza assoluta, lo scienziato ricorre sempre di nuovo all'esperienza per vedere se le sue ipotesi sono confutate dai fatti, e per far correggere i propri errori. Il razionalismo critico perciò presuppone la possibilità di confrontare qualunque giudizio scientifico con l'esperienza. Se il ricercatore non è capace di indicare quali osservazioni o quali esperimenti potrebbero eventualmente falsificare una sua ipotesi, la quella teoria non può nemmeno essere detta verosimile, ossia corroborata. Popper anzi esclude dalla sfera delle scienze empiriche qualsiasi affermazione che non si lasci controllare e quindi falsificare. La falsificibilità o non falsificibilità di una proposizione descrive, per il Nostro, il criterio di demarcazione che distingue le teorie scientifiche dai sistemi matematici, logici o metafisici.

b) Le rivoluzioni scientifiche
La *Logica della ricerca scientifica* rappresenta il primo trattato di filosofia della scienza nel senso odierno del termine. Invece di proporre una teoria generale

---

[86] «Lehre von der deduktiven Methodik der Nachprüfung» (K. R. Popper, *Logik der Forschung*, Springer, Wien 1935, 2a ed. Mohr, Tubingen 1966, p. 5; trad. it. di M. Trinchero, Einaudi, Torino 1970, p. 9).
[87] «Werden Folgerungen falsifiziert, so trifft ihre Falsifikation auch das System, aus dem sie deduziert wurden» (op. cit., p. 8; trad. it., p. 13).

della conoscenza, Popper discute le specifiche questioni metodologiche attinenti alla ricerca empirica. In confronto al verificazionismo del Circolo di Vienna, il metodo dei controlli sembra corrispondere meglio alla prassi effettiva degli scienziati, i quali normalmente non s'impegnano tanto nella raccolta del maggior numero possibile di dati verificanti una loro ipotesi, ma s'interessano piuttosto a eventuali controesempi, controprove ed esperimenti cruciali. Quanto più grande è la probabilità che un determinato esperimento porti alla confutazione di un'ipotesi, tanto più corroborata risulta la teoria nel caso in cui l'esperimento riesca e non la falsifichi. La stessa storia della scienza sembra inficiare l'idea di uno sviluppo lineare; la nostra visione scientifica del mondo, infatti, non è tanto il frutto della progressiva accumulazione di nuove conoscenze e di teorie ben confermate, bensì del travagliato processo di ipotesi scartate e di care convinzioni dimostratesi sbagliate.

Eppure si può dubitare che il falsificazionismo renda completamente giustizia allo svolgimento dell'attività scientifica. Sono rari i casi in cui gli scienziati abbandonano senz'altro una teoria perché si sono imbattuti in un caso ad essa contrario; in genere, cercano piuttosto di spiegare con ipotesi ausiliarie le ragioni per cui le loro predizioni siano state contraddette dai fatti. Del resto, pare che anche nell'ambito delle scienze empiriche esista una sorta di resistenza naturale alle innovazioni, per cui è difficile condividere l'ottimismo di Popper circa la disponibilità dei ricercatori ad abbandonare le ipotesi falsificate. Uno studio approfondito della storia della scienza così ha condotto il fisico Thomas Samuel Kuhn (1922–1996) a presentare un'immagine diversa della scienza da quella popperiana. Con la pubblicazione del famosissimo saggio su *La struttura delle rivoluzioni scientifiche* nel 1962 si può dire che fu superata una certa ingenuità dei filosofi della scienza riguardo ai fattori storici e sociali che in qualche maniera condizionano la ricerca scientifica. La comunità degli scienziati, di solito, si dimostra assai fedele alle convinzioni tramandate e condivise. Inoltre, la concorrenza tra singoli ricercatori e tra varie scuole impedisce la facile accettazione di concezioni nuove. Non di rado l'assegnazione di una cattedra, la ricezione di un articolo, e alla fine anche il finanziamento dei progetti di ricerca dipendono dall'adesione da parte del ricercatore al gruppo dominante, e dall'adozione della cornice teorica propria della comunità scientifica. Tali fattori sociali garantiscono la continuità del discorso scientifico, evitando una successione disordinata di teorie; ma in un certo senso ostacolano le grandi innovazioni.

Tuttavia ci sono momenti nei quali diventa essenziale abbandonare le teorie tradizionali, non più feconde di elementi predittivi. Ricordando gli esempi del passaggio dal sistema tolemaico a quello copernicano, e del conflitto tra la fisica di Newton e la teoria della relatività di Einstein, Kuhn ha messo in luce le condizioni entro cui la comunità scientifica effettivamente muta radicalmente opinione. Quando in una teoria emergono le prime difficoltà, si tenta di risolvere i problemi facendo riferimento sostanzialmente ad essa. In certi momenti di crisi, però, il numero delle irregolarità cresce notevolmente, cosicché diventa difficile spiegare tutte le anomalie in base alla teoria, e si finisce col metterla in questione. Per questa ragione alcuni scienziati cominciano a proporre soluzioni radicalmente nuove, e creative, che possono portare alla rinuncia parziale o totale della teoria precedentemente accreditata. In queste fasi si confrontano in modo competitivo due modelli teorici differenti, quello vecchio e quello nuovo, per molti aspetti reciprocamente incompatibili. Secondo Kuhn gli scienziati solo adesso cominciano a cercare attivamente di falsificare una teoria. Se la vecchia teoria è sufficientemente indebolita, la comunità scientifica l'abbandona per accogliere la nuova. Kuhn ha chiamato "rivoluzione scientifica" il passaggio da una teoria all'altra, e "paradigmi" le cornici concettuali rivali. Per *paradigma* egli intende «conquiste scientifiche universalmente riconosciute, le quali, per un certo periodo, forniscono un modello di problemi e soluzioni accettabili a coloro che praticano un certo campo di ricerca»[88]. Un paradigma dunque rappresenta non solo un insieme di affermazioni teoriche, ma costituisce la base della prassi degli scienziati; esso giuda la ricerca e determina quali sono i problemi ammissibili e le soluzioni attendibili nel discorso scientifico.

Il passaggio dalla meccanica classica alla teoria della relatività, per esempio, ha condotto al mutamento del concetto di massa. Per Newton la massa è la proprietà intrinseca di un corpo, e rimane costante in qualunque circostanza. Per Einstein invece la massa dipende dalla velocità, e aumenta in funzione dell'accelerazione. Siccome la meccanica relativistica si fonda sull'equazione tra energia e massa, tanto il tempo quanto lo spazio perdono il loro carattere assoluto, diventando relativi alla velocità della luce, alla quale

---

[88] «...universally recognized scientific achievements that for a time provide model problems and solutions to a community of practitioners» (T. S. Kuhn, *The structure of scientific revolutions*, University of Chicago Press, Chicago 1962, p. x; trad. it. di A. Carugo, Einaudi, Torino 1969, p. 10).

corrisponderebbe appunto una massa infinita. Dobbiamo quindi abituarci all'idea che un astronauta volando per il cosmo invecchia più lentamente del suo gemello rimasto sulla terra. Un simile cambiamento di paradigma evidentemente si ripercuote sulla nostra visione del mondo. Ogni rivoluzione scientifica, in effetti, «ha trasformato la immaginazione scientifica in un modo che dovremo descrivere in ultima istanza come una trasformazione del mondo entro il quale veniva fatto il lavoro scientifico»[89]. La trasformazione è dovuta al cambiamento di significato che subiscono i termini centrali: il concetto di massa adoperato da Einstein è talmente diverso dalla nozione newtoniana, che sembra addirittura impossibile raffrontarli o tradurre le proposizioni teoriche di un paradigma nel linguaggio dell'altro.

Pochi anni dopo la pubblicazione di questa fondamentale opera di Kuhn, l'espressione "rivoluzione scientifica" e la presunta incommensurabilità tra paradigmi furono di nuovo messe in discussione. Se davvero le rivoluzioni scientifiche sconvolgessero persino i principi più fondamentali della ricerca, l'evoluzione della scienza sarebbe qualcosa di irrazionale; se, per contro, alcuni principi permangono nonostante ogni cambiamento di paradigma, allora due teorie scientifiche non sono mai completamente incommensurabili. A scanso di equivoci si è pertanto coniato il concetto "programma di ricerca" per significare un insieme di principi euristici, alcuni dei quali stabiliscono i requisiti necessari per qualunque teoria, mentre altri indicano i percorsi di ricerca da seguire per formulare nuove ipotesi e scoprire nuovi fatti. Il programma di ricerca dunque è caratterizzato da due tipi di principi:

> «L'euristica negativa specifica il "nucleo" che è "inconfutabile" in virtù di una decisione metodologica dei suoi sostenitori; l'euristica positiva consiste di un insieme parzialmente espresso di proposte e suggerimenti su come combinare, sviluppare, le "varianti confutabili" del programma di ricerca»[90].

---

[89] «...transformed the scientific imagination in ways that we shall ultimately need to describe as a transformation of the world within which scientific work was done» (op. cit., p. 6; trad. it., p. 25).

[90] «The negative heuristic specifies the "hard core" of the programme which is "irrefutable" by the methodological decision of its protagonists; the positive heuristic consists of a particularly articulated set of suggestions or hints on how to change, develop the "refutable variants" of the research programme» (I. Lakatos, «Falsificationism and the methodology of scientific research programmes», in: *Criticism and the growth of knowledge*, a cura di I. Lakatos e A. E. Musgrave, Cambridge University Press, Cambridge 1970, p. 135; trad. it. di M. D'Agostino, Il saggiatore, Milano 1996, p. 59).

Questa proposta per certi versi combina il falsificazionismo popperiano con l'intuizione di Kuhn. Il lavoro ordinario degli scienziati consiste nel risolvere le inconsistenze emerse dal confronto delle loro teorie con l'esperienza; nel momento invece in cui un programma di ricerca non fa più progredire la scienza, si tratta di sostituirlo con uno meno degenerativo.

c) La questione del realismo
I dibattiti sorti intorno alle proposte di Popper e Kuhn riguardano soprattutto gli aspetti metodologici e storici della ricerca scientifica. Nella presente sezione vorrei aggiungere alcune riflessioni circa un altro argomento importante, cioè lo stato delle teorie scientifiche. Non tutti i filosofi contemporanei della scienza sono convinti che il rapido progresso scientifico comporti un progresso ugualmente rapido verso una migliore conoscenza della verità. Al contrario, può sembrare che proprio le grandi scoperte scientifiche del XX secolo abbiano reso difficile sostenere una posizione realista. Infatti, siccome molte delle più avanzate teorie scientifiche non possiedono alcun legame diretto con la realtà osservabile, s'impone la questione di quale tipo di oggetti siano quelli cui si riferiscono i concetti scientifici, e in che senso la natura sia sottoposta a leggi universali. Come fra breve si vedrà, alcune risposte a questi interrogativi tendono ad escludere che le teorie scientifiche ci permettano di conoscere qualche tratto della realtà indipendente da noi. Per evitare troppa confusione con le varie forme di idealismi filosofici, le posizioni assunte dai critici del realismo scientifico sono spesso riunite sotto il termine di *anti-realismo*[91].

Il primo momento nevralgico per la riflessione filosofica novecentesca fu la scoperta della relatività di spazio e tempo da parte di Einstein. La fisica relativistica non solo condusse ad una revisione dei nostri concetti di spazio e tempo, fino ad allora creduti assoluti[92], ma rese anche superflua l'ipotesi dell'etere. Prima di Einstein molti fisici erano convinti che la spiegazione della trasmissione delle onde elettromagnetiche presupponesse l'esistenza

---

[91] Una sagace difesa recente del realismo scientifico presenta invece S. Psillos, *Scientific realism. How science tracks truth*, Routledge, London; New York 1999.

[92] Vari pensatori considerano la scoperta di Einstein la confutazione empirica della dottrina kantiana di spazio e tempo quali forme a priori dell'intuizione (cfr. H. Reichenbach, *Philosophie der Raum-Zeit-Lehre*, de Gruyter, Berlin 1928; trad. it. di A. Carugo, Feltrinelli, Milano 1977).

di un medium fermo quale l'etere, grazie al quale la luce si diffonde velocemente a grandi distanze. Einstein invece sviluppò una teoria elettrodinamica senza postulare una simile entità. Questo caso però suscita una domanda di carattere generale: l'ipotesi dell'etere è stata solo la conseguenza dell'aver concepito i fenomeni elettromagnetici in chiave di meccanica newtoniana? Se così fosse, una certa teoria fisica avrebbe indotto gli scienziati a postulare una specie di entità fittizia. Ma allora l'adozione dell'ipotesi dell'etere non sarebbe dipesa tanto dall'osservazione empirica della realtà, quanto piuttosto dalla cornice teorica entro cui si ammettono certe entità come realmente esistenti. Negli ultimi decenni anzi si è imposta la convinzione che le teorie condizionino persino l'immagine dei fatti che osserviamo. Per questa ragione è impossibile suddividere le proposizioni scientifiche esattamente in due gruppi, teoriche e osservative: le stesse osservazioni dipendono da presupposti teorici, le proposizioni osservative sono inevitabilmente cariche di teoria (*theory-laden*)[93].

Una seconda sfida per il realismo, ancora più seria, è legata alla meccanica quantistica. All'inizio del Novecento si scopriva che sotto determinate condizioni gli elettroni, in contrasto con la loro presunta natura di corpuscoli, si comportano come onde. Il fisico Werner Heisenberg (1901–1976) quindi formulò il cosiddetto "principio di indeterminazione", secondo il quale è impossibile conoscere simultaneamente l'impulso e la posizione di un oggetto quantistico: non appena si tenta di misurare con precisione la posizione di una particella, la sua funzione d'onda collassa. Il principio di Heisenberg smentisce l'idea che vi sia una realtà in sé determinata, indipendente dallo spettatore, poiché i fatti osservati sono determinati dalla serie di esperimenti condotti, ossia dalle decisioni prese dal ricercatore. Le proposizioni della meccanica quantistica, poi, sono leggi statistiche, che non si riferiscono alle singole particelle ma a un insieme di esperimenti, indicando la probabilità con cui una particella si trova in un determinato luogo. Anche se bisogna essere cauti e guardarsi dal trarre conclusioni filosofiche avventate, non si può certamente ignorare la difficoltà di stabilire un rapporto di corrispondenza tra le teorie scientifiche e una presunta realtà

---

[93] Questo aspetto viene sottolineato specialmente da N. R. Hanson, *Patterns of discovery. An inquiry into the conceptual foundations of science*, Cambridge University Press, Cambridge 1958; trad. it. di L. Sosio, Feltrinelli, Milano 1978.

esterna ad esse. Per questo motivo i filosofi della scienza hanno ripensato lo stato delle teorie ed elaborato concezioni anti-realiste.

Una prima controproposta al realismo deriva dalla matematica. Si consideri ancora la teoria della relatività di Einstein, che descrive la curvatura dello spazio per mezzo della geometria non-euclidea. Quale geometria però è quella vera? Quella euclidea oppure la non-euclidea? Secondo alcuni matematici la domanda non ha risposta perché tutti i principi geometrici si fondano su un'intesa. Il *convenzionalismo*, il cui esponente maggiore fu il francese Henri Poincaré (1854–1912), nega la possibilità di verificare empiricamente gli assiomi matematici, cosicché spetta allo scienziato scegliere la geometria più idonea alla realizzazione dei suoi scopi. «Una geometria – dichiarò Poincaré – non può essere più vera di un'altra; può soltanto essere più comoda»[94]. Le convenzioni dunque non sono nient'altro che definizioni mascherate dei principali concetti geometrici stanti a fondamento delle teorie scientifiche. Una simile posizione in filosofia della scienza fu adottata da Pierre Duhem, per il quale le proposizioni teoriche non servono a spiegare la realtà, ma definiscono certe leggi sperimentali. Un singolo esperimento non basta di per sé a confutare un'ipotesi; prima bisogna escludere ogni possibile difetto allo strumentario sperimentale, ed ogni possibile alterazione dell'esito dovuta ad un qualche disturbo esterno. Se l'esperimento dà un risultato negativo, il ricercatore deve comunque scegliere tra la rinuncia alla sua teoria e l'ipotesi dell'intervento di un qualche fattore di disturbo. In altre parole, esistono due modi diversi di interpretare lo stesso fatto sperimentale. L'esperienza insegna sì allo scienziato che l'insieme delle sue convinzioni deve essere modificato, ma non indica quali siano le proposizioni da cambiare: la scelta delle teorie non è determinata empiricamente, e avviene pertanto per convenzione.

Tuttavia è possibile chiedere dei criteri per la scelta delle nostre teorie. Perché si adotta una determinata convenzione anziché un'altra? A tale proposito spesso si adducono motivi pragmatici: scegliamo le teorie che favoriscono il nostro agire. Viste in questa prospettiva, le teorie scientifiche

---

[94] «Une géométrie ne peut pas être plus vraie qu'une autre; elle peut seulement être plus commode» (H. Poincaré, *La science et l'hypothèse*, Flammarion, Paris 1902, p. 71; trad. it. di C. Sinigaglia, Bompiani, Milano 2003, p. 87).

diventano una sorta di strumenti di alterna efficacia, per mezzo dei quali noi interagiamo con la natura. L'idea dello *strumentalismo* è sorta nell'ambito del pragmatismo nordamericano e viene attribuita a John Dewey (vedi cap. 14). Per lo strumentalista tutte le conoscenze dell'uomo provengono da una serie di attività finalizzate a risolvere problemi concreti. Neppure la logica sussiste indipendentemente dalle altre teorie, ma nasce per lo stesso processo di ricerca empirica. Il successo reale rappresenta l'unico criterio che deve determinare la nostra concezione scientifica del mondo. Parecchi filosofi, a questo punto, hanno controbattuto che le nostre teorie sono efficaci proprio perché contengono proposizioni vere; le teorie scientifiche producono le predizioni corrette e permettono le applicazioni tecniche esattamente nella misura in cui corrispondono alla realtà. Quest'obiezione tuttavia confuta lo strumentalismo solo se viene esclusa la possibilità che lo stesso concetto di verità sia definito in termini pragmatici ossia strumentali. Per questa ragione nel prossimo capitolo sarà approfondito il tema del pragmatismo, che pervade la filosofia contemporanea della scienza. Per quanto concerne invece l'attuale dibattito sul realismo scientifico, la mia impressione è che esso non sia ancora giunto a un risultato definitivo.

14. Il pragmatismo

Voglio completare la rassegna del pensiero scientifico con alcuni cenni alla corrente filosofica che più di ogni altra è stata identificata con la specifica mentalità nordamericana. Il pragmatismo sembra rispecchiare fedelmente il tipico modo di ragionare degli statunitensi, contrari ad ogni sorta di dogmatismo o speculazione, difensori della libertà individuale, sempre disposti ad accogliere nuove soluzioni a misura d'uomo. Per via del loro continuo riferimento al senso comune, i pragmatisti furono sovente sospettati di mancata profondità, e visti quasi con disprezzo. Questa situazione tuttavia è cambiata dacché pensatori così illustri come Willard Van Orman Quine si sono schierati dalla loro parte. Alla fine del famoso saggio sui *Due dogmi dell'empirismo* Quine riassume la sua opinione così:

> «Ciascun individuo si trova con un'eredità scientifica a cui si aggiunge un bombardamento continuo di stimoli sensoriali; e le considerazioni che lo guidano nel piegare l'eredità scientifica in modo tale che

Il pensiero scientifico

si accordi con le continue sollecitazioni sensoriali sono, se hanno carattere razionale, di natura pragmatica»[95].

La ragione pragmatica deve quindi determinare le scelte dello scienziato, che comunque tenterà di adottare quelle teorie che spiegano meglio delle altre le nostre percezioni, impiegando concetti più semplici e precisi. Come dimostra l'esempio di Quine, il pragmatismo non esclude l'esattezza logica né l'adesione alle teorie scientifiche più avanzate, coincidenti, secondo lui, con quelle fisiche. Un altro testimone del rinnovato interesse per il pragmatismo è Hilary Putnam (nato nel 1926), cui si debbono importanti contributi alla filosofia della scienza e alle filosofie della mente e del linguaggio. Le riflessioni di Putnam vertono sulla questione del realismo. Dalla metà degli anni 1970 egli ha definito la propria posizione come "realismo interno", presentandola come via di mezzo tra realismo metafisico e relativismo. Per indicare l'affinità tra il punto di vista filosofico e il senso comune, Putnam ha coniato la locuzione di "realismo dal volto umano". L'intuizione fondamentale dei pragmatisti americani, adottata da Putnam, consiste nella convinzione «che si possa essere allo stesso tempo fallibilisti e antiscettici»[96].

Tornare alle radici del pragmatismo significa recarsi all'università di Harvard, a Cambridge nel Massachusetts, dove d'altronde insegnavano Quine dal 1948 e Putnam dal 1965. Circa un secolo prima, verso il 1870, ancora sotto gli effetti della guerra civile americana, a Harvard si era formato un cenacolo che divenne la culla del movimento pragmatista. Dopo aver delineato (a) le origini del pragmatismo, mi dedicherò (b) alla concezione pragmatista della verità, da sempre una questione spinosa. Infine verranno discussi (c) la funzione dell'esperienza empirica, e specialmente il contributo delle scienze naturali per la visione pragmatista. Nelle pagine che seguono, per ragioni di spazio, mi riferirò essenzialmente ai tre maggiori esponenti del pragmatismo, Charles Sanders Peirce, William James e John Dewey.

---

[95] «Each man is given a scientific heritage plus a continuing barrage of sensory stimulation; and the considerations which guide him in warping his scientific heritage to fit his continuing sensory promptings are, where rational, pragmatic» (W. V. O. Quine, «Two dogmas of empiricism» [1951], in: *From a logical point of view*, Harvard University Press, Cambridge [Mass.] 1953, p. 46; trad. it. di P. Valore, Cortina, Milano 2004, p. 65).

[96] «That one can be both fallibilistic and antisceptical...» (H. Putnam, *Il pragmatismo. Una questione aperta*, trad. it. di M. Dell'Utri, Laterza, Roma; Bari 1992, p. 28; orig. ingl. Blackwell, Oxford 1995, p. 21).

a) Le origini del termine

Il termine "pragmatismo" deriva dalla parola greca *pragma*, che significa l'azione. L'attributo "pragmatico" fu usato per la prima volta da Kant nella *Critica della ragion pura*, citando l'esempio del medico che non sa diagnosticare con certezza una grave malattia; costretto a fare qualcosa, sulla base della sola considerazione dei sintomi assume che si tratterebbe di tisi. Kant a questo proposito parla di una convinzione pragmatica, la quale, pur essendo teoricamente insufficiente, induce l'uomo ad agire in un determinato modo[97]. Sembra che Charles Sanders Peirce (1839–1914)[98] abbia adottato la nozione proprio da Kant. Il filosofo americano racconta infatti che «nel 1871, nel Metaphysical Club in Cambridge, Massachusetts, predicai questo principio come una sorta di vangelo logico [...] e in una conversazione su di esso lo chiamai "pragmatismo"»[99]. Il "Metaphysical Club" era un gruppo di giovani scienziati che si incontravano regolarmente per discutere questioni filosofiche, praticando il metodo che da Peirce venne battezzato pragmatismo, e caratterizzato come un modo di rendere chiare le nostre idee: l'unico criterio per distinguere le nostre convinzioni, le une dalle altre, sono i loro effetti sul nostro agire. Se il medico nel suddetto esempio suppone che il paziente soffra di tisi polmonare, comincia il trattamento della tubercolosi; se invece crede si tratti piuttosto di polmonite, sceglie un'altra cura. In entrambi i casi, il trattamento impiegato indica le credenze effettive del medico, e il successo della cura funge da criterio di verità per la diagnosi. In un articolo, risalente molto probabilmente ad una conferenza pronunciata nel circolo metafisico, Peirce formula la sua massima in questi termini:

---

[97] «Ich nenne dergleichen zufälligen Glauben, der aber dem wirklichen Gebrauch der Mittel zu gewissen Handlungen zum Grunde liegt, den pragmatischen Glauben» (I. Kant, *Kritik der reinen Vernunft*, Riga 1781; 2a ed. 1787, p. 852; trad. it. di C. Esposito, Bompiani, Milano 2004, p. 1159).

[98] La difficile vita di Peirce è narrata da J. Brent, *Charles Sanders Peirce. A life*, Indiana University Press, Bloomington 1993. Una buona sintesi del suo pensiero è offerta da R. Fabbricchesi, *Introduzione a Peirce*, Laterza, Roma; Bari 1993, e da C. Hookway, *Peirce*, Routledge and Kegan Paul, London 1985.

[99] «In 1871, in a Metaphysical Club in Cambridge, Massachusetts, I used to preach this principle as a sort of logical gospel, [...] and in conversation about it I called it "Pragmatism"» (C. S. Peirce, «A neglected argument for the reality of God» [1908], in: *Collected Papers*, Belknap, Cambridge 1931–58, 6.482 [leggi: volume 6, paragrafo 482]; trad. it. in: Scritti scelti, a cura di G. Maddalena, UTET, Torino 2005, p. 648).

«Considerare quali effetti, che possono concepibilmente avere portate pratiche, noi pensiamo che l'oggetto della nostra concezione abbia. Allora la concezione di questi effetti è l'intera nostra concezione dell'oggetto»[100].

Benché Peirce fosse stato un logico di grandissimo talento, e oggigiorno venga considerato come il fondatore della semiotica contemporanea, ai suoi tempi rimase quasi completamente ignoto. Di conseguenza non fu Peirce a rendere pubblico il pragmatismo, ma un altro membro del club metafisico, William James (1842–1910)[101]. Dopo aver insegnato già per lunghi anni filosofia e psicologia all'università di Harvard, James nel 1898 tenne una conferenza nella quale ricordava Peirce come coniatore del termine "pragmatismo" e scopritore del principio secondo cui le nostre credenze non sono che regole per l'azione[102]. Negli anni seguenti la voce del pragmatismo si sparse tanto per gli Stati Uniti quanto per l'Europa. Allora anche Peirce ripropose la sua dottrina, cambiandole però il nome in "pragmaticismo", per contraddistinguere la sua posizione da altre forme di pragmatismo[103]. Poiché Peirce per tre decenni era stato impiegato del servizio geodesico e costiero degli Stati Uniti, dove studiava tra l'altro gli effetti della gravitazione, sottolineò il legame tra il pragmatismo e il lavoro di uno scienziato. La vita in laboratorio, secondo Peirce, plasmava l'atteggiamento dello sperimentatore in modo tale da intendere una qualunque asserzione come prescrizione di un esperimento, e solo se dall'esperimento risulta un'esperienza conforme alla descrizione, lo scienziato rileva un senso nell'affermazione. Per il pragmatista dunque «il significato razionale di una parola o di un'altra espressione, consiste nei suoi concepibili riflessi sulla condotta»[104].

---

[100] «Consider what effects, that might conceivably have practical bearings, we conceive the object of our conception to have. Then, our conception of these effects is the whole of our conception of the object» (C. S. Peirce, «How to make our ideas clear» [1898], in: *Collected Papers*, 5.402; trad. it. in: Il pragmatismo, a cura di A. Santucci, UTET, Torino 1970, p. 92).

[101] Su James va segnalato il testo di S. Franzese, *L'uomo indeterminato. Saggio su William James*, D'Anselmi, Roma 2000, R. M. Gale, *The philosophy of William James. An introduction*, Cambridge University Press, Cambridge 2005, nonché G. E. Myers, *William James. His life and thought*, Yale University Press, New Haven; London 1986.

[102] Cfr. W. James, «Philosophical conceptions and practical results» [1898], in: *Pragmatism*, Harvard University Press, Cambridge (Mass.) 1975, pp. 258–259.

[103] Cfr. C. S. Peirce, «What pragmatism is» [1905], in: *Collected Papers*, 5.414; trad. it. in: Il pragmatismo, p. 148.

[104] «The rational purport of a word or other expression, lies exclusively in its conceivable bearing upon the conduct of life» (op. cit., 5.412; trad. it., p. 145).

Il pragmatismo americano è nato come reazione soprattutto all'idealismo di stampo hegeliano, che nella seconda metà dell'Ottocento dominava molte università statunitensi. Allora i pragmatisti intendevano dare alla filosofia un'impronta più naturalistica, più conforme ai recenti progressi delle scienze naturali. A differenza dei neopositivisti e dei filosofi della scienza, il loro pensiero si dimostra profondamente influenzato dalla teoria dell'evoluzione di Charles Darwin. *L'origine delle specie*, subito dopo la pubblicazione nel 1859, destò l'interesse degli intellettuali di Harvard, dove molti membri del club metafisico assunsero un atteggiamento evoluzionista. Difficilmente si potrebbe sopravvalutare l'impatto filosofico della nuova biologia: se le specie animali non sono invariabili, ma si sviluppano per un processo di selezione naturale, nutrito della grande varietà di mutazioni casuali, bisogna rivedere alcuni concetti centrali per la comprensione del mondo, come la nozione dell'essenza della specie, la concezione finalistica della storia naturale, l'idea di un creatore sapiente, eccetera. La prospettiva evoluzionistica cambia pure l'immagine dell'uomo, in quella di un essere che si trova di fronte a vari tipi di problemi e deve agire per risolverli. Secondo i pragmatisti, tutte le conoscenze teoriche fanno parte dello specifico modo con cui l'uomo affronta certi problemi pratici e concreti. Rifiutando i sistemi razionalistici e idealistici, essi perciò chiedono un atteggiamento di ricerca che fa «prevalere un'attitudine empiristica su quella razionalistica, la libertà e la possibilità contro il dogma, l'artificialità e la pretesa di una verità definitiva»[105].

b) Credenze e verità

Il vero e proprio manifesto del pragmatismo furono una serie di lezioni popolari tenute da William James a Boston nel 1906 e ripetute a New York nel 1907. Per illustrare il significato del termine, James citava l'immagine di una «teoria corridoio», coniata dal giovane scrittore italiano Giovanni Papini (1881–1956) il quale aveva paragonato il pragmatismo con

---

[105] «That means the empiricist temper regnant, and the rationalist temper sincerely given up. It means the open air and possibilities of nature, as against dogma, artificiality and the pretence of finality in truth» (W. James, *Pragmatism. A new name for some old ways of thinking*, Longmans, Green and Co., New York 1907, p. 51; trad. it. di S. Franzese, Il saggiatore, Milano 1994, p. 34).

«un corridoio di un grande albergo, ove sono cento porte che si aprono su cento camere. In una c'è un inginocchiatoio e un uomo che vuol riconquistare la fede – in un'altra uno scrittoio e un uomo che vuol uccidere ogni metafisica – in una terza un laboratorio e un uomo che vuol trovare dei nuovi "punti di presa" sul futuro... Ma il corridoio è di tutti e tutti ci passano: e se qualche volta accadono delle conversazioni fra i vari ospiti nessun cameriere è così villano da impedirle»[106].

La citazione documenta che James aveva in mente un concetto di pragmatismo molto più largo rispetto al "pragmaticismo" di Peirce. Lungi dal limitare le sue riflessioni alla sfera dell'esperienza scientifica, James riprese i grandi temi della metafisica e della religione. Egli contestava lo scientismo dell'epoca e mise a fuoco la questione del senso della vita. James, nella sua gioventù, aveva sofferto una profonda crisi emotiva che era riuscito a superare convincendosi che l'uomo è veramente libero di scegliere le sue convinzioni e di prendere le proprie decisioni. Dopo la guarigione, James si dedicò alla psicologia; nel 1890 pubblicò i *Principi di psicologia* che divennero un classico della disciplina. Egli concepì la psicologia come scienza autonoma, indipendente dalla filosofia, che tramite il metodo di introspezione studia la vita mentale. La coscienza personale secondo James non ci si presenta come un insieme di elementi distinti, ma come un continuo flusso di pensiero (*stream of thought*). Ogni pensiero si riferisce a qualche oggetto che non dipende da esso. Siccome la coscienza seleziona incessantemente determinati oggetti, respingendo invece altri, la relazione tra pensiero e oggetto non risulta meramente conoscitiva, ma condizionata sempre da qualche interesse. Il rapporto dell'uomo con le cose è perciò profondamente segnato dai momenti emotivo e volitivo della coscienza.

Negli ultimi anni dell'Ottocento James rivolse la sua attenzione sempre di più al tema delle nostre credenze, sia religiose che non. In un famoso articolo su *La volontà di credere* l'autore difende il diritto di credere talvolta una cosa, anche se i dati empirici a disposizione non possiedono un grado sufficiente di evidenza. Sebbene questa pretesa possa sembrare un crudo decisionismo, per James non si tratta affatto di accettare le credenze arbitra-

---

[106] G. Papini, «Il pragmatismo messo in ordine» [1905], in: *Pragmatismo (1903–1911)*, 2a ed., Vallecchi, Firenze 1920, p. 97. Cfr. W. James, op. cit., p. 54; trad. it., p. 35.

rie; l'obiettivo dell'articolo anzi consiste nel chiarire i criteri che possono motivare un tale atteggiamento. Credere una cosa senza sufficiente evidenza empirica è giustificato soltanto nei casi in cui ci troviamo di fronte a una decisione inevitabile, la quale comporta delle conseguenze significative sul nostro agire. Il filosofo cita ad esempio la questione dei valori morali, però l'argomento vale egualmente per le convinzioni religiose: in ambedue i casi manca un'evidenza diretta, e ciononostante sia la morale sia la religione possono cambiare la vita di una persona. Nel 1902 apparve un ponderoso volume dedicato a *La varietà dell'esperienza religiosa*, nel quale James approfondisce ulteriormente il tema delle credenze religiose, rilevando persino una somiglianza tra scienza e religione. Tutte e due riflettono l'esperienza con un certo interesse pratico, cercando di fornire all'uomo un sistema concettuale per aiutarlo a condurre meglio la propria vita. Per quanto riguarda l'esperienza religiosa, James non solo analizza la concezione di un universo spirituale dove l'uomo possa trovare il suo fine ultimo, ma ricorda anche l'idea della preghiera come comunione viva con lo spirito divino che si esprime in azione di ringraziamento, e si manifesta in sentimenti di amore e di pace.

La tesi certamente più provocatoria del pragmatismo concerne però il concetto di verità, che James esplicitamente include nel discorso sulla volontà di credere:

> «Per esempio, la nostra fede nella verità stessa, cioè che c'è una verità e che le nostre menti ed essa sono fatte le une per l'altra, che cos'è è se non una appassionata affermazione di desiderio, sul quale si fonda il nostro sistema sociale?»[107]

Il filosofo con la domanda retorica non intende negare la corrispondenza tra la nostra mente e la realtà, ma gettare luce sul processo di raggiungimento della verità. Perché un'idea sia vera, essa deve essere convalidata e corroborata dall'esperienza. Ora le idee vere si distinguono da quelle false proprio per le specifiche conseguenze concrete: «La verità di un'idea –

---

[107] «Our belief in truth itself, for instance, that there is a truth, and that our minds and it are made for each other, – what is it but a passionate affirmation of desire, in which our social system backs us up?» (W. James, *The will to believe and other essays in popular philosophy*, Longmans, Green and Co., New York 1897, p. 9; trad. it. di G. Graziussi, 2a ed., Principato, Milano; Messina 1949, p. 25.)

spiega James – non è una proprietà immutabile che le inerisce. La verità avviene ad un'idea. Un'idea diventa vera, è resa vera dagli eventi»[108]. La verità, in altre parole, è una categoria dinamica che sta in intima relazione con la nostra esperienza; nel contatto con il mondo fisico e anche con le altre persone, alcune convinzioni vengono confermate, altre invece confutate. La concezione pragmatica della verità quindi non porta ad una sorta di scetticismo o pessimismo, ma rafforza la fiducia nella costante crescita del sapere, fino a ispirare la speranza di giungere alla piena riconciliazione della scienza con la morale e la religione.

c) Il naturalismo empirico

Il terzo grande esponente del pragmatismo era John Dewey (1859–1952)[109]. Prima di convertirsi, sotto l'impressione della psicologia sperimentale di William James e di altri, al naturalismo, Dewey era stato un seguace della filosofia hegeliana. Egli ammise che la visione unitaria e sistematica della realtà propria di quella filosofia aveva lasciato «un deposito permanente nel [...] mio spirito»[110]. Ancor prima che James avesse diffuso la nozione di pragmatismo, Dewey cominciò a chiamare il suo pensiero *strumentalismo*; solo successivamente egli venne annoverato tra i pragmatisti. A partire dagli anni 1920, Dewey raggiunse una fama eccezionale a livello sia nazionale che internazionale. Nel corso della sua lunga vita scrisse non meno di quaranta libri, esercitando un forte influsso sulla filosofia americana contemporanea. In modo più profondo di Peirce e di James, egli aveva assimilato la prospettiva evoluzionistica. Dewey insegnava a comprendere l'uomo come organismo vivo, interagente in molteplici modi con l'ambiente. In virtù della sua

---

[108] «The truth of an idea is not a stagnant property inherent in it. Truth *happens* to an idea. It *becomes* true, is *made* true by events. Its verity is in fact an event, a process.» (W. James, *Pragmatism. A new name for some old ways of thinking*, p. 201; trad. it., p. 113).

[109] Della vasta letteratura secondaria segnalo solo M. Alcaro, *John Dewey. Scienza, prassi, democrazia*, Laterza, Roma/Bari 1997, e J. Campbell, *Understanding John Dewey. Nature and cooperative intelligence*, Open Court, Chicago 1995.

[110] «...acquaintance with Hegel has left a permanent deposit in my thinking» (J. Dewey, «From absolutism to experimentalism», in: *Contemporary American philosophy. Personal statements*, a cura di G. P. Adams e W. P. Montague, Allen & Unwin, London; Macmillan, New York, 1930, p. 21; trad. it. di C. Coardi, Bompiani, Milano 1939, p. 126). Sulla reazione di James e Dewey al pensiero hegeliano si veda pure B. T. Wilkins, «James, Dewey, and hegelian idealism», in: *Journal of the history of ideas* 17, 1956, pp. 332–346.

natura biologica, il soggetto umano reagisce a stimoli, aspira al soddisfacimento dei propri bisogni e desideri, cerca di superare ostacoli e di evitare pericoli, crea e utilizza utensili, coopera con altri, insomma intraprende le più svariate attività, tutte mirate a risolvere determinati problemi vitali. Come si desume dagli esempi, tanto le nostre azioni quanto le esperienze che ne risultano non sono che risposte dell'organismo umano a cambiamenti esterni, e ci aiutano a migliorare le nostre condizioni di vita.

Nella prospettiva deweyana sparisce la netta opposizione tra natura ed esperienza, perché da un lato il soggetto umano fa parte della natura, mentre dall'altro la natura costituisce l'oggetto immediato dell'esperienza. «L'esperienza – spiega Dewey – è tanto della natura quanto nella natura. Non è l'esperienza che viene esperita, ma la natura; pietre, piante, alberi, animali, malattie, salute, temperatura, elettricità, eccetera»[111]. Per indicare la mutua compenetrazione tra esperienza e natura, Dewey definisce la propria filosofia come naturalismo empirico ossia empirismo naturalistico. Recentemente la sua dottrina è stata ripresa per una critica contro il rappresentazionalismo in epistemologia, vale a dire contro l'idea che la coscienza e il linguaggio quasi come uno specchio riflettono la realtà[112]. Per Dewey, invece, pensieri e parole non sono rappresentazioni, ma svolgono una funzione simile agli organi del corpo, che ci servono come strumenti per mezzo dei quali tentiamo di ottenere i nostri fini. Una volta accettata la premessa strumentalista, non esiste alcuna differenza essenziale tra teorie scientifiche, valori morali, sistemi filosofici oppure opere d'arte: tutti quanti corrispondono a certi tipi di prassi e forme d'esperienza, e perdono ogni significato se sono slegati dai problemi vitali dell'uomo. A questo proposito è significativo una delle opere più note del Nostro, intitolata *Arte come esperienza*[113].

Il naturalismo empirico condiziona anche la filosofia pratica di Dewey. Anzitutto, il filosofo ricorda la socialità dell'uomo, che può raggiungere la maggior parte degli obiettivi soltanto in cooperazione con altri. Per soddi-

---

[111] «Experience is *of* as well as *in* nature. It is not experience which is experienced, but nature – stones, plants, animals, diseases, health, temperature, electricity, and so on» (J. Dewey, *Experience and nature*, Open Court, Chicago 1925, p. 4a; trad. it. di P. Bairati, Mursia, Milano 1973, p. 21).

[112] Cfr. R. Rorty, *Philosophy and the mirror of nature*, Princeton University Press, Princeton 1979; trad. it. di G. Millone e R. Salizzoni, Bompiani, Milano 1986.

[113] Cfr. J. Dewey, *Art as experience*, Allen & Unwin, London 1934; trad. it. di C. Maltese, La nuova Italia, Firenze 1951.

sfare i bisogni fondamentali, l'individuo sovente dipende dall'aiuto altrui. Quasi tutte le attività conoscitive e creative dell'uomo, poi, presuppongono il linguaggio quale strumento di comunicazione sociale. La vita dell'uomo moderno inoltre si svolge all'interno di complesse istituzioni sociali, quali il sistema economico, l'istruzione pubblica, i servizi sanitari, i trasporti, la previdenza sociale, il turismo, l'industria del tempo libero, eccetera. L'organizzazione della società, per Dewey, non può che basarsi sul medesimo metodo sperimentale. A causa dell'interdipendenza dell'uomo con la natura e dei molteplici imprevisti della vita, è impensabile voler fissare dei principi pratici validi una volta per tutte; bisogna piuttosto cercare soluzioni specifiche per i problemi concreti, nella consapevolezza che solo un continuo processo di tentativi ed errori porta alla scoperta delle misure adatte ed efficaci per la costruzione di una società migliore. Un tale camino secondo Dewey è reso possibile principalmente da strutture democratiche che favoriscono il libero scambio di idee e rimangono flessibili per la ricerca di nuovi strumenti utili alla società.

Dewey non nutriva alcun dubbio che la costituzione democratica fosse l'unico ordine politico conforme al naturalismo empirico, perché solo nella democrazia è lecito sperare che alla lunga non si impongano idee fisse e dogmatiche. Dewey però non si è mai occupato in modo particolare di filosofia politica; ma in virtù delle sue convinzioni democratiche dedicò molta attenzione al tema dell'educazione. Nel 1916 egli pubblicò un libro su *Democrazia e educazione* che rappresenta un testo fondamentale di filosofia contemporanea dell'educazione. L'autore evidenzia l'importanza della scuola per la società democratica, poiché in classe si apprende lo spirito di ricerca e di cooperazione sul quale poggia l'intera comunità. A scuola i ragazzi possono apprendere ed esercitare la comune ricerca del bene collettivo. Per adempiere questo compito, si esige un metodo educativo che rifletta le stesse virtù democratiche che si intendono trasmettere ai bambini. L'insegnante anziché porre l'accento sulla conoscenza dei meri fatti dovrebbe stimolare l'apprendimento attivo e cooperativo, al fine di rendere gli allievi membri responsabili e maturi della società. Dewey sperava nella demolizione di tutte le barriere di classe, di razza e di territorio affinché tutti gli uomini potessero perseguire il comune interesse del progresso sociale. Una volta accettati i principi del naturalismo evolutivo, la democrazia, a suo avviso, non impediva ma anzi facilitava il riconoscimento della grande diversità delle opinioni, delle abitudini e delle tradizioni. Tanto il metodo sperimentale quanto le idee politiche e pedagogiche di Dewey insomma rispecchiano lo spirito scientifico tipico del Novecento, di modo che gli esponenti del naturalismo e del liberalismo attuali continuano a richiamarsi alla sua figura.

III. Il pensiero esistenziale

Nella prima e nella seconda parte del presente volume sono stati presentati due schieramenti opposti della filosofia contemporanea: il pensiero puro degli idealisti postkantiani da una parte, e il pensiero scientifico sviluppatosi sulla scia dell'enorme progresso delle scienze empiriche dall'altra. Ora passiamo a un terzo tipo di pensiero, che si distingue per la netta opposizione non solo alla speculazione hegeliana, ma anche alla filosofia scientifica. Assumendo il punto di vista del pensiero esistenziale, si può scorgere una sorprendente affinità tra le due tendenze filosofiche finora esposte: idealisti e positivisti, infatti, pur con le loro enormi differenze, condividono una fiducia quasi illimitata nelle facoltà conoscitive della ragione, pura o scientifica che sia. Con qualche semplificazione, si può dire che entrambi i tipi di pensiero si sono sviluppati all'insegna della razionalità moderna, guidata dalla pretesa di scoprire la verità oggettiva e di cogliere i principi fondamentali della realtà, e cioè le leggi universali che determinano la natura e la società. Questa caratterizzazione è indirettamente confermata dalla polemica di Nietzsche contro coloro che egli definisce «gli operai della filosofia e gli uomini di scienza in genere», i quali, «conformi al nobile modello di Kant e Hegel», si sentirebbero chiamati ad «accertare e ridurre in formule qualsiasi ampia fattispecie di valutazioni – vale a dire di antiche determinazioni di valori, creazioni di valori, che sono diventate dominanti e che per un certo tratto di tempo hanno assunto il nome di "verità"»[1].

Il primato assoluto della ragione, contestata già dai romantici, è stato messo nuovamente in dubbio (A) da Friedrich Nietzsche e da Søren Kierkegaard. Entrambi, ognuno a modo suo, polemizzarono contro l'assolutizzazione della ragione oggettiva, insistendo nel carattere non oggettivabile, non razionalizzabile dell'esistenza umana. Ma, mentre per Nietzsche si trattava di far valere la volontà quale principio vitale, Kierkegaard po-

---

[1] «Die philosophischen Arbeiter und überhaupt die wissenschaftlichen Menschen [...] nach dem edlen Muster Kants und Hegels haben irgend einen großen Tatbestand von Wertschätzungen – das heißt ehemaliger Wertsetzungen, Wertschöpfungen, welche herrschend geworden sind und eine Zeit lang ‚Wahrheiten" genannt werden – festzustellen und in Formeln zu drängen» (F. Nietzsche, *Jenseits von Gut und Böse*, Leipzig 1886 [VI, 211]; in: Werke, de Gruyter, Berlin 1967–2006, vol. VI/2, p. 148; trad. it. di F. Masini, Adelphi, Milano 1977, pp. 119–120).

neva l'accento sulle scelte esistenziali del singolo soggetto. Tutt'e due criticavano i filosofi del passato per aver trascurato se non negato le condizioni specifiche dell'esistenza umana; la filosofia a loro avviso si era persa in astratte costruzioni concettuali, o si era abbandonata al freddo calcolo tecnico. Tanto Nietzsche quanto Kierkegaard stigmatizzarono la vanità e falsità delle presunte ragioni oggettive che distolgono l'uomo da una vita integrale ed autentica.

Nietzsche e Kierkegaard non solo rappresentano gli esponenti maggiori del pensiero esistenziale in genere, ma divennero anche gli ispiratori del cosiddetto esistenzialismo filosofico novecentesco. La terza figura da annoverare tra i precursori dell'esistenzialismo fu Edmund Husserl, fondatore (B) del movimento fenomenologico. A lui, propriamente, non si può attribuire l'epiteto di pensatore esistenziale, visto che non smise mai di ribadire il suo interesse per l'essenza delle cose. Nondimeno, molti filosofi esistenzialisti hanno ricevuto impulsi decisivi dalle sue opere, e parecchi sono stati addirittura suoi discepoli o sono cresciuti alla sua scuola. Per questo motivo, ho voluto accostare la corrente fenomenologica al pensiero esistenziale. Come si vedrà, autori come Martin Heidegger, Jean-Paul Sartre e Emmanuel Lévinas aderirono all'orientamento esistenziale, proprio in risposta all'essenzialismo e al metodo trascendentale di Husserl. Per comprendere lo sviluppo del pensiero esistenziale novecentesco è dunque importante cogliere il modo in cui il progetto originario della fenomenologia husserliana è stata recepito e trasformato dai suoi seguaci.

Il pensiero esistenziale

A. NIETZSCHE E KIERKEGAARD

Due pensatori solitari, Nietzsche e Kierkegaard, sovrastano il panorama filosofico otto- e novecentesco. Il primo, Friedrich Nietzsche, continua ad essere per molti, sia seguaci che avversari, il rappresentante emblematico dell'attuale cultura nichilista. Nietzsche di fatto è stato il primo filosofo contemporaneo a negare radicalmente tutti i valori tramandati, per sostenere la relatività della verità scientifica, del bene morale e della bellezza artistica. Con impareggiabile furia distruttiva, negò le dottrine più rispettabili della tradizione filosofica a partire da Platone, e avversò con animosità la religione cristiana. A differenza di Nietzsche, ateo e nichilista, il secondo alfiere del pensiero esistenziale, Søren Kierkegaard, si definiva uno scrittore religioso. Proprio per preservare la fede cristiana, Kierkegaard si rivoltò contro il razionalismo dei filosofi, da Platone fino a Hegel. La lettura anche solo di alcune pagine delle sue opere è sufficiente per smentire il pregiudizio secondo cui i pensatori esistenziali siano essenzialmente ostili al cristianesimo. Laddove Nietzsche annuncia la morte di Dio e inneggia al superuomo, Kierkegaard insegna che solo in virtù di un rapporto intimo con Dio il soggetto può esistere autenticamente.

15. Vita e volontà

La fama di Friedrich Nietzsche (1844–1900) è dovuta più che altro ad una sua straordinaria capacità letteraria: nell'arco di pochi anni scrisse dieci libri, alcuni dei quali appartengono ai capolavori della letteratura tedesca. Il suo stile, spesso aforistico, continua ad affascinare i lettori anche nelle numerosissime traduzioni dei suoi scritti. Poche parole gli bastano per caratterizzare in modo acuto e pungente il pensiero altrui. Nietzsche spietatamente smaschera i pregiudizi nascosti e le premesse recondite delle nostre convinzioni più consuete e sedimentate. Nonostante la violenza con cui distrugge tutti i dogmi filosofici, politici, scientifici e religiosi, Nietzsche tuttavia non vincola il lettore ad una determinata prospettiva, bensì lo invita ad accettare la varietà irriducibile della vita, richiamandolo a non lasciarsi ingannare da alcuna pretesa di carattere assoluto che alla fine andrebbe contro la vita stessa. Ecco perché molti vedono in Nietzsche soprattutto un liberatore da inveterate quanto ingannevoli tradizioni millenarie. A seconda delle preferenze degli interpreti, il filosofo è diventato il critico della razionalità occidentale, l'analista della civiltà moderna, lo sconfiggitore della morale universalista e prescrittivista, il fautore dell'ateismo, un nichilista, un esteta o un vitalista, un genio idolatrato, uno scellerato o semplicemente un demente. Nessuna delle qualifiche qui elencate è del tutto sbagliata, ma ciascuna coglie solo un aspetto del suo pensiero e della sua personalità. Intendo quindi iniziare la mia esposizione (a) con il racconto di alcune vicende della vita del filosofo, che hanno contribuito a creare l'aura di mistero intorno alla sua persona. Sebbene non sia stato un pensatore sistematico, si possono rilevare due punti focali del filosofare di Nietzsche. In primo luogo egli si è interessato (b) alla questione dei valori, anzitutto morali, elaborando a tale proposito il cosiddetto metodo genealogico di cui si serviva per ricostruire l'origine delle norme e poi contestare la loro validità. L'altro punto nodale della filosofia di Nietzsche è stato (c) il rifiuto della religione cristiana e di ogni presunta potenza superiore all'uomo; ciò lo ha portato a creare una specie di vitalismo, sfociato nella famosa dottrina del superuomo.

a) La carriera di un genio
Friedrich Nietzsche proveniva da un piccolo paese nella Sassonia. All'età di cinque anni perse il padre, che era stato il pastore luterano del luogo. Insieme con la sorella minore Elisabetta, il ragazzo crebbe in un'atmosfera segnata dalla religiosità pietista della madre. Dopo il liceo, il giovane Nietzsche si mise subito a studiare filologia classica. All'università si mostrò particolarmente dotato; ancor prima di laurearsi pubblicava dei saggi, grazie ai quali, a soli venticinque anni, fu nominato professore straordinario di filologia a Basilea, in Svizzera. Già da studente Nietzsche aveva cominciato ad occuparsi di filosofia. Secondo un aneddoto, il suo interesse nacque quasi casualmente, quando in una libreria s'imbatté nei due volumi de *Il mondo come volontà e rappresentazione*, nella cui lettura s'immerse nei giorni successivi. L'autore dell'opera era Arthur Schopenhauer (1788–1860)[2]. Que-

---

[2] Come introduzione al pensiero di Schopenhauer si veda R. Safranski, *Schopenhauer und die wilden Jahre der Philosophie. Eine Biographie*, Hanser, München 1987; trad. it. di L. Crescenzi, La nuova Italia, Scandicci 1997. Un'analisi penetrante si trova nella monografia di R. Malter, *Arthur Schopenhauer. Transzendentalphilosophie und Metaphysik des Willens*, Frommann-Holzboog, Stuttgart-Bad Cannstatt 1991. Sul rapporto con Nietzsche sono tuttora valide le classiche conferenze di G. Simmel, *Schopenhauer und Nietzsche. Ein Vortragszyklus*, Duncker & Humblot, Leipzig 1907; trad. it. di G. Perticone, Paravia, Torino 1923.

sti, altro scrittore di grandi doti, riprendeva l'idea di Kant che il mondo che ci rappresentiamo sia determinato non solo dalle forme dello spazio e del tempo, ma anche da certi principi a priori del nostro intelletto, i quali però, per Schopenhauer, erano riducibili a loro volta all'unico principio di ragion sufficiente. Ora, Kant non solo aveva sviluppato una teoria dettagliata del mondo dei fenomeni che ci appaiono, ma aveva anche negato la possibilità di conoscere le cose considerate in se stesse. Schopenhauer invece sosteneva che il mondo in sé è sostanzialmente volontà.

«La volontà come cosa in sé – egli scrisse – è totalmente diversa dal suo fenomeno e pienamente libera da tutte le forme di esso, in cui appunto essa soltanto in quanto appare»[3].

Per *volontà* Schopenhauer intendeva una sorta di impulso vitale, cieco ed irrazionale, che, pervadendo tutta la realtà, si oggettiva nella natura vivente e viene sperimentato dall'uomo nel proprio corpo. Nietzsche rimase profondamente colpito dall'idea che un principio irrazionale stesse alla base di tutte le cose. Presumibilmente, fu altrettanto affascinato dall'importanza che Schopenhauer attribuiva all'arte. Per quest'ultimo, infatti, la volontà significava essenzialmente sofferenza, e l'esperienza estetica era l'unica possibilità data all'uomo per sfuggire al dolore e sperimentare una temporanea liberazione. Nietzsche, da parte sua, fin da giovane era stato un grande amante della poesia ed un appassionato di musica; suonava bene il pianoforte e compose addirittura alcuni pezzi musicali. Nel 1868 fece la conoscenza del compositore Richard Wagner, il quale con opere come *L'olandese volante* e *Tristano e Isotta* aveva rivoluzionato il dramma musicale. Di una generazione più vecchio di Nietzsche, anche Wagner era un grande ammiratore di Schopenhauer, tanto che i due presto strinsero amicizia, e Wagner diventò l'idolo del giovane Nietzsche.

Nel 1872 apparve il primo libro del Nostro. In *La nascita della tragedia dallo spirito della musica* confluivano l'interesse dell'autore per la Grecia an-

---

[3] «Der Wille als Ding an sich ist von seiner Erscheinung gänzlich verschieden und völlig frei von allen Formen derselben, in welche er eben erst eingeht, indem er erscheint» (A. Schopenhauer, *Die Welt als Wille und Vorstellung*, Leipzig 1819; 2a ed. 1844; in: Sämtliche Werke, Leipzig 1873–74, vol. 2, p. 134; trad. it. di S. Giametta, Bompiani, Milano 2007, p. 245).

tica, per la filosofia e per l'arte. Nietzsche propose un'interpretazione radicalmente nuova della cultura greca la cui immagine sino ad allora era stata identificata con quella dell'età classica, contraddistinta dagli ideali di chiarezza, armonia ed equilibrio. Nietzsche invece, sotto l'influsso di Schopenhauer, poneva l'accento sugli aspetti istintivi, irrazionali, persino violenti della grecità, soprattutto della più antica. Essi, nell'epoca presocratica, sarebbero ancora prevalsi sulla ricerca di ordine e armonica compostezza. Fu con Socrate che la situazione si capovolse, e da allora in poi si preferì la razionalità alla vitalità, l'ordine alla libertà, o – per dirla con la terminologia nietzschiana divenuta poi famosa – l'apollineo al dionisiaco. Questa tendenza, secondo l'autore, continuò a condizionare la civiltà europea portandola progressivamente alla perdita di ogni energia creativa. L'unica eccezione era la tragedia greca nella quale, per Nietzsche, l'elemento apollineo si mischiava con quello dionisiaco: mentre nel dialogo tra gli attori si manifestava l'ordine razionale, il coro incarnava l'elemento tragico, il dolore e lo sgomento. Nelle opere di Wagner, Nietzsche scorse la rinascita della tragedia classica; il compositore, a suo avviso, era destinato a spezzare il predominio dell'apollineo, e a resuscitare le forze vitali. Ma nel corso degli anni settanta il rapporto tra i due geni si raffreddò; il sodalizio man mano si mutò in accesa polemica, soprattutto da parte di Nietzsche nei confronti di Wagner, fino al punto che il filosofo giunse a considerare il musicista l'ulteriore esempio della mentalità decadente dell'epoca.

Sin dal 1873 il già precario stato di salute di Nietzsche iniziò ad aggravarsi. Dopo diverse, gravi crisi si dimise dalla sua cattedra, non potendo più garantire il regolare svolgimento dei corsi. Negli anni ottanta soggiornò in diversi luoghi, sulle montagne svizzere o sulle coste italiane e francesi, alla ricerca di salute ed equilibrio. Risalgono a questo periodo le sue opere più importanti, come *Aurora* (1881), *La gaia scienza* (1882), *Così parlò Zarathustra* (1883-85), *Al di là del bene e del male* (1886) e *Il crepuscolo degli idoli* (1889). Il 3 gennaio 1889, a Torino, Nietzsche ebbe un accesso di follia. A quanto pare si gettò, piangendo impietosito, al collo di un cavallo che veniva picchiato da un cocchiere. Da allora, non si riprese più. Venne riportato in Germania, dove prima la madre, poi la sorella prendevano cura di lui. Siccome l'origine della malattia mentale di Nietzsche non è stata mai chiarita con esattezza, ci sono diverse speculazioni circa la sua demenza. Da un punto di vista storico comunque è più importante il fatto che la sorella, oltre ad avere assistito il fratello ormai ottenebrato, si occupò anche della diffusione del suo pensiero: Elisabeth Förster-Nietzsche si mise subito a controllare scrupolosamente la pubblicazione delle opere, impedendo che venisse alla luce qualsiasi riga non conforme alle idee che ella aveva attribuito al fratello. Utilizzando assai discutibilmente gli scritti inediti, compilò il volume *La volontà di potenza* (1901) che ha largamente determinato la ricezione della filosofia nietzschiana durante la prima metà del secolo scorso. Il libro in particolare servì ai nazionalsocialisti per far risalire a Nietzsche la loro ideologia antisemita e razzista. Solo a partire dagli anni sessanta, dopo una lunga serie di polemiche, è uscita la nuova edizione critica delle opere, degli inediti e del carteggio del filosofo, grazie alla quale, in tempi recenti, si è potuta delineare un'immagine più autentica tanto della personalità quanto del pensiero di Nietzsche.

b) La genealogia della morale
In *La nascita della tragedia* si trova una critica profonda alla cultura occidentale, sviluppata ulteriormente nelle opere mature, e che riceve la sua importanza dal fatto che Nietzsche non rifiuta semplicemente i valori che normalmente sono considerati irrinunciabili, ma al tempo stesso offre una spiegazione acuta di come si siano generate e di come siano invalse determinate convinzioni. Quali sono dunque le origini delle speculazioni metafisiche e dei dogmi religiosi? Perché nel mondo moderno valgono certi ideali scientifici? E come sono nate le norme morali? Nietzsche dedicò vari libri alla ricostruzione storico-critica della genesi dei nostri valori, sia epistemici che morali. Per motivi di spazio, mi limiterò al tema del bene morale. Nietzsche, sebbene respingesse con fermezza l'idea che i valori morali avessero un fondamento di carattere metafisico o religioso, ammetteva che esistesse una serie di norme che di fatto sembrano universalmente valide. La maggioranza degli uomini, ad esempio, biasima chi sfrutta gli altri, chi opprime i più deboli, chi si dimostra avido o distruttivo. Come mai, si chiese il filosofo, malgrado le differenze da individuo ad individuo, e nonostante la grande diversità dei popoli, esiste una così ampia convergenza degli atteggiamenti morali, nei tempi e nelle varie culture? Perché normalmente gli uomini giudicano buona una certa cosa e ne condannano un'altra?

Esclusa la possibilità che i nostri valori possiedono una base metafisico-religiosa, essi per Nietzsche devono derivare da fattori per così dire naturali. Per questa ragione egli fece ricorso ad osservazioni psicologiche, cercando di riportare alla luce i motivi reconditi che influenzano le nostre convinzioni e condizionano il nostro agire. Come spiega nell'omonimo libro, per scoprire l'origine della morale occorre «meditare su ciò che è umano, troppo umano»[4]. Tra i fattori che determinano i giudizi di valore, Nietzsche innanzi tutto annovera l'istinto di conservazione e il senso del piacere: nell'agire di ogni vivente, nulla è più naturale dell'impulso a mantenere se stessi, a cercare sensazioni piacevoli e a evitare i dolori, anche se ciò comporta un male per gli altri. Voler regolare il comportamento e limitare la libertà con dei precetti morali sembra perciò contraddire la natura della vita. Ma questa riflessione sulla natura umana ne incalza un'altra: come sono potute sorgere le suddette idee del bene e del male? La risposta di Nietzsche si basa sulla premessa che la maggior parte degli uomini non è affatto capace di ideare dei fini per cui vivere, e di scegliere degli ideali secondo cui agire. Il privilegio di saper creare i valori compete unicamente ad un piccolo gruppo di caratteri forti, creativi ed originali. Costoro non si regolano su norme universali che si possano apprendere dagli altri, anzi spesso sono contro corrente. La gran parte delle persone, infatti, è incapace di determinare se stessa: è pavida, debole, manca di forza vitale. Tali persone non sono che dei gregari al seguito degli uomini forti.

Ai due tipi di caratteri corrispondono due ruoli sociali opposti: i forti sono i nobili, i signori; i deboli sono i subalterni. Nietzsche, in altre parole, riconduce la morale al presunto antagonismo tra due classi di uomini, aristocratici e schiavi[5]. In tal modo, tuttavia, non interpreta le norme come precetti tramite i quali i forti esercitano il loro dominio sui più deboli; al contrario le spiega come una reazione della massa plebea contro i nobili. I deboli, quando vedono i forti condurre la loro vita e mettere in pratica i loro pro-

---

[4] «...das Nachdenken über Menschliches, Allzumenschliches – oder wie der gelehrtere Ausdruck lautet: die psychologische Beobachtung...» (F. Nietzsche, *Menschliches, Allzumenschliches*, Chemnitz 1878 [I, 35]; in: Werke, de Gruyter, Berlin 1967–2006, vol. IV/2, p. 55; trad. it. di S. Giametta, Adelphi, Milano 1979, vol. I, p. 45).
[5] Una recente critica delle implicazioni politiche di questa tesi è avanzata da D. Losurdo nel suo *Nietzsche, il ribelle aristocratico. Biografia intellettuale e bilancio critico*, Bollati Boringhieri, Torino 2002.

getti, si rendono conto della propria incapacità a fare altrettanto. Cresce così in loro il *risentimento* nei confronti dei nobili e della loro libertà. Col passar del tempo, l'avversione si trasforma in un atteggiamento proibizionista, e si creano delle norme morali per impedire ai nobili di realizzare se stessi. I valori, quindi, non sono nient'altro che l'espressione dell'invidia e del rancore dei deboli nei confronti dei forti. Nello scritto sulla *Genealogia della morale* del 1887 Nietzsche scrive polemicamente:

> «Nella morale la rivolta degli schiavi ha inizio da quando il *ressentiment* diventa esso stesso creatore e genera valori; il *ressentiment* di quei tali esseri a cui la vera reazione, quella dell'azione, è negata e che si consolano soltanto attraverso una vendetta immaginaria»[6].

Il risentimento dei deboli, per Nietzsche, spiega perfettamente l'imporsi delle norme vigenti, specialmente dell'etica cristiana che prescrive un comportamento altruista, condannando al contempo i piaceri sensuali: in ambedue i casi, i deboli sono prevalsi sui forti, costringendoli a tenersi lontani da quanto potrebbe suscitare e appagare i loro desideri. La condanna nietzschiana dei valori cristiani è ormai diventata un luogo comune, come si vede anche dal fatto che, recentemente, pure in un'enciclica papale si è fatto riferimento all'aforisma secondo cui il cristianesimo «avrebbe dato da bere del veleno all'*eros*, il quale, pur non morendone, ne avrebbe tratto la spinta a degenerare in vizio»[7]. Il metodo genealogico e l'idea di far risalire i divieti etici al risentimento del resto anticipano chiaramente la psicologia del profondo di Sigmund Freud. Sebbene il fondatore della psicanalisi, storicamente parlando, non avesse mai dedicato particolare attenzione allo studio della filosofia di Nietzsche, è facile notare le affinità tra i due pensatori. In Freud possiamo ritrovare sia l'idea di una pulsione naturale al piacere, sia la derivazione della morale dalla repressione di tale impulso vitale. Come

---

[6] «Der Sklavenaufstand in der Moral beginnt damit, dass das Ressentiment selbst schöpferisch wird und Werte gebiert: das Ressentiment solcher Wesen, denen die eigentliche Reaktion, die der Tat, versagt ist, die sich nur durch eine imaginäre Rache schadlos halten» (F. Nietzsche, *Genealogie der Moral*, Leipzig 1887 [I, 10]; in: Werke, vol. VI/2, p. 284; trad. it. di F. Masini, Adelphi, Milano 1904, pp. 25-26).

[7] «Das Christentum gab dem Eros Gift zu trinken: – er starb zwar nicht daran, aber entartete, zum Laster» (F. Nietzsche, *Jenseits von Gut und Böse*, Leipzig 1886 [IV, 168], in: Werke, vol. VI/2, p. 102; cfr. Benedetto XVI, *Deus caritas est*, 3).

Nietzsche, così anche Freud si serve dell'osservazione psicologica per svelare i meccanismi tramite i quali l'inconscio determina il nostro agire. I due "maestri del sospetto"[8], insomma, sembrano all'origine di quel discredito della ragione umana, oggi così diffuso in molti ambienti culturali.

c) L'affermazione della vita

Nel 1883 apparve la prima parte dell'opera più famosa di Nietzsche, *Così parlò Zarathustra*, un racconto fiabesco, pieno di immagini e metafore. Da un lato il protagonista rassomiglia al profeta persiano di nome Zarathustra, che fondò la religione monoteista dello Zoroastrismo; dall'altro lato l'eroe di Nietzsche porta i tratti inconfondibili di Gesù Nazareno. Imitando lo stile del Nuovo Testamento e dei Vangeli, il testo narra di come il profeta, dopo dieci lunghi anni di solitudine su una montagna, sia sceso presso gli uomini e abbia cominciato ad annunciare la sua buona novella. Le prediche di Zarathustra e i suoi incontri con la gente vengono raccontati nelle quattro parti dell'opera. Nei suoi viaggi l'eroe è accompagnato da un'aquila e da un serpente, segni di superbia e di astuzia. Ovviamente Zarathustra con i suoi discorsi si fa portavoce nientemeno che di Nietzsche stesso, il quale presenta la propria filosofia come il superamento definitivo del cristianesimo. La missione del filosofo consiste nello spezzare il potere con cui la religione finora è riuscita a dominare la vita degli uomini limitandone la libertà. Nel *Così parlò Zarathustra* il Nostro si rivela ancora una volta uno scrittore affascinante. Dopo aver narrato alcuni tentativi falliti di conversione delle persone che affollano il mercato, riferisce come il profeta volti le spalle alla gente semplice e si rivolga ai suoi eletti. Facilmente si riconoscono i motivi già visti: Zarathustra constata il dissidio tra "la plebe" e gli "uomini superiori", deplorando lo stato attuale nel quale gli uomini esaltano le "piccole virtù" e, in mancanza di meglio, si rassegnano al loro destino. In contrasto con tale miseria, il profeta dipinge un futuro luminoso nel quale gli uomini superiori smetteranno finalmente di piegarsi al risentimento dei deboli.

La dottrina di Zarathustra alias Nietzsche si lascia riassumere in due concetti-chiave: la morte di Dio da una parte, e il sorgere del superuomo dall'altra. La nozione di Dio per il filosofo costituisce la quintessenza di tutti i

---

[8] L'espressione «maîtres du soupçon» risale a P. Ricoeur, *De l'interprétation. Essai sur Freud*, Éditions du Seuil, Paris 1965, p. 41; trad. it. di E. Renzi, Il saggiatore, Milano 1967, p. 47.

valori decrepiti che hanno condizionato la storia del pensiero occidentale. In un celebre aforisma de *La gaia scienza* Nietzsche racconta di un uomo folle, il quale in pieno giorno accende una lanterna, va al mercato e grida: «Cerco Dio! Cerco Dio!» Quando la gente, che già non crede più, lo deride, costui esclama: «Dio è morto! Dio resta morto! E noi lo abbiamo ammazzato!»[9] Zarathustra riprende il grido della morte di Dio, per celebrarlo come la liberazione dell'uomo. La morte di Dio simboleggia il tramonto di tutti i valori morali ed epistemici: con la scomparsa di Dio, decadono anche la metafisica e la scienza. L'ateismo, di conseguenza, porta al nichilismo, il quale «dietro tutti gli ideali dell'uomo trova il nulla»[10]. Professare l'ateismo e la nullità dei valori, per Nietzsche, rappresenta un segno di forza psichica e prova la salute mentale dell'uomo superiore. La nota figura del superuomo o oltreuomo (*Übermensch*) che ha fatto tanto discutere, è stata ideata anzitutto allo scopo di incarnare gli ideali di forza, indipendenza e saggezza che l'umanità è chiamata a realizzare dopo la morte di Dio.

«Ecco – esclama Zarathustra –, io vi insegno il superuomo! Il superuomo è il senso della terra. Dica la vostra volontà: sia il superuomo il senso della terra. Vi scongiuro, fratelli, rimanete fedeli alla terra, e non credete a quelli che vi parlano di sovraterrene speranze!»[11]

La dottrina del superuomo implica non solo la cancellazione di ogni orizzonte trascendente, ma anche la messa in secondo piano dell'uomo mediocre, preso dalle preoccupazioni quotidiane e rassegnato allo stato di fatto. Con il passaggio al superuomo diventa possibile affermare la vita, anziché reprimerla. Per illustrare l'idea del superuomo, Nietzsche adoperò due altre

---

[9] «Ich suche Gott! Ich suche Gott! [...] Gott ist tot! Gott bleibt tot! Und wir haben ihn getötet!» (F. Nietzsche, *Die fröhliche Wissenschaft*, Chemnitz 1882 [III, 125]; in: Werke, vol. V/2, pp. 158–159; trad. it. di F. Masini, Adelphi, Milano 1977, pp. 162–163).

[10] «...das Nichts hinter allen Idealen des Menschen findet» (F. Nietzsche, *Götzen-Dämmerung oder Wie man mit dem Hammer philosophiert*, Leipzig 1889 [IX, 32]; in: Werke, vol. VI/3, p. 125; trad. it. di F. Masini, Adelphi, Milano 1983, p. 103). – Per un approfondimento del tema rimando all'acuto studio di F. Volpi, *Il nichilismo*, Laterza, Roma; Bari 1996; nuova ed. 2004.

[11] «Seht, ich lehre euch den Übermenschen! Der Übermensch ist der Sinn der Erde. Euer Wille sage: der Übermensch sei der Sinn der Erde! Ich beschwöre euch, meine Brüder, bleibt der Erde treu und glaubt denen nicht, welche euch von überirdischen Hoffnungen reden!» (F. Nietzsche, *Also sprach Zarathustra. Ein Buch für alle und keinen* [1883–85], in: Werke, vol. VI/1, pp. 8–9; trad. it. di M. Montinari, Adelphi, Milano 1976, p. 6).

nozioni importanti, la volontà di potenza e l'eterno ritorno. Poiché entrambi i concetti hanno suscitato dibattiti e controversie tra gli studiosi, sia rispetto al loro esatto significato, sia rispetto al loro rapporto reciproco, mi limito qui a poche indicazioni. Con la volontà di potenza (*Wille zur Macht*) Nietzsche designa una sorta di principio fondamentale della vita. Sentiamo ancora Zarathustra: «Solo dove è vita, è anche volontà: ma non volontà di vita, bensì – così ti insegno – volontà di potenza!»[12] La volontà di potenza pertanto indica l'impulso fondamentale che sta alla base di tutte le grandi conquiste umane, come le istituzioni sociali, le opere d'arte, le religioni e le filosofie. La visione del superuomo e l'affermazione della vita tuttavia non indussero Nietzsche ad una concezione teleologica del mondo e della storia; e quasi al fine di dissipare ogni sospetto a riguardo, adottò la tesi dell'eterno ritorno dell'uguale. A differenza della cosmologia antica, per il nichilista non si tratta di attendere o persino desiderare lo sviluppo circolare del mondo e la ripetizione rigorosa di tutti gli avvenimenti; l'eterno ritorno, piuttosto, svolge un ruolo euristico, mettendo alla prova la costante disponibilità dell'uomo superiore a vivere di nuovo ogni momento. Chi non fosse pronto a rivivere ciascun istante e ripetere tutte le esperienze già fatte, non si troverebbe ancora, per Nietzsche, nella condizione di affermare veramente la vita, poiché chiunque non accetti l'eterno ritorno dell'uguale, sembra ancora tendere verso un futuro migliore; chi invece rifiuta ogni tipo di teleologia e abban-dona qualsiasi discorso valoriale, dimostra il suo apprezzamento per la vita.

16. L'esistenza del singolo

Søren Kierkegaard (1813–1855) è il pensatore danese più conosciuto al mondo. Fu un prosatore di grande talento, che scrisse nella sua lingua madre, quando ancora nel mondo accademico si usavano prevalentemente il latino o il tedesco. Sin dall'inizio si distinse per l'inconfondibile stile, arguto e polemico. Pubblicò le opere maggiori con degli pseudonimi, anche se nella Copenaghen dell'epoca non era certo un segreto chi si nascondesse

---

[12] «Nur, wo Leben ist, da ist auch Wille: aber nicht Wille zum Leben, sondern – so lehre ich's dich – Wille zur Macht!» (op. cit., p. 145; trad. it., p. 132).

dietro di essi. Kierkegaard fu uno scrittore prolifico: nel corso di un solo decennio redasse nove libri, alcuni dei quali piuttosto lunghi. Si è molto discusso sul perché il filosofo abbia usato degli pseudonimi. Egli definì il suo scrivere una "comunicazione indiretta", e probabilmente voleva evitare di apparire come un tuttologo che pontifica *ex cathedra*. Il suo scopo era piuttosto quello di rivolgersi direttamente all'animo del lettore, con un rapporto quasi personale, animato dalla convinzione che ciascuno sia chiamato prendere decisioni gravose e ad assumersene la responsabilità. L'appello esistenziale perciò non può basarsi su un qualche principio di autorità, sul prestigio di determinate dottrine, o sul carisma di qualche maestro.

Per evitare ogni tipo di dogmatismo, Kierkegaard, specialmente nei primi scritti, si propose di dipingere dei ritratti di vari tipi d'uomo, dai caratteri molto diversi, nei quali il lettore poteva immedesimarsi e che gli sarebbero stati di riferimento nelle scelte decisioni più importanti della vita. Già da questa generica caratterizzazione si comprende come Kierkegaard sia potuto diventare l'ispiratore prediletto di tanti filosofi novecenteschi dell'esistenza. Esaminando il suo pensiero più davvicino, va considerata anzitutto (a) la distinzione tra tre tipi di esistenza, caratterizzati rispettivamente dall'estetica, dall'etica e dalla religione. Questi tre modi di essere non corrispondono necessariamente ad altrettanti generi di uomini, ma possono anche essere compresenti o avvicendarsi nella storia personale di uno stesso individuo. A rigore, per Kierkegaard, si tratta di atteggiamenti opposti, tra cui bisogna scegliere, e siccome nella sua personale esperienza essi si erano succeduti l'uno all'altro, egli li intendeva come "stadi" dell'esistenza. La religione, come stadio finale, occupa una posizione di spicco, tant'è che il passaggio dagli stadi estetico ed etico a quello religioso costituisce per Kierkegaard la vera sfida dell'esistenza umana. Le sue riflessioni pertanto andarono progressivamente incentrandosi (b) sulla questione del diventare cristiani. La conversione al cristianesimo significava per il Nostro l'entrare in rapporto con il Dio infinito che ci viene incontro quale uomo finito nella persona di Gesù Cristo: nessuna esposizione filosofica della religione cristiana può sorvolare sulla natura paradossale di questo mistero della fede. Oltre che al fatto cristologico, che presenta il lato per così dire oggettivo del cristianesimo, Kierkegaard si dedicò (c) alle condizioni esistenziali della fede. Le sue opere più mature, infatti, sono ricchissime di penetranti osservazioni sulla soggettività umana.

a) Gli stadi dell'esistenza

La vita di Kierkegaard, benché relativamente povera di avvenimenti, si presta come possibile chiave di lettura della dottrina dei tre modi di esistenza. Il filosofo era l'ultimogenito di un ricco commerciante di lane. Il padre, nonostante il successo economico, fu un uomo castigato e timorato di Dio. Egli trasmise al figlio l'indole malinconica, influenzandolo con la propria religiosità pietista. Quando Kierkegaard, all'età di diciassette anni, si iscrisse all'università di Copenaghen per studiare teologia e diventare pastore protestante, soddisfò l'intima aspirazione del padre. La condotta del giovane, però, non rispondeva alle aspettative del genitore. Per prima cosa invece che di teologia s'interessava maggiormente di filosofia e di letteratura; ma, soprattutto, amava la vita mondana, andando a teatro e all'opera, partecipando a ricevimenti e frequentando i buoni ristoranti. Scialacquò molto denaro in abiti e bevute, come un dandy sofisticato e modaiolo.

L'atteggiamento del giovane autore ha trovato un riflesso nella sua prima opera, pubblicata nel 1843 e intitolata *Aut-aut*. Il libro si articola in due parti, contenenti le riflessioni e le lettere, fittizie, di due personaggi, chiamati A e B. Al centro della prima parte di *Aut-aut* stanno le riflessioni di A, un uomo pienamente dedito ai piaceri sensuali. Kierkegaard per questa figura si rifece al Don Giovanni di Wolfgang Amadeus Mozart, suo compositore favorito. Il filosofo descrisse l'esistenza dell'eroe estetico come un continuo passare da un piacere erotico all'altro, senza posa né rimorsi. Ma ad un certo momento quest'edonista scopre la monotonia della propria esistenza, viene sopraffatto dalla noia, e finisce col disperarsi per la caducità di ogni cosa, per la vanità della vita. Sullo sfondo di tali sentimenti, per Kierkegaard, sta l'angoscia, un tema che approfondirà in un libro dell'anno seguente, intitolato appunto *Il concetto dell'angoscia* e destinato ad avere forte influenza su Heidegger e Sartre. Le esperienze dell'angoscia e della disperazione insegnano all'uomo estetico i limiti del suo modo di essere, e lo conducono ad un cambiamento fondamentale: il passaggio allo stadio etico, impersonato in *Aut-aut* dalla figura di B. Questi fa scelte ponderate e responsabili, non certo avventate e capricciose; non si lascia dominare dagli istinti, dai desideri fugaci, ma segue solidi valori morali. L'uomo etico infine sceglie il matrimonio come rapporto costante e fedele con un'altra persona, e aspira innanzitutto a diventare un buon marito e padre di famiglia.

L'opposizione tra A e B, ovvero il passaggio dallo stadio estetico a quello etico, non è una mera finzione letteraria, bensì riflette l'esperienza vissuta

Il pensiero esistenziale

dello stesso filosofo. Nel 1838 moriva il padre, e Kierkegaard, fortemente scosso, si immerse nuovamente negli studi di teologia. Nel 1840 si fidanzò con Regine Olsen, figlia diciottenne di un alto funzionario pubblico. Tutto sembrava dunque pronto affinché il Nostro abbracciasse la carriera di pastore luterano, ma dopo un anno di fidanzamento egli all'improvviso ruppe il legame con Regine. I motivi di questa risoluzione non si sono mai completamente chiariti. Certamente egli dubitava di essere adatto al matrimonio e a diventare padre di famiglia. In molti han spiegato il suo dietro front con una profonda paura di legarsi. Probabilmente egli sentiva una specie di vocazione all'esistenza da singolo, e ad una vita da scrittore. Comunque, malgrado tutte le speculazioni, il retroscena psicologico della sua decisione ci è ignoto. Per troncare ogni rapporto, Kierkegaard si sforzò persino di apparire completamente indifferente nei confronti del'ex fidanzata, cosicché ella lo detestasse e sposasse un altro.

In seguito, Kierkegaard si gettò a capofitto nella scrittura. Grazie all'eredità paterna era in grado di vivere senza problemi. I travagli interiori trovarono espressione nelle sue opere. In una famosa sezione di *Aut-aut*, intitolata "Diario di un seduttore", per esempio, viene tratteggiata l'immagine di un uomo che impiega ogni mezzo per attirare l'interesse dell'amata; ma, non appena riesce a sedurla, l'abbandona. Quello di rubacuori era evidentemente solo un lato della personalità dell'autore, mentre l'altro rassomigliava piuttosto alla figura di B il quale, in una serie di lettere, tenta di convincere A del valore etico del matrimonio. Benché l'opera sia scritta con uno stile sapido, *Aut-aut* mostra la lacerazione interiore dell'autore. Emblematiche a questo proposito le parole iniziali del libro:

«Che cos'è un poeta? Un uomo infelice che nasconde gravi pene nel suo cuore, ma cui le labbra sono conformate in tal modo che il sospiro e il grido all'uscirne le rende squillanti come una bella musica»[13].

Anche se i lettori probabilmente non riusciranno mai a cogliere esattamente il dolore che tormentava il filosofo, appare chiaro dalla seconda parte

---

[13] «Hvad er en Digter? Et ulykkeligt Menneske, der gjemmer dybe Qvaler i sit Hjerte, men hvis Læber ere dannede saaledes, at idet Sukket og Skriget strømme ud over dem, lyde de som en skjøn Musik» (S. Kierkegaard, *Enten–Eller. Et Livs-Fragment*, København 1843; in: Skrifter, Gad, København 1997 segg., vol. 2, p. 27; trad. it. di C. Fabro, in: Opere, Piemme, Casale Monferrato 1995, vol. I, p. 123).

del testo che l'alternativa tra la vita estetica ed etica non esaurisce tutte le possibilità, poiché ad entrambe si oppone la prospettiva della religione. Nelle opere successive, infatti, il filosofo si dedicò quasi esclusivamente all'esame dell'esistenza religiosa.

Per il credente non contano né i piaceri sensuali né i valori etici universali, ma il rapporto assoluto che ciascuno in cuor suo stabilisce con Dio. Il modello dello stadio religioso, ovvero del "cavaliere della fede", per Kierkegaard era Abramo, al quale veniva chiesto da Dio di sacrificare il proprio figlio: il sacrificio di Isacco, che in termini etici costituiva un omicidio perfido e crudele, secondo il Vecchio Testamento era sancito dal comandamento divino. Presentare Abramo come credente significa quindi sospendere l'etica in favore dell'obbedienza incondizionata alla volontà di Dio. Una tale sospensione teleologica dell'etica avviene con il passaggio dal secondo al terzo stadio dell'esistenza. La religione, anziché seguire le norme comuni e custodire le leggi universali, chiede paradossalmente di confidare in Dio oltre ogni ragione etica; occorre allora comprendere meglio il carattere paradossale della fede.

b) Il paradosso del cristianesimo

Le riflessioni di Kierkegaard sulla religione cristiana non riguardano solo gli aspetti prettamente esistenziali quali il pentimento e la confessione dei peccati, la conversione e il rinnovamento della propria vita, oppure l'affidarsi totalmente a Dio. Con molta perspicacia, l'autore analizza anche i problemi inerenti alla pretesa che un uomo singolo, Gesù di Nazaret, sia stato l'autorivelazione di Dio. In un piccolo libro del 1844, le celebri *Briciole di filosofia*, Kierkegaard riprendeva la critica illuministica della rivelazione. Dato che le fonti bibliche si fondano su testimonianze umane, per gli illuministi era inconcepibile che la rivelazione contenesse delle verità assolute. Perciò la religione, dicevano, se pretende di essere vera, deve basarsi su argomenti razionali e non su eventi storici.

Kierkegaard a questo proposito citava Lessing il quale riassumeva la posizione illuministica nella massima che «verità storiche contingenti non possono diventare la prova di verità razionali necessarie»[14]. Per Lessing

---

[14] «Zufällige Geschichtswahrheiten können der Beweis von notwendigen Vernunftwahrheiten nie werden» (G. E. Lessing, *Über den Beweis des Geistes und der Kraft* [1777]; citato da S. Kierkegaard, *Afsluttende uvidenskabelig Efterskrift til de Philosophiske Smuler*, København 1846; in: Skrifter, vol. 7, p. 96; trad. it. di C. Fabro, in: Opere, vol. II, p. 218).

Il pensiero esistenziale

da questa premessa seguiva che la religione rivelata fosse accettabile solo nella misura in cui gli insegnamenti divini corrispondevano ai giudizi morali della stessa ragione umana, e che fosse necessario rinunciare a tutti gli elementi che non erano razionalmente fondati. Kierkegaard invece era convinto sia della paradossalità – e di conseguenza non deducibilità – della fede, quanto del carattere essenzialmente storico della rivelazione. Al centro del cristianesimo sta un singolo uomo, comparso ad un determinato momento della storia, il quale tuttavia era considerato essere Dio. Poiché la natura infinita di Dio esclude che egli sia un essere finito, soggetto al tempo, la pretesa dell'*uomo* Gesù di essere *Dio* appare contraddittoria. L'uomo-Dio spezza gli schemi della ragione: «Cos'è l'assurdo? L'assurdo è che la verità eterna è divenuta nel tempo, che Dio è divenuto, è nato, è cresciuto, eccetera»[15].

Il filosofo dunque si mise a meditare sul rapporto tra il credente e il Cristo che è uomo e Dio al contempo. Nelle *Briciole* paragona Gesù con Socrate, ossia la fede religiosa con la conoscenza filosofica, e analizza la relazione che i due personaggi intrattennero con i rispettivi discepoli. Per Socrate sembra che la verità sia stata qualcosa che giaceva nascosto sul fondo dell'anima e aspettava di essere riportato alla luce. Platone nei suoi dialoghi presentava il conoscere come un processo di reminiscenza (*anamnesi*), stimolato mediante opportune domande. Per Kierkegaard contava il fatto che, secondo la concezione socratica, il discepolo in qualche modo già possiede la verità, cosicché il maestro svolge il ruolo di una sorta di levatrice, che aiuta l'emergere di conoscenze già da sempre presenti nel soggetto. Al contrario, nella religione rivelata, il maestro non solo insegna una verità che il discepolo ancora non possiede, ma aiuta anche l'uomo a scoprire di non essere nella verità. Di conseguenza, il maestro, secondo la concezione cristiana, oltre a comunicare la verità al discepolo deve anche metterlo in condizione di comprenderla. Questo, argomentava Kierkegaard, non può essere fatto se non per opera di Dio: «il maestro è allora Dio stesso, il quale agendo come condizione fa sì che il discepolo si ricordi ch'egli è non-verità e che lo è per propria colpa»[16].

---

[15] «Hvilket er nu det Absurde? Det Absurde er, at den evige Sandhed er bleven til i Tiden, at Gud er blevet til, er født, har voxet o. s. v.» (op. cit., p. 193; trad. it., p. 337).

[16] «Læreren er da Guden selv, der virkende som Anledning foranlediger, at den Lærende mindes om, at han er Usandheden, og er del ved egen Skyld» (S. Kierkegaard, *Philosophiske Smuler eller En Smule Philosophie*, København 1844, in: Skrifter, vol. 4, p. 224; trad. it. di C. Fabro, in: Opere, vol. II, p. 20).

Come reagisce l'uomo a questo messaggio paradossale? Kierkegaard riconosce che non esiste nessun modo razionale per afferrare il mistero del maestro divino: chi non crede alle sue parole non può che considerare quell'insegnamento come qualcosa di sciocco, ridicolo e presuntuoso. Alla fede, in ultima analisi, non è contrapposta l'incredulità bensì lo scandalo (*forargelse*). Uno dei motivi per cui molti moderni sono rimasti turbati davanti alle pretese di Gesù consiste proprio nella *storicità* della rivelazione. Gli eventi storici ai quali la fede cristiana fa riferimento sono accaduti molti secoli prima, e la conoscenza di tali fatti è dovuta esclusivamente alle testimonianze di allora; ma dopo un tempo così lungo, è difficile pensare che i resoconti testimoniali tramandati da una generazione all'altra siano ancora attendibili, e non siano stati invece alterati e distorti. In altri termini: mentre i contemporanei di Gesù dovevano semplicemente fidarsi dei propri occhi e credere alle parole del maestro, i fedeli delle generazioni successive dipendono dall'affidabilità dei primi testimoni oculari, diventando così discepoli di seconda mano.

Contro tale ragionamento Kierkegaard ricorda che la verità paradossale del cristianesimo si sottrae non solo alla comprensione dei posteri ma, in egual misura, anche all'esperienza immediata dei contemporanei di Cristo. Gli apostoli in realtà non vedevano nient'altro che un singolo uomo di origine galilea, e ascoltavano prediche nelle quali quegli diceva di essere il Messia. Davanti a tale presunzione, anche i contemporanei avevano buone ragioni per rifiutare Gesù, e non mancava loro la possibilità di "scandalizzarsi". Rispetto all'urgenza del decidersi, cioè o di accogliere o di respingere la fede, non c'è dunque assolutamente differenza tra i primi discepoli ed i credenti posteriori: «Non c'è un discepolo di seconda mano. Dal punto di vista dell'essenza della fede il primo discepolo è uguale all'ultimo»[17]. Ognuno, sia contemporaneo a Cristo che a lui posteriore, è chiamato ugualmente ad operare la sua scelta per la fede.

c) *La verità soggettiva*
Quando veniva interrogato sul suo mestiere, Kierkegaard normalmente si presentava come "scrittore religioso". La sua intenzione, infatti, non era

---

[17] «Der er ingen Discipel paa anden Haand. Væsentligen seet, er den første og den sidste lige» (op. cit., p. 30; trad. it., p. 115).

Il pensiero esistenziale

elaborare teorie filosofiche, ma mostrare al lettore le varie opzioni esistenziali, in modo che questi possa fare le proprie scelte. Kierkegaard inoltre si era proposto di indicare il cristianesimo come la verità assoluta dell'esistenza umana, verità che però, com'è stato indicato, possedeva essa stessa un carattere strettamente paradossale. Egli pertanto concepiva il modo cristiano di esistere in termini dialettici. Due anni dopo le *Briciole* Kierkegaard pubblicò la *Postilla conclusiva non scientifica alle Briciole di filosofia*. Nonostante il titolo faccia pensare ad un breve opuscolo che magari illustri, aggiusti o approfondisca alcuni aspetti non sufficientemente chiariti nell'opera precedente, il numero delle pagine del secondo volume supera di cinque volte quello del primo. Rimane deluso anche chi, a causa della dichiarata "non scientificità", si aspetta un libro edificante, perché di fatto trova un testo complesso, di lettura difficile, scritto in uno stile ostico, a tratti illeggibile. In realtà Kierkegaard con il termine "non scientifico" intende più che altro un tipo di pensiero che si oppone alla presunta scientificità del sistema filosofico di Hegel. Vista in questa prospettiva, la *Postilla* alla fine si presenta come un grande dileggio della speculazione hegeliana. Come la filosofia di Hegel comprendeva tutte le determinazioni del pensiero puro, così la *Postilla* espone tutte le condizioni esistenziali del soggetto davanti alla decisione di diventare cristiano.

Kierkegaard criticava Hegel anzitutto per la sua pretesa di oggettività: se le categorie filosofiche implicassero una necessità universale, sarebbero tolti qualunque momento di contingenza e ogni libertà, le scelte esistenziali del singolo uomo affonderebbero nel mare della storia universale, e perfino la rivelazione divina non sarebbe che un prodotto della ragione speculativa. Con una serie di binomi, Kierkegaard indica l'opposizione del proprio punto di vista a quello hegeliano: soggettività invece di oggettività, interiorità invece di esteriorità, il singolo al posto dell'universale, il concreto al posto dell'astratto. Inutile dire che l'immagine della filosofia hegeliana tratteggiata da Kierkegaard è parziale, se non distorta. Secondo la ricerca più recente, il vero bersaglio delle sue invettive non era tanto il filosofo prussiano quanto lo scialbo hegelismo di alcuni teologi protestanti della Danimarca dell'epoca. L'aspra polemica contro il sistema filosofico speculativo, del resto, alimenta il sospetto che in realtà tra le idee di Hegel e di Kierkegaard ci sia invece una qualche somiglianza, più di quanto quest'ultimo non volesse ammettere. Peraltro non si può tacere che le formule paradossali adoperate da Kierkegaard appaiono ad un lettore comune sconcertanti quasi quanto le proposizioni dialettiche di Hegel[18].

Il grande contributo di Kierkegaard al pensiero contemporaneo consiste nella discussione del rapporto tra il soggetto credente e le sue convinzioni religiose. Se il contenuto della fede, come pretende il cristianesimo, non è razionalmente deducibile, l'atto di fede non può che fondarsi su una decisione totalmente personale. In questo senso Kierkegaard, nella *Postilla*, dichiara che «la soggettività è la verità»[19]. Non si deve però pensare che Kierkegaard volesse rendere più facile l'accettazione della fede. Al contrario, il grande errore dei cristiani dell'epoca, per lui, risiedeva nell'aver trasformato la religione in una verità o razionale o storica. Gli uni, seguendo Hegel, interpretavano l'atto di fede come un'operazione della nostra ragione speculativa; gli altri davano il cristianesimo per scontato in virtù della sua storia millenaria. Kierkegaard invece reputava che la fede, proprio perché va contro la ragione, fosse la cosa più difficile nella vita di ciascuno, e che in nessun modo la religiosità delle generazioni precedenti potesse sollevare il singolo credente dal peso della sua decisione. Nonostante un implicito richiamo alla grazia divina, la fede era per Kierkegaard il risultato di una scelta del singolo, che riguarda tutta la sua esistenza. Poiché da essa alla fine dipende la felicità eterna dell'uomo, la decisione comporta anche il massimo rischio di perdere il supremo bene. Allora non può che trattarsi di una risoluzione estremamente sofferta:

> «La fede – scrisse Kierkegaard – è l'incertezza oggettiva con la respinta dell'assurdo, mantenuta nella passione dell'interiorità ch'è precisamente la situazione dell'interiorità potenziata al massimo»[20].

---

[18] Lo studio classico dell'argomento è di N. Thulstrup, *Kierkegaards forhold til Hegel. Og til den spekulative idealisme indtil 1846*, Gyldendal, København, 1967; trad. ted. Kierkegaards Verhältnis zu Hegel und zum spekulativen Idealismus 1835–1846. Historisch-analytische Untersuchung, Kohlhammer, Stuttgart 1972. Una posizione più differenziata prende J. Stewart, *Kierkegaard's relations to Hegel reconsidered*, Cambridge University Press, Cambridge 2003.

[19] «Subjetiviteten er Sandheden» (*Afsluttende uvidenskabelig Efterskrift til de Philosophiske Smuler*, in: Skrifter, vol. 7, p. 186; trad. it., p. 330).

[20] «Tro er den objektive Uvished med det Absurdes Frastød, fastholdt i Inderlighedens Lidenskab, der netop er Inderlighedens Forhold potentseret til sit Høieste» (op. cit., pp. 554–555; trad. it., p. 761).

La conversione al cristianesimo pertanto non consiste nella semplice acquisizione di alcune nuove convinzioni, oppure in un mero cambiamento nel proprio modo di pensare e di vedere le cose, ma coinvolge tutta l'esistenza. Da ciò derivano gli attacchi kierkegaardiani contro qualsiasi tentativo di oggettivare il cristianesimo: chi crede per ragioni oggettive, siano essi di ordine storico o speculativo, non sarà mai capace di scegliere la fede con autentica partecipazione. Per comprendere la verità del cristianesimo occorre quindi concepirlo in termini di soggettività. In questo contesto si inseriscono le riflessioni del filosofo sul peccato. Diventare cristiano, secondo Kierkegaard, significa anzitutto riconoscere di essere peccatori, perché solo la coscienza della propria colpa dimostra che il soggetto è veramente entrato in un rapporto con l'assoluto. Nella relazione con Dio emerge quasi necessariamente la finitezza dell'uomo. La consapevolezza di questa sproporzione quindi è una sorta di prova che il singolo ha davvero instaurato un rapporto con l'infinito. È proprio di questo elemento di passione che Kierkegaard avverte la mancanza tanto nel sistema hegeliano quanto nella cristianità dell'epoca: ma senza alcun pathos la fede degenera a contraffazione ed ipocrisia.

Dalla seconda metà degli anni quaranta Kierkegaard iniziò a fustigare con parole sempre più pungenti la chiesa luterana del suo paese i cui teologi insegnavano una variante di hegelismo, e i cui pastori presentavano il cristianesimo come la cosa più pacifica di questo mondo. Kierkegaard si sentiva allora come l'unico testimone della verità paradossale della fede. Ma a poco più di quaranta anni gli vennero meno le forze: un giorno crollò in mezzo alla strada e dopo qualche settimana morì in un ospedale. Quantunque il suo nome, a differenza di quello di Nietzsche, non sia sulla bocca di tutti, il danese va riconosciuto come il vero fondatore del pensiero esistenziale. Le sue opere sono state tradotte in molte lingue e continuano ad affascinare i lettori. La tensione creatasi tra l'annuncio nietzschiano della morte di Dio e del nichilismo, da una parte, e l'affermazione kierkegaardiana del carattere paradossale della fede cristiana dall'altra, spiega in buona parte la storia della teologia protestante novecentesca, specialmente la nascita della teologia dialettica di Karl Barth (1886–1968). Questi respinse ogni possibile mediazione fra il divino e l'umano, insistendo nell'alterità assoluta di Dio. Accanto all'interpretazione teologico-religiosa, si è sviluppata una lettura nettamente laica delle opere di Kierkegaard, inaugurata da Karl Jaspers (1883–1963) e continuata da filosofi illustri come Martin Heidegger e Jean-Paul Sartre[21]. Prima di rivolgermi a questi autori novecenteschi, occorre però introdurre un ulteriore elemento decisivo per l'evoluzione del pensiero esistenziale, cioè il metodo fenomenologico di Edmund Husserl.

---

[21] L'ispirazione kierkegaardiana della teologia dialettica è messa in luce dal giovane L. Pareyson, «L'esistenzialismo di Karl Barth» [1939], in: *Studi sull'esistenzialismo*, Sansoni, Firenze 1943, pp. 95–183. La profonda impressione suscitata dalle opere di Jaspers è testimoniata dallo stesso Pareyson ne *La filosofia dell'esistenza e Carlo Jaspers*, Loffredo, Napoli 1940.

B. LA CORRENTE FENOMENOLOGICA

La fenomenologia è una delle correnti filosofiche più ampie e ramificate del Novecento. Al movimento fenomenologico appartengono pensatori così diversi come Edmund Husserl, Martin Heidegger, Jean Paul Sartre e Emmanuel Lévinas, tanto per elencare solo alcuni dei nomi più celebri. Raccontare le vicende della fenomenologia presenta perlomeno due difficoltà: da un lato quella di indicare il tratto che accomuna gli autori summenzionati; e dall'altro quella di comprendere come l'opera di un singolo pensatore, Edmund Husserl, abbia potuto ispirare un gruppo di filosofi così differenti, nessuno dei quali peraltro può dirsi un seguace fedele degli insegnamenti del maestro. Ad alcuni è sembrato che di questa ramificazione della corrente fenomenologica sia responsabile lo stesso Husserl, avendo questi ad un certo punto abbandonato il programma iniziale della sua ricerca, e quasi costretto i discepoli a proseguire ciascuno per la propria strada.

In cosa dunque consisteva il fascino di Husserl? Certamente il fondatore della fenomenologia attirava gli studenti per la sua personalità di ricercatore e maestro. In Husserl trovavano il modello dello studioso serio e coscienzioso, che concepiva la filosofia come una scienza rigorosa. Le sue indagini erano minuziose e accurate; egli metteva sempre tutto in discussione, sforzandosi di liberare il campo da ogni preconcetto o teoria data per scontata, sempre disposto a ricominciare tutto da capo. L'atteggiamento aperto e spassionato di Husserl rese la fenomenologia un'alternativa valida ed allettante rispetto alle scuole idealistiche e positivistiche dell'epoca. Il metodo fenomenologico richiedeva ai ricercatori di volgersi senza riserve a tutto quanto si presentava alla coscienza, conformemente al motto husserliano di «risalire dai discorsi e dalle opinioni ricevute alle cose stesse»[22]. In virtù di questo programma, Husserl riuscì a destare l'entusiasmo di un'intera generazione. Egli incarnava un certo stile di filosofare, piuttosto che

---

[22] «...von den Reden und Meinungen auf die Sachen selbst zurückgehen» (E. Husserl, *Ideen zu einer reinen Phänomenologie und phänomenologischen Philosophie*, Niemeyer, Halle 1913; in: Gesammelte Werke, Nijhoff, Den Haag 1950 segg., vol. 3, p. 42; trad. it. di V. Costa, Einaudi, Torino 2002, p. 43).
– L'impatto di Husserl nel periodo tra le guerre è descritto in modo impareggiabile nella prima sezione di H. G. Gadamer, «Die phänomenologische Bewegung», in: *Kleine Schriften 3*, Mohr, Tübingen 1972, pp. 150–189; trad. it. di C. Sinigaglia, Laterza, Roma; Bari 1994.

precise, determinate dottrine; e ciò è la ragione per cui il movimento da lui fondato si è poi potuto sviluppare in varie direzioni.

Il discepolo prediletto di Husserl fu senza dubbio Martin Heidegger, prima assistente di Husserl e poi suo successore nella cattedra presso l'università di Friburgo in Germania. Heidegger, nella sua opera più nota, *Essere e tempo*, aveva dato un'interpretazione della fenomenologia molto distante dalle intenzioni del maestro. Alla fine del Novecento bisogna constatare che la fama di Heidegger, le cui opere sono lette e discusse in quasi tutte le parti del mondo, supera di gran lunga l'impatto diretto degli scritti di Husserl, oggetto di studio solo da parte di pochi esperti. Le idee di Husserl, del resto, subirono una profonda trasformazione non solo in Germania, ma anche in Francia. La ricezione della fenomenologia sull'altra sponda del Reno ebbe inizio negli anni Venti. Il primo esponente originale della corrente fenomenologica francese fu Jean-Paul Sartre il quale, dopo aver dedicato alcune ricerche minori alla natura della coscienza, nella sua opera maggiore, *L'essere e il nulla*, coniugava gli stimoli ricevuti da Husserl con idee riprese da Heidegger. Sartre, dopo la seconda guerra mondiale, divenne pure un noto drammaturgo e saggista, e con questa fama capeggiò quell'ampio movimento culturale e intellettuale che va sotto il nome di esistenzialismo, e che ormai aveva poco a che fare con le radici husserliane. L'opposto vale per il terzo rappresentante della fenomenologia, del quale si dirà in seguito: Emmanuel Lévinas, ebreo di origine lituana, tra i primi ad introdurre la filosofia di Husserl in Francia. Questi, dopo essersi recato a Friburgo, dove seguì le lezioni di Husserl e conobbe Heidegger, curò la traduzione delle celebri *Meditazioni cartesiane* e redasse una serie di scritti critici su entrambi i pensatori tedeschi. In una prefazione alla sua tesi di dottorato evidenzia l'ispirazione fenomenologica del libro, affermando che esso «procede da una lunga frequentazione dei testi husserliani, e da un'incessante attenzione a *Essere e tempo*»[23].

---

[23] «...procède d'une longue fréquentation des textes husserliens, et d'une incessante attention à *Sein und Zeit*» (E. Lévinas, «Totalité et infini. Préface à l'édition allemande», in: *Entre nous. Essais sur le penser-à-l'autre*, Grasset, Paris 1991, p. 249 ; trad. it. di E. Baccarini, Jaca book, Milano 1998, p. 263).

17. Le ricerche di Husserl

Edmund Husserl (1859–1938)[24] studiò matematica e filosofia alle università di Berlino e di Vienna, dedicando le sue prime opere ai fondamenti della matematica e della logica. Tale interesse per le scienze formali continuò a segnare il suo pensiero: Husserl per tutta la vita coltivò l'ideale di una filosofia pura, rigorosamente separata dalle scienze empiriche. Al centro delle ricerche fenomenologiche stava la coscienza soggettiva, con i relativi contenuti intenzionali. Poiché Husserl concepiva la soggettività come una sfera autonoma, indipendente dal mondo oggettivo, poteva esaminare e descrivere le esperienze vissute senza interferire con altre scienze. Secondo Husserl la caratteristica principale della coscienza è l'intenzionalità: ogni atto cosciente possiede un proprio contenuto, cioè si indirizza verso un qualche oggetto. La descrizione fenomenologica dunque non si limita alla singola esperienza vissuta, bensì analizza il contenuto intenzionale della coscienza. Husserl presentò il nuovo approccio per la prima volta nei due volumi delle *Ricerche logiche*, che apparvero nel 1900-01 e grazie alle quali l'autore ricevette una cattedra all'università di Gottinga. Sebbene nel secondo volume delle *Ricerche* Husserl avesse già sviluppato la teoria dell'intenzionalità stante alla base della fenomenologia, solo negli anni seguenti il filosofo elaborò gli altri concetti fondamentali del suo metodo. Nel 1913 presentò i risultati delle sue indagini al pubblico: nelle *Idee per una fenomenologia pura e filosofia fenomenologica* Husserl fece non solo ampio uso del termine fenomenologia, ma introdusse anche il concetto di riduzione fenomenologica, l'*epoché*.

Nelle *Idee* divenne manifesto ciò che i discepoli di Gottinga avevano ormai da qualche tempo notato: Husserl aveva impresso una chiara svolta trascendentale alla sua filosofia. Molti dei primi seguaci ne rimasero delusi, allontanandosi dal maestro. Tra questi, che sostanzialmente rimasero fedeli al metodo descrittivo del primo Husserl, mantenendone i presupposti realistici, i più importanti furono Max Scheler (1874–1928) e Roman Ingarden (1893–1970)[25]. Scheler spicca soprattutto per le indagini sui sentimenti di

---

[24] A tutt'oggi non esiste una biografia di Husserl, in sua vece si può consultare la cronaca di K. Schuhmann, *Husserl-Chronik. Denk- und Lebensweg Edmund Husserls*, Nijhoff, Den Haag 1977.

[25] Una monumentale storia del movimento fenomenologico sono i volumi di H. Spiegelberg, *The phenomenological movement. A historical introduction*, 2 voll., Nijhoff, Den Haag 1960.

simpatia e per il personalismo etico, fondato su una teoria dei valori oggettivi. Ingarden invece portò il metodo fenomenologico in Polonia, applicandolo tra l'altro alle opere d'arte e all'esperienza estetica. Husserl da parte sua nel 1916 accettò una chiamata all'università di Friburgo, dove restò fino alla pensione. A Friburgo ebbe come assistente Edith Stein (1891–1942), che discusse la propria dissertazione sul problema dell'empatia, proponendosi, nelle opere successive, di collegare la fenomenologia alla tradizione tomista. Husserl frattanto proseguiva incessantemente le sue ricerche, scrivendo un'infinità di appunti, sempre nella speranza di perfezionare la presentazione delle sue idee, atta a persuadere definitivamente il mondo filosofico della validità e giustezza del suo approccio. Egli tuttavia non pubblicò che una minima parte di ciò che scrisse, cosicché quando morì nel 1938 lasciò più di 40.000 pagine stenografate. Gli scritti inediti furono messi al sicuro, lontani dalle mani del governo nazista, archiviandoli a Lovanio in Belgio. Nel 1950 ebbe inizio la pubblicazione delle opere in una collana apposita, l'*Husserliana*, a tutt'oggi non ancora completa. La presente esposizione introduttiva non seguirà strettamente la cronologia delle opere, concentrandosi piuttosto su tre fulcri tematici: (a) la teoria dell'intenzionalità della coscienza, (b) la dottrina dell'*epoché* fenomenologica, (c) alcune questioni relative all'intersoggettività e al mondo della vita.

a) L'intenzionalità della coscienza

La teoria dell'intenzionalità costituisce il nucleo sistematico della fenomenologia husserliana: l'intenzionalità caratterizza ogni nostro atto di coscienza. Husserl riprese il termine dal filosofo austriaco Franz Brentano (1818–1917), il quale a sua volta si riallacciava alla tradizione scolastica, definendo l'intenzionalità come «il riferimento a un contenuto, la direzione verso un oggetto (che non va inteso come una realtà), ovvero l'oggettività immanente»[26]. La teoria dell'intenzionalità, pertanto, non studia gli oggetti che si trovano al di fuori della coscienza ed esistono indipendentemente da essa, ma riflette sul contenuto oggettivo della stessa coscienza. Secondo la teoria dell'intenzionalità ogni atto di coscienza è sempre *di qualcosa*; il filo-

---

[26] «...die Beziehung auf einen Inhalt, die Richtung auf ein Objekt (worunter hier nicht eine Realität zu verstehen ist), oder die immanente Gegenständlichkeit» (F. Brentano, *Psychologie vom empirischen Standpunkte*, Leipzig 1874, p. 115; trad. it. di L. Albertazzi, Laterza, Roma; Bari 1997, p. 154).

sofo quindi può descrivere e analizzare questo qualcosa, rilevandone i caratteri distintivi. I seguenti sono alcuni esempi discussi da Husserl: Che cosa percepisco, quando vedo e maneggio un pezzo di carta che si trova sul tavolo davanti a me? Come posso concepire la sola testa di un cavallo, visto che questa testa fa parte di un tutto? Cosa significa pensare che su Marte ci sono degli esseri intelligenti? La fenomenologia secondo Husserl individua i tratti generali dei contenuti intenzionali della coscienza, sistematizza i modi in cui gli oggetti ci si presentano, e delinea le condizioni sotto le quali un certo contenuto della coscienza può diventare una conoscenza della verità.

Tutte queste ricerche però non sono da intendersi in senso psicologico: la fenomenologia husserliana, anzi, è nata in opposizione ad una diffusa tendenza allo psicologismo. Alla fine dell'Ottocento, la maggioranza dei filosofi erano in effetti convinti che tanto la logica quanto l'epistemologia fossero delle discipline empiriche, e che spettava alla psicologia stabilire le leggi del pensiero ed i principi della conoscenza. Husserl, invece, stimolato da certe critiche mossegli da Frege, concepiva la logica come una scienza pura a priori. A differenza della psicologia empirica, la fenomenologia non analizza i singoli atti di coscienza come tali, ma cerca di coglierne l'essenza. A questo proposito, il filosofo paragona la fenomenologia alla geometria: come il matematico non si occupa dei singoli triangoli realmente esistenti, ma delle loro proprietà formali, così il filosofo anziché interessarsi in modo specifico delle esperienze vissute di un determinato individuo, indaga i caratteri essenziali dei contenuti intenzionali. La fenomenologia, in altre parole, non è una scienza di fatti (*Tatsachenwissenschaft*), ma una scienza di essenze ovvero una scienza eidetica (*Wesenswissenschaft*).

Husserl nelle *Idee per una fenomenologia pura* ha ulteriormente approfondito il concetto di contenuto intenzionale, distinguendo tra l'atto stesso e il suo correlato intenzionale, chiamando il primo *noesi* e il secondo *noema*. In seguito adottò la terminologia cartesiana, chiamando *cogito* il vissuto della coscienza, e *cogitatum* il suo contenuto intenzionale. Poiché diversi atti di coscienza possono riferirsi ad un medesimo correlato, un contenuto intenzionale deve trascendere il singolo atto. Per parte sua, il *noema* non è da identificarsi con un oggetto naturale, del mondo esterno: il contenuto intenzionale della coscienza non deve essere necessariamente un corpo realmente esistente nello spazio e nel tempo, ma può anche essere un oggetto immaginario, un contenuto fittizio, una mera idea. Husserl inoltre distingue tra la materia e la qualità di ogni atto. Per *materia* egli intende una certa struttura e le proprietà che si presentano alla coscienza. La materia di un atto comprende le articolazioni, forme e relazioni di qualcosa, in modo che dalla materia dipende l'oggetto intenzionale a cui l'atto si riferisce. La *qualità* dell'atto, per contro, riguarda il modo specifico in cui l'oggetto è inteso, specificando se si tratti ad esempio di un'affermazione, di una domanda, di un desiderio. Tornando all'esempio degli abitanti di Marte, mentre qualcuno potrebbe asserire che sul pianeta esistono degli esseri intelligenti, qualcun altro ne potrebbe dubitare, e un terzo invece potrebbe augurarselo. In tutti e tre i casi l'atto possiede la stessa materia, cioè si riferisce agli stessi esseri intelligenti su Marte; ma quest'oggetto è inteso ogni volta in una maniera diversa. Come spiega Husserl nelle *Ricerche logiche*:

> «Il contenuto inteso come materia è una componente del vissuto-atto, che quest'ultimo può avere in comune con atti di qualità completamente diversa»[27].

Non è facile districare i singoli elementi della teoria dell'intenzionalità. Ogni atto della coscienza possiede infatti una sua materia, la quale si presenta in un determinato modo. Uno stesso contenuto, di conseguenza, può presentarsi in maniere diverse, mentre svariati atti, pur essendo di qualità diverse, possono riferirsi allo stesso oggetto intenzionale. Parecchi commentatori delle *Idee* sono perplessi di fronte al fatto che Husserl contrapponga la *noesi* come momento reale, al *noema* come momento non reale ossia ideale degli atti vissuti; e si sono domandati se ciò non comporti il contrario di quel ritorno alle cose stesse che il fenomenologo aveva propugnato. Per dissipare tali dubbi bisogna chiarire il senso preciso dell'*epoché* fenomenologica che separa la coscienza pura, quale unico oggetto dell'analisi eidetica, dalla realtà naturale, con la quale la coscienza umana appare intimamente intrecciata.

---

[27] «Inhalt im Sinn von Materie ist eine Komponente des konkreten Akterlebnisses, welche dieses mit Akten ganz anderer Qualität gemeinsam haben kann» (E. Husserl, *Logische Untersuchungen*, Niemeyer, Halle 1900–01; in: Gesammelte Werke, Nijhoff, Den Haag 1950 segg., vol. 19/2, p. 426; trad. it. di G. Piana, Il saggiatore, Milano 1968, vol. 2, pp. 197–198).

b) L'epoché fenomenologica
Dopo la pubblicazione delle *Ricerche logiche* Husserl si convinse che non aveva ancora sufficientemente chiarito le basi metodologiche delle sue indagini. Occorreva soprattutto delimitare con precisione il punto di vista fenomenologico rispetto alla prospettiva delle scienze empiriche e alla vita quotidiana. Il filosofo allora sviluppò la dottrina della cosiddetta "riduzione fenomenologica", per mezzo della quale le esperienze vissute della coscienza ordinaria si trasformano in oggetti possibili di uno studio eidetico. Oltre che di riduzione, egli parlava anche di *epoché*, adoperando la stessa espressione che era già stata usata dagli scettici antichi per indicare l'astensione da ogni giudizio epistemico. Coscienti dei limiti della natura umana, questi filosofi avevano rinunciato alla pretesa di conoscere qualcosa con certezza. Husserl, tuttavia, più che agli antichi, si rifaceva a Cartesio, il quale aveva assegnato al dubbio scettico un ruolo prettamente metodico. All'inizio delle *Meditazioni sulla prima filosofia*, il soggetto sospende tutte le comuni convinzioni o pregiudizi su di sé, sul mondo e su Dio. Questa *epoché* avviene in funzione della successiva ricerca di un fondamento incrollabile del sapere: il soggetto meditante, non appena ha scoperto il principio fondante, indubitabile dell'*io penso*, procede nel tentativo di restituire tutte le conoscenze precedenti. Così la filosofia cartesiana, attraversando e superando il dubbio metodico, culmina nella realizzazione di un sistema metafisico. Come Cartesio, anche Husserl spera di produrre una specie di ontologia universale che contenga le forme essenziali di tutti gli oggetti possibili della coscienza, per cui pare ovvio supporre che l'*epoché* fenomenologica svolga pure una funzione metodologica.

Il punto di partenza della riduzione o *epoché* fenomenologica è l'atteggiamento naturale (*natürliche Einstellung*) che caratterizza il nostro rapporto con le cose che ci circondano. Husserl descrive l'atteggiamento naturale e la sospensione di esso nella seconda sezione delle *Idee per una fenomenologia pura*, che colpisce per lo spirito d'osservazione. In modo sottile e dettagliato l'autore analizza il nostro contatto immediato e intuitivo con il mondo naturale:

«Grazie alle diverse modalità della percezione sensibile, al vedere, al toccare, all'udire, eccetera, le cose corporee sono in una certa ripartizione spaziale qui per me, mi sono alla mano, in senso letterale e figurato, sia che io presti o non presti loro un'attenzione particolare, sia che io mi occupi o no di esse prendendole in considerazione, pensando, avvertendole affettivamente, rendendole oggetto della volontà»[28].

Nel mondo naturale, oltre alle cose materiali, incontro esseri animati, simili a me; avverto la presenza di altri uomini, stringo loro la mano e scambio con loro delle parole; posso seguire i loro pensieri e condividere i loro sentimenti. La sfera degli oggetti percepiti è circondata da altre cose non osservate, e, da ultimo, dall'orizzonte della realtà indeterminata. Ora, per avviare la ricerca fenomenologica, l'atteggiamento quotidiano deve subire un cambiamento radicale: da fenomenologi, infatti, mettiamo «fuori gioco» la consueta, banale convinzione circa l'esistenza degli oggetti percepiti, la «mettiamo fuori circuito» ossia «tra parentesi»[29]. Normalmente diamo per scontato che le cose e le persone esistano realmente nello spazio e nel tempo; ma ora questa "tesi generale" viene sospesa.

Ciò non significa assolutamente negare l'esistenza di tutto il mondo abituale, e neppure astenersi da un qualsiasi giudizio, in ragione della vaga supposizione che la questione sia irrisolvibile. La fenomenologia piuttosto prescinde dal problema dell'esistenza, per dedicarsi unicamente allo studio dell'essenza delle esperienze vissute. Il fenomenologo prende in considerazione solo quegli aspetti degli atti intenzionali e dei loro contenuti che non dipendono dall'esistenza di qualche oggetto esterno. L'*epoché* fenomenologica riguarda anche tutti i concetti teorici, di modo che la riduzione alla sfera della pura coscienza comprende pure l'astrazione da quelle teorie scientifiche mediante le quali di solito vengono spiegati i fenomeni. Husserl nelle *Idee* non solo ripete la polemica contro lo psicologismo, ma muove una critica altrettanto serrata contro il naturalismo, avvertendo che la filosofia non deve dissolversi nelle scienze empiriche. La riduzione fenomenologica anzi crea un proprio campo di ricerca che il filosofo non condivide né con lo psicologo né con il fisico. A differenza

---

[28] «Durch Sehen, Tasten, Hören usw., in den verschiedenen Weisen sinnlicher Wahrnehmung sind körperliche Dinge in irgendeiner räumlichen Verteilung für mich einfach da, im wörtlichen oder bildlichen Sinne "vorhanden", ob ich auf sie besonders achtsam und mit ihnen betrachtend, denkend, fühlend, wollend beschäftigt bin oder nicht» (E. Husserl, *Ideen zu einer reinen Phänomenologie und phänomenologischen Philosophie*, Niemeyer, Halle 1913; in: Gesammelte Werke, vol. 3, p. 57; trad. it. di V. Costa, Einaudi, Torino 2002, vol. 1, p. 61).
[29] «...setzen wir sie [sc. die natürliche Einstellung] gleichsam "außer Aktion", wir "schalten sie aus", wir "klammern sie ein"» (op. cit., p. 65; trad. it., p. 69).

delle scienze empiriche, le ricerche filosofiche non mirano alla scoperta di nuovi fatti, nemmeno delle leggi generali della natura, ma tendono ad intuire l'essenza delle cose. Nelle opere mature Husserl presenta la fenomenologia come un tipo di filosofia trascendentale che mira all'elaborazione di un'ontologia universale; poiché contiene i principi costitutivi di tutti gli esseri possibili, la fenomenologia dunque rappresenta una specie di filosofia prima[30].

c) L'intersoggettività e il mondo della vita

La fenomenologia husserliana non mancò di suscitare obiezioni, la più importante delle quali fu il già citato rimprovero, mosso soprattutto da parte dei primi seguaci, di aver abbandonato il programma originario: Husserl, anziché limitarsi all'attenta descrizione e alla paziente analisi di ciò che si presenta alla coscienza, sarebbe ritornato al paradigma di una filosofia della soggettività, ritrovandosi così con gli stessi, ben noti problemi della metafisica cartesiana e della filosofia trascendentale kantiana. Le critiche avrebbero trovato conferma, peraltro, nell'abbondante uso, che si riscontra nelle opere successive alle *Ricerche logiche*, del vocabolario della filosofia moderna della coscienza. L'accusa principale fatta Husserl però è che l'*epoché* fenomenologica comporterebbe un solipsismo: il filosofo si rinchiuderebbe nella sfera della propria coscienza soggettiva, senza alcun contatto né con il mondo esterno né con altri soggetti. Husserl, da parte sua, fu ben consapevole della problematica del solipsismo trascendentale. Come provano i manoscritti dei primi decenni del Novecento, egli aveva continuamente cercato di rendere chiaro sia il fenomeno dell'intersoggettività, che l'esperienza di un mondo esterno comune a tutti. Tuttavia al tempo stesso era rimasto fermo nella convinzione che il vero fondamento della fenomenologia non potesse che essere l'io trascendentale.

Lo stretto legame tra l'origine della fenomenologia nel *cogito*, da un lato, e l'apertura all'intersoggettività dall'altro, diventa palese nelle famose *Meditazioni cartesiane*. Il testo risale ad alcune conferenze tenute a Parigi, pubblicate nel 1931 in traduzione francese; la versione tedesca apparve solo vent'anni dopo, nel primo volume della collana *Husserliana*. Il sottotitolo delle

---

[30] Il proposito di Husserl era di completare in un secondo momento la filosofia prima con le varie ontologie materiali, relative alle diverse regioni dell'essere, quali per esempio il mondo fisico, l'anima umana, la società, eccetera. Husserl si dedicò anzitutto all'ontologia universale, delegando lo studio di singoli campi fenomenici ai discepoli.

Meditazioni annuncia "Un'introduzione alla fenomenologia". In esse, riferendosi tanto a Cartesio quanto a Kant, Husserl ribadisce l'importanza della soggettività trascendentale quale unico fondamento evidente della filosofia; poi espone l'*epoché* fenomenologica che riduce la ricerca all'io puro. Una volta effettuata la riduzione, l'autore passa alla questione del mondo esterno e illustra come l'esteriorità oggettiva si costituisca nell'interiorità della coscienza. La teoria husserliana della costituzione percorre le diverse regioni della realtà: iniziando dalla natura fisica, prosegue con gli animali e gli altri esseri umani, per concludersi poi con le comunità sociali e la cultura. Husserl mette così in evidenza che la nostra coscienza del mondo esterno non è qualcosa di statico, ma il frutto di un lungo processo storico e dinamico. La costituzione genetica del mondo non lascia nemmeno inalterato l'io stesso, il quale anzi deve mutarsi in ragione della continua interazione con l'ambiente. Queste riflessioni conducono il filosofo ad una differenziazione tra l'io puro e fisso, da una parte, e l'io personale e concreto dall'altra. Quest'ultimo nelle *Meditazioni cartesiane* è chiamato anche "monade", evidenziando in tal modo che esiste una pluralità di soggetti che popolano un mondo comune a tutti.

Come si costituiscono allora gli altri soggetti? Il Nostro affronta il problema dell'intersoggettività nell'ultima e più lunga *Quinta meditazione*, dove si prefigge di mostrare l'infondatezza dei consueti attacchi contro la filosofia trascendentale che la dipingono, in ultima analisi, come condannata al solipsismo. Per raggiungere l'obiettivo, Husserl deve non solo provare che tra gli oggetti intenzionali della mia coscienza ci sono altri uomini, ma anche chiarire perché il mondo che si presenta alla mia coscienza sia lo stesso che sperimentano anche tutti gli altri soggetti. L'*epoché* fenomenologica intanto continua ad essere in vigore, cosicché le mie solite convinzioni circa l'intenzionalità altrui rimangono sospese, e il soggetto trascendentale è ridotto alla propria sfera monadica. È da questo punto di vista egocentrico che si svolge la costituzione degli altri soggetti, esplicata da Husserl al modo seguente: quando vedo il corpo (*Körper*) di un altro uomo, riconosco la somiglianza con il mio corpo. Perciò non considero il corpo altrui una mera cosa materiale, ma un corpo vivente (*Leib*), il quale sente e percepisce proprio così come io sento e percepisco; il corpo indica, per così dire, la presenza di un altro soggetto. Mi metto quindi nei suoi panni e gli attribuisco degli atti intenzionali, cioè "appercepisco" il suo corpo in analogia con il mio corpo; capisco che egli sperimenta quel corpo che vedo come il suo corpo. L'empatia (*Einfühlung*) consiste dunque nell'immedesimarmi nella prospettiva altrui. Per designare lo specifico modo di immedesimazione, Husserl coniò il termine "appresentazione" e, nello stesso tempo, avvisò di non identificare tale appercezione analogica con una deduzione, l'appresentazione non essendo un atto di riflessione. Il fenomenologo conclude:

> «In questa appresentazione, il corpo, che appare nella mia sfera monadica nel modo del "là" [...], costituisce l'indizio dello stesso corpo, ma nel modo del "qui" come lo esperisce l'altro nella sua sfera monadica»[31].

Dall'appresentazione del corpo altrui Husserl passa alla seconda tappa dell'argomento. L'empatia, infatti, presuppone che il mondo spazio-temporale che l'altro soggetto sperimenta dal suo punto di vista sia in qualche maniera simile a quel mondo che si presenta a me e rispetto al mio punto di vista. In altre parole, si deve trattare di un mondo intersoggettivo, comune a tutti gli uomini. Benché ciascuno disponga della sua sfera monadica e percepisca il mondo dalla propria prospettiva, gli oggetti non dipendono né dal punto di vista di un determinato soggetto né dal fatto che vengono effettivamente percepiti, anzi le cose possiedono innumerevoli proprietà che sfuggono alla nostra osservazione. Per questa ragione l'oggettività del mondo e l'intersoggettività s'implicano a vicenda. Affinché io possa realmente immedesimarmi in altri soggetti, questi devono essere consapevoli dello stesso mondo oggettivo percepito da me; perché invece ci sia un mondo che non dipende da un solo soggetto, deve esistere una comunità di monadi che lo percepiscono dai rispettivi punti di vista. In conclusione:

> «Il mio ego datomi apoditticamente [...] non può a priori essere un ego che ha esperienza del mondo se non in quanto si trova in comunità con altri a lui simili, in quanto è un membro di una società di monadi che è orientata a partire da lui»[32].

---

[31] «Also indiziert in dieser Appräsentation der in meiner monadischen Sphäre auftretende Körper im Modus des Dort [...] "denselben" Körper im Modus des Hier, als den, den der Andere in seiner monadischen Sphäre erfahre» (E. Husserl, *Cartesianische Meditationen*, in: Gesammelte Werke, vol. 1, p. 146; trad. it. di F. Costa, Bompiani, Milano 1989, p. 137).

[32] «Mein mir selbst apodiktisch gegebenes *ego* [...] kann a priori nur welterfahrendes *ego* sein, indem es mit anderen seinesgleichen in Gemeinschaft ist, Glied einer von ihm aus orientiert gegebenen Monadengemeinschaft» (op. cit., p. 166; trad. it., p. 156).

In questo contesto si inseriscono le riflessioni di Husserl riguardo al cosiddetto mondo della vita (*Lebenswelt*), il mondo concreto nel quale si vive e in cui si fa esperienza di una comunità di monadi. Ad un tale mondo si riferiscono tutte le nostre convinzioni quotidiane, e appartengono tutte le nostre azioni. Husserl incominciò ad approfondire la nozione di mondo della vita quando si accorse delle difficoltà legate alla visione scientifica del mondo. Il filosofo discusse questi problemi nel suo ultimo libro, *La crisi delle scienze europee e la fenomenologia trascendentale*, pubblicato per la prima volta nel 1936 da una rivista jugoslava. In quel momento, infatti, Husserl veniva perseguitato dal regime nazista a causa della sua origine ebrea. È per tale ragione che le tarde opere di Husserl apparvero in Germania solo dopo la sua morte, negli anni cinquanta. La crisi vissuta dalle scienze positive secondo Husserl rispecchiava la radicale crisi di tutta la cultura europea. Per presentare la fenomenologia come rimedio alla crisi, il filosofo ricorreva al concetto di mondo della vita, proponendo di ricollegare la visione scientifica della realtà all'esperienza quotidiana, e spiegando che il senso delle scienze naturali doveva fondarsi appunto sul mondo della vita. Come tanti altri progetti di Husserl, così anche il volume su *La crisi delle scienze europee* rimase alla fine incompiuto. Questa frammentarietà mi sembra quasi emblematica: Husserl non riuscì mai a dare una forma definitiva al suo pensiero; ciononostante le sue ricerche sono state fonte inesauribile di ispirazione per i seguaci.

18. Il senso dell'essere in Heidegger

Martin Heidegger (1889–1976) fu senza dubbio uno dei pensatori più importanti del secolo scorso. La sua opera principale, *Essere e tempo*, pubblicata nel 1927, ha dominato come un colossale masso erratico la produzione filosofica novecentesca. Tale opera è divenuta una fonte d'ispirazione per i successivi filosofi dell'esistenza, nonostante l'autore provenisse dalla scuola fenomenologica husserliana. Heidegger, peraltro, ha negato con fermezza ogni legame con l'esistenzialismo, insistendo piuttosto sul carattere ontologico, metafisico del proprio pensiero. Oltre che per le attente osservazioni fenomenologiche, Heidegger ha saputo affascinare i contemporanei anzitutto per il modo particolare con cui leggeva ed interpretava gli autori classici. La sua lettura dei testi antichi, in particolare di Aristotele, dimostrava l'incomparabile capacità di prescindere totalmente dalle interpretazioni correnti, e di far parlare immediatamente i testi stessi; per questa ragione Heidegger può essere considerato anche come l'antesignano dell'attuale ermeneutica filosofica. I suoi scritti sono contraddistinti da una grande forza espressiva e da un uso del tutto originale della lingua, caratterizzato persino dal conio di nuove parole. In questo, Heidegger è stato eletto a modello da molti, ma infelicemente, poiché i suoi seguaci ed imitatori non hanno raggiunto la profondità di pensiero del loro maestro. Adorno ha ironicamente bollato la moda di profondersi in vacue riflessioni esistenziali, proferendo insensate frasi oracolari sul modello heideggeriano, come "gergo dell'autenticità"[33].

La personalità di Heidegger è all'origine di non poche polemiche. Egli, secondo le testimonianze, era un professore affascinante, che avvinceva gli studenti con lezioni e seminari; eppure, c'era in lui qualcosa di sfuggente. Nacque in un piccolo paese cattolico della Selva Nera, inizialmente studiò teologia con l'intenzione di diventare prete. A poco a poco si convertì alla filosofia sotto l'influsso di Husserl, di cui fu assistente per diversi anni all'università di Friburgo. Quando uscì *Essere e tempo*, il volume era dedicato «A Edmund Husserl con ammirazione e amicizia». Heidegger però, già prima di prendere il posto del maestro all'università, si era sensibilmente allontanato dalla fenomenologia trascendentale husserliana, andando per la propria strada. C'è poi il capitolo più controverso della vita di Heidegger, cioè il coinvolgimento con il nazismo. Nella primavera del 1933, pochi mesi dopo la nomina di Adolf Hitler a cancelliere del Reich, il filosofo fu eletto rettore dell'università di Friburgo. Subito aderì al partito nazionalsocialista e tenne la famigerata prolusione su "L'autoaffermazione dell'università tedesca". Dopo meno di un anno Heidegger comunque si dimise dall'incarico, per via di dissensi con i funzionari del partito e di tensioni nel corpo docente. Sebbene da quel momento si fosse astenuto da ogni attività politica, il suo atteggiamento verso il nazionalsocialismo rimase ambiguo: di fatto non si distanziò mai nettamente dal fascismo, e sembra che non abbia mai rinnegato, neppure a distanza di molti anni, le sue prese di posizione precedenti. Anche per questo motivo le discussioni sull'affinità non solo

---

[33] Cfr. T. W. Adorno, *Jargon der Eigentlichkeit. Zur deutschen Ideologie*, Suhrkamp, Frankfurt 1964; trad. it. di P. Lauro, Bollati Boringhieri, Torino 1989.

della sua persona, ma anche del suo pensiero con l'ideologia nazista non sono ancora concluse[34]. Senza entrare in questi dibattiti, nel presente capitolo mi limiterò ad illustrare alcuni concetti fondamentali della sua filosofia. Dedicandomi anzitutto a *Essere e tempo*, (a) cercherò di spiegare perché le sue ricerche si lasciano ridurre alla celebre domanda sul senso dell'essere. Dopo (b) esporrò alcuni elementi salienti della cosiddetta analisi esistenziale e commenterò le ripercussioni di quest'ultima sulla concezione della temporalità. Infine (c) rivolgerò l'attenzione all'ultima fase del pensiero di Heidegger, nella quale questi ha sviluppato un nuovo stile filosofico e fatto emergere nuovi temi, senza però che il primato della questione dell'essere venisse scalfito.

a) L'esserci

Le opere di Heidegger spiccano tra l'altro per l'estrema opacità del linguaggio: il filosofo usa la lingua tedesca con un virtuosismo tale, che spesso persino un lettore di madrelingua non capisce se una certa espressione sia un neologismo o una locuzione molto ricercata. A Heidegger peraltro risale il vezzo di formare nuovi termini mediante la connessione di varie parole attraverso dei trattini, come ad esempio nel caso della famosa nozione di essere-nel-mondo (*In-der-Welt-sein*). Molte espressioni heideggeriane sollevano insolubili problemi di traduzione in altre lingue, come accade con la parola *Dasein*, stante al centro delle indagini di *Essere e tempo* e resa in italiano solitamente con "esserci". Il verbo tedesco "dasein" in realtà è usato per indicare l'esistenza o la presenza di una cosa concreta. In questo senso, "da ist ein Baum" si dovrebbe tradurre con "qui c'è un albero". Scrivendo "Dasein" con la maiuscola, Heidegger nominalizza il verbo, cosicché il termine corrisponde in un certo senso al latino *existentia* e diventa una specie di attributo che indica la modalità, il modo d'essere di qualche cosa che c'è, che esiste. Il passo decisivo di Heidegger però consiste nell'applicare la nozione di *Dasein* esclusivamente all'uomo: non parla mai dell'esserci di un libro, di un albero o del mondo. Siccome l'unico ente la cui esistenza assume

---

[34] Il dibattito è stato ravvivato da V. Farias, *Heidegger et le nazisme*, Verdier, Lagrasse 1987; trad. it. di M. Marchetti e P. Amari, Bollati Boringhieri, Torino 1988. Una posizione più equilibrata prende H. Sluga, *Heidegger's crisis. Philosophy and politics in Nazi Germany*, Harvard University Press, Cambridge (Mass.) 1993.

Il pensiero esistenziale

la forma dell'esserci siamo noi uomini, l'espressione *Dasein* in ultima analisi si riferisce all'esistenza umana[35].

Ma perché Heidegger si è interessato dell'esserci? Numerosi interpreti hanno risposto a questa domanda, imputandogli una particolare preoccupazione antropologica. Secondo questa lettura, Heidegger rappresenterebbe una tappa della linea del pensiero esistenzialista che da Søren Kierkegaard giunge fino a Jean-Paul Sartre. In realtà, l'approccio heideggeriano non s'inquadra facilmente nel contesto della filosofia dell'esistenza, perché l'interesse principale del filosofo non è tanto l'uomo ma la questione dell'essere[36]. Secondo Heidegger, l'intera tradizione filosofica, ovvero tanto la metafisica classica quanto la filosofia moderna, hanno radicalmente frainteso la questione dell'essere: anziché studiare l'essere, i pensatori si sono dedicati agli *enti*; invece di chiarire che cosa sia l'essere, essi hanno elaborato teorie sull'*essenza* delle diverse cose, fino al punto di perdere completamente di vista la questione dell'essere. Heidegger perciò rinfacciava alla metafisica il suo oblio dell'essere (*Seinsvergessenheit*), ponendo in luce la differenza ontologica tra ente ed essere.

L'impressione che *Essere e tempo* fosse tuttavia una specie di trattato antropologico è potuta sorgere a causa dello specifico approccio alla questione dell'essere. Heidegger, infatti, sostiene che per riproporre la domanda dell'essere, da molto tempo caduta nell'oblio, sia necessario partire proprio da un'analisi fondamentale dell'esserci, cioè dell'esistenza umana. Per convincersene, basta una riflessione su quella stessa domanda: poniamo la questione dell'essere, appunto perché l'essere non è qualcosa di ovvio, ma la sua comprensione esige uno sforzo interpretativo. In altre parole, ogni metafisica richiede un impegno ermeneutico per capire che cosa sia l'essere. Ora, Heidegger fa notare che siamo proprio *noi* a fare la domanda dell'essere (*Seinsfrage*), e siccome noi uomini siamo gli unici esseri che fanno una simile domanda, siamo degli enti capaci di comprendere il proprio essere. Ed è esattamente questa capacità che secondo Heidegger caratterizza il

---

[35] Il primo traduttore francese di conseguenza si è deciso di rendere *Dasein* con "réalité-humaine". In inglese si può trovare tanto "human existence" quanto "human being". Molti studiosi però anziché tradurla preferiscono usare la parola tedesca "Dasein", per segnalare che si tratta di un termine tecnico.

[36] Sulle origini del programma heideggeriano si veda T. Kisiel, *The genesis of Heidegger's Being and Time*, University of California Press, Berkeley; Los Angeles; London 1993.

Dasein: «L'esserci è un ente che, comprendendosi nel suo essere, si rapporta a questo essere»[37].

Visto l'obiettivo del libro, si capisce meglio in che senso Heidegger all'inizio di *Essere e tempo* parli di analisi esistenziale (*Existenzialanalyse*) dell'esserci: non intende una ricerca specificamente antropologica, ma la prima tappa di un progetto metafisico più ampio, mirato a rispondere alla domanda più generale dell'essere in quanto essere. L'autore pertanto prende le distanze non solo dalla metafisica tradizionale, ma rifiuta ugualmente la concezione di una soggettività trascendentale sulla quale poggia la fenomenologia husserliana. Benché Heidegger nell'introduzione si dichiari fedele al metodo fenomenologico e presenti *Essere e tempo* come un saggio di ontologia fondamentale (*Fundamentalontologie*), la sua interpretazione esistenziale dell'esserci ha poco in comune con l'impostazione eidetica di Husserl. Il nostro autore, anzi, chiarisce subito che l'esistenza umana si distingue dagli altri enti, in quanto l'uomo non possiede una determinata essenza, ma determina se stesso. «L'essenza dell'esserci – dichiara Heidegger – consiste nella sua esistenza»[38]. L'esserci non è l'esemplare di un genere di enti, così come i suoi caratteri non sono gli attributi essenziali di una specie, ma si tratta del mio esserci, del tuo esserci, eccetera: le determinazioni dell'esserci come ente non sono che possibili maniere di essere, scelte e comprese da ciascuno.

Riflettendo sull'esistenza umana, Heidegger nota anzitutto che l'uomo può accettare o meno il proprio essere. Fermo restando che in molti rispetti non siamo realmente liberi di scegliere, e non siamo sempre noi a decidere delle nostre condizioni di vita, rimane pur vero che dipende dal singolo uomo il suo modo di rapportarsi a queste condizioni stesse, quali significato e importanza attribuisce loro. Il filosofo a tale proposito rileva la tendenza dell'uomo a riprendere i pareri altrui, a ripetere quanto dicono gli altri, ad assecondarne ed emularne il comportamento: in questi casi il mio atteggiamento e le mie azioni non riflettono il mio proprio essere, ma rispecchiano ciò che "la gente" pensa, ciò che "altri" dice, ciò che "si" fa. Chi è talmente

---

[37] «Dasein ist ein Seiendes, das sich in seinem Sein verstehend zu diesem Sein verhält» (M. Heidegger, *Sein und Zeit*, Niemeyer, Halle 1927; in: Gesamtausgabe, Klostermann, Frankfurt 1975 segg., vol. 2, p. 71; trad. it. di P. Chiodi; riv. da F. Volpi, Longanesi, Milano 2001, p. 73).

[38] «Das "Wesen" des Daseins liegt in seiner Existenz» (op. cit., p. 56; trad. it., p. 60).

Il pensiero esistenziale

influenzato dalle convinzioni comuni e agisce secondo le usanze generali, esiste per Heidegger soltanto in un modo improprio. Per superare l'esistenza anonima del "si" (*Man*) e trovare un modo autentico d'esistere, bisogna invece entrare in rapporto con il proprio essere.

Prima però di illustrare il passaggio dal "si" all'"io", dall'inautenticità all'autenticità, occorre completare la descrizione preliminare dell'esserci. Alla base della coesistenza e convivenza con altri uomini, che spesso influenzano il mio modo di esistere, sta un carattere esistenziale che Heidegger chiama essere-nel-mondo (*In-der-Welt-sein*). In effetti esistiamo in un mondo di molteplici cose, che ci circondano e stanno a nostra disposizione. Questi oggetti non possono essere detti esistere, poiché non sono capaci di determinare la propria natura; anzi siamo noi ad utilizzarli secondo i nostri scopi, ad impiegarli per i nostri bisogni ed a investirli di significato. Per Heidegger dunque, il mondo designa l'ambiente concreto nel quale si svolge, per esempio, l'attività del falegname: questi usa gli attrezzi stanti nella sua officina, e lavora il legno degli alberi cresciuti nella vicina foresta, per fabbricare un tavolo che sarà venduto ai contadini del podere accanto. La concezione del mondo non si lascia separare dall'esistenza umana nel mondo. Gli enti alla mia portata di mano non sono anzitutto delle sostanze estese o dei corpi materiali, bensì un martello per piantare chiodi, la matita con cui scrivo, e il tavolo su cui mangiare.

L'analisi esistenziale, oltre che all'essere-nel-mondo e all'essere-con gli altri uomini, si estende allo stato d'animo ovvero la situazione emotiva (*Befindlichkeit*) in cui ci troviamo. Heidegger, lungi dall'interessarsi dei sentimenti passeggeri che proviamo in determinati momenti e che sono piuttosto oggetto di ricerche psicologiche – sentimenti come la soddisfazione per la riuscita del proprio operato, oppure la paura di uno studente prima dell'esame –, analizza la situazione emotiva che abbraccia tutta l'esistenza, e che può sia illuminare che oscurare il mondo intero. Chi ad esempio prova angoscia, non conosce né la causa precisa del suo stato d'animo, né sa indicare la cosa specifica di cui avrebbe un particolare timore; nondimeno, è incapace di sottrarsi alla propria situazione emotiva. Heidegger riassume, per così dire, l'analisi esistenziale nel termine della cura (*Sorge*), giocando con i due significati differenti dell'espressione tedesca: cura in un primo senso designa un'attività esteriore, di chi per esempio si occupa di un malato, coltiva il giardino o si dedica all'igiene personale; in un secondo senso, invece, cura significa la preoccupazione interiore di chi, per esempio, soffre di un conflitto famigliare, teme di perdere il posto di lavoro o si dà pensiero per un esame. Heidegger congiunge entrambi gli aspetti (l'aver cura di qualcosa, e l'esser preoccupati), legando la situazione emotiva con il carattere dell'essere-nel-mondo: «L'essere dell'esserci significa: essere-avanti-a-sé-già-in (un mondo) in quanto esser-presso (l'ente che si incontra dentro il mondo)»[39]. Questa definizione della cura coglie perfettamente la condizione umana: trovandosi gettato nel mondo, l'uomo "incontra" le varie cose, gli altri uomini, e siccome le sue occupazioni e preoccupazioni sono rivolte ad essi e alle cose, l'esserci è "presso" questi enti. D'altronde, l'attenzione dell'uomo si dirige verso le proprie possibilità future, cosicché l'esserci è anche proiettato in "avanti", oltre se stesso. La struttura temporale dell'esserci che emerge dall'analisi della cura introduce allora il tema della temporalità, al quale è dedicata la seconda sezione di *Essere e Tempo*.

b) La temporalità

È importante tener presente che l'analisi esistenziale svolta fin qui, per Heidegger, ha solamente una funzione preliminare: nella seconda metà di *Essere e tempo* il filosofo cerca di mettere in luce la temporalità costitutiva dell'esserci, la quale a sua volta è la condizione per stabilire il nesso tra tempo ed essere. Per quanto riguarda la temporalità dell'esistenza umana, l'autore ritorna sui problemi legati alla determinazione di sé. Viste le molteplici possibilità di esistere, ciascuno deve operare delle scelte, in modo proprio o improprio, autentico o non autentico, rimanendo nella sfera della mediocrità del "si" o afferrando le proprie possibilità. Per chi vuol esistere autenticamente, sorge comunque la difficoltà di abbracciare la propria esistenza nella sua totalità. Come si può effettivamente determinare se stessi, se questa decisione è tesa a comprendere tutte le possibilità esistenziali nel loro insieme? Appare addirittura impossibile voler vivere autenticamente, perché le possibilità aperte si esauriscono solo con la morte; sembra anzi che la stessa morte sia la possibilità più propria e insuperabile dell'esistenza umana. Heidegger per questo motivo definisce l'esserci come essere-per-la-

---

[39] «Das Sein des Daseins besagt: Sich-vorweg-schon-sein-in-(der-Welt-) als Sein-bei (innerweltlich begegnendem Seienden)» (op. cit., p. 256; trad. it., p. 235).

morte (*Sein zum Tode*). La morte è quel limite, giunti al quale ci è tolta ogni ulteriore possibilità; il morire, quale ultima possibilità, rende impossibile tutte le altre possibilità. Chi non riconosce la possibilità di morire, non può comprendere la totalità dell'esistenza: per esistere autenticamente si richiede dunque una decisione anticipatrice (*vorlaufende Entschlossenheit*) che accetti la morte come ultima e definitiva possibilità dell'esserci.

Heidegger integra la spiegazione della decisione anticipatrice della morte con alcune osservazioni sulla coscienza e sulla colpa. La coscienza (*Gewissen*) sollecita l'uomo ad esistere in modo autentico, incitandolo a scegliere certe possibilità e a non seguire semplicemente le indicazioni altrui. La coscienza, al tempo stesso, gli rivela che finora è esistito in modo improprio, il che fa sorgere la consapevolezza della colpa (*Schuld*). Né la coscienza né la colpa, però, possiedono per Heidegger un contenuto specificamente etico: le possibilità dell'esistenza in *Essere e tempo* si distinguono esclusivamente in autentiche e inautentiche, non in buone e cattive. Molti interpreti, e con ragione, hanno di conseguenza criticato il disinteresse totale del filosofo per le questioni politiche e morali; questo vuoto etico costituisce per alcuni la ragione per cui Heidegger si fece sedurre e traviare dal movimento nazista, nel quale aveva scorto il risveglio verso una nuova autenticità, senza rendersi conto della natura disumana dell'ideologia nazista. Privi di ogni connotazione etica, i concetti di coscienza e di colpa da Heidegger vengono utilizzati esclusivamente per chiarire il significato della decisione anticipatrice: scegliendo le proprie possibilità, l'uomo abbandona l'esistenza inautentica e accetta l'ultima possibilità della morte.

La risoluzione di cui tratta *Essere e tempo* esibisce una struttura assai complessa della quale Heidegger ora cerca di mostrare che contiene le tre dimensioni del tempo, passato, presente e futuro. L'analisi accurata della decisione anticipatrice rivela dunque la temporalità dell'esserci: Anticipando la morte, l'esistenza autentica tende anzitutto verso il futuro. La risolutezza inoltre comporta un senso di colpa; riconoscendo la propria colpevolezza e abbandonando l'esistenza inautentica, l'uomo esce dal passato. Chi infine non solo anticipa la morte, ma sceglie pure delle possibilità effettive, cioè compie delle azioni reali, incontra il presente. Per dirla in breve, l'esserci anticipa il futuro, assumendo il passato e occupandosi del presente:

> «Ad-veniente rivenendo su se stessa, la decisione, presentando, si porta nella situazione. L'esser-stato scaturisce dall'avvenire in modo

che l'avvenire che è stato (o meglio essente-stato) lascia scaturire il presente da sé»[40].

Il discorso heideggeriano sulla temporalità a prima vista ha poco a che fare con l'uso consueto del concetto di tempo, per esempio in fisica. Il tempo fisico indicato dagli orologi e misurato dai cronometri, si presenta come una mera serie di istanti presenti. Il filosofo invece pretende di aver evidenziato un significato più profondo del tempo, e per distinguere la temporalità dell'esserci dal concetto ordinario e banale del tempo, egli chiama estasi (*Ekstasen*) le tre dimensioni del passato, del presente e del futuro. Va detto per inciso che Heidegger non era certo il primo a riflettere sull'esperienza del tempo; probabilmente fu ispirato dalle lezioni di Husserl sulla fenomenologia della coscienza interna del tempo, la cui edizione Heidegger stava preparando proprio mentre scriveva *Essere e tempo*. A differenza del maestro, Heidegger però non ipotizza una costituzione graduale del tempo da parte della coscienza, bensì ricava la struttura complessa della temporalità dall'analisi esistenziale: nella temporalità, a suo parere, consiste il "senso ontologico" della cura, la quale a sua volta si è mostrata come la condizione fondamentale dell'esserci. Giunto a tale risultato, Heidegger spera infine di svelare il nesso tra tempo ed essere per poter rifondare la metafisica. Siccome i filosofi della tradizione avevano concepito l'essere in termini di semplice presenza, ignorando la temporalità originaria dell'esserci, egli intende contrapporre all'idea erronea di un essere immutabile la nuova comprensione del senso dell'essere.

c) Essere come linguaggio

Heidegger è rimasto sempre insoddisfatto della sua opera principale, che avrebbe dovuto contenere non solo una terza sezione sullo stretto rapporto tra tempo ed essere, ma anche un'intera seconda parte dedicata alla distruzione della storia dell'ontologia. Benché il manoscritto di *Essere e tempo* avesse realizzato dunque solo una parte del progetto complessivo, Heidegger diede il libro alle stampe, indotto tra l'altro dall'esigenza di disporre di

---

[40] «Zukünftig auf sich zurückkommend, bringt sich die Entschlossenheit gegenwärtigend in die Situation. Die Gewesenheit entspringt der Zukunft, so zwar, dass die gewesene (besser gewesende) Zukunft die Gegenwart aus sich entlässt» (op. cit., pp. 431–432; trad. it., p. 387).

una pubblicazione per succedere alla cattedra di Husserl. Più tardi invece spiegò la frammentarietà di *Essere e tempo* adducendo intrinseci limiti linguistici nel trattare il tema: per poter esporre il senso dell'essere, il filosofo sentiva il bisogno di una critica ancora più approfondita della tradizione metafisica e del suo linguaggio. Heidegger non riprese più la stesura del volume nel suo progetto originale; nondimeno, il problema della metafisica ha continuato a pervadere tanto le lezioni quanto gli scritti degli anni successivi. Nel 1929 Heidegger tenne la sua prolusione all'università di Friburgo interrogandosi sulla domanda: *Che cos'è la metafisica?* In questa conferenza sviluppò i consueti temi metafisici in termini esistenziali, e propose un'acuta interpretazione dell'angoscia come l'esperienza del nulla, fondendo insieme il fenomeno dell'angoscia e l'antico problema del nulla.

L'angoscia, infatti, rappresenta uno dei concetti fondamentali del pensiero esistenziale, già trattato ampiamente da Kierkegaard e ripreso in seguito da Sartre. Come ricorda Heidegger, l'angoscia non va scambiata con la paura: quest'ultima riguarda sempre un oggetto specifico, come la paura di questo professore, la paura per una malattia, eccetera; l'angoscia invece non si riferisce a nessuna cosa in particolare, ma è quasi, per dir così, la paura di nulla. L'angoscia, dunque, costituisce uno stato emotivo in cui l'uomo si sente profondamente a disagio nella propria esistenza come tale. L'esserci scopre la sua completa estraneità rispetto agli enti che lo circondano; il mondo perde di ogni significato. Ma come si può evitare lo stato di angoscia? Per Heidegger la via d'uscita consiste nell'annullamento del nulla, l'uomo deve cioè incorporare quelle cose che gli appaiono nulle nel progetto della propria esistenza, perché in funzione delle nostre scelte il nulla si trasforma in un ente. Capovolgendo il classico assioma metafisico secondo cui nulla proviene dal nulla, Heidegger confonde gli ascoltatori con la pretesa che «nell'essere dell'ente avviene il nientificare del niente»[41]. Nell'ottica heideggeriana, il nulla si tramuta nella vera origine degli enti, e rende possibile che l'essere si riveli all'uomo, perché «l'essere stesso è per essenza finito e si manifesta solo nella trascendenza dell'esserci che è tenuto fuori del niente»[42].

---

[41] «Im Sein des Seienden geschieht das Nichten des Nichts» (M. Heidegger, *Was ist Metaphysik?*, Bonn 1929; in: Gesamtausgabe, vol. 9, p. 115; trad. it. di F. Volpi, in: Segnavia, Adelphi, Milano 1987, p. 71).

[42] «...das Sein selbst im Wesen endlich ist und sich nur in der Transzendenz des in das Nichts hinausgehaltenen Daseins offenbart» (op. cit., p. 120; trad. it., p. 75).

Anche in molte altre occasioni Heidegger si è occupato dei grandi temi metafisici. Tuttavia la stessa nozione di metafisica assunse progressivamente un significato sempre più negativo in Heidegger, che rimproverava alla tradizione filosofica occidentale di avere appunto soppresso la differenza ontologica, dedicandosi unicamente all'ente, ma dimenticando tanto l'essere quanto il nulla. Nel contempo egli proseguiva nell'esame storico-critico dei grandi pensatori del passato, risalendo fino ai presocratici. Questi studi culminarono in alcuni saggi e in una serie di corsi e seminari sulla filosofia di Nietzsche: secondo Heidegger, nella dottrina nietzschiana della volontà di potenza, l'oblio dell'essere aveva raggiunto il compimento. L'altro punto estremo della storia del pensiero metafisico occidentale è, per Heidegger, appunto Hegel. Non limitando le sue riflessioni alla sfera del mero pensiero filosofico, il Nostro alla fine analizzava lo sviluppo delle scienze moderne e della tecnica, nelle quali la storia della metafisica e l'oblio dell'essere a suo vedere trovavano continuazione. Durante gli anni 1950 dedicò alcuni scritti penetranti al problema della tecnica, mettendo in evidenza come l'uomo odierno organizzi e pianifichi la realtà secondo i suoi progetti, come se l'essere fosse semplicemente qualcosa messo in atto da noi.

Vista la distruzione della metafisica, ci si può certamente chiedere se Heidegger abbia mai fornito una definizione positiva del senso dell'essere. In un seminario sulla *Scienza della logica* di Hegel, invece di un ulteriore superamento, chiede di fare un passo indietro e di abbandonare la concezione onto-teologica dell'essere. Però anziché specificare dove porti questa via, Heidegger resta allusivo, affermando che «la difficoltà si trova nella lingua»[43]. La comprensione del tardo Heidegger, infatti, è ostacolata da due problemi. Il primo consiste nell'estrema frammentarietà delle opere pubblicate dal filosofo: dopo il rettorato del 1933-34 per vari anni non diede alle stampe quasi niente, ed anche dopo la seconda guerra mondiale pubblicò solo degli articoli e il materiale relativo ad alcuni corsi universitari, ma non scrisse un altro saggio. Inoltre, parecchi testi sono apparsi molto tempo dopo la loro stesura, e dunque non riflettono necessariamente il pensiero

---

[43] «Das Schwierige liegt in der Sprache» (M. Heidegger, «Die onto-theo-logische Verfassung der Metaphysik», in: *Identität und Differenz*, Neske, Pfullingen 1957; in: Gesamtausgabe, vol. 11, p. 78; trad. it. di U. M. Ugazio, in: Aut Aut 187–188, 1982, p. 36).

dell'autore al momento della loro pubblicazione. Verso la fine della vita, Heidegger stava preparando un'edizione completa che oltre agli scritti pubblicati doveva comprendere anche tutte le lezioni e conferenze[44].

Il secondo problema per la comprensione di Heidegger, poi, riguarda lo sviluppo del suo pensiero. Le opere successive ad *Essere e tempo* in realtà non costituiscono né un semplice prolungamento né un approfondimento del progetto originario. Per qualche decennio, tra gli interpeti, ha dominato l'idea che il pensiero heideggeriano fosse diviso in due fasi distinte, segnate da approcci sostanzialmente diversi: mentre il primo Heidegger avrebbe analizzato l'esistenza umana, finita e soggetta al tempo, il secondo Heidegger sarebbe tornato a proporre una specie di filosofia dell'essere infinito ed eterno. Lo stesso autore ha alimentato quest'idea, quando, in riferimento al suo discorso sull'essere, ha menzionato ripetutamente e con una certa enfasi la svolta (*Kehre*) subita dal suo pensiero[45]. A quanto si può constatare, Heidegger è stato continuamente preso dalla difficoltà del come afferrare e comprendere l'essere. Finché noi riusciamo a capire la verità, essa ci si deve "svelare", ovvero l'essere deve "accadere": la manifestazione dell'essere non dipende dall'uomo, ma ha la sua origine nell'essere stesso. Il filosofo perciò chiamava evento (*Ereignis*) l'apparire dell'essere che si dà all'uomo.

Tal evento dell'essere per Heidegger, nella sua ultima fase, era collegato con l'opera d'arte e con la poesia in modo particolare. Nel dopoguerra, infatti, i poeti assumevano un posto centrale nel suo pensiero. Non sarebbe esagerato dire che il Nostro in quegli anni avesse elaborato una concezione metafisica del linguaggio. Eppure, al pari dell'analisi esistenziale del primo Heidegger, anche le opere mature sul linguaggio hanno come unico obiettivo cogliere il senso dell'essere. Il linguaggio tuttavia non svolge un ruolo solamente strumentale, non è considerato meramente come un dispositivo con cui l'uomo si impadronisce delle cose, poiché è il linguaggio stesso che ci parla e ci rivela l'essere. Per questo a Heidegger piaceva paragonare il linguaggio ad una dimora in cui abitava l'uomo: «Il linguaggio è la casa

---

[44] Sono previsti circa cento volumi, tre quarti del quali sinora sono apparsi. Nonostante l'edizione sia sprovvista di apparato critico, il suo procedere ha fatto avanzare considerevolmente la ricerca.

[45] La fonte classica per la divisione delle due fasi è W. J. Richardson, *Heidegger. Through phenomenology to thought*, Nijhoff, Den Haag 1963.

dell'essere»[46]. La metafora della dimora esprime lo stretto legame tra l'uomo e il linguaggio; quest'ultimo è affidato alla cura dell'uomo, che non solo lo abita, ma lo deve anche custodire. L'essere, nonostante si sveli nel linguaggio, non appare mai in modo definitivo e perfetto; in ogni evento ugualmente si rivela e si cela, sfuggendo ad ogni presa di possesso. Con queste riflessioni sul linguaggio, l'Heidegger maturo si è ovviamente allontanato parecchio dall'analisi esistenziale di *Essere e tempo*. Mentre molti studiosi sono rimasti turbati dal carattere sibillino e poco sistematico delle sue affermazioni, solo pochi hanno contestato che la sua insistenza sul senso dell'essere abbia contribuito a mantenere vivi i grandi temi metafisici.

19. Sartre e l'esistenzialismo

Nel Novecento c'è una differenza tra la cultura filosofica della Francia e quella della Germania: mentre in quest'ultimo paese, con pensatori come Edmund Husserl e Martin Heidegger, è proseguita la nobile tradizione della filosofia di ispirazione teoretica, radicata nell'ambiente accademico, in Francia ha predominato la figura dell'intellettuale, del *maître à penser*. Il primo grande personaggio di questa tendenza fu Henri Bergson (1859–1941)[47]; questi non ebbe mai una cattedra universitaria, ma insegnò presso il prestigioso Collegio di Francia a Parigi. Come i due maestri della fenomenologia, anche Bergson, in un primo momento della sua carriera, si era occupato del tempo vissuto, introducendo la nozione della durata (*durée*), che egli contrappose ad un concetto meramente quantitativo del tempo[48]. L'opera più conosciuta di Bergson resta però il libro su *L'evoluzione creatrice*, nella quale egli prese le distanze dall'evoluzionismo di Charles Darwin.

---

[46] «Die Sprache ist das Haus des Seins»: l'affermazione si trova per la prima volta nella famosa *Lettera sull'umanesimo* del 1947 (cfr. M. Heidegger, *Brief über den Humanismus*, Bern 1947; in: Gesamtausgabe, vol. 9, p. 313; trad. it. di F. Volpi, in: Segnavia, p. 267), e fu ripresa in una conferenza su «L'essenza del linguaggio» (cfr. M. Heidegger, «Das Wesen der Sprache» [1959], in: Gesamtausgabe, vol. 12, p. 156; trad. it. di A. Caracciolo, in: In cammino verso il linguaggio, Mursia, Milano 1973, p. 132).

[47] Il rinnovato interesse per la filosofia di Bergson è dovuto in parte ad un piccolo libretto di G. Deleuze (*Le bergsonisme*, Presses universitaires de France, Paris 1966; trad. it. di F. Sossi, Feltrinelli, Milano 1983) che costituisce tuttora un'ottima introduzione al suo pensiero.

[48] La concezione bergsoniana del tempo e della memoria ha esercitato un grande influsso, tra l'altro, sullo scrittore Marcel Proust e il suo ciclo di sette romanzi *Alla ricerca del tempo perduto* (1913–27).

Per evitare una spiegazione meccanicistica della vita, il filosofo postulava uno slancio vitale (*élan vital*) che tende verso lo sviluppo delle forme superiori e complesse. Il volume divenne subito un bestseller che rese l'autore una celebrità: si racconta che una sua conferenza alla Columbia University di New York avrebbe provocato il primo ingorgo stradale a Broadway. Nel 1927 Bergson ricevette il premio Nobel per la letteratura.

Tuttavia la fama di Bergson sbiadì nel secondo dopoguerra, con l'ascesa di un altro intellettuale, Jean-Paul Sartre (1905–1980). Sartre fu non solo il principale rappresentante della filosofia esistenziale in Francia, ma anche romanziere, drammaturgo e saggista, nonché caporedattore di una rivista e di un quotidiano[49]. Condusse una vita da *bohémien*: abitò nel quartiere parigino di Saint-Germain-des-Prés, frequentandone i caffè e bar, dove non lo si vedeva mai senza sigaretta. Pieno di presunzione, Sartre non nutriva il minimo dubbio sul proprio genio e non perdeva occasione per comparire in pubblico. Molto nota era la relazione sentimentale che lo legò a Simone de Beauvoir (1908–1986), anche lei filosofa e scrittrice[50]. I due, non sposati, formavano una specie di coppia aperta, avendo stipulato un patto che permetteva le relazioni occasionali ad entrambe le parti. Sartre inoltre si distinse per lo straordinario impegno politico. Dopo aver partecipato alla resistenza francese contro l'occupazione tedesca, negli anni cinquanta chiese il ritiro della Francia dall'Algeria e sostenne la lotta di Fidel Castro e Ernesto Che Guevara a Cuba. Quando nel 1964 gli fu offerto il premio Nobel, lo rifiutò, considerandolo un simbolo della cultura borghese. Nel 1968 aderì alle manifestazioni studentesche del maggio parigino e condannò la repressione sovietica della primavera di Praga. Ancora nei tardi anni settanta, indebolito dalla vecchiaia e dalla malattia, intercedette pubblicamente per i dissidenti nell'Unione Sovietica e per i rifugiati vietnamiti.

Il contributo più importante di Sartre dal punto di vista filosofico fu senza dubbio *L'essere e il nulla*, del 1943. Il libro porta il sottotitolo significativo "Saggio di ontologia fenomenologica", che indica chiaramente il riferi-

---

[19] Mi riferisco a *Les temps modernes*, rivista mensile fondata nel 1945, e alla *Libération*, quotidiano fondato nel 1973, che entrambi continuano ad uscire.

[50] Con il libro *Il secondo sesso*, la compagna di Sartre ha influenzato profondamente il movimento femminista (cfr. S. de Beauvoir, *Le deuxième sexe*, Gallimard, Paris 1949; trad. it. di R. Cantini e M. Andreose, Il saggiatore, Milano 1961). Sulla figura della pensatrice si consulti lo studio di T. Moi, *Simone de Beauvoir. The making of an intellectual woman*, Blackwell, Oxford 1994.

mento sia a Husserl che a Heidegger; il testo peraltro dimostra un influsso altrettanto forte da parte di Hegel. Alludendo all'inizio della *Scienza della logica* hegeliana, secondo cui "l'essere è il nulla" (vedi cap. 4), Sartre ricorda «contro Hegel [...] che l'essere è e il nulla non è»[51]. *L'essere e il nulla* unisce in effetti certi tratti della dialettica hegeliana con l'esplorazione husserliana della coscienza soggettiva e l'analisi heideggeriana dell'esserci. Al centro del libro sta (a) la concezione sartriana della coscienza come quel nulla al quale è opposto l'essere. Grazie all'attività nullificante della coscienza, noi percepiamo la realtà che ci circonda e che ci si presenta come un mondo strutturato, composto da singoli oggetti materiali. Nell'elaborazione della sua ontologia, l'autore dedica particolare attenzione (b) ai momenti dell'intersoggettività e della corporeità umana; l'uomo di Sartre perciò non è un soggetto immateriale o solitario. L'ontologia fenomenologica culmina (c) nella teoria della libertà, che ha fortemente condizionato le discussioni sull'esistenzialismo. Così come la coscienza è definita attraverso la nullificazione dell'essere, costituendo in tal modo un mondo a sé, allo stesso modo la condizione umana è segnata dalla libertà, che obbliga ogni uomo a determinare se stesso sulla base della fatticità dell'esistenza.

a) Essere-per-sé

L'ontologia fenomenologica di Sartre può essere vista come il tentativo di combinare il metodo fenomenologico di Husserl con l'analisi esistenziale di Heidegger. Del primo, Sartre riprende l'idea della coscienza soggettiva come fondamento di ogni indagine filosofica; con il secondo, invece, condivide l'attenzione per la realtà umana. Interpretando la realtà umana come coscienza soggettiva, ossia come essere-per-sé (*être-pour-soi*), Sartre rimane in un certo senso fedele alla tradizione cartesiana. La terminologia adoperata però ricorda la logica di Hegel, dove l'essere-per-sé era contrapposto all'essere-in-sé: Sartre con "essere-in-sé" designa tutte le cose inanimate esistenti nel mondo, mentre chiama "essere-per-sé" la coscienza umana, alla

---

[51] «Ce qu'il faut appeler ici contre Hegel, c'est que l'être est et que le néant n'est pas» (J.-P. Sartre, *L'être et le néant. Essai d'ontologie phénoménologique*, Gallimard, Paris 1943, p. 51; trad. it. di G. del Bo; riv. da F. Fergnani e M. Lazzari, Il saggiatore, Milano 1997, p. 50). – Lo studio classico sul rapporto tra Sartre e Hegel è K. Hartmann, *Grundzüge der Ontologie Sartres in ihrem Verhältnis zu Hegels Logik. Eine Untersuchung zu "L'être et le néant"*, de Gruyter, Berlin 1963.

quale le cose appaiono. Ne *L'essere e il nulla* il filosofo esamina il rapporto fra queste due forme fondamentali d'essere. Sebbene egli non intendesse in nessun modo negare l'esistenza delle cose in se stesse, dedicò soltanto pochissime pagine della sua ontologia all'essere-in-sé (*être-en-soi*): le cose sono ciò che sono, e tali restano; non c'è molto altro da dire. L'attenzione principale dell'autore è quindi incentrata sull'essere-per-sé, giacché nella misura in cui le cose entrano nella coscienza e diventano qualcosa *per* noi, acquisiscono un significato: per la coscienza esse possiedono degli attributi, formando un mondo concreto. Sartre riconduce questo fatto alla natura stessa della coscienza, cioè alla capacità di nullificare (*néantiser*).

Il nulla, la nullificazione, secondo Sartre, costituiscono il fondamento della nostra coscienza del mondo oggettivo: affinché ci sia per noi un mondo strutturato, popolato da singole cose aventi un significato determinato, la coscienza deve nullificare qualcosa. Questa nullificazione per Sartre precede ogni negazione, per cui non va scambiata con la particella "non" o con il giudizio negativo. Poiché l'essere-in-sé non contiene alcun momento negativo, il nulla (*néant*) deve avere origine nella coscienza umana. «L'uomo – conclude Sartre – è l'essere per cui il nulla viene al mondo»[52]. Mentre l'essere-in-sé trascende la coscienza, il nulla, al pari di ogni sorta di negazione, sono il prodotto della coscienza. Sartre illustra la capacità della coscienza di nullificare con un famoso esempio, che si può raccontare come segue. Immaginiamo che io abbia un appuntamento con il mio amico Pietro in un caffè. Sfortunatamente arrivo in ritardo di un quarto d'ora; entro nel locale dove ci siamo dati appuntamento, mi guardo in giro e, non vedendolo, penso tra me e me: "Pietro non è qui". Ora, quest'osservazione potrebbe sembrare una negazione: getto un'occhiata nel bar e, dopo essermi accertato che tra gli avventori non ci sia Pietro, capisco che il mio amico non è lì. Eppure per Sartre le cose non stanno così. Quando entro nel caffè, non è che io scruti tutto il locale, passando in rassegna ogni singola cosa e persona, per concluderne poi che il mio amico non c'è. Al contrario, percepisco, per così dire, immediatamente l'assenza del mio amico. Il resto del posto, ovvero i camerieri, i clienti, i mobili, le stoviglie, il rumore, il fumo eccetera, entrano a malapena nella mia coscienza, rappresentandone non

---

[52] «L'homme est l'être par qui le néant vient au monde» (op. cit., p. 60; trad. it., p. 60).

già l'oggetto, ma una specie di sfondo su cui dovrebbe stagliarsi la figura di Pietro. Nell'aspettativa di scorgere il suo viso, non bado nemmeno a ciò che non è lui, ma mi accorgo subito che egli non c'è. Per questo, sembra che io letteralmente veda apparire il nulla, e lo veda distinguersi dal fondo del bar. Il giudizio che "Pietro non è qui" si limita a rendere esplicita la percezione immediata del suo non-essere.

Quest'esempio può aiutare a capire meglio le riflessioni di Sartre circa la natura dell'essere-per-sé. In realtà sono io a determinare il modo in cui quel bar mi appare in quel giorno. Il mio appuntamento con Pietro, la preoccupazione che egli nel frattempo se ne sia andato, condizionano la mia percezione di quel caffè in modo tale che vedo quasi all'istante l'assenza del mio amico. Se invece non ci fossimo dati appuntamento, o se io avessi dimenticato l'appuntamento e fossi passato di là per puro caso, il locale certamente mi sarebbe apparso in un modo diverso. Da ciò segue che dipende ampiamente dal soggetto e dalle sue libere scelte come il mondo gli si presenti in un determinato momento. La potenza nullificante della coscienza, dunque, non può essere considerata indipendentemente dalla nostra libertà di definire le situazioni in cui ci troviamo. Prima però di approfondire il tema della libertà, occorre completare la descrizione della coscienza. Il nulla, infatti, rivela ancora un altro tratto decisivo dell'essere-per-sé, cioè la temporalità. Riagganciandosi a Heidegger, Sartre sottolinea che la realtà umana significa anzitutto esistere nel tempo: avere un proprio passato, negare il presente e progettare un futuro diverso. Sia la libertà sia la temporalità mostrano la struttura dialettica dell'essere-per-sé, definito da Sartre come «ciò che è ciò che non è e ciò che non è ciò che è»[53]. Mentre l'essere-in-sé non subisce nessun mutamento, rimanendo sempre ciò che è, la coscienza può dirigersi verso le mete più diverse. Tuttavia io non sono né ciò che intendo, né intendo solo ciò che sono, ma la dinamica della vita umana consiste proprio nella feconda tensione tra l'essere ciò che non si è e il non-essere ciò che si è.

Alcune riflessioni di Sartre sul nulla sono dedicate ad un atteggiamento che il filosofo chiama la malafede (*mauvaise foi*). Egli introduce il tema tramite un altro famoso esempio, ambientato di nuovo in un bar. Un gentiluomo siede accanto ad una donna un po' civettuola. Benché le intenzioni

---

[53] «L'être du pour-soi se définit au contraire comme étant ce qu'il n'est pas et n'étant pas ce qu'il est» (op. cit., p. 33; trad. it., p. 32).

del cavaliere siano più che ovvie, la donna, quando egli le tocca mano, non la ritira. Ben consapevole di varcare un limite, ella finge di non notare le *avances* del corteggiatore, e lascia che l'uomo le carezzi la mano, come se quella mano non le appartenesse. La donna rimuove persino il desiderio che potrebbe portare ad un'avventura amorosa, ovvero mente a se stessa, non volendo ammettere che ormai è pronta a lasciarsi sedurre. Sartre allora si domanda come sia possibile un simile comportamento in malafede. Come si può ingannare se stessi? Come si può prestar fede a qualcosa cui sotto sotto non si crede nemmeno? La donna, infatti, benché sia complice del cavaliere che le carezza la mano, si considera riservata e castigata; se invece riflettesse a fondo sul proprio atteggiamento, probabilmente riconoscerebbe che *crede* solamente di essere pudica. La malafede è resa possibile perché l'atto di credere, a differenza del sapere, implica sempre la possibilità che le cose stiano diversamente. La credenza permette dunque di supporre una cosa, senza escludere con certezza il suo contrario. Con malafede si crede di essere qualcosa che in realtà non si è, avendo buone ragioni per assumere che non lo si sia. Così la donna si convince che non stia succedendo niente laddove dovrebbe ammettere che ha cominciato ad amoreggiare con il suo vicino di tavola. Per Sartre, la malafede dimostra un'altra volta l'intreccio della nostra coscienza con la libertà.

b) Essere-per-altri

La teoria sartriana dell'essere-per-sé a molti è apparsa come un ritorno alla metafisica cartesiana. Così come Cartesio aveva rifondato la prima filosofia sull'*io penso*, egualmente l'ontologia fenomenologica di Sartre poggia sul concetto della coscienza come nullificazione dell'essere; al dualismo tra mente e corpo in Cartesio corrisponde l'opposizione tra essere-per-sé ed essere-in-sé. Senza poter discutere qui la metafisica cartesiana, è comunque facile vedere che Sartre né presenta la coscienza umana come un io solipsistico, né concepisce il corpo in modo meccanicistico. Nella terza parte de *L'essere e il nulla*, dedicata alle relazioni con gli altri, l'autore pone in risalto l'essere-per-altri (*être-pour-autrui*) come uno specifico modo d'esistere. Essere-per-altri significa riconoscere l'esistenza altrui, interagire l'uno con l'altro, entrare in un rapporto concreto con altri. In tutti questi casi, secondo Sartre, il proprio corpo funge quasi come medium del rapporto tra sé e la persona dell'altro. Grazie alle sue considerazioni sull'essere-per-altri, il nostro filosofo, dopo Hegel e Husserl, fu il terzo grande pensatore contemporaneo che ha approfondito il tema dell'intersoggettività. Come già in altre occasioni, Sartre comincia l'analisi fenomenologica dell'essere-per-altri con un esempio brillante. Racconta la storia di una persona che si trova da sola in un corridoio quando improvvisamente sente un rumore proveniente dall'altra parte di una porta. Il suono desta la sua curiosità: spontaneamente l'uomo si china giù, e, spiando dal buco della serratura, scorge un uomo con una donna. In quel momento, questo spione ode dei passi alle sue spalle: la sua attenzione subito si sposta, ed egli si sente colto in flagrante.

Che cosa gli è capitato? Quando ha udito i passi, l'uomo è divenuto consapevole del fatto che qualcun altro lo stava osservando; si è reso conto di essere apparso alla coscienza altrui come un oggetto qualsiasi. L'altro osservatore vede un corpo piegato in avanti, con il naso alla porta, ma come un essere-in-sé simile alle restanti cose che si trovano nel corridoio, ovvero il tappeto, il cassettone, il lampadario, la guardaroba, e così via. L'esperienza dello sguardo (*regard*) di chi ci osserva, ossia la sensazione di essere visti, tanto per intenderci, non riguarda lo sguardo reale che ci inquadra, poiché non lo possiamo scorgere finché siamo di spalle e non ci giriamo. Sartre dunque non si riferisce tanto agli occhi scrutatori di chi ci sta osservando, ma parla piuttosto della nostra immaginazione dello sguardo altrui: appena sentiamo passi nel corridoio possiamo avere la sensazione di essere osservati, ancor prima di girarci e vedere qualcuno. Immaginando che l'altro ci scruti, dobbiamo riconoscere che siamo noi stessi l'oggetto che egli sta guardando. La percezione dello sguardo altrui ci insegna che siamo per-altri, che esistiamo come un oggetto che si presenta agli occhi altrui; essere per-altri significa essere reificati. Lo sguardo mi toglie la libertà e mi vincola a ciò che sono: «Basta che altri mi guardi perché io sia ciò che sono»[54]. È per questo motivo che l'uomo prova vergogna (*honte*). Chi si sente osservato, diventa consapevole di non essere più libero di cambiare l'accaduto. La persona che spiava dal buco della serratura si è accorta di aver fatto qualcosa di riprovevole e di cui non voleva che altri ne prendesse atto; si è vergognata perché sapeva di essere per-altri un guardone, mentre avrebbe preferito non esserlo.

---

[54] «Il suffit qu'autrui me regarde pour que je sois ce que je suis» (op. cit., p. 320; trad. it., p. 315).

Il pensiero esistenziale

L'esperienza di vergognarsi di ciò che si è, davanti ad altri, induce l'uomo ad attribuire all'altro la capacità di reificarlo: chi mi guarda, inevitabilmente mi oggettiva e mi giudica, senza che io possa impedirglielo. Il sentimento di vergogna implica il riconoscimento della inafferrabile soggettività altrui: il fatto dello sguardo mi costringe a considerare come un soggetto libero colui che mi rende oggetto. Questa dinamica, secondo Sartre, mi spinge al tentativo di riacquistare la mia libertà, oggettivando a mia volta l'altro. L'assoggettamento si può manifestare, ad esempio, nel disinteresse o disprezzo nei suoi confronti, nell'odio implacabile con cui lo perseguito, persino nel desiderio sessuale di possedere il suo corpo. Sartre però non solo elenca i sentimenti ostili, ma cita anche l'amore e il linguaggio come possibili espressioni dello sforzo di dominare l'altro. Per rimanere soggetto libero, ogni uomo tende ad oggettivare il prossimo. Il filosofo insomma considera tutte le relazioni sociali come conflittuali. In un dramma coevo a *L'essere e il nulla*, Sartre raffigura tre personaggi, rinchiusi in una stanza, che si rendono reciprocamente la vita infernale. Come per smentire la necessità di una condanna eterna, l'autore fa esclamare un protagonista: «L'inferno, sono gli altri»[55].

La prospettiva apparentemente negativa della filosofia sociale di Sartre ha spaventato e infastidito parecchi lettori. Non intendo discutere qui la questione se e in quale misura le idee di Sartre siano espressione di una profonda solitudine, oppure se sia stato il suo spirito provocatorio a suggerirgli certe prese di posizione. Mi preme invece ribadire un'ulteriore importante dimensione dell'essere-per-altri: la realtà umana per Sartre non è in nessun modo un'esistenza incorporea. Il soggetto che esiste per-sé non è una *res cogitans* nel senso cartesiano, poiché il corpo umano occupa un posto centrale nell'ontologia fenomenologica. Contro la dicotomia tra mente e corpo, Sartre pone in risalto il corpo vissuto in quanto momento integrante dell'essere-per-sé. Il proprio organismo, ancora prima di essere esposto allo sguardo altrui, è il corpo per-me. Mediante gli organi di senso, io percepisco anzitutto gli uomini e le cose che mi circondano. Solo in seconda battuta il corpo è anche per-altri; anzi, gli altri mi conoscono soltanto come questo corpo. I familiari, per esempio, mi vedono assonnato già al primo mattino; il medico esamina il mio apparato digerente; il biologo studia la funzione

---

[55] «L'enfer, c'est les autres» (J.-P. Sartre, *Huis clos*, in: Théâtre I, Gallimard, Paris 1947, p. 182).

dei miei geni. Pur essendo un oggetto tra molti, il proprio corpo si distingue essenzialmente da tutte le altre cose. Chi mi guarda, mi vede da un punto di vista che io stesso non posso mai occupare. Per questa ragione il mio corpo non si lascia semplicemente dissolvere in un essere-in-sé, bensì continua ad appartenere alla realtà concreta dell'essere-per-sé[56].

c) Essere liberi

La presentazione del pensiero di Sartre finora si è incentrata sui fondamenti ontologici esposti nelle prime tre parti de *L'essere e il nulla*. Secondo lo stesso autore, però, il libro rappresenta anzitutto una filosofia della libertà: Sartre era convinto che l'esistenza umana come tale non fosse in alcun modo predeterminata, né da fattori naturali né da una presunta essenza della specie. La natura dialettica dell'essere-per-sé permette ad ogni uomo di realizzare se stesso, anzi induce ognuno ad operare le sue scelte. La dottrina della libertà esistenziale all'epoca fu accolta con entusiasmo. Le crudeltà della seconda guerra mondiale, il terrore dell'occupazione tedesca e l'esperienza della resistenza contro il nazismo avevano risvegliato in molti un rinnovato desiderio di libertà. I singoli uomini si sentivano chiamati a governare il proprio destino ed a progettare la propria vita. Sartre divenne rapidamente il maggiore esponente dell'esistenzialismo. Questo termine però fu coniato dai suoi critici. Tanto i marxisti quanto i pensatori cattolici si opposero con vigore alla concezione sartriana della libertà. Secondo i primi, l'approccio soggettivista del filosofo conduceva all'inazione politica; per i secondi, invece, il suo ateismo portava alla perdita dei valori. In una celebre conferenza del 1945, intitolata *L'esistenzialismo è un umanismo*, il Nostro rispondeva alle critiche; egli accolse il termine di esistenzialismo utilizzato dagli avversari, e lo mise in circolazione. In quest'occasione il filosofo rifiutò ancora una volta l'idea tradizionale che l'essenza preceda l'esistenza: «L'uomo – dichiarò Sartre – non è altro che ciò che si fa»[57]. Proprio per questa ragione l'esistenzialismo per Sartre era anche un umanismo. L'esisten-

---

[56] Il tema del proprio corpo fu ulteriormente elaborato da M. Merleau-Ponty nella sua opera principale (cfr. *Phénoménologie de la perception*, Gallimard, Paris 1945; trad. it. di A. Bonomi, Il saggiatore, Milano 1965). Più tardi Merleau-Ponty concepì addirittura un'ontologia della carne (cfr. *Le visible et l'invisible. Suivi de notes de travail*, Gallimard, Paris 1964; trad. it. di A. Bonomi, Bompiani, Milano 1969).

[57] «L'homme n'est rien d'autre que ce qu'il se fait» (J.-P. Sartre, *L'existentialisme est un humanisme*, Nagel, Paris 1946, p. 22; trad. it. di G. Mursia Re, Mursia, Milano 1963, p. 51).

zialismo certo non rendeva l'uomo la misura oppure il fine di tutte le cose, ma ciò non vuol dire che lo sciogliesse da ogni responsabilità: è l'uomo stesso che deve creare i valori e scegliere le regole su cui orientarsi.

La fama della conferenza del 1945 è dovuta in parte al fatto che l'anno successivo nientemeno che Martin Heidegger scrisse una *Lettera sull'umanismo*, nella quale prese le distanze dall'esistenzialismo sartriano. Secondo Heidegger, l'analisi esistenziale possedeva solamente una funzione preparativa rispetto alla domanda sul senso dell'essere. Sartre, da parte sua, non era particolarmente felice dello straordinario successo della conferenza: anziché studiare *L'essere e il nulla*, il grande pubblico ora si accontentava di leggere il breve saggio sull'esistenzialismo, ripetendo lo slogan che "l'uomo fa se stesso" e correndo così il rischio di fraintendere e banalizzare il pensiero del filosofo. Vista da una certa prospettiva, infatti, la concezione esistenzialistica della libertà doveva apparire abbastanza ingenua e contraddetta dai fatti. Non bastavano forse gli eventi della guerra e il collaborazionismo di tante persone per provare a sufficienza che le azioni dell'uomo non erano libere, come invece alcuni intellettuali amavano pretendere? A prescindere dalle polemiche sull'essenza dell'uomo, non era ovvio che il singolo, per buona parte, non è ciò che si fa, bensì il prodotto delle condizioni storiche e sociali in cui è nato e in cui deve barcamenarsi?

Ma se le due parti, ammiratori e detrattori di Sartre, avessero letto la quarta parte del capolavoro, avrebbero trovato un concetto di libertà molto più equilibrato e articolato di quanto non risulti dal suddetto slogan. Sartre anzitutto conferma il senso comune per cui «empiricamente, possiamo esser liberi solo in rapporto a uno stato di cose e malgrado questo stato di cose»[58]. Il filosofo quindi ricorda che la stessa libertà non è stata scelta da noi: non siamo noi a voler essere liberi, siamo quasi condannati alla libertà, obbligati a prendere le nostre decisioni. La libertà «non è libera né di non esistere né di non essere libera»[59]. Perciò la libertà non sempre rende la vita più leggera e gradevole, ma spesso anzi ci fa sentire minacciati da ciò che ci è possibile fare, e angosciati da tutto ciò che ci può succedere. L'esistenzialismo né idealizza né assolutizza la libertà, anzi la fa coincidere con la

---

[58] «Empiriquement, nous ne pouvons être libres que par rapport à un état de choses et malgré cet état de choses» (op. cit., p. 566; trad. it., p. 557).

[59] «... n'est libre ni de ne pas exister, ni de ne pas être libre» (ibid.).

contingenza dell'esistenza umana. Riprendendo un'espressione di Heidegger, Sartre parla della fatticità (*facticité*) dell'esistenza. Nella vita di ciascun uomo è operante una lunga serie di fattori contingenti che egli non è in grado di influenzare. Non siamo, per esempio, liberi di mutare la nostra età, oppure di cambiare il colore della pelle; nessuno ha scelto tempo e luogo ove è nato; e tuttavia tali condizioni influiscono su ogni nostra decisione. Inoltre, la costituzione fisica, il nostro passato e le aspettative altrui gravano sulla nostra libertà, la quale, per Sartre, è «originariamente rapporto al dato»[60].

Contingenza e fatticità dell'esistenza possono persino suscitare il tedio della vita, un sentimento di nausea, descritta da Sartre nel romanzo omonimo. Molti uomini pertanto cadono nella disperazione, si rassegnano alla costrizione delle circostanze o negano completamente la libertà. Sartre per contro chiede di integrare la fatticità e la contingenza nella visione della realtà umana. Riconoscendo il condizionamento della nostra esistenza, stiamo in effetti già esercitando la libertà; dipende da ciascuno quale atteggiamento assumere di fronte alle condizioni date. Rientra pure nella responsabilità di ogni uomo resistere alle prevaricazioni e cambiare la situazione in cui si trova. È esattamente in questo senso che l'uomo fa se stesso: non può delegare la propria responsabilità a qualcosa di esistente fuori, oppure al di sopra di lui, poiché l'uomo è l'unico soggetto responsabile delle proprie azioni e della propria condotta. Nessuna meraviglia dunque che Sartre a partire dagli anni quaranta sia divenuto un attivista politico. Dopo l'esperienza del fascismo, si convertì al marxismo e per qualche anno aderì al partito comunista, abbandonando così la prospettiva piuttosto individualistica che aveva ancora segnato *L'essere e il nulla*.

Le idee politiche di Sartre non suscitarono approvazione unanime tra gli intellettuali a lui vicini. I disaccordi politici condussero presto alla rottura con il fenomenologo Maurice Merleau-Ponty (1908–1961), il quale si ritirò dalla redazione della rivista *Les temps modernes*, fondata e diretta da Sartre[61]. Anche l'amicizia che per qualche anno legò il nostro autore allo scrit-

---

[60] «La liberté est originellement rapport au donné» (op. cit, p. 567; trad. it., p. 558).
[61] Sulla filosofia di Merleau-Ponty si veda S. Priest, *Merleau-Ponty*, Routledge, London; New York 1998, e F. Robert, *Phénoménologie et ontologie. Merleau-Ponty lecteur de Husserl et Heidegger*, L'Harmattan, Paris 2005.

tore Albert Camus (1913–1960) si ruppe per dissapori politici. Nel suo saggio *Il mito di Sisifo* del 1942, Camus aveva paragonato la sorte dell'uomo con l'assurda pena di Sisifo, condannato dagli dei a spinger su per un pendio un masso che, poco prima della cima, rotola di nuovo giù. Davanti all'assurdità dell'esistenza, all'uomo non resta che la rivolta permanente. Più tardi Camus chiarì che tutti i movimenti rivoluzionari erano contrari allo spirito di rivolta: siamo sì liberi, ma nessuno sforzo politico può mai raggiungere un vero progresso storico, ogni la lotta per un fine superiore è destinata a fallire. Come dimostrano le scissioni all'interno del movimento esistenzialista, il termine non possiede un'accezione chiara e univoca, riferendosi piuttosto a un diffuso insieme di idee filosofiche, opere letterarie, mode culturali e stili di vita.

Fra gli esponenti dell'esistenzialismo è da annoverare anche il pensatore cattolico Gabriel Marcel (1889–1973), che nei suoi scritti ha offerto una rilettura della visione cristiana dell'uomo. I conflitti tra i diversi rappresentanti e le varie correnti del movimento comunque rispecchiano le profonde tensioni che hanno lacerato le società occidentali durante la guerra fredda. Quale atteggiamento assumere nei confronti della Russia stalinista? I crimini dei comunisti avevano discreditato irrevocabilmente il marxismo? Come trattare i comunisti dell'Europa occidentale? Sartre negli anni successivi cercò di approfondire il rapporto tra esistenzialismo e marxismo. Il frutto delle sue fatiche è un libro di oltre 800 pagine, *La critica della ragione dialettica*, che però non ebbe grandi ripercussioni. Il silenzio che ha circondato l'opera è dovuto solo in parte al suo stile ostico, quasi illeggibile; per prima cosa, infatti, bisogna tener presente che il clima filosofico era ormai mutato. Negli anni sessanta, l'esistenzialismo fu soppiantato da una nuova tendenza intellettuale, e come la generazione di Sartre aveva cancellato il ricordo di Bergson, così i cosiddetti strutturalisti adesso rimpiazzavano il Sartre, il cui pensiero solo negli ultimi tempi ha ricominciato ad attirare interesse.

20. L'altro in Lévinas

Nei capitoli precedenti ho indicato le due direzioni lungo le quali si è sviluppato il metodo husserliano: l'analisi esistenziale di Martin Heidegger e l'essere-per-sé di Jean-Paul Sartre. Non va però dimenticato un altro grande esponente della fenomenologia in Francia: Emmanuel Lévinas (1906–

1995)⁶². Nato in Lituania da famiglia ebrea, Lévinas fu educato nella tradizione della Torah e del Talmud, ma anche la lettura dei grandi romanzi russi ha esercitato una considerevole influenza nella sua formazione. A diciotto anni andò in Francia per studiare filosofia, assumendo nel 1930 la cittadinanza francese. Concluse gli studi con una dissertazione sulla teoria dell'intuizione di Husserl, acquisendo al contempo una certa notorietà come interprete e traduttore del celebre filosofo tedesco. Durante la seconda guerra mondiale, Lévinas prestò servizio come ufficiale; cadde prigioniero e fu internato in un campo di lavoro in Germania. Questa vicenda gli ha probabilmente salvato la vita, poiché i suoi genitori e fratelli rimasti in Lituania furono assassinati dai nazisti. Le traversie biografiche di Lévinas rispecchiano dunque i momenti più oscuri della storia novecentesca, e le sue esperienze personali hanno sicuramente lasciato impronte sul suo pensiero. Dopo aver perso la famiglia nell'olocausto, si dedicò nuovamente allo studio della cultura ebraica, cercando di rielaborare da un punto di vista filosofico la situazione creatasi dopo Auschwitz⁶³. Secondo Lévinas occorre abbandonare la metafisica intesa come discorso speculativo sull'essere, in favore di un'etica che si presenti come filosofia prima. Al centro della sua opera più nota *Totalità e infinito*, infatti, si trova (a) il fenomeno dell'incontro faccia a faccia con l'altro. Quantunque fosse rimasto sostanzialmente fedele al suo programma originario, Lévinas col passare del tempo si distanziò da ciò che egli definiva il linguaggio ontologico, cercando (b) un modo alternativo di esprimere la trascendenza dell'altro. Tali riflessioni lo condussero anche (c) ad una rivalutazione del discorso su Dio.

a) Il volto dell'altro

Il sottotitolo dell'opera principale di Lévinas, pubblicata nel 1961, è "Saggio sull'esteriorità"; di esteriorità però si parla soltanto nella terza sezione del libro, in cui l'autore descrive il fenomeno della manifestazione del volto

---

⁶² La vita del pensatore è raccontata da M.–A. Lescourret, *Emmanuel Levinas*, Flammarion, Paris 1994, e S. Malka, *Emmanuel Lévinas. La vie et la trace*, Lattès, Paris 2002; trad. it. di C. Polledri, Jaca book, Milano 2003.

⁶³ La necessità di ripensare criticamente i fondamenti della cultura occidentale è stata ribadita sopratutta da Adorno secondo cui «scrivere una poesia dopo Auschwitz è un atto di barbarie» («Nach Auschwitz ein Gedicht zu schreiben, ist barbarisch»: T. W. Adorno, «Kulturkritik und Gesellschaft» [1951], in: *Gesammelte Schriften*, Suhrkamp, Frankfurt 1986, vol. 10, p. 30; trad. it. di C. Mainoldi, in: Prismi. Saggi sulla critica della cultura, Einaudi, Torino 1972, p. 22).

umano (*visage*) che ci interpella e ci chiama alla responsabilità. È difficile sottrarsi al fascino di questo passo, nel quale Lévinas si dimostra discepolo, fedele e originale insieme, di Husserl. Per comprendere la dinamica etica dell'incontro interpersonale bisogna tuttavia tener presente il contesto di quelle pagine. In esse Lévinas dapprima espone i concetti fondamentali di totalità e di infinito; quindi sviluppa alcune tesi sull'interiorità; e alla fine contrappone all'esteriorità del volto l'interiorità e la totalità. In termini molto schematici, si potrebbe dire che Lévinas utilizza quest'ultima nozione per indicare il tentativo di comprendere tutta la realtà in un unico sistema concettuale – intento questo perseguito tanto della metafisica classica quanto della filosofia moderna. A tale proposito non si può non pensare al sistema hegeliano, del quale lo stesso Lévinas ricordò alcuni anni più tardi che «rappresenta il compimento del pensiero e della storia dell'Occidente intesi come ribaltamento del destino in libertà, dal momento che la ragione penetra nell'intera realtà o appare in quest'ultima»[64]. La dinamica totalizzante, che per Lévinas era legata alla categoria dell'essere, si è manifestata storicamente nella guerra e nella violenza: «Il volto dell'essere che si rivela nella guerra si fissa nel concetto di totalità che domina la filosofia occidentale»[65].

Per quanto riguarda poi la nozione di interiorità, Lévinas riprende e allo stesso tempo corregge le analisi heideggeriane circa l'essere-nel-mondo (vedi cap. 18), offrendo un'acuta descrizione fenomenologica dell'esistenza umana in quanto incentrata su se stessa. Le relazioni dell'io con il mondo esterno costituiscono anzitutto dei rapporti di fruizione e godimento: vivo dell'area che respiro, del cibo che consumo, del lavoro che svolgo, eccetera. Nel bisogno di nutrimento appare non solo la corporeità dell'uomo, ma anche l'isolamento del singolo, il quale può sentire solamente il proprio piacere. La vita segnata dall'interiorità richiede una dimora dove ciascuno possa ritirarsi, l'abitazione nella cui intimità trovare raccoglimento. Attraverso il lavoro, l'uomo si impossessa degli elementi

---

[64] «Le système hégélien représente l'aboutissement de la pensée et de l'histoire de l'Occident, entendues comme retournement d'un destin en liberté, la Raison pénétrant toute réalité ou apparaissant en elle» (E. Lévinas, «Hegel et les Juifs» [1971], in: *Difficile Liberté*, Michel, Paris 1976, p. 304; trad. it. di S. Facioni, Jaca book, Milano 2004, p. 293).

[65] «La face de l'être qui se montre dans la guerre, se fixe dans le concept de totalité qui domine la philosophie occidentale» (E. Lévinas, *Totalité et infini. Essai sur l'extériorité*, Nijhoff, Den Haag 1961, p. x; trad. it. di A. dell'Asta, Jaca book, Milano 1980, p. 20).

naturali, trasformandoli in beni di consumo e di scambio. Per questo motivo Lévinas associa l'interiorità dell'uomo a un'economia: l'io separato concepisce un mondo, secondo le cui leggi (*nomoi*) tutte le cose appartengono alla dimensione domestica, alla casa (*oikos*) di qualcuno. Totalità e interiorità pertanto sono due modi simili di rappresentare la realtà senza lasciare spazio ad alcunché di trascendente che non sia né conoscibile da principio né subordinabile alla nostra esperienza. Qui risulta di nuovo difficile non ricordare la filosofia di Hegel, il quale addirittura identificava la totalità assoluta con l'infinito.

Sarebbe tuttavia erroneo credere che, secondo il nostro, la prospettiva della totalità e dell'interiorità abbia dominato completamente la tradizione filosofica. Lévinas si riallaccia all'antica aspirazione metafisica la quale, a differenza di ogni nostro bisogno, non tende ad un soddisfacimento immediato, ma anela verso l'assolutamente altro. Lo stesso tema della trascendenza fu ancora presente in Cartesio, il campione del pensiero moderno, del quale Lévinas riprese l'idea dell'infinito. Nelle *Meditazioni metafisiche* Cartesio, infatti, aveva discusso l'impossibilità che l'intelletto finito dell'uomo inventi o produca da sé l'idea di un Dio infinito; l'infinito allora deve significare qualcosa il cui concetto trascende la nostra capacità immaginativa: «Nell'idea dell'infinito si pensa ciò che resta sempre esterno al pensiero»[66]. Ma mentre per Cartesio quest'idea riguarda il nostro modo di pensare Dio, Lévinas cerca invece di mostrare che è proprio l'incontro con l'altro uomo a infirmare i soliti schemi concettuali, facendo emergere una responsabilità illimitata nei suoi confronti.

Perché l'altro non rientra in nessuno schema? Non lo giudichiamo forse? Non tentiamo di sottometterlo ai nostri interessi? Lévinas non nega per nulla i tentativi di comprendere l'altro uomo, così come noi facciamo con le cose; di impadronirci di lui come ci impossessiamo di oggetti; di assoggettare le persone alla nostra volontà. Però facciamo anche l'esperienza del fallimento di tutti questi sforzi. Non appena scorgo davanti a me il volto dell'altro, soprattutto quando questi mi rivolge parola, divento consapevole della mia incapacità di trattarlo alla stregua delle altre cose. «Il volto mi parla e così mi invita ad una relazione che non ha misura comune con un

---

[66] «Dans l'idée de l'infini se pense ce qui reste toujours extérieur à la pensée» (op. cit., p. xiii; trad. it., p. 23).

potere che si esercita, foss'anche godimento o conoscenza»[67]. Guardando il volto altrui, percepisco una profonda ambiguità. Da una parte, il volto appare assolutamente imperscrutabile: non posso conoscere l'altro, che non si lascia dominare; non riesco nemmeno a prevedere come si comporterà nel prossimo istante: insomma, sento una resistenza misteriosa ad ogni tentativo di esercitare un potere su di lui. D'altra parte si apre la possibilità di uccidere l'altro, non semplicemente sottomettendolo al mio dominio, bensì negandolo totalmente. L'apparire del volto altera persino la natura del potere, poiché per dominare l'altro, di cui non posso appropriarmi, lo devo cancellare. L'omicidio allora possiede un carattere paradossale in quanto «esercita un potere su ciò che sfugge al potere»[68].

Con queste riflessioni, nelle quali riecheggiano evidentemente le orribili esperienze del nazifascismo e dello sterminio degli ebrei, Lévinas indicava la differenza fondamentale tra il pensiero economico che condiziona il nostro rapporto con le cose, e la relazione con l'altro. Davanti alla possibilità di annientare l'altro, la resistenza offerta dal suo volto riceve un significato etico, che si esprime nella parola: "non uccidere". La resistenza non è basata su una forza ancora più grande di quella omicida, ma sul vigore etico del volto inerme e scoperto, il quale mi esorta ad assumere la responsabilità per l'altro uomo, soprattutto per il più debole. Siccome il volto si sottrae ad ogni potere e trascende assolutamente la totalità del mio mondo, l'altro si rivela infinito: è per questo motivo che la filosofia prima secondo Lévinas deve trasformarsi in un'etica[69]. A causa della trascendenza dell'altro, il dovere etico è asimmetrico e senza limiti. Non si tratta tanto di instaurare un rapporto paritario con il prossimo, e di non fargli quello che non voglio sia fatto a me. Il dovere etico non è definito secondo regole generali o norme astratte, perché la mia responsabilità per l'altro uomo supera qualunque limite immaginabile.

---

[67] «Le visage me parle et par là m'invite à une relation sans commune mesure avec un pouvoir qui s'exerce, fût-il jouissance ou connaissance» (op. cit., p. 172; trad. it., p. 203).

[68] «...exerce un pouvoir sur ce qui échappe au pouvoir» (op. cit., p. 172; trad. it., p. 203).

[69] La premessa che possa esistere un pensiero filosofico che non sia in alcun modo violento, fu contestata da J. Derrida, «Violence et métaphysique. Essai sur la pensée d'Emmanuel Lévinas» [1964], in: L'écriture et la différence, Éditions du Seuil, Paris 1967, pp. 117–228; trad. it. di G. Pozzi, Einaudi, Torino 1971, pp. 99–198.

Il fatto che Lévinas non accetti la fissazione di alcun principio morale non ha mancato di suscitare critiche. Molti suoi lettori si sono chiesti in che cosa possa consistere il contributo della sua filosofia prima agli urgenti problemi di etica politica e di giustizia sociale. Come si possono risolvere i conflitti di interessi senza formulare criteri e norme universalmente validi? Lévinas negli scritti successivi a *Totalità e infinito* ha cercato di rispondere a tali quesiti, ma non sembrato del tutto convincente. Questa mancanza, però, non toglie la validità delle sue riflessioni sulle basi antropologiche, metafisiche dell'etica. A questo riguardo può essere istruttivo il confronto con il pensiero di un altro importante filosofo ebraico novecentesco, Martin Buber (1878–1965), il maggiore rappresentante della cosiddetta filosofia del dialogo[70]. Nella sua opera più celebre, *Io e Tu*, Buber sviluppava una teoria della relazione personale in quanto opposta al rapporto con le cose. Nonostante entrambi gli autori avessero elaborato una specie di umanesimo, e condividessero una forte ispirazione etica, Lévinas ha mosso severe critiche a Buber, secondo il quale era possibile entrare in una relazione io-tu non solo con l'altra persona ma con qualsiasi ente. Inoltre, mentre Buber sosteneva la reciprocità della relazione dialogica, Lévinas insisteva sull'asimmetria tra il sé e l'altro, evocando i casi paradigmatici dello straniero, dell'orfano e della vedova.

b) Al di là dell'ontologia

In *Totalità e infinito*, Lévinas respinse una certa visione totalizzante della realtà, associata con la tendenza del soggetto autonomo di assoggettare l'altro. Il desiderio di impossessarsi del mondo, per Lévinas, trovava la sua espressione nel linguaggio ontologico della tradizione filosofica, che rivelava uno stretto legame tra la categoria dell'essere, da una parte, e il dominio dell'uomo su tutte le cose dall'altra. Seguendo il modello di Heidegger, in una maniera ancora più radicale del tedesco, Lévinas criticò i pensatori del passato per il loro modo di parlare dell'essere. Nel volume citato, i bersagli primari della polemica sono Hegel e lo stesso Heidegger, ai quali predilige, come interlocutori metafisici, Platone e Cartesio. In un'opera successiva il nostro autore allargò l'orizzonte della critica, fino al punto da

---

[70] Per una buona sintesi si veda B. Casper, *Das dialogische Denken. Eine Untersuchung der religionsphilosophischen Bedeutung Franz Rosenzweigs, Ferdinand Ebners und Martin Bubers*, Alber, Freiburg 1967; trad. it. di S. Zucal, Morcelliana, Brescia 2009.

includere anche le descrizioni del proprio precedente saggio. Nel nuovo libro, apparso nel 1974 e intitolato *Altrimenti che essere o al di là dell'essenza*, il pensatore abbandona dichiaratamente il linguaggio dell'essere, con l'intenzione appunto di giungere al di là dell'essente. Poiché Lévinas tenta di promuovere un tipo di discorso che non segua la dinamica totalizzante dell'ontologia, risulta molto difficile riassumerne le idee portanti del libro. Va comunque detto che l'autore, dopo aver contemplato il volto dell'altro, ora si rivolge al soggetto stesso: la seconda opera principale mira quindi a chiarire il significato della soggettività etica.

Il filosofo a tale proposito si occupa della nozione di soggetto trascendentale che comprende tutti i possibili contenuti intenzionali. Visto in questa prospettiva, esiste un intimo legame tra l'ontologia, quale dottrina di tutti gli enti in genere, e le moderne filosofie della coscienza, perché escludono di fatto la possibile comparsa dell'altro. In termini più formali si potrebbe dire che l'infinito per Lévinas non rappresenta una mera negazione del finito, ma trascende assolutamente la mia coscienza intenzionale e qualunque totalità compresa in essa. Qual è allora il vero senso della soggettività? Per ragioni di brevità vorrei citare solo i due aspetti centrali che emergono in *Altrimenti che essere*. Secondo Lévinas, la difficoltà di riconoscere l'altro deriva in parte dalla tendenza del linguaggio a fissare il detto. Benché "il dire" sottostia alla temporalità e, di conseguenza, resista ad ogni tentativo di fissazione, si è soliti trattare "il detto" come se le nostre parole si riferissero ad un insieme statico e ben ordinato di esseri esistenti. In realtà, però, succede spesso che uno deve "disdire" quanto detto, e poi "ridire" in un modo diverso. Questo ciclo di dire, disdire e ridire, che non giunge mai a compimento, contraddistingue la soggettività aperta all'altro. Il secondo aspetto innovativo di *Altrimenti che essere* va indicato con il termine "sostituzione", definito dall'autore come l'uno-per-l'altro (*l'un-pour-l'autre*). Nel capitolo centrale del libro si discutono varie forme concrete di sostituzione, quali l'accusa, la persecuzione e l'ostaggio. Lévinas considera persino il fenomeno dell'espiazione che l'uno fa per l'altro, sempre allo scopo di porre in risalto la responsabilità illimitata verso l'altra persona. L'idea della sostituzione ci ostende addirittura alla responsabilità del soggetto per la responsabilità altrui, per cui Lévinas può trarre la conclusione paradossale che io sia responsabile per tutto, e che io sia più responsabile di tutti gli altri. Solo nel momento in cui mi assumo questo tipo di responsabilità infinita, nasce l'etica.

c) Dio come illeità

Chiunque oggi voglia parlare di Dio, deve confrontarsi con la figura di Nietzsche e l'annuncio che "Dio è morto" (vedi cap. 15). Sebbene Nietzsche sembri solo ricapitolare una lunga serie di critiche alla religione, dagli illuministi francesi fino agli hegeliani di sinistra, il suo marcato ateismo ha esercitato grande influenza su gran parte dei pensatori contemporanei, cosicché nel Novecento in molti ambienti è diventato quasi naturale dichiararsi atei o agnostici. Senza entrare qui nel controverso teorema della secolarizzazione[71], mi limito a rimandare a quegli autori che hanno reagito in un modo non apologetico alla situazione creatasi dopo Nietzsche, riflettendo seriamente su possibilità e limiti del discorso filosofico su Dio. Basti pensare ad alcuni filosofi cristiani, come ad esempio Maurice Blondel (1861–1949), il quale nelle sue analisi dell'azione cerca di mostrare che la prassi religiosa non è in contraddizione con il concetto moderno di ragione[72]. Anche vari pensatori ebrei hanno ricercato una rinnovata comprensione del rapporto fra Dio, il popolo di Israele e il mondo. Tra essi spicca indubbiamente Franz Rosenzweig (1886–1929), la cui opera maggiore, *La stella della redenzione*, è dedicato ai temi fondamentali della religione giudaica, quali la creazione, la rivelazione e la redenzione. Rosenzweig nega l'unità metafisica tra Dio, il mondo e l'umanità; però attribuisce alla fede giudeo-cristiana la capacità di metterli in correlazione[73]. Nella prefazione di *Totalità e infinito*, Lévinas riconosce il particolare influsso del libro di Rosenzweig sulla formazione della propria filosofia, segnata dal contrasto tra ontologia ed etica, da un lato, e dall'affinità tra etica e trascendenza, dall'altro.

Quantunque Lévinas abbia sempre affermato di parlare da filosofo e non da credente, il suo pensiero ha destato l'interesse anche di molti teologi. L'impatto delle opere di Lévinas si spiega in parte col fatto che egli ha rinunciato alle ragioni speculative, ponendo l'accento sulla dimensione etico-pratica della religione; una buona parte dell'attenzione è però anche dovuta al modo di tematizzare la trascendenza. La filosofia levinasiana in realtà si presta ad una duplice lettura in chiave teologica. In primo luogo, il richiamo all'idea

---

[71] Sugli aspetti storici dell'argomento si veda l'ottimo studio di G. Marramao, *Cielo e terra. Genealogia della secolarizzazione*, Laterza, Roma; Bari 1994.

[72] Una fonte inesauribile sulla filosofia contemporanea cristiana è l'opera *Christliche Philosophie im katholischen Denken des 19. und 20. Jahrhunderts*, a cura di E. Coreth et al., 3 voll., Styria, Graz 1987–90; trad. it. a cura di G. Mura e G. Penzo, Città nuova, Roma 1994–95.

[73] La filosofia di Rosenzweig è presentata da G. Bensussan, *Franz Rosenzweig. Existence et philosophie*, Presses universitaires de France, Paris 2000.

dell'infinito, e l'insistenza sulla trascendenza dell'altro possono essere interpretati nel senso di una teologia negativa: poiché non siamo in grado di sapere chi sia Dio, il discorso teologico deve limitarsi a significare Dio come il tutt'altro. Si inseriscono in questa prospettiva le riserve espresse dal filosofo nei confronti di ogni teologia affermativa. Lévinas quindi si inscrive nel solco di una lunga serie di teologi e mistici illustri, tra cui lo Pseudo-Dionigi l'Areopagita, Maestro Eckhart e Nicola Cusano, che avevano sottolineato l'impossibilità di fissare Dio e di esporre in parole l'infinito. Riprendendo una formula di Nietzsche, Lévinas avverte il rischio di esulare Dio in un mondo dietro il mondo (*Hinterwelt; arrière monde*). D'altronde, sebbene abbia rifiutato ogni discorso sull'essere di Dio, il Nostro continua a ribadire la positività del suo approccio: la responsabilità etica, anziché essere la negazione di qualche cosa, si rivela, secondo Lévinas, come una traccia dell'invisibile. Nel volto di colui che mi rivolge la parola, l'assoluto si manifesta e si rende concreto.

L'etica di Lévinas certamente si ispira al comandamento biblico di non opprimere i più deboli, e cioè di non maltrattare lo straniero, la vedova e l'orfano. Parecchi lettori cristiani pertanto hanno voluto intravedere un legame con l'insegnamento di Gesù, secondo cui "tutto ciò che avete fatto al più piccolo dei miei fratelli l'avete fatto a me". Dopo la trasformazione della filosofia prima in etica, l'unica via che conduce a Dio è la pratica della giustizia verso il prossimo. Così la filosofia di Lévinas è stata spesso recepita come un contributo alla rilettura della religione giudaico-cristiana, a seguito della presunta morte del Dio della metafisica. Evidentemente non è nemmeno sfuggita all'attenzione dei lettori la chiara impronta soteriologica, salvifica, del concetto di sostituzione, che sembra voler alludere all'espiazione operata dal Messia. Lévinas tuttavia non ha mai autorizzato l'interpretazione teologica del suo pensiero. Con riferimento alla rivelazione dell'assoluto, il filosofo anzi ha notato la difficoltà di stabilire un rapporto immediato con Dio; per rendere esplicita la differenza tra l'altro uomo e il Dio infinito egli ha coniato l'espressione di *illeità*. Dio non si fa mai "altro" (*alter*), ma rimane sempre "esso" (*ille*):

> «L'illeità dell'al-di-là-dell'essere è il fatto che la sua venuta verso me è un'assentarsi che mi permette di compiere un movimento verso il prossimo»[74].

---

[74] «L'illéité de l'au-delà-de-l'être, c'est le fait que sa venue vers moi est un départ qui me laisse accomplir un mouvement vers le prochain» (E. Lévinas, *Autrement qu'être ou au-delà de l'essence*, Nijhoff, Den Haag 1974, p. 15; trad. it. di S. Petrosino e M. T. Aiello, Jaca book, Milano 1983, p. 17).

Analizzando accuratamente anche dei passi simili a questo, appare chiaro che Lévinas ha differenziato accuratamente due modi di trascendenza, rispettando scrupolosamente la differenza tra Dio e l'altro uomo. Va subito aggiunto che malgrado le volute implicazioni teologiche del discorso sull'illeità, Lévinas evita ogni riferimento diretto ed esplicito a Dio e alla rivelazione divina. Il pensatore cristiano più vicino a questo approccio è Jean-Luc Marion (nato nel 1946). Nel titolo della sua opera principale, *Dio senza essere*, risuona la critica di Lévinas contro l'ontologia. Prendendo le mosse dall'opposizione tra l'idolo e l'icona, Marion elabora una teologia filosofica incentrata sui fenomeni del dono e della donazione[75]. Senza voler negare i molteplici punti di contatto con la fede cristiana, la filosofia di Lévinas rimane comunque legata alla tradizione ebraica, in quanto riflette le esperienze storiche del popolo giudeo. Per lunghi secoli gli ebrei hanno dovuto vivere nella diaspora, trovandosi sempre in una situazione minoritaria; hanno dovuto difendere la propria identità religiosa e culturale dalla superiorità schiacciante sia del cristianesimo sia dell'islam. A questa storia si è aggiunto l'orribile capitolo della *shoah*, durante la quale circa sei milioni di ebrei persero la vita. Forse da questa esperienza plurisecolare di oppressione e di persecuzioni sono maturate tanto la sensibilità etica per il prossimo quanto la consapevolezza dell'assoluta trascendenza di Dio, che si possono ancora scorgere dalle ultime righe di *Altrimenti che essere*:

> «Dopo la morte di un certo dio abitante dietro ai mondi, la sostituzione dell'ostaggio scopre la traccia – scrittura impronunciabile – di ciò, che, sempre già passato – sempre "esso" – non entra in nessun presente e a cui non convengono più i nomi designanti gli esseri, né i verbi in cui risuona la loro essenza – ma che, Pro-nome, segna col suo sigillo tutto ciò che può portare un nome»[76].

---

[75] Cfr. J.-L. Marion, *Dieu sans l'être. Hors-texte*, Fayard, Paris 1982; trad. it. di A. Dell'Asta, Jaca book, Milano 1987.

[76] «Après la mort d'un certain dieu habitant les arrière-monde, la substitution de l'otage découvre la trace – écriture imprononçable – de ce qui, toujours déjà passé – toujours "il" – n'entre dans aucun présent et à qui ne conviennent plus les noms désignant des êtres, ni les verbes où résonne leur essence – mais qui, Pro-nom, marque de son sceau tout ce qui peut porter un nom» (E. Lévinas, *Autrement qu'être ou au-delà de l'essence*, p. 233; trad. it., p. 229).

IV. Il pensiero linguistico

L'obiettivo principale di questo saggio consiste nel mettere in luce una logica insita nello sviluppo della filosofia contemporanea. L'esposizione dei singoli pensatori e delle varie correnti filosofiche è ispirata dalla convinzione che la storia delle idee degli ultimi due secoli costituisca in qualche modo una reazione, articolata in tre atteggiamenti critici, alla pretesa idealista di un pensiero puro. Finora ne sono stati considerati i primi due, che pongono l'accento, rispettivamente, sull'esperienza scientifica e sul momento esistenziale, come a ciò su cui il pensiero filosofico dovrebbe anzitutto basarsi per sviluppare le proprie teorie. Ma, oltre a quei due indirizzi, se ne trova un terzo, secondo il quale il sistema hegeliano ha il difetto di trascurare o persino negare l'essenziale dimensione linguistica di ogni nostro pensiero. La pretesa idealista di un pensiero puro e le tre obiezioni paradigmatiche contro di essa formano, nel complesso, una specie di crocevia, al quale la filosofia ancor oggi si trova. I quattro tipi di pensiero – puro, scientifico, esistenziale, linguistico – non solo rappresentano dei punti cardinali di grande utilità per l'orientamento storico, ma anche indicano delle opzioni di fronte a cui ogni filosofo deve operare le proprie scelte.

Molti sono stati coloro che nel Novecento hanno scelto la quarta via, quella del pensiero linguistico, rimproverando le generazioni precedenti di aver trascurato il ruolo fondamentale del linguaggio per la formazione di qualunque pensiero. A loro avviso la filosofia, per quanto tenda alla conoscenza concettuale delle cose, necessariamente viene espressa in una determinata lingua. Siccome non ci sono nozioni filosofiche che non siano ugualmente concetti linguistici, a loro è sembrato ingenuo voler concepire una filosofia senza preliminarmente riflettere sulle condizioni linguistiche del pensare. Così come nel passato si cercava di comprendere la realtà a partire dei principi della pura ragione, dei risultati delle scienze empiriche oppure delle condizioni esistenziali dell'uomo, alcuni pensatori contemporanei si sono dedicati allo studio del linguaggio. Essi però non si sono accontentati di trattare il linguaggio come un argomento filosofico tra molti; non hanno considerato la filosofia del linguaggio semplicemente come una disciplina tra altre, che si sarebbe occupata delle questioni collegate all'espressione linguistica delle nostre idee, proprio come invece l'etica indaga il valore delle nostre azioni oppure l'estetica studia le opere d'arte. Il pensiero linguistico che sarà presentato nei seguenti capitoli si distingue piuttosto per la pretesa che il linguaggio costituisca l'unico vero oggetto e, insieme, mezzo della filosofia. L'intera realtà – il mondo fisico, la natura inanimata, il comportamento, le azioni umane – possiede un significato solo in quanto ci riferiamo ad essa in termini linguistici. In questa prospettiva, l'etica per esempio consisterebbe nell'analisi dei giudizi pratici; l'estetica nell'esame del discorso sull'arte e sulla bellezza. Si potrebbe persino ampliare il concetto di ciò che è linguistico, al punto da includervi tutte le attività umane come forme di espressione, analoghe alla lingua concettuale: fintantoché rimane intatto il ruolo paradigmatico di quest'ultima, non si toccherebbe il nerbo del pensiero linguistico.

Il pensiero linguistico durante il XX secolo si è sviluppato in due forme complementari[1]. La prima (A), la cosiddetta filosofia analitica, ha dominato per più di mezzo secolo l'intero mondo anglosassone, anche se il suo maggior esponente è stato l'austriaco Ludwig Wittgenstein, dal quale l'esposizione prende le mosse. Il metodo dell'analisi linguistica all'inizio è stato praticato principalmente nelle università inglesi e statunitensi; nei paesi dell'Europa continentale invece (B) è stato sviluppato uno stile filosofico alquanto diverso. Sulle orme soprattutto di Martin Heidegger, in Germania è nata l'ermeneutica filosofica oggi associata al nome di Hans-Georg Gadamer. In Francia un'intera generazione di pensatori si è ispirata alle recenti scoperte nel campo della linguistica, di modo che il cosiddetto strutturalismo da una teoria linguistica si è trasformato in un autentico movimento culturale, dominante negli anni cinquanta e sessanta. L'ermeneutica e lo strutturalismo, in seguito, hanno condizionato l'orientamento della maggior parte dei pensatori del vecchio continente. La seconda metà del XX secolo di conseguenza è largamente caratterizzata dal contrasto fra le due tendenze del pensiero linguistico: l'opposizione tra analitica e filosofia continentale ha reso difficile o persino impossibile per vari decenni l'intesa tra i pensatori angloamericani da un lato e quelli di origine francese o tedesca dall'altro. Soltanto negli ultimi anni la situazione ha iniziato a migliorare, e si stanno intraprendendo dei tentativi sempre più intensi e fecondi di dialogo tra le due parti, il che lascia sperare in un mutuo arricchimento dei due versanti.

---

[1] Cfr. J. Habermas, «Hermeneutische und analytische Philosophie. Zwei komplementäre Spielarten der linguistischen Wende», in: *Wahrheit und Rechtfertigung. Philosophische Aufsätze*, Suhrkamp, Frankfurt 1999, pp. 65–101; trad. it. di M. Carpitella, Laterza, Roma; Bari 2001, pp. 61–95.

A. WITTGENSTEIN E LA FILOSOFIA ANALITICA

Nella seconda metà del Novecento si è soliti chiamare svolta linguistica (*linguistic turn*) la riflessione metodologica che ha dato origine alla filosofia analitica[2]. Quando il termine fu creato, la svolta stessa era ormai passata da circa mezzo secolo: la filosofia analitica, in realtà, ebbe i suoi inizi a cavallo dei due secoli scorsi a Cambridge in Gran Bretagna, dove Bertrand Russell (1872-1970) e George Edward Moore (1873-1958) voltarono le spalle alla metafisica neoidealista che all'epoca ancora dominava nelle università britanniche[3]. A questi due pensatori più tardi si accompagnò Ludwig Wittgenstein (1889-1951), il cui celebre *Tractatus logico-philosophicus* costituisce una sorta di manifesto della filosofia analitica. Wittgenstein nel *Tractatus* sonda la possibilità di una descrizione vera e completa della realtà per mezzo di un linguaggio ideale, fondato sulla logica. Tuttavia, come si vedrà, solo poche idee del primo Wittgenstein avranno lunga durata. Già negli anni quaranta nacque a Oxford un'altra forma di filosofia analitica, alla quale lo stesso Wittgenstein in una fase successiva del suo pensiero diede contributi fondamentali. Per questa seconda tendenza, anziché tentare di creare un linguaggio ideale, analizzabile con gli strumenti della logica formale, si tratta piuttosto di studiare il linguaggio ordinario usato nella vita quotidiana. Peraltro, come si diceva, nemmeno Wittgenstein rimase fedele alle idee originarie: le famose *Ricerche filosofiche*, pubblicate postume, tratteggiano un'immagine completamente nuova della funzione del linguaggio. Questo secondo libro di Wittgenstein è diventato l'opera di riferimento della cosiddetta filosofia del linguaggio ordinario (*ordinary language philosophy*)[4].

Visto il contrasto tra la costruzione di un linguaggio formale da una parte e lo studio del linguaggio ordinario dall'altra, non è nemmeno facile indicare con precisione quale significato del termine "analisi" sia comune a tutti

---

[2] Il termine "svolta linguistica" risale a G. Bergmann, «Logical positivism, language, and the reconstruction of metaphysics» [1953], rist. in: *The linguistic turn. Recent essays in philosophical method*, a cura di R. Rorty, University of Chicago Press, Chicago 1967, pp. 63-71.

[3] Il più famoso degli idealisti britannici fu Francis Herbert Bradley (1846-1924). Tuttavia le sue dottrine logiche e metafisiche oggi sono conosciute quasi esclusivamente per le critiche alle quali furono sottoposte da Moore e Russell.

[4] Sull'importanza di Wittgenstein per la filosofia analitica in genere si veda il magistrale studio di P. M. S. Hacker, *Wittgenstein's place in twentieth-century analytic philosophy*, Blackwell, Oxford 1996.

i rami della filosofia analitica[5]. In ogni modo, si può constatare che l'analisi linguistica possiede una funzione sopratutto chiarificatrice: si studiano le strutture delle proposizioni e il significato delle parole per rendere più chiari i nostri pensieri. Per questo motivo le indagini dei filosofi analitici di solito hanno il carattere di lavori molto acuti e puntuali, spesso di stile tecnico. Mentre in alcuni casi la portata di tali ricerche può apparire pure limitata, in parecchi altri si è arrivato ad un notevole chiarimento delle questioni filosofiche. Grazie ad un accurato esame del funzionamento del linguaggio si è riusciti a risolvere, talvolta anche a dissolvere, vari problemi trattati in maniera insufficiente dai pensatori precedenti. Tutti i rappresentanti del pensiero analitico sembrano concordare sul fatto che non esiste alcun momento sintetico in filosofia, e che non è compito dei filosofi costruire una concezione generale della realtà. Molti filosofi analitici si sono opposti ad ogni tipo di speculazione sui presunti principi non osservabili delle cose, proprio perché l'analisi del linguaggio avrebbe mostrato come molte teorie metafisiche e idee teologiche sono il frutto di fraintendimenti linguistici. Il metodo meramente analitico, per sua natura, non può condurre a nuove conoscenze. L'analiticità delle dottrine filosofiche pertanto è stata interpretata addirittura come criterio per distinguere l'attività del filosofo dalla ricerca empirica. Forse per questi motivi la maggioranza dei pensatori analitici propende per posizioni naturalistiche, sebbene Wittgenstein fosse stato fortemente contrario a questo atteggiamento.

21. Il *Tractatus logico-philosophicus*

Ludwig Wittgenstein proveniva da un'agiata e colta famiglia viennese. Suo padre era un ricco industriale[6], che suonava il violino e fu mecenate di vari pittori; la madre amava il pianoforte sopra ogni altra cosa. Ludwig e i suoi fratelli crebbero così in un ambiente culturalmente stimolante ed esclusivo, acquisendo dimestichezza con la musica e la grande letteratura. L'in-

---

[5] Tale difficoltà viene confermata da H.-J. Glock, *What is analytic philosophy?*, Cambridge University Press, Cambridge 2008.

[6] L'importanza del contesto culturale per la giusta comprensione della filosofia di Wittgenstein è stato messo in evidenza da A. Janik e Stephen Toulmin, *Wittgenstein's Vienna*, Weidenfeld & Nicolson, London 1973; trad. it. di U. Giacomini, Garzanti, Milano 1975.

fluenza che ebbero su di lui scrittori come Dostoevskij e Tolstoj fu notevole. Nonostante i vasti interessi culturali, Wittgenstein, ad appena diciassette anni, decise di studiare ingegneria. Durante gli studi, tuttavia, s'interessò dei fondamenti della matematica, e per questa ragione si recò a Jena, allo scopo di conoscere Gottlob Frege. Questi probabilmente lo indirizzò da Bertrand Russell a Cambridge dove nel 1912 s'iscrisse come studente di filosofia. Riconoscendo subito il genio dell'allievo, Russell passava molte ore a discutere con Wittgenstein, che mostrava un ardente interesse per le sue idee filosofiche, logiche e matematiche. Quando nel 1914 scoppiò la prima guerra mondiale, Wittgenstein lasciò l'Inghilterra per arruolarsi come volontario nell'esercito austriaco-ungarico. Il servizio militare comunque non gli impedì di concentrarsi sulla filosofia, scrivendo fitte annotazioni nei suoi quaderni. Proprio in questo periodo redasse il suo manoscritto più famoso, che però riuscì a pubblicare solo dopo la guerra, grazie all'appoggio di Russell, con l'enigmatico titolo di *Tractatus logico-philosophicus*.

È sufficiente compulsare quest'opera per essere colpiti dalla sua forma inconsueta, che lo rende uno dei testi filosofici più curiosi del Novecento. Tutta l'opera, in effetti, è composta da una serie di brevi proposizioni apodittiche, numerate secondo un ordine decimale gerarchico. Ci sono sette proposizioni principali; tutte le altre sono di commento, in modo subordinato: per esempio la sezione 1.1 è subordinata alla 1; poi la 1.11 e la 1.12 sono subordinate alla 1.1, e così via. Se la forma espositiva è davvero singolare, persino sconcertante può definirsi la lezione che si deve trarre dal volume, del quale l'autore nella prefazione asserisce che «tutto il senso del libro si potrebbe riassumere nelle parole: Quanto può dirsi, si può dire chiaro; e su ciò di cui non si può parlare, si deve tacere»[7]. Cercherò quindi di illustrare questa dichiarazione wittgensteiniana in tre passi: Quanto si può dire in modo chiaro va espresso in proposizioni; il *Tractatus* dunque presuppone (a) una certa interpretazione della forma logica del linguaggio. Su questa base Wittgenstein poi sviluppa (b) la sua teoria del rapporto tra i termini linguistici e gli stati di cose, cioè tra linguaggio e mondo. Ma sic-

---

[7] «Man könnte den ganzen Sinn des Buches in die Worte fassen: Was sich überhaupt sagen lässt, lässt sich klar sagen; und wovon man nicht reden kann, darüber muss man schweigen» (L. Wittgenstein, *Logisch-philosophische Abhandlung* [1921], in: Werkausgabe, Suhrkamp, Frankfurt 1984, vol. 1, p. 9; trad. it. di A. G. Conte, Einaudi, Torino 1964, p. 3).

come il *Tractatus* contiene pure (c) alcune riflessioni sui limiti del linguaggio, sembra che l'autore stesso vada contro l'intenzione dell'opera, e stia parlando su cose di cui dovrebbe piuttosto tacere[8].

a) La forma logica delle proposizioni
Una delle principali innovazioni del pensiero linguistico e della logica matematica rispetto alla logica classica è stata la rinuncia alla tripartizione in dottrina di concetti, giudizi e sillogismi, per mettere in risalto il primato del giudizio, che costituisce, come aveva ribadito Frege, l'unità linguistica fondamentale. Al di fuori di una proposizione nessun termine può possedere né senso né significato: questa convinzione si ritrova nel *Tractatus*, dove Wittgenstein afferma che «solo la proposizione ha senso» e «solo nella connessione della proposizione un nome ha significato»[9]. Frege aveva notato anche la divergenza tra la struttura grammaticale e la forma logica dei giudizi predicativi. Mentre i filosofi sino ad allora avevano considerato il giudizio come semplice congiunzione di due termini mediante la copula, Frege criticava l'ambiguità della formula "A è B". In primo luogo, la forma grammaticale non ci permette di distinguere adeguatamente tra due modi di usare la parola "è", sia come copula che come segno d'identità: predicare di un soggetto A la proprietà B dunque sembra portare ad identificare A con B, con tutto ciò che ne deriva. Il secondo inconveniente risiede nel fatto che la forma grammaticale "A è B" occulta la differenza tra i due tipi di termini usati nei giudizi predicativi.

Nel caso più semplice, il soggetto di una proposizione è un termine singolare che designa qualche oggetto, il predicato invece è un concetto generale, mediante il quale si attribuisce all'oggetto una determinata proprietà oppure si classifica l'oggetto come appartenente ad una determinata specie di cose. Un tale concetto però, a differenza dei termini singolari, ha sempre, come dice Frege, bisogno di un complemento perché altrimenti non significa niente. La parola "rosso" per esempio rimanda a qualche oggetto oppure ad una classe di oggetti concreti di cui è predicata; "rosso" significa

---

[8] Un'esposizione ormai classica è quella di G. E. M. Anscombe, *An introduction to Wittgenstein's Tractatus*, Hutchinson, London 1959; trad. it. di E. Mistretta, Ubaldini, Roma 1966.

[9] «Nur der Satz hat Sinn; nur im Zusammenhang des Satzes hat ein Name Bedeutung» (L. Wittgenstein, *Logisch-philosophische Abhandlung* [3.3], p. 20; trad. it., p. 15).

dunque in verità "x è rosso", lasciando indeterminato il soggetto di predicazione. Frege perciò chiamava insaturi i termini generali come "rosso", e saturi i termini singolari che designano un oggetto concreto. Simile ad un composto chimico, ogni proposizione predicativa consiste di un concetto insaturo che esige il completamento per qualche nome proprio. Per evitare le summenzionate ambiguità grammaticali, Frege propose di equiparare la forma logica dei giudizi predicativi alle funzioni matematiche: come la funzione f (x) porta ad un risultato soltanto se si assegna un valore alla variabile x, così in una asserzione linguistica, acciocché questa sia vera o falsa, il concetto insaturo deve essere congiunto con un termine saturo. La frase "il libro è rosso" per Frege allora possiede la forma logica "rosso (libro)", dalla quale si desume con chiarezza che il termine "rosso" è un concetto che può essere predicato pure di altre cose, per esempio di una rosa o di un'automobile; ma di per sé non designa nessun oggetto specifico. Il valore "libro", d'altronde, può essere assegnato a varie funzioni, per esempio "interessante (x)" o "caro (x)", ciascuna delle quali esprime una determinata proprietà di certi oggetti. L'analisi funzionale proposta da Frege permette infine di distinguere molto facilmente i giudizi predicativi dalle proposizioni d'identità che hanno la forma "a = b".

Sia Russell che Wittgenstein condivisero la convinzione di Frege secondo cui i componenti fondamentali del linguaggio sono proposizioni, e il compito principale del filosofo consiste nell'analizzare le affermazioni complesse per scoprirne gli elementi più semplici. Né Russell né Wittgenstein però adottarono la dottrina fregeana sulla forma logica delle proposizioni. Un motivo per rifiutare l'analisi funzionale era la difficoltà di spiegare con essa quei giudizi che esprimono una relazione tra due oggetti: la frase "Romeo ama Giulietta" secondo la logica di Frege dovrebbe essere intesa come un composto fra il nome proprio "Romeo" e il concetto "amare Giulietta", attribuibile a tutti e soli gli amanti di quell'unica donna. Siccome negava la possibile esistenza di proprietà del genere, Russell propose di interpretare la proposizione come asserente una relazione tra due termini non analizzabili, ciascuno dei quali si riferisce ad un oggetto percepibile, cioè l'individuo di nome, rispettivamente, Romeo e Giulietta. Il giudizio "Romeo ama Giulietta" quindi segue la forma logica "a R b", dove R designa la relazione d'amore tra due persone qualsiasi. Per evitare che si formulino delle frasi insensate, come ad esempio "Il libro rosso è più veloce di

Giovanni", Russell avanzò inoltre l'idea di una forma logica che dovrebbe permettere la combinazione di certi termini ed escluderne altre. Per Russell insomma ogni proposizione è composta di una serie di termini, collegati ovvero correlati secondo un determinato ordine logico. La sua concezione poi fu accolta da Wittgenstein, quando scrisse:

> «La proposizione elementare consta di nomi. Essa è una connessione, una concatenazione, di nomi»[10].

Bisogna subito notare una differenza importante tra la teoria di Russell e la dottrina del *Tractatus*. Secondo Russell si percepiscono non solo i singoli oggetti, come le persone di cui tratta la suddetta frase, ma si intuisce anche il rapporto tra le varie cose. Nei suoi scritti degli anni 1910 Russell parlava infatti della conoscenza diretta (*knowledge by acquaintance*) tanto dei dati sensibili quanto delle relazioni logiche. In questo senso, la medesima forma logica della proposizione deve fungere da nome proprio e riferirsi a una sorta di oggetto *sui generis*, le relazioni logiche. Wittgenstein invece, pur ammettendo che ogni proposizione avrebbe una sua forma logica, respinse l'assioma della conoscenza diretta di presunti oggetti logici, perché riteneva sbagliato equiparare la forma logica con i contenuti della percezione sensibile. Secondo Wittgenstein, di conseguenza, la proposizione possiede sì una forma, ma non c'è nessun termine della frase che la rappresenti, come se fosse un oggetto denominabile. Nel momento però in cui si rifiuta l'interpretazione "a R b" e si rimuove la relazione R che connette i nomi "a" e "b", diventa impossibile assumere che dipende dallo specifico tipo di relazione quali nomi sia lecito collegare, e quali combinazioni di termini siano insensate. Se la proposizione non contiene alcun segno particolare per designare la relazione tra "a" e "b", deve dipendere dalla natura degli stessi nomi, se possono essere concatenati o meno. È proprio per questo motivo che Wittgenstein paragona le proposizioni elementari ad una catena: come gli anelli di una catena sono collegati fra di loro senza richiedere un'ulteriore anello di congiunzione, così i termini della proposizione sono connessi senza esigere ancora un termine che indichi la relazione; e come non è pos-

---

[10] «Der Elementarsatz [...] ist ein Zusammenhang, eine Verkettung, von Namen» (op. cit. [4.22], p. 38; trad. it., p. 33).

sibile concatenare ogni anello con qualunque altro, così neppure una sequenza qualsiasi di nomi dà luogo ad una proposizione.

La connessione di vari nomi in una proposizione elementare comunque non rappresenta che il caso più semplice; buona parte, se non tutte, le frasi del linguaggio comune sono proposizioni complesse, composte da varie proposizioni elementari, collegate l'una con l'altra tramite i connettivi logici come "e", "o", "non", "se... allora", e così via. La determinazione della verità o falsità di una frase complessa dipende unicamente dai valori di verità degli enunciati elementari costituenti e dal tipo di connessione che li unisce. Una famosa peculiarità di Wittgenstein è l'uso, al tale scopo, delle cosiddette tavole di verità per elencare le condizioni di verità della frase complessa, in funzione della verità o falsità delle proposizioni elementari che la compongono. La congiunzione "p e q" per esempio è vera soltanto se entrambi gli elementi sono veri, come si desume dalla seguente tavola di verità:

p	q	$p \wedge q$
V	V	V
F	V	F
V	F	F
F	F	F

Siccome ogni possibile frase è riconducibile a un certo numero di componenti semplici, Wittgenstein definisce la proposizione come «una funzione di verità delle proposizioni elementari»[11]. Dopo questa definizione, l'autore discute vari problemi logici, alcuni dei quali assai sofisticati, con un continuo confronto con Frege e Russell. Di importanza capitale è la tesi sconcertante che le proposizioni logiche non sono che tautologie: risultano vere indipendentemente dalla verità o falsità delle proposizioni elementari che le compongono, e sono pertanto compatibili con ciascuno stato di cose e qualsiasi esperienza empirica.

---

[11] «Der Satz ist eine Wahrheitsfunktion der Elementarsätze» (op. cit. [5.], p. 45; trad. it., p. 40).

b) La raffigurazione del mondo

L'interesse generale suscitato dal *Tractatus* era dovuto non tanto alle dottrine logiche bensì al tentativo, alla fine fallito, di spiegare la funzione semantica del linguaggio. Il libro è noto tra l'altro per la pretesa che sussista una relazione rappresentativa tra linguaggio e mondo, in modo che le proposizioni linguistiche quasi raffigurano la realtà. Questa teoria della raffigurazione, che può apparire molto semplice, persino ovvia, non permette un'interpretazione consistente, per cui più tardi lo stesso Wittgenstein l'ha abbandonata. Il punto nodale della teoria consiste nella pretesa che ogni espressione linguistica si riferisca immediatamente a qualche oggetto, e cioè che ad ogni parola corrisponda qualche ente reale. Congiungendo diversi termini, così da formare una frase sensata, descriviamo un possibile rapporto tra gli enti designati. Per illustrare quest'idea il filosofo, nei suoi quaderni, menziona il caso istruttivo della rappresentazione di un incidente stradale, avvenuta in un tribunale, mediante una specie di modellino della realtà, con macchinine e pupazzi. I costituenti della proposizione allora assomigliano ai modellini: come la disposizione delle macchinine e dei pupazzi rappresenta le posizioni delle diverse automobili e delle persone coinvolte nell'incidente, così la concatenazione di vari nomi raffigura un determinato stato di cose. Per stato di cose (*Sachverhalt*) Wittgenstein intende un insieme strutturato di singoli oggetti che «ineriscono l'uno nell'altro, come le maglie d'una catena»[12]. Affinché il linguaggio possa effettivamente raffigurare la realtà, poi bisogna assumere che la forma di concatenazione delle parole sia identica alla struttura del mondo: presupposta siffatta corrispondenza fondamentale, le nostre proposizioni sembrano raffigurazioni, modelli di singoli stati di cose.

Per il Wittgenstein del *Tractatus* tanto il linguaggio quanto la realtà sono costituiti da elementi semplici, collegati tra loro secondo una certa forma logica. Questa dottrina fu battezzata da Russell "atomismo logico", primo perché sia gli stati di cose sia le proposizioni elementari sono composti da elementi semplici, rispettivamente oggetti e nomi; e secondo perché sia gli stati di cose sia le proposizioni elementari costituiscono delle unità logicamente non ana-

---

[12] «Im Sachverhalt hängen die Gegenstände ineinander, wie die Glieder einer Kette» (op. cit. [2.03], p. 14; trad. it., p. 8).

lizzabili, direttamente conosciute. Wittgenstein ne trasse la conclusione che ogni proposizione elementare deve essere indipendente da tutte le altre, poiché se la verità di una proposizione dipendesse da altre proposizioni, non si tratterebbe affatto di una proposizione elementare ma sarebbe possibile analizzarla ancora. A questo punto il lettore si aspetterà perlomeno un esempio di proposizione elementare raffigurante uno stato di cose. Con quale enunciato si potrebbe eventualmente illustrare l'idea dell'atomismo logico? Chiunque, però, speri di trovare negli scritti del primo Wittgenstein un esempio concreto della sua teoria semantica, rimarrà deluso. Ma non è certo un caso che il filosofo da nessuna parte menzioni un'autentica proposizione elementare. Il vero problema sta nel fatto che non possiamo concepire una frase senza che questa sia logicamente connessa ad altre.

Se nel *Tractatus* si legge che «un segno della proposizione elementare è che nessuna proposizione elementare può essere in contraddizione con essa»[13], Wittgenstein enuncia un criterio che è impossibile soddisfare. Consideriamo l'affermazione che in una certa zona X del mio campo visivo si trova una chiazza gialla. Questa proposizione esclude evidentemente la possibilità che allo stesso punto nello stesso tempo ci sia una chiazza verde. Siccome la verità della frase "X è giallo" dipende dalla falsità di "X è verde" e viceversa, le due proposizioni non sembrano poter essere elementari. Pochi anni dopo la stesura del *Tractatus*, lo stesso Wittgenstein si sentiva costretto ad ammettere che alcuni termini si escludono a vicenda, senza che ci fosse una contraddizione logica e quindi senza che si potesse ridurre l'una alla negazione dell'altra. Basti pensare alle espressioni il cui significato implica una certa gradazione, come i termini per i suoni o per i colori: nonostante "verde" non sia l'opposto contraddittorio di "giallo", le proposizioni "X è giallo" e "X è verde" non sono nemmeno indipendenti l'una dall'altra.

Quando scrisse il *Tractatus*, Wittgenstein non si era ancora accorto delle complicazioni inerenti all'atomismo logico, ma aveva in mente un linguaggio ideale, con il quale sarebbe stato possibile formare delle proposizioni elementari per raffigurare i singoli stati di cose. Se si accetta, almeno provvisoriamente, quest'idea di una lingua ideale, costituita soltanto di nomi, aventi il

---

[13] «Ein Zeichen des Elementarsatzes ist es, dass kein Elementarsatz mit ihm in Widerspruch stehen kann» (op. cit. [4.211], p. 38; trad. it., p. 33).

ruolo di costituenti delle proposizioni elementari, si capisce pure la pretesa del primo Wittgenstein, secondo cui l'insieme delle proposizioni vere fornisce la descrizione completa della realtà. Il mondo non è nient'altro che la totalità dei *fatti*, ovverosia degli stati di cose sussistenti, e questi ultimi sono raffigurati da proposizioni elementari, e nessuna parte e nessun aspetto della realtà si sottraggono alla nostra comprensione. Non spetta però al filosofo indicare quali proposizioni siano vere, anzi «la totalità delle proposizioni vere è la scienza naturale tutta (o la totalità delle scienze naturali)»[14]. Mentre gli scienziati dunque accertano i fatti, il compito del filosofo è incentrato sull'analisi del linguaggio, allo scopo non di fornire una conoscenza di fatti nuovi, ma di chiarire logicamente i pensieri. In questa maniera, Wittgenstein sperava di giungere ad una chiara distinzione tra filosofia e scienze naturali, come pure ad una netta delimitazione fra il pensabile che si lascia dire, e l'indicibile.

c) I limiti del linguaggio

Il *Tractatus* finisce con la celebre dichiarazione che «su ciò, di cui non si può parlare, si deve tacere»[15]. Lo stesso autore, per quasi un decennio, si mostrò fedele a questa massima: Wittgenstein, all'inizio degli anni venti, credeva di aver detto tutto quel che in filosofia c'era da dire; ciò che pensava gli restasse da fare, a quel punto, era cambiare la propria vita. Ed infatti abbandonò la filosofia, diede via gran parte del notevole patrimonio ereditato dal padre, e si mise a lavorare come insegnante in una scuola elementare. Tuttavia, si può dubitare se Wittgenstein abbia effettivamente ubbidito al precetto di tacere su ciò di cui non è possibile parlare. Se non si può parlare di nient'altro che dei possibili stati di cose, qual è allora la funzione delle proposizioni dello stesso *Tractatus*? Le affermazioni del libro non appartengono ovviamente all'insieme delle scienze naturali, perché non dicono nulla sui fatti del mondo. Non sarebbe pertanto stato più coerente se Wittgenstein, anziché scrivere il *Tractatus*, avesse semplicemente taciuto? Il carattere paradossale dell'opera, in ogni caso, non è affatto sfuggito al nostro autore, anzi. Prima di concludere il libro con l'invito a tacere, Wittgenstein spiega, in prima persona, che le sue proposizioni «illustrano così: colui che mi com-

---

[14] «Die Gesamtheit der wahren Sätze ist die gesamte Naturwissenschaft (oder die Gesamtheit der Naturwissenschaften)» (op. cit. [4.11], p. 32; trad. it., p. 27).

[15] «Wovon man nicht sprechen kann, darüber muss man schweigen» (op. cit. [7], p. 85; trad. it., p. 82).

prende, infine le riconosce insensate, se è salito per esse – su esse – oltre esse». Il lettore, in altre parole, deve «gettar via la scala dopo che v'è salito»[16]. L'insensatezza delle proposizioni comprese nel *Tractatus* quindi non implica che il testo sia sotto ogni aspetto inutile.

Non si può dire certamente che Wittgenstein con queste ultime dichiarazioni abbia reso più facile la comprensione del testo. L'interprete, infatti, deve fare i conti con la duplice funzione del linguaggio: secondo la dottrina per così dire ufficiale, il linguaggio serve principalmente se non esclusivamente per la raffigurazione del mondo. Però implicitamente l'autore presuppone ancora un'altra funzione del linguaggio: le proposizioni, oltre a rappresentare gli stati di cose, possono anche insegnarci qualcosa sui limiti dello stesso linguaggio. Nel *Tractatus* si trovano infatti varie sezioni intese ad illustrare le limitazioni necessarie del linguaggio. A questo proposito occorre anzitutto menzionare la famosa asserzione che «i limiti del mio linguaggio significano i limiti del mio mondo»[17]. Se si interpretasse qui "significare" nel senso di "stare per", allora i limiti del mondo sarebbero oggetti reali. Ma Wittgenstein, apposta, non dice che i limiti del linguaggio "sono" i limiti del mio mondo, perché i limiti come tali non fanno parte del mondo, non sono degli stati di cose, e dunque non possono essere rappresentati. Ciononondimeno, i limiti del linguaggio, o meglio dell'insieme delle proposizioni possibili, indicano in qualche modo quali siano per me i confini effettivi della realtà. Alcuni interpreti hanno voluto riferire le espressioni "il mio linguaggio" e "il mio mondo" alle capacità linguistiche e al mondo della vita del singolo soggetto, come se i limiti del mondo dipendessero da quanto ciascun individuo conosce o riconosce come reale. Per Wittgenstein invece i limiti del linguaggio non dipendono da un qualche soggetto, ma includono tutto ciò che si lascia dire, la totalità degli stati di cose sussistenti. Perciò sarebbe un errore pensare che al di là dei limiti del "mio mondo" si trovino alcuni settori sconosciuti della realtà, che forse fanno parte di un qualche "mondo altrui": il mondo i cui confini sono in questione è comunque il mondo delle scienze naturali, cosicché il discorso

---

[16] «Meine Sätze erläutern dadurch, dass sie der, welcher mich versteht, am Ende als unsinnig erkennt, wenn er durch sie – auf ihnen – über sie hinausgestiegen ist. (Er muss sozusagen die Leiter wegwerfen, nachdem er auf ihr hinaufgestiegen ist.)» (op. cit. [6.54], p. 85; trad. it., p. 82).

[17] «Die Grenzen meiner Sprache bedeuten die Grenzen meiner Welt» (op. cit. [5.6], p. 67; trad. it., p. 63).

sulle limitazioni del linguaggio non toglie niente alla possibilità di raffigurare tutto ciò che oggettivamente accade.

Com'è stato già ricordato, la teoria raffigurativa presuppone una specie di corrispondenza strutturale tra lingua e mondo, tra raffigurazione e raffigurato. Questa struttura comune per Wittgenstein è proprio la *forma logica*, sia delle proposizioni sia degli stati di cose. Secondo la dottrina ufficiale del *Tractatus* non è possibile descrivere in termini linguistici né la relazione rappresentativa tra linguaggio e mondo, né la forma logica che i due *relata* hanno in comune. Tuttavia la storia non finisce qui. Anziché accontentarsi dell'affermazione che «la proposizione non può rappresentare la forma logica», l'autore adopera varie espressioni per illustrare come il linguaggio nondimeno la esprime: la proposizione «mostra» la forma logica della realtà, essa «l'esibisce»; mentre questa «si specchia» in quella[18]. Il contrasto tra "dire" e "mostrare" si rivela essenziale per la giusta comprensione del *Tractatus*: la funzione del linguaggio, a quanto pare, non si limita a consentire di dire ciò che dire si può, poiché il linguaggio per giunta mostra qualcosa, e ciò che mostra è molto più della semplice forma logica del mondo. L'ultima parte dell'opera contiene tutta una serie di proposizioni nelle quali Wittgenstein parla di cose su cui, secondo l'insegnamento ufficiale del libro, avrebbe dovuto tacere. L'autore del *Tractatus* per vari aspetti restringe l'uso legittimo del linguaggio, ma al tempo stesso va contro i principi da lui enunciati. Mentre, per esempio, dichiara che nel mondo «non v'è alcun valore», e che per questo motivo «non vi possono essere delle proposizioni dell'etica», egli d'altronde afferma che «il senso del mondo deve sussistere fuori del mondo», e che «l'etica è trascendentale»[19]. Nello stesso contesto Wittgenstein cita anche l'estetica, la felicità, la morte e persino Dio. Tutti questi argomenti poi sono riassunti nel concetto del *mistico*. Allora sarebbe ingiusto credere che Wittgenstein volesse negare assolutamente il senso della vita, il dovere etico e qualunque realtà trascendente. Il filosofo certo sostiene che tutto ciò va oltre i confini di quanto si lascia dire, poiché né

---

[18] «Der Satz kann die logische Form nicht darstellen, sie spiegelt sich in ihm. [...] Der Satz zeigt die logische Form der Wirklichkeit. Er weist sie auf» (op. cit. [4.121], p. 33; trad. it., pp. 28–29).

[19] «Der Sinn der Welt muss außerhalb ihrer liegen. [...] Es gibt *in* ihr keinen Wert [...]. Darum kann es auch keine Sätze der Ethik geben. [...] Die Ethik ist transzendental» (op. cit. [6.41; 6.42; 6.421], pp. 82–83; trad. it., p. 79).

l'etica, né l'estetica, né la mistica raffigurano gli stati di cose. Fermi restando i limiti del linguaggio, Wittgenstein ripetutamente tratta dell'indicibile, e non evita nemmeno pretese apparentemente paradossali come la seguente: «V'è davvero dell'ineffabile. Esso mostra sé, è il mistico»[20].

Sono queste frasi finali del *Tractatus logico-philosophicus* che negli ultimi decenni hanno attirato particolarmente i lettori non specialisti. Il libro insomma assomiglia a Giano bifronte: da un lato è servito come fonte d'ispirazione per gli empiristi logici, che intendevano costruire una visione scientifica del mondo fisico e biasimavano i metafisici e teologi per le loro pretese insensate (vedi cap. 12); dall'altro lato l'opera rimanda il lettore alle questioni più profonde dell'esistenza umana. Da una parte si promette la chiarezza di una lingua ideale, il rigore della logica formale e la certezza delle scienze naturali; dall'altra ci viene richiesto di rassegnarci al fatto che le nostre esperienze più autentiche non sono mai comunicabili. La tensione tra gli estremi è garantita in ultima analisi dalla doppia funzione del linguaggio, di "dire" ciò che accade nel mondo, e di "mostrare" ciò che non si lascia dire. Malgrado l'enorme fascino del primo e unico libro pubblicato da Wittgenstein, gli interpreti fino ad oggi non sono riusciti a riconciliare in modo soddisfacente la dottrina del mostrare e le proposizioni sul mistico, con l'affermazione che esse sono insensate. Wittgenstein stesso, forse perché sentiva la limitatezza del *Tractatus*, e sicuramente perché aveva scoperto l'inconsistenza dell'atomismo logico, ha gradualmente abbandonato la sua prima filosofia. Il libro frattanto è diventato, e continua ad essere, un classico del XX secolo.

22. Il linguaggio ordinario

Una nuova generazione di filosofi analitici entrò in scena dopo la seconda guerra mondiale, spostando il centro filosofico da Cambridge a Oxford, dove insegnavano alcuni dei maggiori esponenti del pensiero linguistico. Forse è persino esagerato parlare di una vera e propria scuola di Oxford; nondimeno è evidente la distanza che separa le ricerche di pensatori oxoniensi dai lavori del primo Wittgenstein e da quelli dei suoi maestri a Cam-

---

[20] «Es gibt allerdings Unaussprechliches. Dies zeigt sich, es ist das Mystische» (op. cit. [6.522], p. 85; trad. it., p. 81).

bridge: a differenza di questi ultimi, i filosofi di Oxford negavano tanto la possibilità di costruire una lingua ideale, quanto la riducibilità delle frasi complesse a proposizioni elementari. La loro principale idea era di analizzare l'uso effettivo del linguaggio; e invece di sviluppare una lingua ideale, fondata sulla logica formale, si dedicavano allo studio della lingua parlata ossia del linguaggio ordinario. La figura centrale a Oxford fu Gilbert Ryle (1900–1976), oggi noto soprattutto per avere applicato il metodo analitico al concetto di mente e alle espressioni con cui ci riferiamo agli stati mentali. Il suo lavoro principale è una pietra miliare per lo sviluppo della cosiddetta "filosofia della mente"; pertanto gli verrà dedicata ampia parte del prossimo capitolo. L'altro importante esponente della filosofia di Oxford fu John Langshaw Austin (1911–1960), il cui influsso internazionale è dovuto ad una serie di lezioni pubblicate dopo la morte precoce dell'autore: nel libro intitolato *Come fare cose con le parole* Austin esamina la dimensione pragmatica della comunicazione linguistica.

Oltre ai professori di Oxford c'è da segnalare, rispetto alla genesi della filosofia del linguaggio ordinario, il ruolo di Wittgenstein. In primo luogo bisogna notare che l'autore del *Tractatus logico-philosophicus* nel 1929 dall'Austria era tornato in Gran Bretagna, dove aveva iniziato ad insegnare all'università di Cambridge, ottenendo, dopo dieci anni, la cattedra di Moore. Le lezioni di Wittgenstein divennero leggendarie; il filosofo aveva una straordinaria capacità di coinvolgere gli studenti nello sviluppo dei suoi pensieri che esponeva con estrema concentrazione e che tuttavia sembravano di semplicità e chiarezza ineguagliabili. Gli anni trenta e quaranta furono per Wittgenstein un periodo di intensa attività, e tuttavia non pubblicò quasi nulla. Il suo pensiero veniva esposto a lezione, ma aveva anche una certa diffusione indiretta, di seconda mano, grazie alle annotazioni degli allievi, che giravano a Cambridge e dintorni. Wittgenstein si sforzò di dare alle sue ricerche una forma definitiva, ma la morte lo colse nel 1951, impedendogli di concludere il lavoro; il suo lascito comprende più di 20.000 pagine manoscritte e dattiloscritte. Tra questi testi gli esecutori testamentari hanno fatto una cernita, approntando per le stampe alcuni libri, il più importante dei quali è sicuramente le *Ricerche filosofiche*, apparso due anni dopo la morte dell'autore e presto divenuto un classico paragonabile al *Tractatus*.

Nonostante il libro postumo di Wittgenstein abbia avuto un impatto enorme su quasi tutte le aree del pensiero filosofico del secondo Novecento, e malgrado il fatto che le *Ricerche filosofiche* siano solitamente associate con la filosofia del linguaggio ordinario, risulta difficile valutare l'influsso effettivo di Wittgenstein sui filosofi di Oxford, e viceversa. Questo da una parte perché la conoscenza delle riflessioni wittgensteiniane fino alla metà degli anni cinquanta poteva poggiarsi solamente sulle suddette note e sui resoconti delle lezioni; e dall'altra perché Wittgenstein stesso non sembra essersi interessato più di tanto degli insegnamenti dei colleghi oxfordiani. Nondimeno, ci sono significative somiglianze tra il tardo Wittgenstein da un lato e pensatori come Ryle e Austin dall'altro. Mi pare quindi giustificato annoverare tutti costoro tra i filosofi del linguaggio ordinario. La seguente presentazione si limiterà ad illustrare brevemente alcune idee centrali di questa corrente, ponendo l'accento sui contributi del secondo Wittgenstein e di Austin. Si tratta delle tesi che: (a) il significato di ogni parola dipende dal suo uso nel contesto di un determinato "gioco linguistico"; (b) che non esiste una sorta di "linguaggio privato", i cui concetti si riferirebbero esclusivamente agli stati mentali di una singola persona; (c) che usiamo le parole non solo per designare oggetti e per descrivere stati di cose, poiché ci sono alcuni "atti linguistici" intesi proprio a modificare la realtà. Il prossimo capitolo sarà in buona parte dedicato alle analisi di Ryle, facendo da complemento al presente.

a) I giochi linguistici

Il *Tractatus logico-philosophicus* offre una visione ristretta se non semplicistica del linguaggio. Questa limitatezza riguarda tanto la presunta analizzabilità di tutte le frasi complesse in elementi semplici, quanto la pretesa della funzione raffigurativa del linguaggio. Com'è stato accennato, Wittgenstein stesso, dopo il suo ritorno alla filosofia, ha scoperto presto le difficoltà inerenti all'atomismo logico nonché alla dottrina delle proposizioni elementari. Nel corso degli anni trenta il filosofo prese pure atto della grandissima varietà dei modi in cui effettivamente utilizziamo il linguaggio. Una visione più integrale del linguaggio può essere ricavata dalle osservazioni del Wittgenstein maturo, contenute in alcune note dettate a metà degli anni quaranta, pubblicate più tardi come prima parte delle *Ricerche filosofiche*. Wittgenstein nella sua seconda grande opera presenta una concezione sostanzialmente nuova del linguaggio: invece di ambire ad una traduzione di tutte le proposizioni in un presunto linguaggio ideale, ora riconosce la lingua parlata come l'unica base di riferimento anche per le questioni semantiche. Secondo il cosiddetto "secondo Wittgenstein", il linguaggio ordinario costituisce un insieme organico dei più vari tipi di asserzioni, esclamazioni, comandi, domande, richieste, eccetera. L'uso logico e i discorsi scientifici non comprendono che una piccola parte della nostra prassi linguistica, perché la lingua non necessariamente ci serve per descrivere qualche oggetto o per enunciare una legge logica: possiamo ugualmente chiedere qualcosa, cantare o scherzare, lodare e rimproverare, fare delle promesse, pregare Dio, e così via. Wittgenstein non pretende nemmeno di offrire una classificazione completa di tutti i tipi di proposizioni, bensì mette in risalto la ricchezza e la varietà della prassi linguistica, sempre nella consapevolezza che l'uso effettivo delle parole può anche cambiare. Esistono moltissimi casi in cui il linguaggio non viene utilizzato per rappresentare la realtà; perciò tanto l'autore delle *Ricerche* rifiuta la teoria del *Tractatus* secondo la quale, per chiarire il senso di una frase, bisogna conoscere il significato dei singoli termini, cioè determinare gli oggetti che essi raffigurano. L'opinione che ogni parola debba riferirsi a qualche cosa, al Wittgenstein degli anni trenta e quaranta è sembrata ingenua:

«Si pensi soltanto alle esclamazioni. Con le loro funzioni diversissime.

> Acqua!
> Via!
> Ahi!
> Aiuto!
> Bello!
> No!

Adesso sei ancora disposto a chiamare queste parole "denominazioni di oggetti"?»[21]

Prima di chiarire come queste esclamazioni, per Wittgenstein, ricevano senso, occorre notare le differenze stilistiche tra i due libri del filosofo. Nes-

---

[21] «Denken wir allein an die Ausrufe. Mit ihren ganz verschiedenen Funktionen. Wasser! Fort! Au! Hilfe! Schön! Nicht! Bist du nun noch geneigt, diese Wörter "Benennungen von Gegenständen" zu nennen?» (L. Wittgenstein, *Philosophische Untersuchungen*, Oxford 1953 [§ 27]; in: Werkausgabe, Suhrkamp, Frankfurt 1984, vol. 1, p. 252; trad. it. di M. Trinchero, Einaudi, Torino 1967, p. 23).

suna delle opere rappresenta un saggio o uno studio monografico nel senso consueto: entrambi consistono in una serie di brevi osservazioni, spesso aforistiche e stringate. Però, mentre il Wittgenstein del *Tractatus* aveva adottato, con la numerazione decimale delle sezioni, un ordine sistematico, nelle *Ricerche* ha rinunciato a qualsiasi suddivisione del testo, diversa dalla mera successione di 693 corti paragrafi. L'autore non presenta più le sue idee in una maniera apodittica, come avveniva nel *Tractatus*, ma coinvolge il lettore in una comune ricerca del giusto modo di vedere le cose. Molti brani delle *Ricerche* possiedono in effetti la forma di piccoli dialoghi con qualche interlocutore fittizio che fa domande, solleva obiezioni, propone spiegazioni o ribatte certe teorie convenzionali. Tutto ciò serve a Wittgenstein per allontanare il sospetto di una specie di ammaestramento o indottrinamento accademico, e dare l'impressione di un libero scambio di idee[22].

Qual è la funzione del linguaggio per il "secondo" Wittgenstein? Per rispondere alla domanda, il filosofo fece ricorso a un'immagine, paragonando il parlare con il giocare. Come ci sono molti giochi, così esistono diversi modi di usare la lingua. Ogni gioco segue determinate regole: chi per esempio intende giocare a scacchi, deve imparare quali mosse si possono fare con i vari pezzi. Allo stesso modo, per poter comunicare, uno deve conoscere le regole per usare determinate parole: chiunque volesse parlare italiano e non sapesse la grammatica, non sarebbe in grado di farsi capire. L'esempio degli scacchi mostra pure che è possibile stabilire le regole più svariate; anzi si potrebbe perfino cambiarle, con le regole esattamente opposte; ma non ha alcun senso chiedere "che cosa significhi" una figura degli scacchi: il Re è un pezzo che si può muovere in una specifica maniera, e al quale si dà lo scacco matto; ma oltre a ciò né raffigura né rappresenta qualche cosa. E come le figure del gioco non si riferiscono a nessun oggetto al di fuori di esso, così il significato delle nostre parole non è determinato da qualche ente extralinguistico, ma dipende esclusivamente dalle regole del loro uso. Spiega Wittgenstein:

---

[22] A causa dello stile aforistico gli studiosi fanno molta fatica ad individuare gli argomenti con cui Wittgenstein giustifica le sue convinzioni. L'interpretazione più autorevole delle *Ricerche* si trova probabilmente nei quattro volumi di G. P. Baker e P. M. S. Hacker, *An analytical commentary on the Philosophical Investigations*, Blackwell, Oxford 1980–96. In italiano si può consultare A. Voltolini, *Guida alla lettura delle Ricerche filosofiche di Wittgenstein*, Laterza, Roma; Bari 1998.

«Per una grande classe di casi anche se non per tutti i casi in cui ce ne serviamo, la parola "significato" si può definire così: Il significato di una parola è il suo uso nel linguaggio»[23].

Con questa dichiarazione il filosofo sostituisce la teoria della raffigurazione presentata nel *Tractatus* con una teoria dell'uso. Per comunicare, non bisogna anzitutto imparare quali cose le singole parole denominano ma comprendere le regole secondo cui le parole vengono utilizzate: chi non sa applicare tali regole non potrà partecipare con successo ai giochi linguistici (*Sprachspiele*). Proseguendo con questo ragionamento, Wittgenstein è condotto ad una critica dell'essenzialismo, cioè dell'idea che i nostri concetti colgano le note comuni delle cose, e che ne possiamo fornire definizioni univoche. In realtà il filosofo non scopre l'essenza di nessuna cosa, e perciò non afferra nemmeno la natura dello stesso linguaggio; alla fine non fa altro che osservare la prassi linguistica e constatare certe somiglianze tra i vari modi in cui usiamo le parole. Per illustrare questa ricerca di un denominatore comune a tutti i giochi linguistici, Wittgenstein adoperò la similitudine dei membri di una grande famiglia. Benché non esista alcun tratto posseduto sicuramente da tutti i membri della famiglia, c'è sempre qualche affinità tra qualcuno e qualcun altro, in virtù della quale noi ci accorgiamo della parentela: anche se genitore e figlio, ad esempio, sono di corporatura molto diversa, le loro voci forse si rassomigliano; oppure, anche se due fratelli non hanno gli stessi lineamenti, possiedono forse tratti caratteriali simili. Scrutando attentamente la parentela, notiamo a poco a poco una complessa rete di legami che Wittgenstein chiama le somiglianze di famiglia (*Familienähnlichkeiten*). I diversi giochi linguistici dunque sono simili ai membri di una famiglia ramificata: formano un insieme, senza che ci siano delle caratteristiche comuni a tutti quanti; e mentre per alcuni aspetti si somigliano, a piccoli gruppi, per altri differiscono.

A differenza della summenzionata teoria degli atti linguistici, la concezione wittgensteiniana non è limitata al mero uso della lingua, poiché la nozione di gioco linguistico comprende anche gli elementi non propria-

---

[23] «Man kann für eine große Klasse von Fällen der Benützung des Wortes "Bedeutung" – wenn auch nicht für alle Fälle seiner Benützung – dieses Wort so erklären: Die Bedeutung eines Wortes ist sein Gebrauch in der Sprache» (L. Wittgenstein, *Philosophische Untersuchungen* [§ 43], p. 262; trad. it., p. 33).

mente linguistici della comunicazione. Dalle descrizioni fornite dall'autore e dagli esempi citati risulta chiaramente che ogni atto linguistico si inserisce nel più ampio contesto delle attività umane. Così, per esprimere un dolore, non devo necessariamente pronunciare la frase che "io ho mal di denti"; spesso basta emettere un gemito, o avere la faccia stravolta, affinché gli altri si accorgano del mio stato di sofferenza. La prassi linguistica si colloca dunque nel complesso del nostro agire e della condotta di vita. Molti enunciati cambiano o addirittura perdono il loro senso, se non sono accompagnati da un comportamento adeguato. I miei vicini forse cominceranno a dubitare del mio mal di denti se il mio viso non lascia trapelare alcun segno di sofferenza, e nonostante io non faccia altro, a parole, che lamentarmi, rifiutandomi però di andare dal dentista. Il dentista a sua volta può aiutarmi soltanto se, dopo avergli io descritto il male, sono disposto ad aprire la bocca permettendogli di curare il dente. Ogni gioco linguistico quindi fa parte di un determinato contesto pratico, dove l'uso della lingua è intrecciato con diversi altri tipi di attività. «Immaginare un linguaggio – scrisse Wittgenstein nelle *Ricerche* – «significa immaginare una forma di vita»[24]. L'interesse del filosofo, rispetto al *Tractatus*, si è pertanto sensibilmente spostato dalla logica formale e dalla funzione raffigurativa degli enunciati dichiarativi verso una comprensione piuttosto pragmatica del linguaggio.

b) Il linguaggio privato
Dopo la discussione dei giochi linguistici e delle regole che determinano l'uso della lingua, Wittgenstein passa alla filosofia della psicologia, cioè all'esame del modo in cui parliamo degli stati mentali. Quasi tutti i pensatori moderni, da Cartesio fino a Husserl, avevano trattato la coscienza soggettiva come una specifica sfera d'esperienza e come un ambito privilegiato di ricerca. Secondo il padre della filosofia moderna, i nostri stati mentali sono l'unica cosa che conosciamo con certezza immediata e infallibile; mentre la possibilità di conoscere il mondo fisico dipende dalla prova che Dio esiste e non ci inganna. Ma anche chi, tenendosi lontano dal cartesianismo, ritiene fondamentalmente validi i giudizi sul mondo esterno, purché siano intersoggettivamente controllabili, deve poi spiegare come comunichiamo i no-

---

[24] «Eine Sprache vorstellen heißt, sich eine Lebensform vorstellen» (op. cit. [§ 19], p. 246; trad. it., p. 17).

stri propri pensieri e sentimenti, dal momento che questi non sono direttamente accessibili ad altri né oggettivamente osservabili. Come si possono interpretare le affermazioni in prima persona? Che cosa significano proposizioni come "io provo dolore", "io dubito" o "io non so come mi chiamo"? La risposta offerta da Wittgenstein si trova in una famosa sezione delle *Ricerche filosofiche* che gli studiosi chiamano l'argomento del linguaggio privato[25]. Wittgenstein esamina la possibilità di concepire un linguaggio che serva esclusivamente a descrivere i miei stati mentali, e che capisco solo io. Una tale sorta di linguaggio corrisponderebbe alla pretesa cartesiana dell'accesso privilegiato alla propria coscienza: se fosse possibile conoscere con certezza i propri stati mentali, allora ci dovrebbero essere alcuni concetti che si riferiscono in modo inequivocabile alle mie idee.

Wittgenstein ora tenta di problematizzare e di confutare l'ipotesi di un linguaggio privato. La tradizionale dottrina dell'accesso diretto alla propria coscienza soggettiva si basa sull'osservazione che solo io «posso sapere se provo veramente un dolore», l'altro invece «può soltanto congetturarlo»[26]. Il nostro autore tuttavia manifesta dubbi sulla validità del ragionamento. Anzitutto, l'asserzione secondo cui gli altri non possano sapere se provo dolore, ma solamente presumerlo, appare sbagliata perché normalmente sappiamo abbastanza bene che cosa la persona che ci sta vicina sente e pensa; quand'anche non dicesse niente, il suo comportamento di solito indica con chiarezza che prova dolore. L'asserzione, però, oltre ad essere falsa, è anche insensata. Chi sostiene che io "posso sapere" di provare un dolore, intende ribadire la certezza infallibile con cui ciascun soggetto sa giudicare la propria esperienza vissuta. Wittgenstein su questa spiegazione obietta che una frase del tipo "io so che provo un dolore" contraddice le regole del linguaggio: chi realmente soffre, normalmente dirà: "io provo un dolore", oppure griderà: "ahi"; mentre non gli verrà in mente di dichiarare: "io so che provo dolore". Un simile enunciato non avrebbe alcun senso se non in situazioni molto particolari, quando

---

[25] L'argomento comprende i paragrafi 243 fino a 315. La ricostruzione più influente, che però non costituisce un'interpretazione testuale, è il libro di S. A. Kripke, *Wittgenstein on rules and private language. An elementary exposition*, Blackwell, Oxford 1982; trad. it. di M. Santambrogio, Boringhieri, Torino 1984.

[26] «Nur ich kann wissen, ob ich wirklich Schmerzen habe; der Andere kann es nur vermuten» (L. Wittgenstein, *Philosophische Untersuchungen* [§ 246], p. 357; trad. it., p. 119).

per esempio la sincerità della persona è stata messa in questione; chi è stato accusato di simulare il dolore, probabilmente giurerà che la sua affermazione è vera. Ma persino nei casi di questo genere, ricorda Wittgenstein, dire: "io so che provo dolore" non significa nient'altro che appunto "io provo dolore".

Il passo decisivo dell'argomento di Wittgenstein allora consiste nella prova che sarebbe del tutto impossibile fissare le regole di un presunto linguaggio privato. Il pensatore propone il seguente esperimento mentale: si immagini una persona che decida di tenere un diario segreto, nel quale tiene nota di tutte le volte che prova un certo dolore. Adopera a questo scopo un codice particolare: appena sente dolore, scrive la lettera "D" nel diario. Dopo alcuni giorni la persona si mette a studiare gli appunti della settimana passata e dice tra sé: "Nel corso di una sola settimana per ben cinque volte ho sperimentato D". A questo punto gli sorge un dubbio: è corretto dire questo? Posso veramente essere sicuro di aver provato lo *stesso* dolore? Assumiamo che a un certo momento la persona senta un ronzio in testa e si chieda se sia giustificato annotare nel diario un'altra "D". Quale sarebbe il criterio dell'uso corretto del termine? Come si può essere certi di non star esagerando, di non essere troppo lamentosi, ma di avere un autentico mal di testa, altrettanto forte come quello sofferto nei giorni passati? Come garantire che la memoria non ci inganni e che "D" significhi ogni volta il medesimo stato mentale?

«Nel nostro caso – conclude Wittgenstein – non ho alcun criterio di correttezza. Qui si vorrebbe dire: corretto è ciò che mi apparirà sempre tale. E questo vuol dire soltanto che qui non si può parlare di "corretto"»[27].

Accettare questo argomento comporta serie conseguenze: se non esiste un linguaggio privato e non sappiamo quali stati della nostra coscienza siano tra loro identici, allora le regole per l'uso corretto dei termini mentali non possono dipendere dall'introspezione individuale. La verità di enunciati come "io provo dolore" deve essere determinata non dall'esperienza soggettiva ma da fattori intersoggettivamente accessibili, cioè dal comportamento del parlante. Provare dolore non significa sperimentare qualcosa che rimanga essenzialmente nascosto a tutti gli altri, bensì comportarsi in un de-

---

[27] «In unserem Fall habe ich ja kein Kriterium für die Richtigkeit. Man möchte hier sagen: richtig ist, was immer mir als richtig erscheinen wird» (op. cit. [§ 258], p. 362; trad. it., p. 123).

terminato modo. Chi dice: "mi fa male la testa", senza manifestare il tipico comportamento di chi soffre di cefalea, sarà sospettato o di simulare o forse di non conoscere il significato delle sue parole. L'esame del vocabolario psicologico, insomma, conferma la natura sociale della lingua. Lungi dall'essere un fenomeno individuale e privato, l'uso dei concetti linguistici non si comprende se non come una delle specifiche forme di vita e di prassi umana. Dal caso della psicologia emerge inoltre il compito critico che spetta al filosofo: con più risolutezza di prima, Wittgenstein esclude ogni elemento costruttivo dalla filosofia. Le ricerche filosofiche non mirano né a spiegare i fenomeni né a formulare teorie, ma servono all'unico scopo di descrivere l'uso effettivo delle parole. Nei primi anni 1930, Wittgenstein compose una lunga serie di note che recavano come titolo "Grammatica filosofica", il cui materiale dopo confluì nelle *Ricerche filosofiche*. Per grammatica l'autore intende non tanto una raccolta di ferree leggi linguistiche, ma la descrizione perspicua del modo in cui effettivamente utilizziamo certe parole. Tracciare un profilo del genere per Wittgenstein significa chiarire l'uso ordinario dei termini, il che può condurre allo smantellamento di determinate teorie. Tra queste, anche le dottrine metafisiche, alla cui concezione saremmo indotti da un impiego improprio dei concetti, cosicché la filosofia diventa «una battaglia contro l'incantamento del nostro intelletto, per mezzo del nostro linguaggio»[28].

c) Gli atti linguistici

Benché l'analisi del linguaggio ordinario sia legata in special modo ad un filosofo di Cambridge, e cioè all'austriaco Ludwig Wittgenstein, il termine "filosofia del linguaggio ordinario" fu originariamente introdotto per designare un gruppo di pensatori oxoniensi. A causa della presunta semplicità e dell'apparente superficialità del loro metodo, l'espressione possiede talvolta una sfumatura dispregiativa: rispetto alla logica matematica elaborata da Frege e Russell, nonché rispetto alle riflessioni sistematiche di Carnap e del primo Wittgenstein, l'approccio di autori come Austin e Ryle può sembrare meno esigente e poco fruttuoso. Tuttavia dobbiamo a questi filosofi una serie di importanti chiarimenti sull'uso del linguaggio ordinario, oggi largamente

---

[28] «...ein Kampf gegen die Verhexung unseres Verstandes durch die Mittel unserer Sprache» (op. cit. [§ 109], p. 299; trad. it., p. 66).

Il pensiero linguistico

accettati. In quanto segue mi concentrerò sulla teoria degli atti linguistici che esplicita la dimensione pragmatica della comunicazione linguistica.

Tradizionalmente, spiega Austin, i filosofi hanno distinto due tipi di discorsi, descrittivi e valutativi: nel primo caso si parla delle cose così come stanno, nel secondo invece si esprime un desiderio su come si vorrebbe che le cose stessero. Da un lato posso raccontare un avvenimento, riferire i miei sentimenti o insegnare una teoria; dall'altro posso dare consigli, impartire ordini o augurare buona fortuna a qualcuno. Bisogna ammettere che esistono casi dubbi: se qualcuno dice che trova molto interessante un determinato libro, talvolta intende solamente riferire che la lettura gli è piaciuta, mentre alle volte vuol implicitamente raccomandare di leggerlo; chi osserva che c'è un toro sul prato antistante, non sempre lo fa per indicare un paesaggio particolarmente suggestivo, ma probabilmente vuol segnalare un pericolo e consigliare di allontanarsi. Secondo Austin, comunque, la solita classificazione si rivela incompleta, ed i due tipi di enunciati finora esaminati non esauriscono affatto la ricchezza della nostra prassi linguistica; anzi, non di rado utilizziamo le parole né per descrivere né per valutare qualcosa. Si pensi ad un compagno che dice "ti prometto di venire domani" oppure ad un sacerdote che dice ad una neonata "Laura, io ti battezzo nel nome del Padre e del Figlio e dello Spirito Santo". Queste proposizioni non sono pronunciate per raffigurare un certo stato di cose; d'altronde, neppure esprimono un desiderio. Chi promette di far visita a un malato, si assume la responsabilità di agire in futuro nel modo annunciato; chi impartisce un battesimo, affida la vita del battezzato alla protezione di Dio. In entrambe le circostanze, pronunciare determinate parole significa compiere un azione. Austin perciò parlava di atti linguistici performativi:

> «Il termine "performativo" verrà usato in una varietà di modi e costruzioni affini, quasi come il termine "imperativo". Il nome deriva, ovviamente, da *perform* [eseguire], il verbo usuale con il sostantivo "azione": esso indica che il proferimento dell'enunciato costituisce l'esecuzione di una azione»[29].

---

[29] «The term "performative" will be used in a variety of cognate ways and constructions, much as the term "imperative" is. The name is derived, of course, from "perform", the usual verb with the noun "action": it indicates that the issuing of the utterance is the performing of an action» (J. L. Austin, *How to do things with words*, Harvard University Press, Cambridge [Mass.] 1962; 2a ed. 1975, p. 6; trad. it. di C. Villata, Marietti, Genova 1987, pp. 10–11).

'Ti ringrazio...", "Scommetto che...", "Ti perdono...", sono altri performativi, cioè enunciati il cui proferimento cambia una situazione e crea un nuovo rapporto tra le persone. Nel caso degli atti linguistici performativi è tolta la netta opposizione tra dire e fare qualcosa. Una volta individuato questo tipo specifico di azioni, Austin cercava di determinare le condizioni sotto cui le si compie realmente. Il filosofo a tale proposito rilevò l'importanza di convenute formule fisse e di comportamenti quasi rituali che permettono di sincerarci dell'effettiva intenzione da parte del parlante di promettere qualcosa, di stipulare un contratto o di impartire un sacramento. Similmente ai giochi linguistici wittgensteiniani, anche gli atti performativi sono legati alle forme di vita, e cambiano o perdono di significato se sono estrapolati dal loro contesto abituale: in una cultura che non conosca l'istituto del matrimonio, la frase "Io accolgo te come mia sposa" certamente non significa ciò che intende dire una coppia cattolica. I performativi, in ultima analisi, sono fondati su un complesso ordine di costumi e di consuetudini, e solo chi intende seguire un simile procedimento convenzionale può essere ritenuto eseguire la rispettiva azione; altrimenti l'enunciato perde la sua forza performativa.

Austin insieme con il suo collega Ryle ha preparato la strada per un grande numero di ricerche, cosicché lo studio del linguaggio ordinario per alcuni anni ha costituito la principale occupazione di molti filosofi analitici. A differenza di Wittgenstein, con il suo stile molto personale, non facile da copiare, i pensatori di Oxford avevano creato un metodo di indagine che poteva essere adottato da altri e applicato alle più diverse questioni filosofiche[30]. La teoria austiniana degli atti linguistici inoltre fu adottata in linguistica, dove "performativo" è ormai diventato un termine comune. La conseguenza del notevole successo sia di Austin e di Ryle, sia delle *Ricerche filosofiche* di Wittgenstein fu un cambiamento dell'immagine della filosofia analitica, da quella di una corrente strettamente legata alla logica formale, avente come principale punto di riferimento le scienze empiriche, a quella di un metodo per chiarire le nostre idee e affrontare i più diversi problemi filosofici. La nozione di filosofia analitica perciò comprende, oltre agli studi

---

[30] Un contributo degno di nota è la "metafisica descrittiva" elaborata da P. F. Strawson (cfr. *Individuals. An essay in descriptive metaphysics*, Methuen, London 1959; trad. it. di E. Bencivenga, Feltrinelli, Milano 1978).

del linguaggio in senso più stretto, un ampio campo di argomenti, quali i temi epistemologici, le questioni etiche e la teoria dell'azione; un settore paradigmatico di applicazione della metodologia analitica costituisce però il problema della mente, al quale sarà dedicato il prossimo capitolo.

23. La filosofia della mente

Il metodo dell'analisi linguistica può essere applicato in vari ambiti disciplinari; pertanto, sebbene alcuni esponenti della filosofia analitica si siano occupati prevalentemente se non esclusivamente dei problemi del linguaggio, è scorretto identificare questa corrente con la sola filosofia del linguaggio. Tra gli argomenti studiati dai pensatori analitici, infatti, spicca il tema della mente, della psicologia, e cioè del rapporto tra coscienza e comportamento, o tra coscienza e cervello. Alcuni autori tendono a far passare l'attuale filosofia della mente come una disciplina nuova, inaugurata da Ludwig Wittgenstein e Gilbert Ryle. Si tratta evidentemente di una forzatura, giacché sin dai tempi più antichi i filosofi si sono interessati dell'anima: basti ricordare il trattato di Aristotele *Peri psychês* nel quale lo Stagirita esamina la relazione tra corpo e anima, studiando la percezione, il pensiero, il desiderio e l'azione. Anche nella filosofia moderna la mente, ossia l'autocoscienza, occupa un posto del tutto particolare, dopo che Cartesio aveva stabilito essere l'*io penso* il fondamento inconcusso di tutta la sua filosofia. In Hegel e presso i suoi seguaci troviamo infine una filosofia dello spirito molto articolata, comprendente la mente individuale e la coscienza che una comunità ha di se stessa, culminante in una metafisica dell'assoluto inteso in termini di soggettività.

Per evitare ogni associazione idealistica, oggi si preferisce il termine "mente" alle nozioni di anima e di spirito; la filosofia della mente dunque si dedica alla coscienza di un singolo essere vivente – coscienza legata alla funzione del cervello e oggetto di indagine psicologica. Tuttavia una delle questioni più dibattute è la *relazione* tra coscienza e cervello. Gli aristotelici avevano risolto il problema del rapporto psicofisico sulla base della dottrina ilemorfica; i cartesiani avevano postulato un'unione sostanziale fra mente e corpo. Nel corso degli ultimi due secoli, invece, la premessa delle due soluzioni, cioè la tesi della sostanzialità dell'anima, è caduta in discredito. Le analisi di Ryle, in effetti, (a) iniziano con una tagliente polemica contro il dualismo cartesiano. Sia Ryle che Wittgenstein (b) rifiutano il discorso introspettivo, richiedendo per contro di spiegare il significato dei predicati mentali con il comportamento della persona. Il primato del comportamentismo però non ha resistito a lungo, poiché nei decenni successivi (c) sono state elaborate varie altre concezioni non dualistiche della mente.

a) La critica del dualismo

La nascita della filosofia analitica della mente coincide con la pubblicazione di un importante lavoro di Gilbert Ryle, nel 1949, intitolato *Il concetto di mente*. In questo volume l'autore si prefigge di esplorare il modo in cui, nella lingua ordinaria, parliamo della mente e dei fatti mentali. Ryle dichiara subito nell'introduzione che il suo proposito non è tanto quello di accrescere la nostra conoscenza della mente, quanto piuttosto di mettervi ordine, di «rettificarne la geografia logica»[31]. Ancora prima di precisare la funzione dei concetti mentali, Ryle muove un'estesa critica contro la dottrina che a suo parere domina sia il pensiero filosofico sia la coscienza comune, ovvero il dualismo cartesiano. Secondo tale "dottrina ufficiale" l'uomo possiede tanto un corpo quanto una mente, in modo che ogni persona trascorre per così dire due vite diverse: l'una comprende tutto ciò che riguarda il suo corpo, l'altra invece concerne ciò che accade nella sua mente. Ryle descrive efficacemente l'immagine che solitamente ci formiamo della mente come di una sfera interiore, opposta al mondo fisico spaziale. Inoltre, all'erronea separazione tra mente e corpo, si è affiancata la distinzione di due diverse aree di conoscenza: l'una è di dominio pubblico, accessibile anche ad osservatori esterni, l'altra invece rimane strettamente privata, riservata alla singola persona.

Ora, sebbene possa sembrare ovvio supporre che le conoscenze vere si raggiungano unicamente nello spazio pubblico, Cartesio e seguaci hanno tuttavia definito l'autocoscienza individuale come il principio e il fondamento di ogni sapere, sostenendo che ciascuno abbia un accesso privilegiato e privo di errore ai contenuti della propria mente. Ryle nota pure la difficoltà di decifrare il rapporto psicofisico sulla base di questa dottrina

---

[31] «...to rectify the logical geography of the knowledge which we already possess» (G. Ryle, *The concept of mind*, Hutchinson, London 1949, p. 7; trad. it. di G. Pellegrino, Laterza, Roma; Bari 2007, p. 3).

cartesiana: infatti, se la mente fosse completamente distinta dal corpo, non si comprenderebbe come la stimolazione dei nostri organi di senso possa mai produrre una rappresentazione percettiva, o come un mero desiderio possa causare il movimento di un braccio. Chi vuol tenere rigorosamente distinti gli avvenimenti interiori da quelli esterni, deve rinunciare alla possibilità di afferrare la connessione tra le due sfere, perché sfugge sia all'introspezione sia all'esperimento di laboratorio.

Ryle non si limita a contestare la "dottrina ufficiale", ma si chiede come sia potuta sorgere e abbia potuto affermarsi. A tale proposito, egli ricorda Cartesio, il quale era non solo un grande filosofo ma anche un valente scienziato, particolarmente interessato alla fisica e convinto della possibilità di fornire una spiegazione completa di tutti i fenomeni naturali, compresi gli organismi, in termini puramente meccanici: chi studia a fondo il movimento dei corpi, celesti e terrestri, può sperare di scoprire le leggi che determinano tutti gli stati di cose. L'ottimismo di Cartesio è fondato sulla premessa che il moto e gli eventi fisici altro non sono che cambiamenti di un unico tipo di sostanza, quella estesa. Ora, tutti fenomeni naturali riguardano la materia, dunque chiunque stabilisca le leggi della fisica conosce eo ipso la *res extensa*. Secondo Ryle, Cartesio a questo punto ha commesso un grave errore logico: trovandosi sprovvisto di una teoria scientifica dei processi mentali, si è arrangiato con un'ipotesi para-meccanica, introducendo un secondo tipo di sostanza, la *res cogitans*, alla quale ineriscono tutti gli stati di coscienza. Ma mentre la materia è soggetta alle leggi meccaniche della fisica, non esiste una scienza psicologica che permetta di determinare i fenomeni mentali. Ryle quindi ha persino ridicolizzato la dottrina cartesiana, chiamando la *res cogitans* lo spettro nella macchina (*ghost in the machine*): anziché attribuire le proprietà mentali allo stesso corpo fisico, Cartesio ha ipostatizzato la coscienza e ideato una sorta di spirito che anima un organismo meccanico. Per Ryle si trattava di un errore categoriale: in realtà è assurdo considerare gli atti umani come suddivisi in due classi di eventi, alcuni fisici ed altri mentali; in verità è sempre la stessa persona a camminare, sentire, mangiare, ragionare, desiderare, fantasticare, eccetera. Assumere che gli stati mentali siano gli effetti di una sostanza diversa dal corpo materiale significa introdurre un'entità superflua. La missione del filosofo perciò consiste nel combattere il mito cartesiano e trovare un'interpretazione più attendibile dei predicati mentali.

b) Il comportamentismo

La critica della metafisica cartesiana tuttavia non conduce Ryle ad un materialismo che riduca i predicati mentali ai quelli fisici. L'analisi linguistica lo porta piuttosto sulla via del comportamentismo: per comprendere i termini mentali bisogna fare riferimento al comportamento della persona, perché nel modo in cui si comporta ed agisce si manifesta pure il suo stato d'animo. Chi per esempio è di un determinato parere, sarà anche disposto a comportarsi di conseguenza. Se ad esempio credo che oggi pioverà, prenderò un ombrello prima di uscire; e se qualcuno mi vede e mi chiede perché porto l'ombrello, sarò propenso a rispondere che mi aspetto che piova. In generale, si può dire che i predicati mentali non si riferiscono necessariamente alle proprietà occulte di una sostanza spirituale, costituite per esempio da una specie di rappresentazione mentale interna della pioggia, o dal contenuto proposizionale che "oggi pioverà", dal desiderio di non bagnarmi o da un ragionamento pratico come: "per non bagnarmi devo portarmi appresso l'ombrello". Non si tratta tanto di sapere che cosa io stia pensando o sperimentando interiormente, bensì di esaminare il mio comportamento. Come afferma Ryle, per intendere il comportamento di una persona non è sufficiente considerare la sua condotta, cioè osservare le azioni che effettivamente compie; occorre in pari tempo interrogarsi circa le sue disposizioni, ovvero chiedersi che cosa la persona sarebbe disposta a fare in determinate circostanze. Chi detesti bagnarsi per la pioggia, certamente non lascia l'ombrello a casa quando piove.

Di conseguenza, i predicati mentali rappresentano per Ryle dei termini dispositivi. Come l'attributo "frangibile" significa che un bicchiere, in certe condizioni, può rompersi, così il termine "è conscio di sé" significa che una persona sotto certe condizioni può mostrare uno specifico comportamento: chi teme la pioggia, porterà un ombrello; chi prova dolore, andrà dal medico; chi conosce il codice della strada, non passerà col semaforo rosso. Poter mostrare un determinato comportamento spesso equivale al saper fare qualcosa: un individuo dotato di ragione saprà come proteggersi dal maltempo, oppure come risolvere dei problemi matematici. Invece di usare i predicati disposizionali, la dottrina comportamentista può anche essere espressa con proposizioni ipotetiche, che indicano le circostanze in cui la persona reagirà in una tale maniera. Quindi, il dire che una persona ha una certa musicalità, normalmente implica consentire ad affermazioni come "se questi sente una melodia, la canterà ad orecchio", oppure "se trova un pianoforte, si metterà a suonare". Similmente, credere che una persona abbia paura dei serpenti, significa qualcosa come "non appena quegli vede una serpe, si darà alla fuga".

«"Spieghiamo" le sue azioni – conclude Ryle – non nel senso che ne inferiamo le cause occulte, ma semmai nel senso che le sussumiamo sotto proposizioni ipotetiche e semi-ipotetiche»[32].

La strategia proposta da Ryle gli permette di analizzare il linguaggio mentalistico senza dover ricorrere ad alcun tipo di sapere proposizionale. Chi dice per esempio di sapere che "2+3=5", non si riferisce a qualche esperienza interna, né descrive uno stato mentale, ma manifesta la disposizione di rispondere "cinque" se gli è posta la domanda "quanto fa due più tre?"; sapere che "2+3=5" perciò non significa nient'altro che sapere come si deve rispondere al quesito "quanto fa due più tre?". Riducendo il sapere che (*knowing that*) al sapere come (*knowing to*), Ryle risolve il problema della privatezza degli stati mentali. Se da un lato io sono l'unico in grado di giudicare se davvero sono consapevole del fatto che "2+3=5", chiunque è in grado di decidere se so rispondere correttamente alle domande di matematica. Il filosofo di Oxford giunge così ad un risultato analogo all'argomento wittgensteiniano del linguaggio privato: il significato dei termini mentali non dipende dall'introspezione, ma dal comportamento pubblicamente accertabile che accompagna gli enunciati dei parlanti. Va subito detto che né Ryle né Wittgenstein negano assolutamente l'esistenza degli stati mentali; però presentano il comportamentismo come una tesi sul significato dei relativi termini linguistici. Per distinguere la loro posizione dal behaviorismo psicologico fondato da John B. Watson e sviluppato da B. F. Skinner, si è introdotta la nozione di comportamentismo logico o analitico. Molti filosofi, nondimeno, si sono dimostrati insoddisfatti del comportamentismo, poiché questo semplicemente elude la questione dello statuto ontologico della coscienza. Ed infatti, in pochi anni il dibattito sulla mente si è riacceso: se Cartesio aveva torto, e non esiste una sostanza spirituale distinta dal corpo, come allora concepire la mente e il suo rapporto con il cervello?

---

[32] «The sense in which we "explain" his actions is not that we infer to occult causes, but that we subsume under hypothetical and semi-hypothetical propositions» (op. cit., p. 50; trad. it., p. 46).

c) Materialisti e funzionalisti

Le discussioni nell'ambito dell'attuale filosofia della mente non si spiegano se non in base all'enorme progresso scientifico e tecnologico. La prima calcolatrice programmabile, ancora meccanica, fu inventata solo una settantina d'anni fa. Lo sviluppo incredibile dei microprocessori e dei linguaggi di programmazione ha reso possibile che i computer odierni effettuino operazioni a lungo credute prerogativa dell'intelletto umano. Di conseguenza, è diventata sempre più importante la questione circa la natura e i limiti della cosiddetta intelligenza artificiale. Il matematico britannico Alan Turing (1912–1954) a metà degli anni trenta elaborò l'idea di una macchina ideale che contiene un algoritmo il quale le permette di risolvere tutti i problemi computabili. Più tardi egli propose il seguente criterio di valutazione dell'intelligenza artificiale, noto come il test di Turing: si immagini una persona che tramite tastiera e schermo dialoga con due interlocutori remoti – interlocutori che questa persona non può, dunque, né vedere né sentire. Ora, mentre uno di essi è un essere umano, l'altro è un computer. La macchina ha superato il test nel momento in cui detta persona non riesce a distinguerla da un interlocutore umano. La questione che occupa i filosofi della mente da più di mezzo secolo verte pertanto sulla possibilità di concepire un algoritmo con il quale sarebbe possibile imitare l'intelligenza umana. Tutte le controversie sull'intelligenza artificiale possono perciò essere ricondotte alla domanda se esista una differenza essenziale fra le capacità del nostro cervello e quelle di un calcolatore.

All'argomento delle macchine intelligenti, appartenente alla sfera della matematica ossia dell'informatica, si aggiunge un secondo grande campo di ricerca, costituito dalle scienze cognitive in genere e dalle neuroscienze in particolare. Gli scienziati ormai sono in grado di individuare vari processi fisiologici e di associarli ai relativi stati di coscienza; si sa per esempio quali lesioni del cervello causano determinate disfunzioni mentali, e si conoscono le aree neurali che generano i sogni, elaborano il linguaggio o sollecitano la memoria. Anche se oggi gli scienziati non possono ancora definire con esattezza la corrispondenza tra le diverse funzioni neurologiche e i diversi tipi di pensiero, c'è da essere fiduciosi sui futuri progressi. Molti filosofi nella situazione attuale si trovano in un dissidio tra le ultime scoperte psicologiche e fisiologiche, da un lato, e le classiche teorie della coscienza dall'altro. Peraltro, quanto meglio conosciamo le operazioni del cervello, tanto più assume importanza il problema della libertà; infatti, solo pochi ritengono che l'idea che le nostre azioni siano libere sia compatibile con la completa decifrazione dei processi cerebrali in quanto sottostanti a leggi fisiche.

Allora alcuni pensatori, tuttavia, sostengono che né l'informatica né le neuroscienze siano sufficienti per comprendere la mente, il cui tratto distintivo secondo loro sarebbe la qualità vissuta degli atti di coscienza. Per sapere che cosa signifchi la coscienza del dolore, non basta programmare un algoritmo che finge il comportamento di chi prova dolore, e neppure è sufficiente analizzare i processi del suo cervello, ma occorre appunto sperimentare dolore. La filosofia della mente quindi dovrebbe interessarsi meno delle funzionalità del cervello o della costruzione di macchine intelligenti, per mettere a fuoco piuttosto le proprietà qualitative degli stati mentali. Thomas Nagel (nato nel 1937) avanzò la tesi che nonostante tutte le conoscenze oggettive che si possono ottenere sul cervello di un pipistrello, siccome non saremo mai capaci di assumere la prospettiva dell'animale, non sapremo mai che cosa prova il pipistrello. Per Nagel, «un organismo ha stati mentali coscienti se e solo se fa un certo effetto *essere* quell'organismo – un certo effetto *per* l'organismo»[33]. Nel dibattito successivo, le proprietà specifiche della coscienza soggettiva furono chiamate *qualia*, ed i filosofi della mente possono essere classificati in due gruppi: coloro che sostengono la riducibilità dei fenomeni mentali ad attributi fisici o logici, e coloro che la negano.

Qui per ovvie ragioni di spazio mi limiterò a dei cenni su alcune posizioni correnti[34]. Anzitutto, va notato che le critiche filosofiche al dualismo cartesiano da una parte, e il progresso scientifico degli ultimi decenni dall'altra, hanno condotto ad un rafforzamento generale del materialismo. Se gli stati di coscienza non ineriscono a una sostanza spirituale, allora resta un solo tipo di cose, i corpi materiali; e tutte le proprietà di una persona, sia fisiche sia psichiche, dipendono dall'organismo materialmente inteso. Tuttavia sono state proposte due versioni di materialismo. La prima e più radicale

---

[33] «An organism has conscious mental states if and only if there is something that it is like to *be* that organism – something it is like *for* the organism» (T. Nagel, «What is it like to be a bat?» [1974], in: *Mortal questions*, Cambridge University Press, Cambridge 1979, p. 166; trad. it. di A. Besussi, Il saggiatore, Milano 1986, p. 163).

[34] Una buona presentazione sistematica è fornita da A. Paternoster, *Introduzione alla filosofia della mente*, Laterza, Roma; Bari 2002.

giunge a negare l'esistenza degli stati mentali: esistono solamente il cervello ovvero il sistema nervoso centrale e i relativi stati neurali. Ma se gli stati di coscienza in realtà non fossero nient'altro che stati fisici, scomparirebbe lo spinoso problema dell'interazione tra mente e corpo; e tutte le proposizioni sugli stati mentali in verità si riferirebbero a certi processi neurofisiologici. I difensori di questa cosiddetta teoria dell'identità cercano dunque di ridurre il linguaggio psicologico a un linguaggio fisicalistico al fine di eliminare la mente e gli stati di coscienza dall'ontologia. All'obiezione che nella lingua quotidiana tuttavia utilizziamo un vocabolario mentalistico, questi filosofi sono soliti rispondere che l'uso comune dei predicati mentali proviene da una psicologia popolare (*folk psychology*) spuria, priva di ogni valore scientifico.

La posizione eliminativista ultimamente ha però perso attrattiva ed è stata sostituita con una versione di materialismo più moderata. Mentre si continua ad affermare l'unicità della sostanza materiale, cioè dell'organismo, ora si ammette che questa sostanza possiede due tipi di attributi, fisici e mentali. Si sostiene inoltre che sia impossibile ridurre i predicati mentali a predicati fisici: benché ad ogni stato di coscienza corrisponda qualche stato cerebrale, la mente non è affatto spiegabile in termini neurofisiologici. Per designare la nuova variante di materialismo, il filosofo nordamericano Donald Davidson (1917–2003)[35] coniò l'espressione di "monismo anomalo":

> «Il monismo anomalo assomiglia al materialismo in quanto afferma che tutti gli eventi sono fisici, respingendo però la tesi [...] che si possano dare spiegazioni puramente fisiche dei fenomeni mentali»[36].

Se ogni nostro stato di coscienza fosse identico ad uno stato fisico, sarebbe possibile indicare con certezza quale (tipo di) stato mentale equivale a quale (tipo di) stato cerebrale. In altre parole, dovrebbero esistere delle leggi empiriche che determinano l'interazione tra mente e corpo. Il cosiddetto materialismo non riduttivo nega le leggi psicofisiche che farebbero da ponte fra la

---

[35] Sul pensiero di Davidson, che fu uno dei più grandi filosofi analitici del secondo Novecento, si veda il volume di M. De Caro, *Dal punto di vista dell'interprete. La filosofia di Donald Davidson*, Carocci, Roma 1998.

[36] «Anomalous monism resembles materialism in its claim that all events are physical, but rejects the thesis [...] that mental phenomena can be given purely physical explanations» (D. Davidson, «Mental events» [1970], in: *Essays on actions and events*, Clarendon, Oxford 1980, p. 214; trad. it. di R. Brigati, Il mulino, Bologna 1992, p. 293).

coscienza e il cervello. Per questa ragione i predicati mentali sono ritenuti non eliminabili e sopravvenienti (*supervenient*) rispetto alle proprietà fisiche. Le citate forme di materialismo sono state attaccate da due fronti. Da un lato alcuni critici hanno sollevato il problema della causazione mentale ossia dell'agire spontaneo. Noi, infatti, siamo soliti pensare che le nostre idee possono causare determinate azioni: se per esempio passo davanti ad un panificio e ho fame, posso decidermi di entrare nel negozio per comprare un panino; se invece per qualche motivo sto a dieta, posso anche resistere al desiderio di mangiare e proseguire la mia strada. Il materialista ora deve spiegare la mia decisione in base ai soli processi neurali: ma se la sua pretesa fosse corretta, potrebbe sembrare che io abbia comprato il panino non perché lo volevo fare, ma perché certi processi cerebrali hanno causato un determinato movimento del mio corpo. In questo caso sarebbe perfino erroneo rimproverarmi per una mia azione. L'altro lato debole del materialismo risiede nella difficoltà di conciliarlo con la nozione di intelligenza artificiale. Se la coscienza fosse necessariamente legata a un cervello, o se gli stati mentali fossero identici con gli stati del cervello, nessuna macchina potrebbe essere considerata intelligente finché non possedesse un cervello facente parte di un organismo biologico. Ma allora la costruzione di un computer pensante viene esclusa quasi per definizione.

Tenendo conto sia del fenomeno della causazione mentale sia della questione dell'intelligenza artificiale, è stata sviluppata la teoria funzionale della mente, secondo cui gli stati mentali sono definiti per il ruolo causale che essi svolgono. I funzionalisti intendono ad esempio il dolore come stato di un essere cosciente che lo induce a scansare certe cose o situazioni. Un simile effetto non dipende necessariamente dalle correnti elettriche delle fibre nervose di un cervello umano, ma può essere prodotto in vari modi: ci sono, in effetti, molteplici possibilità di realizzare lo stesso stato di coscienza, alcuni dei quali forse non presuppongono nemmeno l'esistenza di un organismo vivente. «Due sistemi – scrisse Hilary Putnam – possono avere una composizione del tutto diversa ed essere funzionalmente isomorfi»[37]. Per garantire l'autonomia della mente importa non tanto la base

---

[37] «Two systems can have quite different constitutions and be functionally isomorphic» (H. Putnam, «Philosophy and our mental life», in: *Mind, language and reality*, Cambridge University Press, Cambridge 1975, p. 292; trad. it. di R. Cordeschi, Adelphi, Milano 1987, p. 320).

materiale, bensì l'organizzazione funzionale di un essere cosciente. Nonostante la tesi della realizzabilità multipla, i funzionalisti condividono con i materialisti il rifiuto del dualismo e dell'idea di una sostanza spirituale che animi il corpo. Entrambi convengono pure nel ritenere che gli stati mentali non si distinguono dalle proprietà fisiche per la loro prospettiva soggettiva. In questo senso è lecito concludere che la grande maggioranza dei filosofi analitici della mente s'inquadrano perfettamente nella tendenza generale di naturalizzare la filosofia. Ciononostante rimane sempre aperta la questione di come i *qualia* si lasciano eventualmente integrare in una visione sostanzialmente naturalistica.

24. Le teorie del significato

La filosofia analitica si distingue, tra l'altro, per il forte interesse rivolto al problema del rapporto tra le espressioni linguistiche e la realtà extra-linguistica. In che senso le nostre proposizioni si riferiscono ad oggetti? Come si può determinare l'oggetto designato da una certa parola? Sebbene tra i pensatori contemporanei ci sia vasto consenso sulla tesi che i giudizi costituiscono l'unità elementare del linguaggio, e che è impossibile chiarire il significato di un termine a prescindere dalle proposizioni nelle quali viene utilizzato, il problema semantico riguarda per prima cosa non tanto il senso di intere frasi o la denotazione di concetti generali, bensì la referenza dei termini singolari. Per illustrare le difficoltà connesse alla determinazione del significato, consideriamo come esempio il nome proprio "Gaio Giulio Cesare". Come tutti sanno dai libri di storia, il termine si riferisce ad una singola persona, un generale e dittatore romano, ucciso il 15 marzo 44 da un gruppo di congiurati guidati da Marco Giunio Bruto. Nel presente capitolo discuterò anzitutto la referenza dei nomi propri e dei termini singolari, senza toccare la spinosa questione dei termini universali, come "dittatore" o "omicida". Per non complicare troppo l'esposizione, non tratterò neppure i problemi delle negazioni, delle frasi indirette e delle proposizioni modali. Infine, per quanto concerne il significato dei termini singolari, mi limiterò alla presentazione di tre contributi classici che rappresentano delle pietre miliari per lo sviluppo del pensiero linguistico.

Tutti i dibattiti in campo semantico si riferiscono in un modo o nell'altro (a) al celebre saggio di Gottlob Frege su *Senso e denotazione* del 1892 nel quale venne introdotta per la prima volte la distinzione tra il senso di una parola e l'oggetto al quale essa si riferisce, cosicché due termini con sensi diversi possono tuttavia riferirsi alla stessa cosa. La seconda trattazione classica dell'argomento fu (b) la teoria delle "descrizioni definite" proposta da Bertrand Russell. Ad ogni nome proprio, sostiene Russell, corrispondono delle descrizioni di presunti oggetti i quali, se esistono, possiedono gli attributi elencati dalla descrizione. Poiché questa teoria ha comportato una serie di complicazioni, è stata in seguito elaborata (c) una terza teoria del significato, secondo cui la denotazione di un termine singolare dipende da quale cosa si è voluto denominare quando esso è stato usato per la prima volta; quest'ultima concezione dei nomi propri garantisce che la referenza non cambi nemmeno nel caso in cui si scoprano, dopo aver fissato il riferimento della parola, proprietà dell'oggetto designato in contrasto con quelle precedentemente attribuitegli.

a) Senso e denotazione

La storia della filosofia analitica per molti studiosi non inizia a Cambridge, con Russell e Wittgenstein, ma a Jena, con Frege[38], al quale dobbiamo una chiarificazione terminologica stante alla base di tutte le successive teorie del significato. Nel saggio citato Frege sollevò la questione dell'interpretazione dei giudizi di identità che hanno un contenuto informativo: se tutte le proposizioni identiche non fossero nient'altro che tautologie, non potrebbero aumentare le nostre conoscenze. Si immagini una persona alla quale è raccontata la vita di una donna di nome Servilia: il divorzio dei genitori, gli anni dell'infanzia passati nella casa dello zio materno, il matrimonio precoce e la nascita del primogenito. Poi si menziona l'amante della donna, che alcuni ritengono essere il padre del figlio che lei ha avuto. Il resoconto è avvincente, ma non sembra particolarmente significativo, almeno fintantoché il narratore non rivela che Servilia era l'amante di Giulio Cesare, che il figlio di lei si chiamava Marco Bruto, e che Bruto assassinò Cesare. Questa informazione evidentemente è di primaria importanza: appena si comprende che l'amante di Cesare era la madre di Bruto, nasce il sospetto che Cesare fosse

---

[38] L'importanza di Frege è stata messa a fuoco da M. Dummett (cfr. «Origins of analytical philosophy», in: *Lingua e Stile* 23, 1988, pp. 3–49; 171–210; trad. it. di E. Picardi, Il mulino, Bologna 1990).

il padre del proprio assassino; l'evento delle idi di marzo che finora forse sembrava di natura nettamente politica, subito acquisisce una nota tragica. Ma è vero che Cesare fu ucciso dal proprio figlio? Dopo alcune ulteriori indagini si apprende che Servilia fu effettivamente l'amante di Cesare, nonché la madre di Bruto, e che Cesare nel momento della nascita di Bruto aveva non più di quindici anni, mentre l'identità del padre di Bruto rimane oscura.

L'esempio dimostra a sufficienza che alcune proposizioni di identità possono aumentare le nostre conoscenze in modo significativo. Frege anzitutto osservò la seguente difficoltà logica: affinché un giudizio identico sia informativo, non deve rappresentare una mera tautologia ma esprimere una relazione tra due termini diversi. A differenza della frase "Cesare è Cesare" che non dice assolutamente niente, un'affermazione come "l'amante di Servilia è il genitore di Bruto" può essere di grande interesse. Secondo Frege, la forma logica di quest'ultimo enunciato di identità perciò non è "a = a" bensì "a = b". In generale, una proposizione, per essere informativa, deve contenere almeno due termini diversi. Ma come analizzare questi termini? Su che cosa verte l'identità? Non semplicemente sull'oggetto, ad esempio su Cesare, perché se da un lato è ovvio che Cesare è Cesare, dall'altro questa ovvietà non sembra il contenuto dell'affermazione che "l'amante di Servilia è il padre di Bruto", anche se in entrambi i casi ci riferiamo a Cesare. Secondo Frege va anche esclusa l'interpretazione secondo cui l'identità verte sui segni "a" e "b" aventi convenzionalmente lo stesso riferimento, perché in quel caso la verità del giudizio dipenderebbe dalla connessione arbitraria che noi stabiliamo tra una cosa ed i vari segni con cui la designiamo; anziché trasmettere un'informazione, la proposizione identica sarebbe soltanto una sorta di definizione.

Frege a tale proposito cita un esempio dell'astronomia. Chi scruta il cielo prima dell'alba, può vedere un corpo celeste molto luminoso. Esso è il pianeta Venere, ma un tempo si credeva fosse una stella, la stella del mattino appunto. Se però si torna a guardare il cielo dopo il tramonto, si vedrà un altro corpo celeste, altrettanto luminoso. Come ci insegnano gli astronomi, si tratta di nuovo di Venere, che prima appare come la stella del mattino (Espero) e dopo come la stella della sera (Fosforo), per cui è corretto asserire che "la stella mattutina è la stella vespertina" ovvero che "Espero è Fosforo". Tuttavia, per spiegare l'identificazione non basta dire che esiste un corpo celeste, Venere, che una volta è connesso con il segno "stella del mattino" e l'altra volta è designata come "stella della sera". I due termini, lungi dall'essere dei segni arbitrari per denominare Venere, possiedono un significato ben preciso e ben diverso: pur riferendosi allo stesso oggetto, lo rappresentano in modi distinti, il primo come visibile nel cielo del mattino, il secondo come visibile nel cielo serale. Per discernere tra l'oggetto al quale un'espressione si riferisce, da una parte, e il modo in cui questo oggetto viene dato (*Gegebenheitsweise*) dall'altra, Frege introduce le nozioni di senso (*Sinn*) e denotazione (*Bedeutung*):

> «A un segno (sia esso un nome, una connessione di parole, una semplice lettera) è collegato, oltre a ciò che è designato, e che potrei chiamare la denotazione del segno, anche ciò che chiamerei il senso del segno, e che contiene il modo in cui l'oggetto viene dato»[39].

I termini "stella mattutina" e "stella vespertina" si riferiscono dunque al medesimo oggetto, il pianeta Venere, ma possiedono un senso diverso. Pertanto chi apprende che l'oggetto designato dall'espressione "la stella del mattino" è lo stesso oggetto designato dall'espressione "la stella della sera", ovvero sa che l'enunciato "Espero è Fosforo" è vero, conosce qualcosa di nuovo e di molto importante. La differenziazione tra senso e denotazione costituisce uno strumento indispensabile per analizzare e risolvere il problema dei giudizi identici. La terminologia fregeana in seguito è stata cambiata: ciò che Frege chiamava *Sinn*, è ora detto significato, in inglese *meaning*; ciò che Frege chiamava *Bedeutung*, è spesso indicato come riferimento, *reference*[40]. Nondimeno, il contributo del logico tedesco è rimasto il fondamento delle successive teorie del significato. La distinzione introdotta da Frege inoltre forniva una spiegazione del fatto che alcune espressioni linguistiche possiedono sì un significato, ma non si riferiscono a nessun oggetto. Tutti comprendiamo per esempio il termine "decimo pianeta del sistema solare", anche se

---

[39] «Es liegt nun nahe, mit einem Zeichen (Namen, Wortverbindung, Schriftzeichen) außer dem Bezeichneten, was die Bedeutung des Zeichens heißen möge, noch das verbunden zu denken, was ich den Sinn des Zeichens nennen möchte, worin die Art des Gegebenseins enthalten ist» (G. Frege, «Über Sinn und Bedeutung», in: *Zeitschrift für Philosophie und philosophische Kritik*, Neue Folge 100, 1892, p. 26; trad. it. di S. Zecchi, in: La struttura logica del linguaggio, Bompiani, Milano 1973, p. 10).

[40] Una certa confusione è dovuta al fatto che la stessa parola tedesca *Bedeutung*, usata da Frege per designare la denotazione e tradotta letteralmente come "significato", oggi viene utilizzata per indicare ciò che Frege chiamava il senso.

tale corpo celeste non esiste: quell'espressione ha dunque un senso ma non denota niente. Questa tematica fu approfondita da Russell, il quale sostenne che neppure un'espressione come "il secondo pianeta" possiede un riferimento se non nel contesto di una proposizione. Altri pensatori invece respinsero la dottrina fregeana dei nomi propri, perché secondo loro un termine singolare come "Venere" sì designava un oggetto, ma non possedeva nessun senso. Dette posizioni saranno adesso presentate una dopo l'altra.

b) Le descrizioni definite

Russell presentò la sua teoria del riferimento in un articolo, quasi altrettanto famoso dell'articolo di Frege, pubblicato nel 1905, intitolato *Sulla denotazione*. Tornando all'esempio del nome proprio "Servilia", questo termine designa una nobile romana la quale era tra l'altro l'amante di Cesare e la madre di Bruto. Russell ora chiama descrizioni definite (*definite descriptions*) quegli insiemi di attributi sufficienti a identificare la persona di Servilia e non altri. Come Frege, così anche Russell considera il caso di nomi apparenti che però non denotano niente; non esiste, per esempio, nessun individuo al quale si riferisca l'espressione "l'attuale re di Francia", dal momento che la Francia è una repubblica. Ora, mentre per Frege "l'attuale re di Francia" è un'espressione che pur avendo senso non ha alcun riferimento, per Russell quell'espressione non è per niente un nome, e non ha alcun significato: è una descrizione definita mascherata; ovvero sta per qualcosa che ha una forma logica molto più complessa e che può essere indicata all'ingrosso così: il tal dei tali, quell'unico x che è ora re di Francia. Per Russell buona parte degli apparenti nomi propri sono descrizioni definite abbreviate, camuffate per ragioni di brevità e comodità. Dunque, ciò che per Frege era il senso del nome "Servilia" è per Russell equivalente alla congiunzione di descrizioni definite come: "la figlia di Cepione", "la nipote di Druso", "la madre di Bruto, "l'amante di Cesare", eccetera. Ma le descrizioni di per sé non hanno né senso né denotazione; al più, sono talvolta soddisfatte da un oggetto, come nel caso in cui si parli dell'attuale presidente della repubblica francese.

La teoria di Russell dimostra la propria superiorità quando si considerano proposizioni come "l'attuale re di Francia è calvo" per il principio del terzo escluso si dovrebbe dire che essa o è vera o è falsa. Ora, se si nega che il re di Francia sia calvo, allora, a rigor di logica, dovrebbe essere vero il contrario. Ma anche questa seconda eventualità è problematica perché sembra presupporre che ci sia un re di Francia, cosa che invece non è. La strategia di Russell quindi permette di interpretare il sintagma "l'attuale re di Francia" non come termine singolare che necessariamente denota un oggetto ma come predicato del giudizio "esiste un'entità x tale che x è attualmente il re di Francia". La proposizione "l'attuale re di Francia è calvo" di conseguenza sarebbe da intendere nel senso di "esiste un'entità x tale che x è attualmente il re di Francia ed è calvo", il che è evidentemente falso.

«Se "C" è un sintagma denotativo – scrisse Russell – può accadere che ci sia un'entità x (non può essercene più di una) per la quale è vera la proposizione "x è identica a C" [...]. Possiamo dunque dire che l'entità x è la denotazione del sintagma "C"»[41].

Il principale merito di Russell consiste nell'aver indicato una strategia per distinguere rigorosamente tra il riferimento a un oggetto e la descrizione dell'oggetto, il che ha permesso poi di integrare la teoria delle descrizioni definite con l'analisi funzionale della forma delle proposizioni suggerita da Frege. Poiché l'entità x di cui parla Russell rappresenta l'oggetto al quale si attribuiscono le descrizioni definite, il soggetto logico di ogni predicazione vera deve in qualche modo indicare una cosa realmente esistente. Per stabilire inequivocabilmente la referenza dell'enunciato, si esige l'uso di un termine deittico avente un riferimento diretto a qualche oggetto. In ultima istanza, le espressioni indicali quali "questo", "io", "qui" e "ora" sono sembrate l'unico tipo di termini adatto per designare effettivamente delle entità, mentre i nomi propri tradizionali sono facilmente eliminabili grazie alla teoria delle descrizioni. Anziché parlare di "Servilia", a seconda delle circostanze, si dovrebbe utilizzare una delle sue varie caratterizzazioni come "la donna che ieri incontrai nel foro", "la protagonista del romanzo che scriverò", "la madre dell'assassino delle idi di marzo", e così via.

Le riflessioni di Frege e di Russell furono riprese e portate avanti da Willard Van Orman Quine (vedi cap. 12). Questi ha criticato anzitutto la distinzione tra termini singolari e universali, descrizioni definite e indefinite, presupposta da

---

[41] «If "C" is a denoting phrase, it may happen that there is one entity x (there cannot be more than one) for which the proposition "x is identical with C" is true [...]. We may then say that the entity x is the denotation of the phrase "C"» (B. Russell, «On denoting», in: *Mind* 14, 1905, p. 488; trad. it. di A. Bonomi, in: La struttura logica del linguaggio, Bompiani, Milano 1973, p. 190).

entrambi i predecessori. Quine invece differenzia due tipi di proposizioni, i quali, a seconda dell'estensione, affermano una determinata proprietà o di un singolo oggetto o di una classe di oggetti. Le proposizioni del primo tipo possiedono la forma "esiste almeno un x tale che (x ha la proprietà ...)", e equivalgono ai giudizi singolari della logica classica: il giudizio che "il figlio di Servilia assassinò l'amante della madre" va dunque interpretato come "esiste almeno un x tale che (x è il figlio di Servilia e uccise l'amante della madre)". L'altro tipo di proposizioni ha la forma "per ogni x (se x è un G, x ha la proprietà ...)", e corrisponde ai tradizionali giudizi universali. Il termine generale G specifica un insieme di oggetti per i quali vale il predicato: l'affermazione che "tutti gli uomini sono mortali" allora diventa "per ogni x (se x è un uomo, x è mortale)".

Sia per Russell che per Quine l'analisi logica era intesa a superare certe confusioni ontologiche. Russell aveva messo in chiaro che una frase come "l'attuale re di Francia è calvo" non si riferisce ad una misteriosa entità irreale, della quale poi si predica la calvizie; ma è semplicemente un giudizio falso, il cui presunto soggetto non denota niente. Quine d'altronde affronta l'antico problema degli universali: in un saggio programmatico del 1948 ha esposto il suo parere *Su ciò che vi è*. Secondo molti filosofi, ricorda Quine, ci sono non solo le case rosse, le rose rosse ed i tramonti rossi, ma esiste pure una sorta di entità universale designata con il termine di "rossezza". A tali speculazioni il Nostro contrappone la pretesa che la parola "rosso" non indichi un'entità astratta bensì si riferisca alla classe di tutti gli oggetti rossi, e che chiunque chiama rosse determinate cose non è assolutamente obbligato ad assumere l'esistenza della rossezza, ma soltanto di quegli x dei quali è affermato con verità il predicato rosso. Quine sintetizza la sua semantica con lo slogan che «essere è essere il valore di una variabile»[42]: solo in quanto utilizziamo le variabili quantificate come "almeno un x" oppure "ogni y", stiamo effettivamente parlando di cose esistenti. Siccome normalmente né le conversazioni quotidiane né le teorie scientifiche si basano su proposizioni espresse nella forma canonica introdotta da Quine, spetta al filosofo analizzare sia gli enunciati della lingua naturale che le più complesse teorie matematiche e fisiche, per chiarire il relativo impegno ontologico.

---

[42] «To be is to be the value of a variable» (W. V. O. Quine, «On what there is» [1948], in: *From a logical point of view*, Harvard University Press, Cambridge [Mass.] 1953, p. 16; trad. it. di P. Valore, Cortina, Milano 2004, p. 29).

c) La teoria causale

Per completare il panorama delle grandi teorie del significato, resta ancora la cosiddetta teoria causale del riferimento. Anch'essa è nata dalla difficoltà di fissare il senso e la denotazione dei nomi propri. Secondo la dottrina russelliana, la referenza del nome "Giulio Cesare" dipende dalle descrizioni definite associate a questo nome; per sapere il significato di un termine singolare si devono conoscere alcune proprietà della cosa designata. Immaginiamo per un momento che Cesare sia veramente stato il padre di Bruto, ma che io non l'abbia mai saputo: la teoria di Russell in questo caso potrebbe sembrare implicare che tutte le mie affermazioni su Cesare si riferiscono ad una persona diversa da Cesare, oppure non hanno alcun riferimento, perché quel nome, per come viene utilizzato da me, non denota il genitore di Bruto. La nostra prassi linguistica però non conferma una simile conclusione, anzi presuppone apparentemente il contrario, cioè che la capacità di fare riferimento a Cesare non dipenda per nulla dal conoscere le sue amanti e figli illegittimi. In realtà la denotazione di un nome non cambia ogni volta che si apprende qualche novità sull'oggetto indicato; è persino possibile pensare che Cesare non abbia mai conosciuto Servilia oppure che non sia stato assassinato da Bruto, senza che il termine per questo motivo debba riferirsi ad un'altra persona.

Il filosofo statunitense Saul Kripke (nato nel 1941) ha suggerito una teoria del riferimento che tiene conto del modo effettivo in cui utilizziamo i nomi propri. Per chiarire la denotazione di un termine singolare, secondo Kripke, non è importante il significato associato, ma stabilire il modo con cui esso è stato introdotto nel linguaggio: ogni nome si riferisce esattamente a quella cosa o specie di cose che si è voluto designare quando è stato usato per la prima volta. Per illustrare la teoria causale, Kripke paragona la denotazione al battesimo di un bambino:

> «I suoi genitori lo chiamano con un certo nome. Ne parlano ai loro amici. Altre persone lo incontrano. Attraverso discorsi di vario tipo, il nome si diffonde come in una catena, di anello in anello»[43].

---

[43] «His parents call him by a certain name. They talk about him to their friends. Other people meet him. Through various sorts of talk the name is spread from link to link as if by a chain» (S. A. Kripke, *Naming and necessity*, Blackwell, Oxford 1980, p. 91; trad. it. di M. Santambrogio, Boringhieri, Torino 1982, p. 89).

Servilia, per esempio, diede a suo figlio il nome Marco, dopo di che i familiari, parenti, amici, e finalmente tutto il mondo lo chiamavano con questo nome. Kripke spiegava dunque il riferimento di un termine singolare con l'assegnazione originaria di un nome proprio e con la successiva diffusione del riferimento nella comunità linguistica. Questa teoria evidentemente suppone un contatto immediato tra l'oggetto denotato e la persona che gli impone il nome, come pure una catena ininterrotta di parlanti che trasmettono il riferimento del termine da una generazione all'altra. In base al presunto legame mediato dal primo uso di un nome a tutti gli usi seguenti, la semantica kripkiana è stata battezzata come teoria causale dei nomi propri. Per determinare la referenza del termine "Marco Bruto", in linea di principio, bisogna ripercorrere la lunga serie causale finché si giunge a Servilia, la quale introdusse il nome per designare il figlio. Il riferimento invece non dipende assolutamente dalle descrizioni definite della persona, cioè da chi era il suo padre naturale o dall'eventuale parricidio che ha commesso.

I vantaggi della proposta sono ovvi: né il destino della persona, né le sue libere scelte, né le nostre conoscenze limitate possono interferire con l'uso corretto del nome proprio, che comunque continua a indicare lo stesso individuo. Kripke ha esteso la teoria causale dai nomi propri ai termini dei generi naturali. Consideriamo allora il seguente scenario fantascientifico, inventato da Hilary Putnam: la stragrande maggioranza dei miei lettori saranno certamente d'accordo sul fatto che la parola "acqua" si riferisce a un liquido incolore, bevibile, che gela a 0°C e bolle a 100°C; probabilmente concorderanno inoltre sul fatto che la struttura molecolare dell'acqua è rappresentata dalla formula H_2O. Immaginiamo però una terra gemella (*twin earth*), la quale in quasi tutti i rispetti rassomiglia al nostro mondo reale, e dove esiste pure un liquido incolore, che gela a 0°C e bolle a 100°C, apparentemente identico all'acqua, con l'unica differenza che la formula chimica di questo liquido non è H_2O ma XYZ. A questo punto emerge la domanda se un liquido che appare e si comporta come la nostra acqua, ma la cui costituzione chimica è diversa da essa, possa essere detto acqua oppure no. In altre parole: il termine "acqua" significa necessariamente un composto chimico di formula H_2O? La risposta dei nostri autori è affermativa: una volta introdotto il termine "acqua" per fare riferimento a H_2O, è impossibile che lo stesso termine significhi ugualmente XYZ. La situazione non cambia nemmeno se coloro che hanno utilizzato il nome per primi non conosce-

Il pensiero linguistico

vano ancora la costituzione chimica dell'acqua; quel che conta unicamente è la loro intenzione di denotare il liquido avente formula H_2O del mondo attuale e non il liquido della terra gemella.

Kripke chiama termini come "Marco Bruto" e "acqua" designatori rigidi, perché la loro denotazione non subisce alcun cambiamento al variare delle circostanze. Il filosofo esplica la concezione causale dei nomi propri per mezzo del metodo della semantica dei mondi possibili: esistono senza dubbio dei mondi possibili nei quali la persona che porta il nome "Marco Bruto" non è l'assassino di Giulio Cesare, oppure dei mondi nei quali il liquido con la composizione H_2O bolle a 97°C; non sono invece possibili dei mondi in cui una persona identica a Marco Bruto non sia il figlio di Servilia, o dove esista un liquido identico all'acqua composto da XYZ. In questo senso il significato dei nomi propri e dei termini per i generi naturali non varia, ma è necessario; dopo la fissazione del riferimento, i designatori rigidi denotano la stessa cosa in ogni mondo possibile. Del resto spetta alla ricerca scientifica determinare le proprietà ossia la costituzione degli oggetti denotati: come mediante un test genetico si potrebbe accertare la paternità o la maternità di un bambino, così tramite l'analisi chimica si è scoperta la composizione dell'acqua. «Se esiste una struttura nascosta – scrisse Putnam – essa generalmente determina in che cosa consiste l'essere un membro del genere naturale, non solo nel mondo reale, ma in tutti i mondi possibili»[44]. La teoria della designazione rigida, per la quale alcuni attributi degli oggetti naturali sono necessari, ha contribuito alla recente rinascita dell'essenzialismo che molti filosofi analitici avevano creduto ormai superato. I dibattiti qui solo accennati dimostrano insomma il rapporto indissolubile tra i problemi semantici e le questioni ontologiche, alla cui soluzione i pensatori linguistici hanno voluto continuamente dare il loro contributo.

---

[44] «If there is a hidden structure, then generally it determines what it is to be a member of the natural kind, not only in the actual world, but in all possible worlds» (H. Putnam, «The meaning of "meaning"», in: *Mind, language and reality*, Cambridge University Press, Cambridge 1975, p. 241; trad. it. di R. Cordeschi, Adelphi, Milano 1987, p. 266).

B. LE TRADIZIONI CONTINENTALI

L'opposizione tra analitici e continentali rappresenta ormai un luogo comune della storiografia filosofica novecentesca. La distinzione si riferisce non solo a due zone geografiche o aree linguistiche, ma riguarda anche lo stile di pensiero. Fermo restando che non tutti i filosofi analitici provengono dai paesi anglosassoni, e che parecchi pensatori statunitensi sono interessati agli autori continentali, è difficile evitare l'impressione che una specie di confine immaginario divida il mondo filosofico anglofono da quello continentale: gli esponenti dei due schieramenti di solito si occupano di problemi differenti, usano terminologie diverse, non attingono alle stesse fonti e non recepiscono i risultati delle ricerche della controparte. I lavori degli analitici spesso si orientano secondo il modello della conoscenza scientifica mentre le riflessioni dei continentali sono alquanto vicine alle scienze umane e alla letteratura. Ai primi piace coltivare l'opinione che il loro metodo sia l'unico approccio serio e rigoroso, mentre i pensatori continentali nel migliore dei casi contribuirebbero alla storia delle idee. Questi ultimi, a loro volta, rimproverano gli analitici di una certa superficialità e di negligenza rispetto alle grandi questioni esistenziali. D'altronde bisogna ammettere che in alcune cerchie tedesche e francesi vige la tendenza ad scambiare l'oscurità del linguaggio con la profondità del pensiero.

Queste reciproche critiche sono degli stereotipi, raramente basati sulla conoscenza diretta dei testi e dei lavori della controparte; nondimeno contengono qualcosa di vero. I cosiddetti filosofi continentali si distinguono normalmente per l'ampia cultura storica, proveniente dal lungo studio degli autori sia classici che contemporanei, dai presocratici fino a Hegel e Heidegger. Per quanto riguarda specialmente Hegel, mentre i riferimenti alle sue opere nella filosofia analitica sono quasi inesistenti, negli ambienti continentali ha continuato ad essere un interlocutore importante, come dimostra la sua presenza negli scritti di Heidegger e di Gadamer nonché in molti pensatori francesi del Novecento[45]. Vista la vaghezza dell'espressione di filosofia continentale, il termine viene talvolta utilizzato per raccogliere un ampio spettro di

---

[45] Sulla ricezione di Hegel in Francia informano B. Baugh, *French Hegel. From surrealism to postmodernism*, Routledge, London; New York 2003, e M. Kelly, *Hegel in France*, University of Birmingham 1992.

correnti ed idee che comprende tanto la tradizione idealistica quanto la teoria critica, la fenomenologia e l'esistenzialismo; in questa sede invece la nozione è intesa in senso più stretto, e si riferisce solo alle correnti che hanno esplicitamente tematizzato il linguaggio. La particolare attenzione per il linguaggio, che aveva condizionato la filosofia anglosassone sin dall'inizio del secolo, ha raggiunto nel dopoguerra anche il vecchio continente, dove sono state coltivate varie forme di pensiero linguistico, soprattutto in Germania e Francia. Fra le tendenze dominanti sono da citare l'ermeneutica filosofica, da un lato, e lo strutturalismo dall'altro; entrambi i movimenti sono in qualche modo confluiti nel post-strutturalismo e nelle diverse forme di postmodernismo.

25. L'ermeneutica filosofica

L'ermeneutica, da qualche anno, sta sulla bocca di tutti. Anche se il tema dell'interpretazione non è certamente un'invenzione del Novecento – anzi il termine *ermeneia* era stato usato già da Aristotele come titolo per il secondo libro dell'*Organo* – è solo con l'opera di Hans-Georg Gadamer che l'ermeneutica ha acquisito lo stato di disciplina autonoma ed è diventata addirittura una sorta di filosofia prima. Bisogna perciò distinguere accuratamente tra l'uso tradizionale del termine e la recente idea di un'ermeneutica filosofica. Inizialmente per ermeneutica si intendeva qualunque prassi interpretativa, ossia la spiegazione autentica di certi testi canonici, quali le sacre scritture ed i codici giuridici; nell'epoca contemporanea, invece, si parla di ermeneutica in un senso molto più ampio: anziché limitarsi all'analisi delle condizioni per la giusta comprensione di enunciati o testi, la riflessione ermeneutica adesso abbraccia l'intera esistenza e mira a comprendere la stessa condizione umana. L'ermeneutica quindi non rappresenta un'attività specifica dei biblisti e dei giuristi, o un metodo utilizzato dagli studiosi delle scienze umane in genere, ma descrive l'atteggiamento fondamentale di ogni uomo di fronte alla propria esistenza e verso gli altri, rispetto al mondo e verso la storia. L'intera vita umana, infatti, può essere vista come un continuo processo di espressione e comprensione, di sé e degli altri, sempre per mezzo del linguaggio. Per rilevare come si sia arrivati alla nuova concezione dell'ermeneutica, occorre tornare alle origini ottocentesche e ricordare anzitutto il contributo di Friedrich Schleiermacher, che aveva messo in luce (a) la struttura apparentemente circolare dell'interpretazione. Gadamer, insoddisfatto della consueta spiegazione del circolo ermeneutico, ha illustrato il processo della comprensione con (b) l'immagine della fusione di due orizzonti originariamente separati. La fecondità dell'approccio ermeneutico è attestata infine dal pensiero di Paul Ricoeur, che ne ha approfondito (c) gli aspetti antropologici e la dimensione etica.

a) Il circolo ermeneutico
Mentre per lunghi secoli l'attenzione dei pensatori era stata rivolta quasi esclusivamente all'interpretazione autentica dei testi biblici e giuridici, con il filosofo e teologo protestante Friedrich Daniel Ernst Schleiermacher (1768–1834)[46] ha avuto inizio un nuovo capitolo nella storia dell'ermeneutica. Contemporaneo di Hegel all'università di Berlino, l'interesse di Schleiermacher per la teoria dell'interpretazione rifletteva tanto l'attenzione del teologo per la Sacra Scrittura, quanto l'entusiasmo del filosofo per i dialoghi di Platone, dei quali egli approntò una traduzione rimasta a tutt'oggi ineguagliata. Schleiermacher concepisce l'ermeneutica come una teoria della comprensione in generale, sia dei testi scritti sia dei discorsi parlati. Nove volte, tra il 1805 e il 1832, egli tenne lezioni su *L'ermeneutica generale*, e sebbene non abbia mai pubblicato le sue idee, ci ha lasciato alcune note per le lezioni nonché l'abbozzo di un compendio. La dottrina principale di Schleiermacher riguarda la circolarità del movimento interpretativo: qualsiasi comprensione di qualsivoglia singolo elemento è condizionata dalla comprensione del tutto, e viceversa; per capire il particolare bisogna partire dall'universale, ma per capire l'universale occorre conoscere i particolari.

Poiché la correlazione tra singolare e universale si verifica su vari livelli, Schleiermacher cita parecchi esempi di circolo ermeneutico: in primo luogo non si comprende una parola se non nell'ambito di un'intera frase, ma non si capisce nemmeno la frase se non in base alle singole parole che la compongono. Il senso di ogni frase poi dipende dal suo contesto, come d'altronde la comprensione di un testo nel suo complesso dipende dalle singole frasi. Eppure i paradossi non finiscono qui, perché l'interpretazione di un libro, ad esempio, presuppone che il lettore si occupi anche dell'autore e

---

[46] Sulla vita si veda K. Nowak, *Schleiermacher. Leben, Werk und Wirkung*, Vandenhoeck & Ruprecht, Göttingen 2001; sulla filosofia si legga G. Scholtz, *Die Philosophie Schleiermachers*, Wissenschaftliche Buchgesellschaft, Darmstadt 1984; trad. it. di M. Goldin, Morcelliana, Brescia 1998.

viceversa. Senza una certa familiarità con l'autore non si capiscono i suoi scritti, ma per conoscere un autore bisogna leggere le sue opere. Infine è da menzionare la circolarità tra comprendere una determinata persona, da un lato, e penetrare nella cultura in cui vive dall'altro. Per comprendere un individuo si deve intendere l'ambiente storico-sociale dal quale proviene, ma l'unico modo di conoscere un ambiente non noto resta comunque occuparsi delle singole persone. Schleiermacher allora conclude che

«Ovunque il sapere compiuto si trova in questo circolo apparente, per il quale ogni particolare può essere compreso solo a partire dall'universale di cui è parte e viceversa»[47].

A questo paradosso si riferisce la famosa nozione del circolo ermeneutico. Parlando di un circolo «apparente», Schleiermacher intende indicare che non si tratta di un circolo vizioso. La struttura circolare dell'interpretazione è dovuta piuttosto alla limitatezza delle facoltà conoscitive dell'uomo, il quale non arriva mai alla perfetta comprensione dell'altro, ma può sempre fraintenderlo. Grazie al continuo passaggio dal singolo all'universale e viceversa, il processo interpretativo tuttavia non si ferma; anziché accontentarsi della comprensione raggiunta, l'interprete deve proseguire a cercare di conciliare le nozioni della cosa particolare con la visione del tutto, fermo restando che la piena verità è un ideale irraggiungibile. A dispetto della presunta impossibilità di terminare il processo ermeneutico, Schleiermacher non è assolutamente del parere che tutte le interpretazioni siano ugualmente valide: l'idea della verità guida la nostra ricerca, e perciò esiste un reale progresso storico della conoscenza, cioè un graduale avvicinamento alla verità.

Secondo Schleiermacher, l'interpretazione di un testo o discorso tende alla comprensione del pensiero della persona che li ha formulati; chiunque interpreti le parole altrui, da ultimo vuole capirne il contenuto. La convinzione secondo cui il processo interpretativo mira alla conoscenza delle intenzioni e dei pensieri degli altri, ha condotto alcuni critici a rinfacciare a Schleiermacher la tendenza a risolvere l'ermeneutica nella psicologia, cosic-

---

[47] «Überall ist das vollkommene Wissen in diesem scheinbaren Kreis, dass das Besondere nur aus dem Allgemeinen, dessen Teil es ist, verstanden werden kann und umgekehrt» (F. D. E. Schleiermacher, «Hermeneutik» [1819], in: *Ermeneutica*, a cura di M. Marassi, Rusconi, Milano 1996, p. 330; trad. it. a fronte).

ché la comprensione in realtà non riguarderebbe i testi e le opere, ma la mente dell'autore. Un simile sospetto è potuto sorgere poiché per Schleiermacher interpretare le parole di qualcuno talvolta può significare capire le sue idee più adeguatamente rispetto a lui stesso; il compito dell'ermeneutica dunque consiste nel «comprendere il discorso anzitutto altrettanto bene e poi meglio di come abbia fatto il suo autore»[48]. Tale dottrina alla fine dell'Ottocento fu ripresa da Wilhelm Dilthey, il più importante studioso della filosofia di Schleiermacher. Alla ricerca di un metodo delle scienze umane, Dilthey propone il binomio di spiegare e comprendere: le scienze della natura cercano di *spiegare* il mondo fisico, le scienze dello spirito invece tentano di *comprendere* la vita umana e il mondo storico. Dilthey, che inizialmente aveva concepito il metodo delle scienze umane come una psicologia descrittiva, più tardi afferma che la ricerca storica deve includere anche l'interpretazione delle varie oggettivazioni sociali dello spirito (vedi cap. 10).

La figura del circolo ermeneutico è stata ripresa nientemeno che da Martin Heidegger. In *Essere e tempo* il filosofo di Friburgo presenta il metodo dell'analisi esistenziale come combinazione della fenomenologia husserliana con l'approccio ermeneutico: per comprendere il senso dell'essere, occorre esaminare il fenomeno dell'esserci e rivelare anzitutto la comprensione che l'uomo possiede del proprio essere. Heidegger a questo proposito ritorna sul tema del circolo ermeneutico, poiché ogni interpretazione dell'esserci presuppone che l'uomo già abbia una certa comprensione della propria esistenza. Senza un'implicita precomprensione è impossibile arrivare ad un'esplicita comprensione di sé. Per questa ragione, Heidegger concepisce la situazione ermeneutica come caratterizzata dall'inevitabile circolarità tra precomprensione e comprensione. Il circolo, visto in questa prospettiva, non rappresenta un problema semplicemente metodologico, che in qualche modo va superato, ma costituisce una condizione necessaria per ogni interpretazione. Di conseguenza, «l'importante non sta nell'uscir fuori dal circolo, ma nello starvi dentro nella maniera giusta»[49]. Il circolo er-

---

[48] «Die Aufgabe ist auch so auszudrücken "die Rede zuerst ebenso gut und dann besser zu verstehen als ihr Urheber"» (op. cit., p. 328; trad. it. a fronte).

[49] «Das Entscheidende ist nicht, aus dem Zirkel heraus-, sondern in ihn nach der rechten Weise hineinzukommen» (M. Heidegger, *Sein und Zeit*, Niemeyer, Halle 1927; in: Gesamtausgabe, Klostermann, Franfurt 1975 segg., vol. 2, p. 203; trad. it. di P. Chiodi; riv. da F. Volpi, Longanesi, Milano 2001, p. 189).

meneutico, lungi dal riguardare solo il testo oppure l'autore, coinvolge pure la persona dell'interprete. La circolarità, inoltre, non è un fatto meramente linguistico, ma caratterizza la natura stessa dell'esistenza umana. Siccome l'uomo deve sempre rapportarsi al proprio essere, il circolo ermeneutico è diventato un fatto quasi ontologico che precede ogni asserzione linguistica.

b) La fusione degli orizzonti
L'idea heideggeriana che ogni interpretazione sia condizionata dalla nostra precomprensione ha esercitato un forte influsso sull'ermeneutica filosofica di Hans-Georg Gadamer (1900–2002). Durante la sua lunga vita, Gadamer fece esperienza delle molteplici tragedie del Novecento e conobbe personalmente i pensatori più illustri. Dopo il dottorato, conseguito all'età di soli ventidue anni, ha proseguito i suoi studi sotto la guida di Heidegger, la cui capacità di interpretare e far parlare i testi antichi gli fece un'enorme impressione. Perciò Gadamer, nel corso degli anni, ha dedicato una lunga serie di scritti agli autori greci, soprattutto a Platone e Aristotele, ma poi anche a Hegel, Husserl e Heidegger. Il filosofo aveva ormai compiuto sessant'anni, quando è apparsa la sua opera più importante, *Verità e metodo*. Il libro, che rassomiglia non tanto ad una monografia quanto ad una raccolta di saggi, porta come sottotitolo "Lineamenti di un'ermeneutica filosofica". Nella prima parte dell'opera, Gadamer si occupa della verità dell'arte; nella seconda affronta il problema di comprendere la verità nelle scienze umane; nella terza discute il linguaggio quale fondamento ontologico dell'ermeneutica. Lo scopo generale di *Verità e metodo* consiste nel contestare la pretesa che soltanto il metodo delle scienze naturali ci permette di afferrare la verità. Contro il positivismo e lo storicismo dell'epoca, Gadamer pone in risalto la verità propriamente ermeneutica, che non dipende dal metodo adottato dalle scienze della natura.

L'ermeneutica filosofica non tende assolutamente alla soggettivizzazione ossia relativizzazione dell'interpretazione, come dimostra chiaramente la prima parte di *Verità e metodo*, dove Gadamer critica l'estetica moderna – inaugurata da Kant e approfondita dai romantici – per non essersi preoccupata della verità dell'arte. Pur difendendo l'oggettività dell'interpretazione, Gadamer non nega le condizioni storiche che determinano ogni processo di comprensione: la sua ermeneutica anzi parte proprio dall'imprescindibilità della precomprensione (*Vorverständnis*), e la seconda parte di *Verità e metodo* inizia addirittura con la riabilitazione dei pregiudizi. Mentre gli illuministi avevano insegnato che per conoscere la verità bisogna prima di tutto liberarsi dai propri preconcetti, Gadamer, seguendo Heidegger, sostiene l'impossibilità di comprendere alcunché, senza una certa precomprensione che ne preceda l'interpretazione. Chi si propone di capire un testo o una persona non inizia mai dal nulla, ma si trova sempre in una concreta situazione ermeneutica, determinata da tutta una storia di interpretazioni. I preconcetti, ai quali Gadamer dirige la sua attenzione, derivano pertanto non solo dai limiti personali del singolo soggetto interpretante, ma riflettono le idee di un'epoca e le opinioni vigenti in una comunità. Peraltro, ogni precomprensione è a sua volta il prodotto di un lungo processo ermeneutico, e perciò Gadamer parla della storia degli effetti (*Wirkungsgeschichte*): sarebbe ingenuo voler comprendere qualcosa a prescindere dall'appartenenza ad una continua tradizione interpretativa.

I preconcetti, anziché rendere l'interpretazione un'impresa difficile se non disperata, ne sono secondo Gadamer il punto di partenza, la storia degli effetti costituendo l'unico legame esistente tra autore e interprete. L'incontro con un'opera d'arte o con un testo mette solitamente in questione i nostri pregiudizi, ma non appena si diventa consapevoli dei propri preconcetti, può iniziare una specie di dialogo sul come le cose stiano veramente. Riconoscere la precomprensione tuttavia non implica che l'interprete alla fine dovrebbe mettersi nei panni dell'autore, assumendo un punto di vista contemporaneo a quest'ultimo. Gadamer respinge espressamente l'approccio psicologico di pensatori come Schleiermacher e Dilthey: l'ermeneutica filosofica non può poggiare sulla capacità di immedesimazione, perché nessun interprete può saltare la storia degli effetti che lo separa dall'autore. La comprensione richiede in un certo senso il superamento della distanza storica, senza occupare semplicemente il posto dell'altro. Gadamer quindi ricorre alla metafora dell'orizzonte: una situazione ermeneutica, oltre che dallo specifico punto di vista, è caratterizzata dall'orizzonte dell'interprete, dall'ampiezza del suo sguardo. Per comprendere qualcosa occorre non tanto trasferirsi in un mondo diverso, ossia trasporsi in una situazione storica diversa dalla propria, bensì ampliare il proprio orizzonte al punto da includere la situazione in cui è ambientato ciò che si intende capire. In altre parole, lo scopo del processo ermeneutico consiste nella fusione degli orizzonti (*Horizontverschmelzung*) di due interlocutori che si comprendono esattamente nella misura in cui il mondo della vita dell'uno non resta separato, ma si fonde con il mondo dell'altro. Allora tale processo

«non è né una forma di rapporto empatico con l'individualità altrui, né una sottomissione dell'altro ai propri criteri, ma significa sempre innalzamento ad una universalità superiore, che non oltrepassa solo la particolarità propria, ma anche quella dell'altro»[50].

Riflettendo sulla coscienza storica, Gadamer ricorda Hegel il quale avrebbe studiato fino in fondo la dimensione storica del problema ermeneutico. E tuttavia, mentre «la filosofia dello spirito hegeliana pretende di attuare una mediazione totale tra storia e presente»[51], la verità per Gadamer rimane un evento essenzialmente linguistico. L'esperienza ermeneutica è frutto di una specie di dialogo che viene reso possibile attraverso il riconoscimento dei propri pregiudizi e mediante la disponibilità a mettere in questione le proprie convinzioni. Chi entra in un simile dialogo può sperimentare come cambino la propria visione delle cose e le ragioni a sostegno di essa. Questa esperienza giustifica la fiducia di Gadamer nel giungere ad una comprensione vera, la quale non coincide con le semplici opinioni che ciascuno ha, ma dipende dalle cose stesse. Nella terza parte di *Verità e metodo*, il filosofo sviluppa una specie di ontologia, seguendo il filo conduttore del linguaggio. Poiché la fusione di orizzonti presuppone il linguaggio come medium, Gadamer sostiene che «l'essere che può venir compreso è linguaggio»[52]. L'ontologia ermeneutica espone le tesi di Gadamer al sospetto di voler identificare le espressioni linguistiche con la realtà alla quale si riferiscono, e perciò di ridurre l'esperienza del mondo ad un unico grande gioco di interpretazioni senza alcun criterio di verità. A questo dubbio si è aggiunta la critica che l'autore non si sarebbe occupato dei problemi

---

[50] «...ist weder Einfühlung einer Individualität in eine andere, noch auch Unterwerfung des anderen unter die eigenen Maßstäbe, sondern bedeutet immer die Erhebung zu einer höheren Allgemeinheit, die nicht nur die eigene Partikularität, sondern auch die des anderen überwindet» (H.-G. Gadamer, *Wahrheit und Methode. Grundzüge einer philosophischen Hermeneutik*, Mohr, Tübingen 1960; in: Gesammelte Werke, Mohr, Tübingen 1985–95, vol. I, p. 310; trad. it. di G. Vattimo, Fabbri, Milano 1972, p. 355).

[51] «Hegels Philosophie des Geistes beansprucht, eine totale Vermittlung von Geschichte und Gegenwart zu leisten» (op. cit., p. 351; trad. it., p. 401).

[52] «Sein, das verstanden werden kann, ist Sprache» (op. cit., p. 478; trad. it., p. 542).

concreti di metodologia, lasciando senza risposta la domanda spinosa di come distinguere un'interpretazione vera da una falsa. Bisogna senz'altro ammettere che il libro di Gadamer, a differenza dell'ermeneutica generale di Schleiermacher, non contiene nessuna dottrina del metodo; ma va nondimeno riconosciuto che solo grazie al contributo di *Verità e metodo* l'ermeneutica è divenuta una disciplina filosofica di primo rango, e questo appunto perché Gadamer ha considerato l'interpretazione non come un'attività isolata di uno studioso, bensì come l'esperienza fondamentale dell'uomo in quanto essere storico.

c) L'identità narrativa

In Francia, l'ermeneutica filosofica è stata sviluppata soprattutto da Paul Ricoeur (1913-2005). Scrittore di vastissima cultura, Ricoeur nelle sue opere unisce l'acuta interpretazione di testi, filosofici e letterari, con la riflessione critica su questioni teoriche. A differenza di Gadamer, non ha affidato a un'unica opera la sintesi completa del suo pensiero, e pertanto è più difficile cogliere il nocciolo del suo insegnamento. Tuttavia l'impatto di Ricoeur su altri autori è stato immenso. La sua fama, anche da vivo, si è estesa ben oltre i confini della Francia, e merita perciò di essere annoverato tra i massimi esponenti del pensiero contemporaneo. Come Lévinas, così anche Ricoeur si fece dapprima un nome come traduttore e interprete di Husserl, ma presto iniziò a pubblicare lavori autonomi, dedicati agli argomenti più vari: elaborò una fenomenologia della volontà; esaminò i simboli ed i miti del male; commentò la psicanalisi freudiana come attività interpretativa; fu tra i primi a criticare il metodo strutturalista (vedi cap. 26); lavorò al significato delle metafore; sviluppò una teoria delle narrazioni che indaga il significato dei racconti, sia storici sia fantastici; discusse i problemi collegati con l'identità personale, come la temporalità e la memoria, mettendo in luce il contrasto tra oblio e perdono; inoltre si interessò anche di etica e giustizia.

Pur essendo ancora presto per giudicare l'eredità filosofica di Ricoeur, mi sembra corretto affermare che il tratto unificante dei contributi appena elencati sia il tema dell'identità narrativa del soggetto. Le sue riflessioni in merito si muovono proprio sulla frontiera tra ermeneutica, antropologia, teoria dell'agire ed etica. Come è spiegato nel ricco studio *Sé come un altro*, che traccia una specie di sintesi del cammino percorso, nessuna delle teorie tradizionali dell'identità personale sarebbe stata sufficiente per comprendere l'uomo: Il soggetto non è semplicemente una sostanza immutabile che resta invariata nel tempo, come voleva Cartesio; ma l'identità non si spiega nemmeno soltanto in virtù di determinate proprietà che distinguono una persona dall'altra, come pretendevano gli empiristi. Ricoeur chiama queste inadeguate concezioni del sé, rispettivamente, l'identità-*ipse*, cioè di un sé che permane nel tempo (*ipséité*), e l'identità-*idem*, cioè di una medesima cosa che può essere reidentificata per le sue determinazioni (*mêmeté*), ponendo in risalto per contro la concezione di un'identità narrativa, che oscilla tra le due teorie precedenti. Pur tenendo ferma la convinzione che il soggetto umano si distingue dalle cose materiali proprio per la permanenza del sé, Ricoeur cerca di far fronte al problema dei mutamenti individuali, che sono talvolta così profondi da mettere in crisi la stessa identità di una persona.

Per rispondere alla domanda "chi sono io?" non basta elencare una serie di attributi, fisici o psichici, che garantiscono che io oggi sono lo stesso di ieri. Ricoeur pertanto riprende il filo dei suoi studi sulle narrazioni e mostra come l'identità di un personaggio è plasmata attraverso la storia della sua vita. L'identità personale non costituisce il presupposto, ma semmai il risultato di un racconto. Come ogni narrazione finzionale possiede una trama e un intreccio, così la vita dell'uomo è formata da una lunga serie di esperienze ed incontri, azioni e decisioni, successi e fallimenti, sfide e vicissitudini. La narrazione ora mette tutti questi elementi in un ordine temporale, descrivendo quanto è accaduto, spiegando le intenzioni dell'attore, illustrando i suoi atteggiamenti, e tracciando così il suo carattere. «Raccontare – scrisse Ricoeur – è dire chi ha fatto che cosa, perché e come, estendendo nel tempo la connessione fra questi punti di vista»[53]. Un buon esempio per illustrare che cosa sia tale identità narrativa è una promessa fatta in un certo momento della vita: la parola data mi lega, non al modo di una qualche costrizione esterna che renderebbe necessario il futuro modo di comportarmi, ma nel senso di un impegno personale, della risoluzione ferma di adempiere quanto promesso. Devo mantenere la parola data, nonostante con il tempo io sia diventato un altro, malgrado tutti i cambiamenti dei miei desideri e delle mie opinioni. Il racconto verte infatti sulla fedeltà del soggetto ai propositi di una volta; la

---

[53] «Raconter, c'est dire qui a fait quoi, pourquoi et comment, en étalant dans le temps la connexion entre ces points de vue» (P. Ricoeur, *Soi-même comme un autre*, Éditions du Seuil, Paris 1990, p. 174; trad. it. di D. Iannotta, Jaca book, Milano 1993, p. 238).

narrazione implica una dimensione prescrittiva: chi riferisce un evento, non descrive soltanto l'accaduto ma qualifica e giudica in qualche modo il comportamento degli agenti. Ogni valutazione però presuppone l'identità delle persone che agiscono. Se per esempio ho promesso ad un amico malato di fargli visita, ma poi non vado mai a trovarlo, l'omissione mi può essere imputata nella misura in cui non può esistere alcun dubbio che sia stato veramente io a promettere la visita, e che sia stato sempre io ad aver cambiato idea.

L'esempio della promessa rivela la stretta connessione tra il tema dell'identità personale da un lato e la filosofia pratica dall'altro. Ricoeur non a caso termina il percorso di *Sé come un altro* con alcune riflessioni sull'etica. Da queste pagine conclusive traspare il significato più profondo dell'enigmatico titolo del volume, che oltre al rapporto dialettico del soggetto con se stesso vuol anche alludere all'antico comandamento della regola d'oro: Il nostro autore interpreta le norme etiche come espressione della mia sollecitudine per l'altro uomo, il quale incessantemente mi interpella a "non fare al prossimo ciò che detesteresti che ti fosse fatto". La regola d'oro stabilisce un rapporto di reciprocità tra due persone, una delle quali rappresenta il soggetto agente, mentre l'altra è considerata come vittima delle sue azioni. Ora, per poter "amare l'altro come se stesso" bisogna riflettere su questa dissimmetria tra chi compie e chi subisce un'azione: il dovere morale consiste nel trattare il prossimo come se io fossi al suo posto, cioè come se egli stesse per agire e la sua azione riguardasse me[54]. Non è qui possibile approfondire il modo originale in cui Ricoeur combina i diversi elementi ricavati dalla tradizione giudaico-cristiana, dalla filosofia aristotelica, dalla morale kantiana e dalla concezione hegeliana di eticità. Dovrebbe nondimeno essere sufficientemente chiaro che l'ermeneutica filosofica non si ferma alla mera interpretazione dei testi classici, né si limita a considerazioni meramente estetiche. Ricoeur anzi ha restituito all'ermeneutica gli argomenti del bene e dei valori, che da Heidegger e Gadamer erano stati largamente trascurati. Alla fine del XX secolo si può quindi constatare che l'ermeneutica è diventata una delle correnti filosofiche più influenti, che tenta di comprendere l'uomo come essere storico in tutte le sue dimensioni, inclusa la prospettiva etico-politica.

---

[54] Il pensiero etico è stato approfondito da Ricoeur nel suo ultimo libro sulla nozione del riconoscimento reciproco (cfr. *Parcours de la reconnaissance. Trois études*, Stock, Paris 2004; trad. it. di F. Polidori, Cortina, Milano 2005).

26. Lo strutturalismo e la decostruzione

Il pensiero linguistico, nell'ambito della filosofia continentale, si è sviluppato in due opposte direzioni. La prima, appena esposta, è rappresentata dall'ermeneutica filosofica che considera il linguaggio come espressione dell'autocoscienza umana. Pensatori quali Gadamer e Ricoeur hanno concepito i testi quali prodotti intenzionali di un soggetto parlante, ossia di uno scrittore, cercando di comprenderne il significato. Accettando il presupposto di un legame tra testo e autore, l'ermeneutica è rimasta essenzialmente fedele alla moderna filosofia della soggettività. La seconda corrente del pensiero linguistico continentale ha invece scelto un approccio diverso. Sostenendo che si deve prescindere da qualsiasi legame cosciente con l'autore, ha inteso i testi come sistemi di segni. Per cogliere il significato di un discorso, bisogna analizzarne la struttura, cercando di individuare gli elementi costitutivi, e stabilire le relazioni esistenti tra loro. Tale metodo dell'analisi strutturale è stato inizialmente utilizzato nell'ambito della linguistica che durante il Novecento, grazie alle ricerche dello svizzero Ferdinand de Saussure, ha subìto una trasformazione profonda. Saussure ha elaborato (a) la prima teoria del linguaggio come sistema di segni, introducendo così alcuni concetti fondamentali adoperati poi dagli strutturalisti.

Nella seconda metà del XX secolo lo strutturalismo si è esteso (b) dalla linguistica alle altre scienze umane. Il metodo ha conosciuto largo seguito anzitutto in Francia, esercitando forte influsso sulla filosofia. A titolo d'esempio sarà presentata in questa sede (b) l'antropologia strutturale di Claude Lévi-Strauss, oggi riconosciuta come un contributo classico all'etnologia. Altri esponenti noti dello strutturalismo sono lo studioso di letteratura Roland Barthes (1915–1980), lo psicanalista Jacques Lacan (1901–1981) e il filosofo Louis Althusser (1918–1990). Insieme a Lévi-Strauss questi pensatori hanno dominato il clima intellettuale francese durante gli anni sessanta. Durante la loro ascesa, l'esistenzialismo sartriano ha perso influenza. Gli strutturalisti avevano da ridire soprattutto sul peso esagerato che la filosofia moderna, da Cartesio fino alla fenomenologia husserliana, aveva dato alla soggettività e alla coscienza individuale. Il rifiuto del soggetto trovò la sua espressione più netta nel pensiero di Michel Foucault (1926–1984)[55]. Nell'ultimo capitolo del

---

[55] Sul pensiero di Foucault informano il filosofo stesso in un articolo pseudonimo «Foucault, Michel», in: *Dictionnaire des philosophes*, a cura di D. Huisman, Presses universitaires de France, Paris 1984, pp. 941–944; trad. it. di S. Loriga, in: Archivio Foucault, vol. 3, Feltrinelli, Milano 1998, pp. 248–252, e S. Catucci, *Introduzione a Foucault*, Laterza, Roma; Bari 2000.

suo capolavoro *Le parole e le cose*, Foucault descrive l'impatto dello strutturalismo sulle scienze umane con la formula della fine dell'uomo[56]. Trattando i sistemi linguistici come strutture autosufficienti, il movimento strutturalista secondo Foucault ha finalmente superato il primato del soggetto cosciente.

Foucault stesso inizialmente è stato annoverato tra gli aderenti allo strutturalismo; ma più tardi ha preso le distanze da questa posizione e classificazione. La ragione principale è stato il rifiuto, da parte degli strutturalisti, di considerare lo sviluppo storico dei sistemi di pensiero. Questi infatti, oltre a respingere la soggettività, si sono anche opposti all'idea della storicità dei discorsi. Non accettando spiegazioni causali, gli strutturalisti si limitano all'analisi sincronica delle strutture, senza esaminare i loro mutamenti. Foucault invece era uno storico delle idee. Le sue opere maggiori trattano la storia della medicina e della psichiatria, degli istituti penitenziari e della sessualità. Foucault, da storiografo, utilizza un metodo che egli chiama "archeologico", che deve servire a scavare dentro i diversi sistemi di pensiero e a determinare le loro regole fondamentali. Alla ricerca archeologica presto si aggiunsero delle riflessioni genealogiche mirate a rivelare i fattori storici contingenti che hanno condizionato la transizione da un sistema all'altro. Per via del suo approccio diacronico, Foucault da alcuni studiosi è stato definito un poststrutturalista. Egli sicuramente ha condiviso con autori come Lévi-Strauss l'interesse per i sistemi di segni e il rifiuto del soggetto; ma a differenza degli strutturalisti ha assunto un punto di vista storico.

Anche se la delimitazione esatta tra strutturalismo e poststrutturalismo presenta qualche difficoltà, una simile distinzione si è mostrata molto utile per capire lo sviluppo della recente filosofia francese. Nel 1967, solo un anno dopo *Le parole e le cose* di Foucault, è apparso un libro che ha scosso il movimento strutturalista: in *Della grammatologia* Jacques Derrida unisce la nuova linguistica strutturale con una approfondita critica rivolta alle tesi etnologiche di Lévi-Strauss. L'idea guida di Derrida era la messa in dubbio del valore assoluto dei sistemi strutturalistici. Il filosofo, in una serie di sofisticati studi, vuole provare che le distinzioni principali su cui Lévi-Strauss ed altri si basano non sono razionalmente ricostruibili. Derrida inaugura

---

[56] «De nos jours [...] ce n'est pas tellement l'absence ou la mort de Dieu qui est affirmée mais la fin de l'homme» (M. Foucault, *Les mots et les choses. Une archéologie des sciences humaines*, Gallimard, Paris 1966, p. 396; trad. it. di E. Panaitescu, Rizzoli, Milano 1967, pp. 411–412).

così (c) una nuova corrente del pensiero linguistico, a volte chiamata decostruzione o filosofia della differenza. In questo contesto occorre menzionare tra l'altro la particolare attenzione rivolta alla questione della differenza sessuale, tipica di alcune pensatrici femministe, come ad esempio la psicanalista e critica letteraria Luce Irigaray (nata nel 1930). Come gli strutturalisti, così anche i poststrutturalisti analizzano, quasi dissezionano, con grande maestria i testi interpretati, senza però condividere l'assunto fondamentale che ogni sistema linguistico possieda un significato fisso; la decostruzione tende piuttosto a distruggere le relazioni prestabilite tra segni e significato, scoprendo le differenze nascoste nei testi.

a) Linguistica e semiologia
Ferdinand de Saussure (1857–1913) può essere considerato il fondatore della corrente strutturalista; la sua linguistica sta all'origine della concezione strutturalista dei sistemi di segni e il suo nome è stato citato da quasi tutti gli esponenti del movimento. Tuttavia non fu Saussure a coniare il termine "strutturalismo"; egli anzi era già morto da più di trenta anni quando Lévi-Strauss applicò i metodi linguistici nell'ambito della sua antropologia strutturale. L'influsso di Saussure è dovuto principalmente alla ricezione tardiva del suo *Corso di linguistica generale*. Il libro, curato da due discepoli e apparso postumo nel 1916, risale ad alcune lezioni che Saussure tenne all'università di Ginevra tra il 1907 e il 1911, e consta di materiale tratto dagli appunti di alcuni studenti. Non è facile dire esattamente quale sia il pensiero originario di Saussure, e quanti siano stati gli interventi dei curatori; nondimeno, non c'è dubbio che nella versione pubblicata del *Corso* si trovino i concetti fondamentali adoperati sia dalla linguistica contemporanea sia dagli strutturalisti.

Saussure ha elaborato la sua linguistica generale dopo una serie di studi comparativi sulle lingue indoeuropee e sul sanscrito. L'obiettivo delle lezioni ginevrine era quindi il chiarimento della natura del linguaggio in generale. Siccome ogni lingua per Saussure costituisce un sistema di segni, la sua linguistica si presenta come una semiologia, una teoria dei segni. A questo proposito egli distingue tra la lingua come tale e il linguaggio parlato; anziché esaminare l'uso concreto del linguaggio, cioè l'insieme delle parole pronunciate e scritte, la linguistica si occupa esclusivamente della lingua come sistema; solo quest'ultima viene chiamata dal Nostro la lingua (*la lan-*

gue), mentre il linguaggio parlato è detto la parola (*la parole*). Per illustrare la differenza tra lingua e parola, si consideri per esempio la telegrafia morse: la struttura dell'alfabeto morse non dipende in nessun modo dalla funzione degli apparecchi usati per trasmettere i segnali. Il significato di tali segni non cambia per nulla se invece di impulsi elettrici e suoni acustici si usano punti e linee tracciati su una striscia di carta. Un altro esempio per capire la distinzione tra lingua e parola sono certi disturbi del linguaggio, a causa dei quali una persona non è capace di formare delle frasi sensate, mentre tutti i suoi organi fonatori risultano sani. Malgrado la capacità fisiologica di parlare, in un simile caso non si può dire che uno abbia padronanza della lingua.

La lingua, come sistema di segni, comprende una serie di elementi semplici, organizzati secondo un certo ordine. Una teoria del sistema linguistico deve elencare i componenti necessari per formare entità linguistiche più complesse, indicando le relazioni che intercorrono tra di essi. Siccome gli elementi costitutivi della lingua sono i singoli segni, le parole e le frasi non sono altro che combinazioni di segni. Il termine "dodici", ad esempio, è un complesso formato dai segni "due" e "dieci". Ogni lingua contiene regole specifiche che determinano i tipi di relazioni ammesse tra i singoli segni. Solo chi conosce queste regole e le sa applicare, padroneggia realmente la lingua; chi non le conosce o non le segue correttamente, non può comunicare nella lingua e farsi capire dagli altri. Le regole linguistiche dunque non sono il prodotto della libera decisione di un singolo soggetto. Al contrario, parlando la lingua madre, spesso non si è nemmeno consapevoli delle regole che si seguono. Le convenzioni linguistiche, secondo Saussure, non sono un fatto soggettivo, un dato di coscienza, ma un'istituzione sociale. Anche se è sempre l'individuo a parlare applicando le regole, la lingua come sistema non si lascia comunque ridurre alla mera soggettività. Per questo motivo gli strutturalisti più tardi si riagganciarono alla distinzione saussuriana tra lingua e parola: i sistemi di segni sono stati da loro studiati non come prodotti soggettivi dell'*io penso* o dell'essere-per-sé, ma come strutture oggettive.

C'è un'altra distinzione importante per la linguistica strutturale di Saussure. I segni linguistici inizialmente appaiono in forma di suoni articolati dalla voce umana o di caratteri scritti. A questi fonemi o grafemi corrispondono certe idee o rappresentazioni. Alla parola "gatto" per esempio è associato il pensiero di un gatto. Saussure chiama il primo aspetto del segno il significante (*signifiant*), e il secondo il significato (*signifié*). Mentre i filosofi di solito tendono a distinguere o addirittura a separare il significante dal significato, per Saussure si tratta di due aspetti intrinsecamente collegati. In realtà non si può usare prima una parola e dopo definirne il significato, poiché, affinché qualcosa sia un segno, si richiede tanto un significante quanto un significato. È importante rilevare che nessuno dei due aspetti dei segni linguistici per Saussure implica una dimensione materiale. Il significato del segno "gatto", da un lato, non è un animale fisico, ma una rappresentazione; il significante, dall'altro, non è un suono concreto, una parola realmente pronunciata da qualche persona, ma un'immagine acustica. In altre parole, la lingua «è un sistema di segni in cui essenziale è soltanto l'unione del senso e dell'immagine acustica ed in cui le due parti del segno sono egualmente psichiche»[57].

Sicuramente sorprende la caratterizzazione dei segni linguistici come entità psichiche, ma la classificazione è dovuta anzitutto all'intenzione di delimitare la ricerca semiologica rispetto alle scienze naturali. Il linguista secondo Saussure non deve studiare la dimensione fisiologica del linguaggio, ma occuparsi del sistema dei segni da un punto di vista esclusivamente psico-sociologico – prospettiva questa che gli permette di escludere tutti i momenti individuali del linguaggio parlato, come la fonazione. Saussure poi è conosciuto per la tesi dell'arbitrarietà dei segni. Per lui non esiste alcun rapporto naturale tra significante e significato, rapporto che renderebbe necessaria l'associazione di una certa rappresentazione con una determinata immagine acustica, giacché i segni linguistici si sono formati in un processo storico contingente. Ciononostante, i fonemi sono inseparabili dalle rispettive rappresentazioni, di modo che ogni segno costituisce un'unità stabile tra significante e significato. Saussure, da ultimo, ha introdotto la nozione di valore linguistico. Il valore di un segno non è mai conosciuto in modo isolato, ma solo in base alle sue varie relazioni con altri segni: per stabilire il valore linguistico dei singoli segni occorre analizzare

---

[57] «...c'est un système de signes où il n'y a d'essentiel que l'union du sens et de l'image acoustique, et où les deux parties du. signe sont également psychiques» (F. de Saussure, *Cours de linguistique générale*, a cura di C. Balley e A. Sechehaye, Payot, Paris 1916, p. 32; trad. it. di T. De Mauro, Laterza, Bari 1967, p. 24).

la struttura dell'intero sistema. L'unico criterio per individuare i fonemi sono le differenze fonetiche, e l'unico mezzo per specificare le idee sono le differenze concettuali interne alla lingua come tale. Poiché la determinazione del valore dei segni prescinde completamente dai mutamenti storici, la linguistica saussuriana comporta un metodo sostanzialmente sincronico[58].

b) L'antropologia strutturale
L'affinità tra linguistica e antropologia è stato proclamata per la prima volta nel 1945 in un saggio di Claude Lévi-Strauss (1908–2009), intitolato *L'analisi strutturale in linguistica e in antropologia*. L'articolo faceva riferimento esplicito non a Saussure ma al linguista russo Roman Jakobson (1896–1982). Questi, già fondatore di un circolo linguistico a Mosca e membro della scuola di Praga, durante la seconda guerra mondiale dovette emigrare negli Stati Uniti, dove il giovane etnologo francese fece la sua conoscenza. Dall'incontro con Jakobson nacque l'idea di introdurre il metodo linguistico nell'antropologia culturale. Lévi-Strauss sperava in questo modo di fornire alle scienze umane un metodo rigorosamente razionale e insieme specifico per esse. L'uso dei segni in genere, e la comunicazione linguistica in particolare, distinguono gli uomini dagli animali, e la cultura dalla natura; pertanto l'analisi strutturale prometteva di diventare un programma di ricerca scientifica ben distinto dal metodo delle scienze naturali.

Il campo di applicazione più noto del metodo linguistico in antropologia è lo studio delle strutture di parentela. Da molto tempo gli etnologi si sono meravigliati della generale diffusione del divieto di incesto: in quasi tutte le culture conosciute sono vietati rapporti sessuali tra parenti stretti. Gli antropologi abitualmente spiegano questo fenomeno con motivi biologici. L'esperienza sembra infatti insegnare che la prole nata da rapporti incestuosi soffre frequentemente di malattie parentali e difetti genetici. Altri studiosi, tra cui Sigmund Freud, invece hanno fatto risalire la stessa norma a certe tradizioni mitologiche o convinzioni religiose. Lévi-Strauss non ha accettato né l'una

---

[58] Sarà opportuno notare che la semiologia di Saussure non è da confondere con la semiotica di Charles Sanders Peirce (vedi cap. 14) il quale spiegava la significazione come un processo triadico, che comprende il segno (significante), l'oggetto (significato) e l'interpretante del primo. Per un approfondimento si veda J. J. Liszka, *A general introduction to the semeiotic of Charles Sanders Peirce*, Indiana University Press, Bloomington 1996.

né l'altra proposta, ma ha cercato una spiegazione che sì rispettava il tabù d'incesto come una conquista culturale, senza però dedurre la norma da qualche principio ideale. A questo scopo egli adottò la strategia di interpretare i rapporti di parentela come una sorta di lingua. Come un sistema linguistico, così le strutture di parentela formano un insieme di segni arbitrari; e così come ogni segno linguistico riunisce in sé significante e significato, allo stesso modo esiste una correlazione tra certe pratiche sociali e la rispettiva concezione dei rapporti familiari. Il compito dell'antropologo allora consiste nell'analizzare il sistema di parentela e nel decifrarne le strutture.

Dopo aver presentato il suo programma nell'articolo sopraccitato, Lévi-Strauss approfondisce l'argomento nella sua tesi di dottorato su *Le strutture elementari della parentela*. Per descrivere il sistema parentale, elenca innanzitutto una serie di possibili relazioni fra uomini e donne, fondate sull'opposizione tra genitore e figlio, tra fratelli e sorelle: ogni donna è legata come figlia a suo padre, e come sorella al fratello. A questi binomi si aggiunge un terzo tipo di rapporto fra uomo e donna, cioè l'opposizione tra sposo e sposa. Perché non è lecito sposare né il padre né il fratello, la relazione matrimoniale rappresenta un nuovo elemento del sistema di parentela, distinto dalle relazioni di filiazione e di consanguineità. La peculiarità del vincolo coniugale sta nel fatto che l'uomo sposa una donna in quanto figlia o sorella di un altro. Di conseguenza l'istituzione del matrimonio secondo Lévi-Strauss è da interpretarsi come un sistema di scambio di donne: il padre cede la figlia, o il fratello cede la sorella, a qualche uomo che non appartiene allo stesso nucleo familiare. Tramite questo scambio si stabilisce un legame di parentela tra due gruppi sociali prima separati; lo scambio delle donne favorisce dunque l'interazione tra i singoli clan della società.

Considerato in questa prospettiva, il divieto d'incesto non è nient'altro che l'espressione del principio di esogamia: «Tale proibizione equivale a dire che, nella società umana, un uomo non può ottenere una donna se non da un altro uomo, che gliela cede sotto forma di figlia o di sorella»[59]. Il sistema di parentela, anziché essere un fatto naturale, segna proprio un passo

---

[59] «Celle-ci équivaut à dire que, dans la société humaine, un homme ne peut obtenir une femme que d'un autre homme, qui la lui cède sous forme de fille ou de soeur» (C. Lévi-Strauss, «L'analyse structurale in linguistique et en anthropologie» [1945], in: *Anthropologie Structurale*, Plon, Paris 1958, p. 56; trad. it. di P. Caruso, Il saggiatore, Milano 1966, p. 61).

verso la cultura. Le strutture evidenziate costituiscono in effetti un sistema di comunicazione sociale. Sebbene nelle varie etnie si fosse sviluppato uno specifico ordine di parentela, i diversi sistemi poggiano sulle stesse strutture elementari, cioè i rapporti tra genitore e figlio, tra fratello e sorella e tra marito e moglie. Malgrado l'apparente astrattezza, la teoria dello scambio delle donne spiega con grande eleganza alcuni fenomeni etnologici, tra cui un'istituzione su cui gli antropologi si erano interrogati a lungo, il cosiddetto avuncolato: in molte culture l'educazione dei figli spetta non tanto al padre bensì al fratello della madre. Questo ruolo privilegiato dello zio materno ora si comprende facilmente in base alle strutture elementari qui evidenziate: il fratello che cede la sorella allo sposo, quasi in compenso riceve la responsabilità per i discendenti provenienti dall'unione.

Non è questo il luogo per esaminare le obiezioni sollevate contro l'antropologia strutturale. Molti etnologi hanno addotto degli esempi contrari alla teoria di Lévi-Strauss; altri invece hanno insistito sulle cause biologiche relative al tabù dell'incesto, ovvero il pericolo di generare figli affetti da tare ereditarie; ad altri ancora le descrizioni di Lévi-Strauss sono sembrate un'ingiustificata conferma del patriarcato, che andrebbero sostituite con una visione più attenta alla parità della donna. Tutte queste critiche però non sminuiscono il merito di aver introdotto l'analisi strutturale nelle scienze umane. Lévi-Strauss successivamente applicò il suo metodo ad altri temi, quali il totemismo, i miti, il cucinare, le maniere a tavola e il vestirsi. In un libro su *Il pensiero selvaggio*, egli esamina il modo come gli uomini nelle varie culture classificano le cose, cercando di dimostrare che i popoli senza scrittura utilizzano più o meno i medesimi principi e le stesse opposizioni fondamentali presenti nella nostra civiltà scientifico-tecnologica. L'opera maggiore di Lévi-Strauss sono i quattro volumi di *Mitologica* nei quali studia un grandissimo numero di racconti mitologici provenienti dal Sud- e Nordamerica, per mostrare che tutti sono variazioni o trasformazioni complesse di alcune strutture elementari.

c) La decostruzione

Quando ancora lo strutturalismo era in voga tra gli intellettuali francesi, alcuni pensatori, detti poststrutturalisti, avevano iniziato a metterne in questione le dottrine principali. La critica più vigorosa e radicale fu mossa da Jacques Derrida (1930–2004). Come Sartre e Lévinas, così anche Derrida è stato profondamente influenzato dalla fenomenologia husserliana. Le cri-

Il pensiero linguistico

tiche mosse allo strutturalismo, tuttavia, non lo hanno riportato alla posizione della filosofia della soggettività trascendentale, e neppure verso l'esistenzialismo, ma in un certo senso lo hanno condotto ad una radicalizzazione del metodo strutturale. Derrida resta fedele alla convinzione che ogni lettura debba partire dalle differenze intrinseche di un testo, senza prendere in considerazione né le eventuali intenzioni dell'autore, né la probabile precomprensione dell'interprete; egli però sostiene inoltre che le relazioni interne ad un sistema di segni non sono mai stabili e dunque non si lasciano fissare una volta per tutte. Derrida nega, in altre parole, la pretesa della stretta razionalità dei sistemi linguistici e le dicotomie portanti delle teorie strutturalistiche. Nelle sue opere egli unisce sottilmente alcune riflessioni sulla concezione tradizionale del linguaggio con l'esame di idee metafisiche che hanno condizionato la storia della filosofia occidentale.

Le riflessioni di Derrida circa il linguaggio riguardano il rapporto tra lingua parlata e testo scritto, tra voce e scrittura. Come egli ha osservato, i filosofi tradizionalmente avevano preferito il parlare allo scrivere. Derrida a questo proposito cita Rousseau che considerava la scrittura come un mero supplemento alla parola[60]. Oltre a Rousseau, si potrebbero menzionare Socrate, il quale, a quanto pare, non ci ha lasciato una riga, e Platone, che scriveva solo dialoghi, mentre riservava la propria dottrina sistematica all'insegnamento orale. Anche la linguistica moderna ha posto l'accento unilateralmente sulla lingua parlata, sviluppando una fonologia. Secondo Saussure i segni linguistici sono formati da due momenti, da una rappresentazione e da un'immagine acustica. Perché, si chiede Derrida, gli strutturalisti si sono interessati solo ai fonemi e mai ai grafemi? Perché hanno privilegiato la voce umana rispetto al testo scritto? È proprio per dare spicco alla scrittura Derrida che ha composto il saggio *De la grammatologia* che, beninteso, non rappresenta un altro trattato di linguistica strutturale ma intende dimostrare l'impossibilità di una tale impresa.

Derrida ha coniato il termine *différance* proprio per mettere in luce le difficoltà dell'approccio che critica. A rigore, la parola non è traducibile in italiano, e non si tratta nemmeno di un vero termine francese, perché l'autore

---

[60] «L'écriture ne sert que de supplément à la parole» (J.-J. Rousseau, *Émile ou de l'éducation* [1762]; citato da J. Derrida, *De la grammatologie*, Les éditions de minuit, Paris 1967, p. 207; trad. it. di R. Balzarotti et al., Jaca book, Milano 1969, p. 166).

commette apposta un errore di ortografia: invece di *différence* – con la *e* – che in italiano significherebbe "differenza", egli scrive *différance* – con la *a*. Tuttavia in francese, quando si pronunciano *différence* e *différance*, non si sente nessuna differenza: le due immagini acustiche si rassomigliano. La parola scritta *différance* quindi contiene una polisemia che la lingua parlata nasconde, e che sfugge alla fonologia. La grammatologia invece porta alla luce le differenze, che non sono riconducibili alle relazioni dicotomiche. Come ricorda Derrida, il verbo "differire" significa non solo essere altro, divergere, ma che può significare anche rimandare, ritardare nel tempo.

«La *a* proviene immediatamente dal participio presente (*différant*) e ci fa accostare all'azione del differire nel corso del suo svolgimento, prima ancora che essa abbia prodotto un effetto costituito in differente o in differenza (con la *e*)»[61].

Poiché la parola *différance* non unisce un fonema distinto con un significato chiaro, Derrida sostituisce la nozione di segno linguistico con il termine di "traccia". La traccia, a differenza del segno, non possiede un senso univoco, ma rimanda a qualche cosa che in essa non tanto appare bensì si sottrae. «La traccia – scrisse Derrida – è la *différance* che apre l'apparire e la significazione»[62].

Quando ha coniato lo slogan della *différance*, il nostro autore aveva in mente pure l'uso hegeliano del termine di differenza. Sebbene Derrida sia un interprete molto originale del pensiero di Hegel, la sua lettura porta da ultimo alla distruzione del sistema metafisico e della dialettica speculativa. «Malgrado i rapporti di affinità assai profonda che la *différance* scritta in questo modo intrattiene col discorso hegeliano, così come questo deve essere letto, essa può in un determinato punto non dico rompere con esso [...] ma operarne una sorta di spostamento insieme minimo e radicale»[63]. Derrida,

---

[61] «Le *a* provenant immédiatement du participe présent (différant) et nous rapprochant de l'action en cours du différer, avant même qu'elle ait produit un effet constitué en différent ou en différence (avec un *e*)» (J. Derrida, «La différance» [1968], in: *Marges de la philosophie*, Les éditions de minuit, Paris 1972, pp. 8–9; trad. it. di M. Iofrida, Einaudi, Torino 1997, p. 35).

[62] «La trace est la différance qui ouvre l'apparaître et la signification» (J. Derrida, *De la grammatologie*, p. 95; trad. it., p. 73).

[63] «Malgré les rapports d'affinité très profonde que la *différance* ainsi écrite entretient avec le discours hégélien, tel qu'il doit être lu, elle peut en un certain point non pas rompre avec lui [...] mais en opérer une sorte de déplacement à la fois infime et radical» (Jacques Derrida, «La différance», p. 15; trad. it., p. 42).

Il pensiero linguistico

infatti, non si limita alla critica del rapporto tra voce umana e scrittura, ma vuole mostrare inoltre come il tradizionale "fonocentrismo" sia legato ad un certo "logocentrismo" della cultura occidentale, la quale ha dato sempre priorità al *logos*, nel duplice senso della parola e della ragione, sopprimendo al contempo ogni traccia dell'irrazionale. Con la solita perspicacia, Derrida rileva come la preferenza per la lingua parlata si sia abbinata ad una certa visione filosofica del soggetto umano: chi pronuncia una parola, in quel momento può sentire la propria voce, per cui sembra in qualche modo affezionare se stesso, stimolare il proprio udito. Derrida dunque scorge un nesso tra la concezione fonocentrica del linguaggio e la spiegazione dell'autocoscienza come pura presenza a sé. Tutte le dicotomie caratteristiche della filosofia della soggettività, a suo avviso, possono dunque essere ricondotte all'opposizione tra voce e scrittura: la voce è associata con la viva presenza, la parola scritta invece rappresenta qualcosa di assente; nella voce si esprime lo spirito, la scrittura invece consiste di materia morta; nella voce si percepisce l'anima, la scrittura invece appartiene alla sfera del corpo, e così via. Nella cultura occidentale, a causa della priorità data alla lingua parlata, è stato privilegiato in modo unilaterale il pensiero del soggetto razionale, cosicché l'idea dell'identità ha potuto prevalere sull'ammissione delle differenze.

Chi non trovasse convincente la pretesa della concomitanza tra il fonocentrismo e l'erronea filosofia della soggettività, dovrebbe comunque ammettere che le questioni sollevate da Derrida costituiscono una seria minaccia al progetto degli strutturalisti. Se ogni tentativo di formulare delle dicotomie per descrivere in modo univoco le strutture elementari di un presunto sistema linguistico fosse condannato a fallire, l'analisi strutturale sarebbe da abbandonare. Derrida dunque chiama "decostruzione" il metodo utilizzato nei suoi testi. Parlando di decostruzione, egli intende alludere al programma heideggeriano di "distruggere" la storia della metafisica. Mentre tale distruzione per Heidegger era necessaria per svelare la questione dell'essere (vedi cap. 18), la decostruzione secondo Derrida serve a scoprire le differenze nascoste nei testi e nelle teorie filosofiche. Quasi tutte le sue opere sono dedicate alla decostruzione di brani scelti dagli scritti di pensatori il lustri quali Hegel, Marx, Husserl, Saussure, Lévi-Strauss, Foucault, Lévinas ed altri. Le sue analisi, spesso convulse, non pretendono mai di fornire un'interpretazione consistente e definitiva; perciò Derrida è stato più volte accusato di irrazionalismo: anziché argomentare il filosofo giocherebbe con i vari significati delle parole, e invece di accrescere veramente la comprensione dei testi egli offrirebbe solo alcuni rimandi ricercati. Molti pensatori però difendono Derrida e sostengono che la decostruzione sia un metodo idoneo per sconquassare le presunte strutture razionali e far valere le tensioni e le differenze effettive che caratterizzano ogni testo, ed ancora di più la realtà in cui viviamo.

27. La fine dell'epoca moderna

Per completare la presentazione del pensiero continentale, e per concludere il profilo della filosofia contemporanea, resta da affrontare un tema intensamente discusso negli ultimi decenni: la questione se siamo ormai giunti alla fine dell'epoca moderna. Una tale questione suscita ovviamente una serie di interrogativi. Alcuni studiosi, infatti, dubitano del senso delle periodizzazioni in genere: sebbene ci siano stati cambiamenti profondi tra antichità e medioevo, come tra medioevo ed età moderna, sarebbe tuttavia impossibile voler delineare con precisione le presunte svolte epocali. I mutamenti storici, secondo questi studiosi, avvengono in modo piuttosto lento e graduale, il che renda difficile la ricerca dei momenti di discontinuità. D'altronde, non si può negare l'esistenza di certi tratti distintivi dei vari periodi, tratti dei quali ci serviamo ad esempio quando descriviamo le tendenze stilistiche, o classifichiamo le opere d'arte o letterarie: nessuno negherebbe le specifiche differenze tra una poesia romantica e un romanzo realistico, tra una sinfonia di Haydn e un'opera di Verdi. In modo analogo alle grandi epoche della storia universale e della storia dell'arte, anche nella storiografia filosofica si possono trovare alcune idee portanti che uniscono i singoli pensatori e le diverse correnti di un determinato periodo. In questo senso, sin dai tempi di Hegel si è soliti parlare di filosofia moderna come di una forma di pensiero essenzialmente distinta dalla filosofia antica e medievale. Ciò non significa che tutti gli autori da un qualche momento in poi abbiano condiviso esattamente le stesse opinioni; ma vuol dire che si possono nondimeno rinvenire alcune affinità fondamentali tra pensatori pur diversi come Cartesio, Hume e Kant, oppure Hegel, Marx, Heidegger e Wittgenstein.

Pertanto, chiunque sostenga la fine della modernità deve non solo assumersi l'onere di spiegare quali siano le caratteristiche principali dell'età moderna, ma anche indicare in che senso, come e perché questa sarebbe sostanzialmente conclusa. In seguito saranno descritte due risposte a tale domanda, fermo restando che entrambi gli autori cui farò riferimento utilizzano il termine "postmodernismo" per designare la novità della situazione presente rispetto a quella dei secoli precedenti. La prima proposta (a) parte dall'osservazione che la filosofia moderna ha mirato anzitutto all'unità razionale del pensiero. Illuminismo, idealismo, marxismo, positivismo si erano presentati come sistemi unitari del sapere, inglobanti tutte le possibili esperienze dell'uomo, capaci di conferire senso alla vita e stanti a fondamento del giusto ordine sociale. Secondo i postmodernisti, questa visione di un'unità razionale del sapere e della realtà è stata persa, cosicché oggi viviamo in una situazione di frammentazione. I molteplici campi dello scibile a volte non sono nemmeno rapportabili fra loro; la vita quotidiana appare segmentata tra famiglia e lavoro, impegni e tempo libero, necessità economiche e interessi culturali, stato secolare e tradizioni religiose. La società, anziché formare un'unità organica, sembra essere un coacervo di individui e di piccoli gruppi d'interesse. Stante questa frammentazione, i pensatori postmoderni non predicano il ritorno all'unità perduta, moderna o premoderna, ma accettano in linea di principio la nuova situazione. Per loro, il compito della filosofia non consiste più nella ricerca dell'unità razionale del reale, bensì nel riconoscimento delle differenze e nello sviluppo di strategie per convivere in un mondo pluralistico.

La seconda proposta alla quale vorrei accennare è quella (b) di interpretare il postmodernismo come una critica radicale alla dinamica del progresso tipica del pensiero moderno. I postmodernisti non vogliono essere "moderni", o più moderni del "moderno", nel senso che essi non pretendono di aver superato qualcosa di "vecchio". Sebbene ammettano che negli ultimi tempi si siano verificati notevoli cambiamenti rispetto all'epoca precedente, un simile sviluppo secondo loro non è da considerarsi come un miglioramento progressivo; anzi, il rifiuto di ogni concezione lineare della storia rappresenta il vero tratto distintivo del postmoderno. Molti filosofi hanno respinto soprattutto quest'ultima tesi, in quanto sembra escludere definitivamente la possibilità che in filosofia ci sia ancora qualche novità. Più grave appare però la mancanza di un solido criterio di verità: se l'unico punto di riferimento valido rimane la mera constatazione della pluralità effettiva dei discorsi e della incommensurabilità degli approcci, non si distingue più tra vero e falso, buono e cattivo, bello e brutto. I pensatori postmoderni perciò sono stati accusati di relativismo e irrazionalismo. Come mostrano queste critiche, il tema della fine della modernità ci riconduce (c) al centro dei dibattiti filosofici moderni, cioè alla sfida del chiarimento circa la natura e i limiti della ragione.

a) Il pensiero postmoderno
Il termine "postmoderno", lungi dall'essere un concetto chiaro e ben definito, è diventato uno slogan che viene utilizzato dai saggisti alla moda e discusso nei talk show. Dapprima è stato introdotto nei campi della letteratura e dell'architettura; poi è passato alle scienze sociali, dove viene adoperato per designare le attuali società industrializzate, caratterizzate dalla crescente tecnicizzazione e dal predominio dei mass media. In filosofia, invece, il postmodernismo è spesso identificato con il movimento poststrutturalista, con il metodo della decostruzione o con la recente ermeneutica filosofica. Per offrire una definizione chiara del pensiero postmoderno, faccio riferimento alla significativa spiegazione fornita da Jean-François Lyotard (1924–1998) nel suo saggio su *La condizione postmoderna*. Il testo – redatto su commissione del governo del Quebec in Canada, come rapporto sul sapere nelle società informatizzate – paragona due tipi di sapere, quello scientifico e quello narrativo. Il sapere scientifico, tipico dell'epoca moderna, si distingue per alcune caratteristiche. Tra queste, l'esigenza di accettare solo le affermazioni che soddisfano determinate condizioni di legittimità, quali la netta delimitazione del discorso denotativo da altri tipi di giochi linguistici; o la richiesta di una prova per ogni asserzione, adducendo argomenti e dimostrazioni. Al sapere scientifico si contrappone la forma tradizionale del sapere, quella narrativa, che prescinde da simili procedure di legittimazione. Ora, per quanto riguarda la scienza moderna, essa ha ricevuto la sua legittimazione da un paio di grandi narrazioni, ossia metanarrazioni. La prima è stata il racconto illuministico della liberazione dell'uomo, secondo cui il sapere scientifico è servito alla emancipazione dei popoli dal dominio dei tiranni e del clero. La seconda invece è stata la filosofia speculativa di Hegel, che presentava il sapere vero come la vita dello spirito assoluto. In entrambi i casi, nell'illuminismo e nell'idealismo hegeliano, le scienze positive appaiono subordinate ai grandi obiettivi dell'emancipazione del genere umano e della conoscenza speculativa. Secondo

Lyotard sono precisamente queste due metanarrazioni ad aver perso nel mondo contemporaneo la loro credibilità, cosicché, «semplificando al massimo, possiamo considerare "postmoderna" l'incredulità nei confronti delle metanarrazioni»[64].

Le conseguenze dell'incredulità rispetto alle grandi narrazioni sono evidenti: Noi stiamo vivendo un momento nel quale tutti i sistemi universali del vero e del giusto hanno perso la loro forza di persuasione. Né la filosofia, né la religione sono ancora considerate capaci di legittimare il sapere; e d'altra parte il sapere scientifico non può giustificare se stesso. La conoscenza, intesa in senso unitario e sistematico, fa bancarotta, mentre nel frattempo si è assistito a una proliferazione di specialismi e di giochi linguistici, considerati reciprocamente separati. Quel che si constata è una specie di relativismo dei significati, mutevoli a seconda dei contesti; e dei valori, affermati o meno a seconda della sfera di applicazione. Per Lyotard ci troviamo allora di fronte ad una scelta fondamentale tra due opportunità: da una parte c'è la definizione del sapere come un unico sistema continuo, nel quale ogni conoscenza dovrebbe venire accumulata e integrata secondo i criteri della massima efficienza, delle leggi ferree dell'economia e del dominio del mercato mondiale. Dall'altra, invece, il riconoscimento dell'eterogeneità degli uomini, l'apprezzamento delle divergenze come vera fonte di conoscenze innovative e di pratiche nuove.

«Il sapere postmoderno – scrisse Lyotard – raffina la nostra sensibilità per le differenze e rafforza la nostra capacità di tollerare l'incommensurabile. La sua stessa ragione d'essere non risiede nell'omologia degli esperti, ma nella paralogia degli inventori»[65].

La stessa scienza novecentesca, come fece osservare Lyotard, non si è sviluppata in modo rettilineo; anzi, sono state proprio le irregolarità e l'instabilità di certe teorie che hanno prodotto l'enorme espansione del sapere scientifico. La scienza postmoderna dovrebbe dunque accettare la paralo-

---

[64] «En simplifiant à l'extrême, on tient pour "postmoderne" l'incrédulité à l'égard des métarécits» (J.-F. Lyotard, *La condition postmoderne. Rapport sur le savoir*, Les éditions de minuit, Paris 1979, p. 7; trad. it. di C. Formenti, Feltrinelli, Milano 1981, p. 6).

[65] «Le savoir postmoderne [...] raffine notre sensibilité aux différences et renforce notre capacité de supporter l'incommensurable. Lui-même ne trouve pas sa raison dans l'homologie des experts, mais dans la paralogie des inventeurs» (op. cit., pp. 8–9; trad. it., p. 7).

gia, cioè l'introduzione di presupposti imprecisi e di regole insolite, proprio perché essi possono favorire le invenzioni e le innovazioni.

Lyotard, nel saggio citato, non si limita alle riflessioni epistemologiche, ma solleva anche il problema della legittimazione dei legami sociali e della costruzione di una società giusta. In un opera successiva, intitolata *Il dissidio*, egli approfondisce queste analisi. Invece di utilizzare la nozione wittgensteiniana di gioco linguistico, Lyotard parla di differenti generi di discorsi (*genres de discours*): il genere determina quali frasi si possano legittimamente collegare in un discorso. Solitamente, quando sorge un conflitto tra interlocutori, esso viene appianato sulla base di regole pertinenti al genere di discorso attuato. Ci sono tuttavia situazioni in cui non esiste alcun tipo di discorso superiore che permetta di dirimere il conflitto, decidendo sulla legittimità di asserzioni opposte, appartenenti a generi diversi. Una tale situazione vene chiamata da Lyotard dissidio (*différend*):

> «Rispetto a una lite, un dissidio sarebbe piuttosto un caso di conflitto fra almeno due parti, impossibile da dirimere equamente in mancanza di una regola di giudizio applicabile ad entrambe le argomentazioni»[66].

Come esempio di un dissidio Lyotard ricorda il fatto che alcuni storici continuano a negare l'olocausto perché, a loro avviso, mancherebbero testimonianze autentiche per provare l'esistenza delle camere da gas: poiché nessun superstite le avrebbe viste con i propri occhi, sarebbe comunque possibile che i resoconti sullo sterminio degli ebrei siano falsi. Un simile ragionamento appare inumano e perverso, certamente; ma dimostra l'incommensurabilità di alcuni generi di discorsi. Infatti, chi si ostina a richiedere testimoni oculari della "soluzione finale", non accetterà mai i racconti delle vittime, non rispondenti alle sue aspettative. Questa situazione aporetica, se da un lato ci costringe ad ammettere l'eterogeneità dei discorsi e degli idiomi, dall'altro ci induce a trarre conseguenze etiche. In molte circostanze non esiste un punto di vista neutrale che permetta di giudicare dal di fuori le diverse prospettive; quindi, secondo Lyotard, è doveroso prendere sul

---

[66] «A la différence d'un litige, un différend serait un cas de conflit entre deux parties (au moins) qui ne pourrait pas être tranché équitablement faute d'une règle de jugement applicable aux deux argumentations» (J.-F. Lyotard, *Le différend*, Les éditions de minuit, Paris 1983, p. 9; trad. it. di A. Serra, Feltrinelli, Milano 1985, p. 11).

serio le dichiarazioni delle vittime e degli emarginati. Appunto perché ci sono casi di contrasti insanabili, in cui mancano regole di giudizio universalmente valide, sarebbe sbagliato privare i più deboli dell'occasione di fare le proprie rimostranze. Pertanto, tenendo conto dell'incompletezza delle metanarrazioni e dell'impossibilità di comporre i dissidi, è doveroso compito delle istituzioni sociali e della politica impegnarsi per proteggere le minoranze. La concezione postmoderna di giustizia, anziché richiamarsi a principi universalmente validi, si fonda invece su una logica della differenza e della pluralità. I pensatori postmoderni mirano dunque ad affinare la sensibilità per le differenze e ad accrescere la tolleranza verso chi è diverso, poiché solo così, dopo le esperienze traumatiche del XX secolo, è lecito sperare di scampare a nuovi totalitarismi.

b) Modernità e modernismo
La prima definizione di postmoderno che ho riferito non riguarda il significato letterale del termine, cioè il presunto periodo storico che sta "dopo" il moderno. Nondimeno, anche chi volesse eludere le questioni connesse alla datazione e alla periodizzazione, deve comunque considerare il significato temporale della nozione di postmoderno: non si può separare la problematica del postmoderno dalla questione del moderno. È significativo infatti che la parola postmodernismo sia stata usata per la prima volta, nella critica letteraria, proprio per rilevare il contrasto tra la narrativa postmoderna e il movimento del modernismo che aveva dominato la vita culturale della prima metà del Novecento. Gli scrittori e artisti modernisti, profondamente impressionati dalle scoperte di Einstein e di Freud, avevano rotto con il tradizionale realismo ottocentesco, inaugurando una concezione avanguardistica dell'arte. I postmodernisti a loro volta abbandonavano le teorizzazioni del modernismo che sembravano loro troppo elitarie. Sia modernisti che postmodernisti cercavano quindi di staccarsi dalle generazioni precedenti.

La tendenza ad enfatizzare sia difetti del passato, che pregi del presente è quasi implicita nella nozione di "moderno", il quale si oppone a qualcosa di vecchio e sorpassato. Basti rammentare le origini dell'epoca moderna: il rinnovato interesse per gli antichi durante il rinascimento era legato al diffuso disprezzo per il medioevo. Nell'età dei lumi poi scoppiò la celebre polemica degli antichi e dei moderni sulla possibilità di creare ancora nuove forme artistiche. Pure nel linguaggio corrente la parola "moderno" allude ad una logica del progresso, frequentemente con una connotazione polemica: perché qualcosa sia moderno, qualcos'altro dev'essere obsoleto. Questa dinamica progressista però comporta una duplice difficoltà: in primo luogo, se per moderno si intendono sempre le conquiste più recenti, la referenza della nozione cambia col tempo, e ciò che oggi viene esaltato come moderno, già domani può essere sorpassato. Il termine "moderno", per questo motivo, ha diverse accezioni a seconda del momento storico al quale si riferisce. Per dipanare gli equivoci più grossolani si è introdotta la differenziazione tra il modernismo, da una parte, e l'età moderna ossia la modernità, dall'altra. Con "modernità" si designa generalmente l'epoca che inizia intorno al 1500, con la scoperta delle Americhe e il rinascimento; all'età moderna segue l'epoca contemporanea, che comincia con la rivoluzione francese del 1789. La parola "modernismo" invece è usata solo in riferimento all'arte e all'architettura del XX secolo[67]. L'equivocità del termine "moderno" rende pure problematica la precisa determinazione del postmoderno: mentre i primi postmodernisti si sentivano successori dell'avanguardia e del modernismo, molti autori oggi definiscono il postmodernismo in opposizione all'intera epoca moderna.

La logica del progresso implicita nella nozione di moderno comporta anche un'altra difficoltà: se "moderno" significa il superamento di quanto precede, che cosa vuol dire "postmoderno"? Se già i modernisti insorsero contro i valori estetici moderni, e i postmodernisti rimpiazzarono i modernisti, allora i postmodernisti in realtà sembrano essere solo un nuovo tipo di modernisti. A tali obiezioni risponde la proposta del filosofo italiano Gianni Vattimo (nato nel 1936), che interpreta il postmodernismo proprio come rifiuto della moderna logica del progresso e del continuo superamento. Il prefisso "post" per Vattimo non indica un ulteriore passo in una lunga serie di avanzamenti. Il postmodernismo, a differenza della modernità e del modernismo, non pone l'accento su novità e originalità. L'architettura postmoderna, ad esempio, è generalmente caratterizzata per il suo eclettismo, che riprende e combina forme ed elementi provenienti da varie epoche. Per quanto riguarda la filosofia, secondo Vattimo occorre rinunciare alle esagerate pretese della ragione, abbandonare la ricerca di principi incrollabili e di verità indubitabili.

---

[67] Il modernismo letterario e artistico non è da confondere con il movimento di pensiero cattolico, contestato e condannato per il suo tentativo di conciliare la teologia tradizionale con i risultati della ricerca storica e le idee filosofiche moderne.

«Il post- di post-moderno indica infatti una presa di congedo dalla modernità che [...] vuole sottrarsi alle sue logiche di sviluppo, e cioè anzitutto all'idea del "superamento" critico nella direzione di una nuova fondazione»[68].

Come precursori della filosofia postmoderna Vattimo elenca soprattutto Nietzsche e Heidegger: con l'annuncio della morte di Dio, Nietzsche inaugurava il nichilismo contemporaneo e sostituiva la logica dello sviluppo storico con l'antica dottrina dell'eterno ritorno. Heidegger invece chiedeva la distruzione della metafisica occidentale, e coniava a questo proposito il concetto di *Verwindung* (oltrepassamento) come opposto a *Überwindung* (superamento). Sia Nietzsche che Heidegger infine hanno considerato la scienza e la tecnica moderna come le manifestazioni più avanzate del potere esercitato dalla ragione su tutta la realtà. Vattimo contrappone al moderno pensiero forte il cosiddetto pensiero debole[69], che non tende ad impossessarsi delle cose, ma rispetta le differenze e tollera la pluralità. Lo slogan del pensiero debole è stato ripreso da parecchi esponenti dell'ermeneutica filosofica, e continua a determinare i dibattiti filosofici in Italia.

c) Quale ragione?
Come valutare il postmodernismo? Bisogna anzitutto riconoscere tutta una serie di esperienze storiche, che dimostrano sia la fragilità del concetto di ragione, sia l'ambivalenza dell'idea di autonomia. Durante il secolo scorso furono commesse crudeltà inaudite, tra le quali spicca lo sterminio sistematico di circa 6 milioni di ebrei, ordito dai nazisti tedeschi. Alla fine della seconda guerra mondiale furono lanciate due bombe atomiche che uccisero in un istante più di 150.000 uomini. I decenni successivi furono condizionati dai conflitti tra le ricche nazioni occidentali ed i regimi totalitari dei paesi comunisti. Dopo il crollo del muro di Berlino nel 1989, molti avevano sperato che il libero mercato potesse assicurare il benessere delle popolazioni finora escluse dallo sviluppo economico ed agevolare la diffusione della pace e della giustizia. Altri invece hanno sostenuto che le leggi

---

[68] G. Vattimo, *La fine della modernità. Nichilismo ed ermeneutica nella cultura post-moderna*, Garzanti, Milano 1985, pp. 10–11.
[69] Cfr. *Il pensiero debole*, a cura di G. Vattimo e P. A. Rovatti, Feltrinelli, Milano 1983.

dell'economia di mercato e i principi della globalizzazione fossero destinati ad acuire i contrasti e a provocare nuovi conflitti. Da allora sono sorti numerosi scontri armati, sono stati perpetrati altri genocidi, e sono aumentati i flussi di rifugiati, talvolta senza che i mass media ne abbiano dato notizia. Frattanto la fame ha continuato a minacciare la vita di milioni di persone; una gran parte dell'umanità vive tuttora senza assistenza medica, e l'inquinamento atmosferico aggrava le condizioni di vita ovunque. In seguito agli attacchi terroristici dell'11 settembre 2001 non si possono più ignorare le tensioni tra le diverse culture e religioni. Tutti questi fattori hanno contribuito all'attuale disagio della modernità[70].

Da un punto di vista storico si può certamente obiettare che l'interpretazione della modernità come fondata su alcune grandi metanarrazioni e sul mito del progresso infinito è solo parzialmente giusta, perché sono stati proprio i filosofi moderni a ribadire la libertà di pensiero contro ogni forma di dogmatismo e a rivendicare il principio di tolleranza contro le pretese assolutistiche. Tuttavia resta aperta la questione di fondo, cioè quella della razionalità moderna. Come ho cercato di mostrare nei precedenti capitoli, la filosofia contemporanea è segnata da quattro tipi differenti di pensiero, ciascuno dei quali esige una concezione diversa della ragione: all'idea della ragione pura degli idealisti è stata opposta la razionalità dei positivisti; contro entrambe sono state fatte valere ragioni legate alla irriducibilità dell'esistenza; il conflitto tra filosofia scientifica e pensiero esistenziale poi è sfociato nelle discussioni tra analitici e continentali. La filosofia dell'Otto- e Novecento è dunque caratterizzata non soltanto dalla varietà di scuole e dottrine, ma anche dalla disparità dei metodi, cosicché all'inizio del nuovo millennio ci troviamo al crocevia di quattro tipi di pensiero. Non esiste un unico sistema filosofico di riferimento, nel quale tutte le possibili conoscenze sarebbero inquadrate. La frammentazione del sapere e la pluralità dei metodi sembrano smentire tanto la visione hegeliana di un unico sistema onnicomprensivo, quanto ogni altra definizione unitaria della filosofia.

---

[70] Secondo C. Taylor, si possono indicare tre cause principali di questo disagio: l'individualismo, la razionalità strumentale e la tendenza al dispotismo (cfr. *The malaise of modernity*, Anansi, Concord [Ont.] 1991; ripubbl. come *The ethics of authenticity*, Harvard University Press, Cambridge [Mass.] 1992; trad. it. di G. Ferrara degli Uberti, Laterza, Roma; Bari 1994).

In questo contesto, alcuni plaudono al pluralismo perché dimostrerebbe la sconfitta di una ragione che aveva assolutizzato se stessa, diventando strumento di dominio e manipolazione; altri invece deplorano il relativismo perché offusca il concetto di verità e mina i valori morali. La stessa accusa di relativismo però presuppone un punto di vista assoluto: il quale, purché non voglia sottrarsi alla discussione, deve essere razionalmente giustificabile. Il fatto che non tutti intendano arrendersi alla constatazione che coesistono molteplici modi di vedere, di vivere e di pensare, rende ancora più urgente il tema dell'unità della ragione. Di primo acchito, le quattro vie del pensiero sopra descritte corrispondono ad altrettanti tipi di razionalità, che si escludono a vicenda. Chi costruisce un sistema a priori, non può attendere i risultati della ricerca scientifica e basarsi su di essi; similmente, chi fonda la filosofia sui dati scientifici, non può riferirsi anzitutto all'esperienza esistenziale; ancora, chi assume la prospettiva dell'esistenza umana, non può anche affermare la priorità del linguaggio. La metafora del crocevia indica una specie di scelta che ogni filosofo deve operare prima di imboccare uno specifico percorso di pensiero. Questa scelta non è fatta in modo arbitrario; la preferenza dipende da una serie di motivi più o meno chiari. La pretesa tipicamente moderna consiste nella convinzione che i motivi di scelta possono e devono essere valutati per mezzo della ragione, e secondo principi che sono essenzialmente gli stessi per tutti gli esseri umani. Sarebbe quindi da discutere se l'innegabile diversificazione degli approcci filosofici costituisca una ragione sufficiente per affermare la relatività del concetto stesso di ragione.

Malgrado le polemiche di autori come Nietzsche e Kierkegaard, Heidegger e Adorno, Derrida e Vattimo contro certe forme di razionalità, si cadrebbe in errore se si volesse abbandonare totalmente l'idea di una ragione forte, la quale non solo registra le differenze, ma anche decide su vero e falso, bene e male. Pur riconoscendo l'effettiva varietà delle concezioni contemporanee della razionalità, mi sembra nondimeno importante insistere su alcune caratteristiche della ragione moderna. Anzitutto, non può esistere alcun criterio extrarazionale per giustificare né l'unità né la pluralità; sia le opinioni che le azioni possono essere fondate e insieme criticate soltanto in base a considerazioni razionali. Nonostante la diversità degli individui e le differenze culturali, per gli illuministi in genere e per Kant in particolare la ragione è una sola, in tutti gli uomini, e cioè è la facoltà di ogni individuo di determinare se stesso secondo principi condivisibili da altri. Sebbene la storia della filosofia contemporanea dimostri a sufficienza la difficoltà di stabilire con esattezza questi principi, non è ugualmente evidente che sia anche superata la visione della ragione come unico punto di riferimento comune a tutti. Non bisogna dimenticare l'intimo legame che secondo Kant unisce la convinzione della natura razionale dell'uomo al rispetto dell'inalienabile dignità di ogni persona. La stessa pretesa di tolleranza verso chi è diverso presuppone alla fine il principio razionale dell'uguaglianza di tutti gli uomini. Una simile riflessione va certamente oltre i confini di una mera interpretazione storiografica, e non spetta allo storico prescrivere ai futuri filosofi che cosa debbano pensare; ma, vista la portata dell'idea di ragione nel senso qui esplicitato, mi pare lecito sperare che la modernità non sia finita.

Bibliografia essenziale

La bibliografia sul pensiero contemporaneo è amplissima; qui vengono forniti solo dei riferimenti essenziali, utili a chi voglia meglio comprendere gli orientamenti filosofici del Otto- e Novecento nel loro insieme. In generale, si è accordata una certa preferenza ai testi disponibili in lingua italiana, con le dovute eccezioni riguardanti studi di importanza particolare.

I. Il pensiero puro

A. Il primo idealismo

E. CASSIRER, *Kants Leben und Lehre*, Cassirer, Berlin 1918; trad. it. di G. A. De Toni, La nuova Italia, Firenze 1977. C. CESA, *Introduzione a Fichte*, Laterza, Roma; Bari 1994. G. DELEUZE, *La philosophie critique de Kant. Doctrine des facultés*, Presses universitaires de France, Paris 1963; trad. it. di M. Cavazza e A. Moscati, Cronopio, Napoli 1997. P. GUYER, *Kant*, Routledge, London; New York 2006. O. HÖFFE, *Immanuel Kant*, Beck, München 1983; trad. it. di S. Carboncini, Il mulino, Bologna 1986. M. IVALDO, *Introduzione a Jacobi*, Laterza, Roma; Bari 2003. X. LÉON, *Fichte et son temps*, 3 voll., Colin, Paris 1922-27. A. PHILONENKO, *L'oeuvre de Fichte*, Vrin, Paris 1984. T. PINKARD, *German Philosophy 1760-1860. The legacy of idealism*, Cambridge University Press, Cambridge 2002. A. P. SOCHER, *The radical enlightenment of Solomon Maimon. Judaism, heresy, and philosophy*, Stanford University Press, Stanford (Calif.) 2006. X. TILLIETTE, *Schelling. Biographie*, Calmann-Lévy, Paris 1999. ID., *Schelling. Une philosophie en devenir*, 2 voll., Vrin, Paris 1970. ID., *Une introduction à Schelling*, Champion, Paris 2007. V. VERRA, *F. H. Jacobi. Dall'illuminismo all'idealismo*, Edizioni di Filosofia, Torino 1963.

B. Il sistema di Hegel

G. BEDESCHI, *Il pensiero politico di Hegel*, Laterza, Roma; Bari 1993. F. BEISER, *Frederick, Hegel*, Routledge, London; New York 2005. F. CHIEREGHIN, *La Fenomenologia dello spirito di Hegel. Introduzione alla lettura*, La Nuova Italia Scientifica, Roma 1994. M. N. FORSTER, *Hegel's idea of a Phenomenology of spirit*, University of Chicago Press, Chicago 1998. J. HYPPOLITE, *Genèse et structure de la Phénoménologie de l'esprit de Hegel*, Aubier-Montaigne, Paris 1946; trad. it. di G. A. De Toni, La nuova Italia, Firenze 1972. W. Jaescke, *Hegel-Handbuch. Leben, Werk, Schule*, Metzler, Stuttgart; Weimar 2003. H. MARCUSE, *Hegels Ontologie und die Grundlegung einer Theorie der Geschichtlichkeit*, Klostermann, Frankfurt 1932; trad. it. di E. Arnaud, La nuova Italia, Firenze 1969. A. T. PEPERZAK, *Modern freedom. Hegel's legal, moral, and political philosophy*, Kluwer, Dordrecht 2001. U. PERONE, *Invito al pensiero di Ludwig Feuerbach*, Mursia, Milano 1992. T. PINKARD, *Hegel. A biography*, Cambridge 2000. K. ROSENKRANZ, *Georg Wilhelm Friedrich Hegels*

Leben, Berlin 1844; trad. it. di R. Bodei, Vallecchi, Firenze 1966. C. TAYLOR, *Hegel and modern society*, Cambridge University Press, Cambridge 1979; trad. it. di A. La Porta, Il mulino, Bologna 1984. E. WEIL, *Hegel et l'État*, Vrin, Paris 1950; trad. it. di A. Burgio, Guerini, Milano 1988.

II. Il pensiero scientifico

A. Le scienze sociali e la storia

S. AVINERI, *The social and political thought of Karl Marx*, Cambridge University Press, Cambridge 1968; trad. it. di P. Capitani, Il mulino, Bologna 1972. F. BIANCO, *Introduzione a Dilthey*, Laterza, Roma; Bari 1999. P. DONATELLI, *Introduzione a Mill*, Laterza, Roma; Bari 2007. R. GEUSS, *The idea of a critical theory. Habermas and the Frankfurt School*, Cambridge University Press, Cambridge 1981; trad. it. di E. Moriconi, Armando, Roma 1989. D. KAESLER, *Max Weber. Eine Einführung in Leben, Werk und Wirkung*, Campus, Frankfurt; New York 1995; trad. it. di A. Patrucco Becchi, Il mulino, Bologna 2004. D. MCLELLAN, *Karl Marx. His life and thought*, Macmillan, London 1973; trad. it. di R. Long, Rizzoli, Milano 1976. S. MÜLLER-DOOHM, *Adorno. Eine Biographie*, Suhrkamp, Frankfurt 2003; trad. it. di B. Agnese, Carocci, Roma 2003. A. NEGRI, *Introduzione a Comte*, Laterza, Roma; Bari 1983. S. PETRUCCIANI, *Introduzione a Adorno*, Laterza, Roma; Bari 2007. ID., *Introduzione a Habermas*, Laterza, Roma; Bari 2000. ID., *Marx*, Carocci, Roma 2009. S. POGGI, *Introduzione a il positivismo*, Laterza, Roma; Bari 1987. D. M. RASMUSSEN, *Reading Habermas*, Blackwell, Cambridge (Mass.); Oxford 1990; trad. it. di A. Ferrara, Liguori, Napoli 1993. A. SCHMIDT (a cura di), *Kritische Theorie*, 2 voll., Suhrkamp, Frankfurt 1968; trad. it. di G. Backhaus, Einaudi, Torino 1974.

B. Le scienze naturali e la matematica

A. J. AYER, *Russell*, Fontana, London 1972; trad. it. di R. Casati, Mondadori, Milano 1992. P. BERALDI, *Il pragmatismo americano. Intelligenza filosofica e ragionevolezza pratica*, Levante, Bari 2002. S. GATTEI, *Introduzione a Popper*, Laterza, Roma; Bari 2008. G. GIORDANO, *Tra paradigmi e rivoluzioni. Thomas Kuhn*, Rubbettino, Soveria Mannelli 1997. P. HOYNINGEN-HUENE, *Die Wissenschaftsphilosophie Thomas S. Kuhns. Rekonstruktion und Grundlagenprobleme*, Vieweg, Braunschweig; Wiesbaden 1989; trad. ingl. di A. T. Levine, University of Chicago Press, Chicago 1993. A. KENNY, *Frege. An introduction to the founder of modern Analytic Philosophy*, Penguin books, London 1995; trad. it. di M. Mazzone, Einaudi, Torino 2003. H. KEUTH, *Die Philosophie Karl Poppers*, Mohr Siebeck, Tübingen 2000; ed. ingl. Cambridge University Press, Cambridge 2005. V. KRAFT, *Der Wiener Kreis. Der Ursprung des Neopositivismus, ein Kapitel der jüngsten Philosophiegeschichte*, Springer, Wien 1950; trad. it. di N. De Domenico, Peloritana Editrice, Messina 1969. L. MENAND, *The Metaphysical Club*, Farrar, Straus & Giroux, New York 2001; trad. it. di Valeria Pazzi e Roberta Zuppet, Sansoni, Firenze 2004. J. P. MUR-

Bibliografia essenziale

PHY, *Pragmatism. From Peirce to Davidson*, Westview, Boulder 1990; trad. it. di A. Pagnini, Il mulino, Bologna 1997. G. ORIGGI, *Introduzione a Quine*, Laterza, Roma; Bari 2000. M. SACCHETTO, *Invito al pensiero dei neopositivisti*, Mursia, Milano 2000.

III. Il pensiero esistenziale

A. Nietzsche e Kierkegaard

C. FABRO, «Introduzione», in: Søren Kierkegaard, *Opere*, Piemme, Casale Monferrato 1995, vol. I, pp. XXV–CXXXIV. G. FIGAL, *Nietzsche. Eine philosophische Einführung*, Reclam, Stuttgart 1999; trad. it. di A. M. Lossi, Donzelli, Roma 2002. M. FERRARIS, *Nietzsche e la filosofia del Novecento*, Bompiani, Milano 1989. J. GARFF, *SAK. Søren Aabye Kierkegaard. En biografi*, Gad, København 2000; trad. ingl. di B. H. Kirmmse, Princeton University Press, Princeton 2005. C. P. JANZ, *Friedrich Nietzsche. Biographie*, 3 voll., Hanser, München 1978-79; trad. it. di M. Carpitella, Laterza, Roma; Bari 1980-82. A. MAGRIS, *Nietzsche*, Morcelliana, Brescia 2003. M. MONTINARI, *Che cosa ha veramente detto Nietzsche*, Ubaldini, Roma 1975. U. REGINA, *Kierkegaard. L'arte dell'esistere*, Morcelliana, Brescia 2005. S. SPERA, *Introduzione a Kierkegaard*, Laterza, Roma; Bari 1983. G. VATTIMO, *Introduzione a Nietzsche*, Laterza, Roma; Bari 1984.

B. La corrente fenomenologica

R. BERNET; I. KERN; E. MARBACH, *Edmund Husserl. Darstellung seines Denkens*, Meiner, Hamburg 1989; trad. it. di C. La Rocca, Il mulino, Bologna 1992. A. COHEN-SOLAL, *Sartre*, Gallimard, Paris 1985; trad. it. di O. del Buono, Il saggiatore, Milano 1986. D. E. COOPER, *Existentialism. A reconstruction*, Blackwell, Oxford 1990; 2a ed. 2000. V. COSTA, *Husserl*, Carocci, Roma 2009. V. COSTA; E. FRANZINI; P. SPINICCI, *La fenomenologia*, Einaudi, Torino 2002. R. CRISTIN, *Invito al pensiero di Husserl*, Mursia, Milano 2002. G. FERRETTI, *La filosofia di Lévinas. Alterità e trascendenza*, Rosenberg & Sellier, Torino 1996. B.-H. LÉVY, *Le siècle de Sartre. Enquête philosophique*, Grasset, Paris 2000; trad. it. di R. Salvadori, Il saggiatore, Milano 2004. S. MALKA, *Lire Lévinas*, Cerf, Paris 1984; trad. it. di E. Baccarini, Queriniana, Brescia 1986. D. MORAN, *Introduction to phenomenology*, Routledge, London; New York 2000. H. OTT, *Martin Heidegger. Unterwegs zu seiner Biographie*, Campus, Frankfurt 1988; trad. it. di F. Cassinari, SugarCo, Milano 1988. O. PÖGGELER, *Der Denkweg Martin Heideggers*, Neske, Pfullingen 1963; trad. it. di G. Varnier, Guida, Napoli 1991. R. SAFRANSKI, *Ein Meister aus Deutschland. Heidegger und seine Zeit*, Hanser, München 1994; trad. it. di N. Curcio, Longanesi, Milano 1996. F.-D. SEBBAH, *Lévinas. Ambiguïtés de l'altérité*, Belles Lettres, Paris 2000. D. W. SMITH, *Husserl*, Routledge, London; New York 2007. R. SOKOLOWSKI, *Introduction to Phenomenology*, Cambridge University Press, Cambridge, 2000; trad. it. di P. Premoli De Marchi, Università della Santa Croce, Roma 2002. G. VATTIMO, *Introduzione a Heidegger*, Laterza, Roma; Bari 1971. G. WORMSER, *Sartre*, Paris 1999; trad. it. di C. Pasquini, Marinotti, Milano 2005.

IV. *Il pensiero linguistico*

A. Wittgenstein e la filosofia analitica

F. D'Agostini; N. Vassallo (a cura di), *Storia della filosofia analitica*, Einaudi, Torino 2002. M. Dummett, *Frege. Philosophy of language*, Duckworth, London 1973; trad. it. di C. Penco, Marietti, Casale Monferrato 1983. P. M. Hacker, *Wittgenstein. On human nature*, Weidenfeld & Nicolson, London 1997; trad. it. di M. Monaldi, Sansoni, Milano 1998. D. R. Hofstadter; D. C. Dennett, *The mind's I. Fantasies and reflections on self and soul*, Basic Books, New York 1981; trad. it. di G. Longo, Adelphi, Milano, 1985. A. Kenny, *Wittgenstein*, Lane, London 1973; trad. it. di E. Moriconi, Boringhieri, Torino 1984. J. Kim, *Philosophy of mind*, Westview, Boulder 1996. D. Marconi, *La filosofia del linguaggio. Da Frege ai nostri giorni*, UTET, Torino 1999. B. McGuinness, *Wittgenstein. A life. Young Ludwig (1889–1921)*, Duckworth, London 1988; trad. it. di R. Rini, Il saggiatore, Milano 1990. R. Monk, *Ludwig Wittgenstein. The duty of genius*, Cape, London 1990; trad. it. di P. Arlorio, Bompiani, Milano 1991. S. Nannini, *L'anima e il corpo. Un'introduzione storica alla filosofia della mente*, Laterza, Roma; Bari 2002. C. Penco, *Vie della scrittura. Frege e la svolta linguistica*, Angeli, Milano 1994. L. Perissinotto, *Wittgenstein. Una guida*, Feltrinelli, Milano 1997. M. Salucci (a cura di), *La teoria dell'identità. Alle origini della filosofia della mente*, Le Monnier, Firenze 2005. S. Soames, *Philosophical analysis in the twentieth century*, 2 voll., Princeton University Press, Princeton 2003.

B. Le tradizioni continentali

F. Bianco, *Introduzione a Gadamer*, Laterza, Roma; Bari 2004. Id., *Introduzione all'ermeneutica*, Laterza, Roma; Bari 1999. F. Brezzi, *Introduzione a Ricoeur*, Laterza, Roma; Bari 2006. F. D'Agostini, *Analitici e continentali. Guida alla filosofia degli ultimi trent'anni*, Cortina, Milano 1997. D. Di Cesare, *Gadamer*, Il mulino, Bologna 2007. F. Dosse, *Histoire du structuralisme*, 2 voll., La Découverte, Paris 1991-92. Id., *Paul Ricoeur. Le sens d'une vie*, La Découverte, Paris 1997. M. Ferraris, *Introduzione a Derrida*, Laterza, Roma; Bari 2003. Id., *Storia dell'ermeneutica*, Bompiani, Milano 1989. J. Grondin, *Hans-Georg Gadamer. Eine Biographie*, Mohr Siebeck, Tübingen 1999; trad. it. di G. B. Demarta, Bompiani, Milano 2004. J. Habermas, *Der philosophische Diskurs der Moderne. Zwölf Vorlesungen*, Suhrkamp, Frankfurt 1985; trad. it. di E. Agazzi, Laterza, Roma; Bari 1987. D. Jervolino, *Paul Ricoeur. Une herméneutique de la condition humaine*, Ellipses, Paris 2002; ed. it. Morcelliana, Brescia 2003. S. Petrosino, *Jacques Derrida e la legge del possibile. Un'introduzione*, Jaca book, Milano 1997. M. Prampolini, *Ferdinand de Saussure*, Giunti & Lisciani, Teramo, 1994. F. Remotti, *Lévi-Strauss. Struttura e storia*, Einaudi, Torino 1971. Id., «Strutturalismo», in: P. Rossi (a cura di), *La Filosofia*, UTET, Torino 1995, vol. 4, pp. 553–586.

Indice dei nomi

Adorno, Th. W. 131-132, 134-136, 207, 230, 315
Althusser, L. 108, 295
Apel, K. O. 136
Aristotele 56, 66, 77, 142, 206, 265, 285, 289
Austin, J. L. 254-255, 262-264
Barth, K. 193
Barthes, R. 295
Beauvoir, S. de 219
Benjamin, W. 131
Bentham, J. 105
Bergson, H. 218-219, 229
Blondel, M. 236
Boole, G. 141
Bosanquet, B. 93
Bradley, F. H. 93, 141, 241
Brentano, F. 198
Buber, M. 234
Burckhardt, J. 123
Camus, A. 229
Carnap, R. 141-142, 146-147, 149-150, 262
Cassirer, E. 122
Chalybäus, H. M. 60
Comte, A. 15, 97-103, 118
Cousin, V. 93
Croce, B. 20, 52, 91, 123
Darwin, C. 65, 166, 218
Davidson, D. 272
Derrida, J. 233, 296, 302-305, 315
Descartes, R. 13, 18, 36, 69, 94, 201, 204, 223, 232, 234, 259, 265-267, 269, 293, 295, 306
Dewey, J. 162-163, 169-171
Dilthey, W. 118-123, 288, 290
Duhem, P. 151, 161
Durkheim, É. 118
Einstein, A. 101, 140, 144, 157-159, 161, 311
Engels, F. 50, 88, 107, 109-110, 112-115, 129
Feuerbach, L. 84, 88-91, 109, 112
Fichte, J. G. 13, 20-23, 29, 31-46, 52, 54, 58, 67, 69, 93

Foucault, M. 11, 295-296, 305
Frege, G. 143-146, 148, 152, 199, 243-245, 247, 262, 274-279
Freud, S. 90, 181-182, 300, 311
Fromm, E. 131
Gadamer, H.-G. 17, 195, 240, 284-285, 289-292, 294-295
Gentile, G. 91-92
Gödel, K. 146, 150, 152
Gramsci, A. 108
Habermas, H. 136-139, 240, 318, 320
Hardenberg, F. von [detto Novalis] 48
Hegel, G. W. F. 7-16, 18-21, 23, 29-31, 40-42, 46-47, 50-53, 55-87, 89-94, 108-110, 112, 118-119, 122, 126, 142, 152-153, 169, 173, 175, 191-192, 216, 220, 224, 232, 234, 265, 284, 286, 289, 291, 304-306, 308
Heidegger, M. 11, 16, 18, 149, 174, 186, 194-196, 206-218, 220, 222, 227-229, 234, 240, 284, 288-290, 294, 305-306, 313, 315
Heisenberg, W. 160
Herder, J. G. 126
Hölderlin, F. 42, 47, 54-55
Horkheimer, M. 131-136
Hume, D. 27, 30, 103, 306
Husserl, E. 174, 194-207, 210, 214-215, 218, 220, 224, 230-231, 259, 289, 292, 305
Ingarden, R. 197-198
Jacobi, F. H. 27-30, 42, 46, 56, 84
Jakobson, R. 300
James, W. 118, 163, 165-169
Jaspers, K. 194
Kant, I. 8-9, 13-14, 18-28, 30-35, 37, 39-43, 46, 52, 55, 58, 69, 78, 83-84, 88, 93, 106, 119, 139, 164, 173, 177, 204, 289, 306, 315
Kierkegaard, S. 13, 16, 50, 173-175, 184-193, 209, 215, 315
Kripke, S. 260, 281-283
Kuhn, T. S. 156-159
Lacan, J. 295
Lakatos, I. 158
Lange, F. A. 93-94
Leibniz, G. W. von 24, 27
Lenin, V. I. 107, 129-130
Lessing, G. E. 27, 29-30, 188
Lévinas, E. 174, 195-196, 229-238, 292, 302, 305
Lévi-Strauss, C. 295-297, 300-302, 305
Locke, J. 103, 147

Lovejoy, A. O. 11
Löwith, K. 12-13, 126
Lukács, G. 108, 130-132
Lyotard, J.-F. 308-310
Maimon, S. 28
Marcel, G. 229
Marcuse, H. 131
Marion, J.-L. 238
Marx, K. 13, 79, 88, 107-118, 129-130, 132, 136, 152-153, 305-306
Mendelssohn, M. 27-29
Merleau-Ponty, M. 226, 228
Mill, J. S. 15, 98, 103-106, 118
Moore, G. E. 241, 254
Neurath, O. 147-149
Nietzsche, F. 13, 16, 124, 173-183, 193, 216, 236-237, 313, 315
Ortega y Gasset, J. 120
Papini, G. 166-167
Peirce, C. S. 163-165, 167, 169, 300
Platone 49, 152, 175, 189, 234, 286, 289, 303
Poincaré, J. H. 161
Popper, K. R. 79, 119, 147, 152-156, 159
Proudhon, P. J. 113
Putnam, H. 163, 273, 282-283
Quine, W. V. O. 148, 149-151, 162-163, 279-280
Ranke, L. von 118
Rawls, J. 106
Reichenbach, H. 100-101, 159
Reinhold, K. L. 33
Ricardo, D. 110
Rickert, H. 120
Ricoeur, P. 182, 286, 292-295
Rosenzweig, F. 236
Rousseau, J.-J. 102, 303
Russell, B. 15, 141, 144-145, 147-148, 150, 152, 241, 243, 245-248, 262, 275, 278-281
Ryle, G. 254-255, 262, 264-269
Saint-Simon, C. H. de 97-98
Sartre, J.-P. 16, 174, 186, 194-196, 209, 215, 219-229, 302
Saussure, F. de 295, 297-300, 303, 305
Say, J.-B. 110
Scheler, M. 78, 197

Schelling, F. W. J. 13, 20-23, 29-30, 42-52, 54-55, 58, 67, 75, 92-94
Schlegel, A. W. 48
Schlegel, F. 48
Schleiermacher, F. D. E. 31, 285-287, 290, 292
Schlick, M. 146-148, 150, 153
Schopenhauer, A. 176-178
Schulze, G. E. 33
Smith, A. 80, 110
Spaventa, B. 93
Spinoza, B. 29, 42, 46, 56-58
Stein, E. 198
Strauss, D. F. 87-88, 295-296, 300-302
Taylor, H. 104
Tieck, L. 48
Vattimo, G. 312-313, 315
Weber, M. 124-130, 132, 137
Whitehead, A. N. 146, 150
Wittgenstein, L. 17-18, 147, 240-262, 264-266, 269, 275, 306
Wolff, C. 24, 27, 88

Indice generale

Prefazione 5
Introduzione 7
    a) Una storia filosofica della filosofia 9
    b) La pretesa di Hegel 12
    c) Le possibili reazioni 15

I. Il pensiero puro   19

  A. Il primo idealismo 22
  1. L'eredità kantiana 23
      a) La filosofia critica 24
      b) Le prime reazioni 26
      c) Sapere e credere 29
  2. La dottrina della scienza di Fichte 32
      a) L'atto di porre se stesso 33
      b) Io e non-io 38
  3. Il destino di Schelling 41
      a) Natura e identità assoluta 43
      b) Mito e arte 47
      c) La filosofia positiva 49
  B. Il sistema di Hegel 52
  4. La logica speculativa 54
      a) Sostanza e soggetto 55
      b) Il metodo dialettico 59
  5. La fenomenologia dello spirito 64
      a) L'esperienza della coscienza 65
      b) La dialettica dell'autocoscienza 68
  6. La filosofia politica 73
      a) Lo spirito oggettivo 75
      b) Diritto astratto, moralità ed eticità 77
      c) Società civile e stato 80
  7. La scuola hegeliana 83
      a) La religione come rappresentazione 84
      b) L'essenza antropologica della religione 88

II. Il pensiero scientifico   93

  A. Le scienze sociali e la storia 96
  8. Il positivismo 97
      a) Superare la metafisica 98
      b) Riorganizzare la società 101
      c) Difendere la libertà 103

9. Il socialismo 107
   a) La teoria dell'alienazione 108
   b) Lo spettro del comunismo 111
   c) La critica dell'economia politica 114
10. Lo storicismo 118
    a) Comprendere il mondo storico 119
    b) Fatti e valori 123
    c) Le origini del capitalismo 126
11. La teoria critica 129
    a) La Scuola di Francoforte 131
    b) La ragione strumentale 134
    c) L'agire comunicativo 136
B. Le scienze naturali e la matematica 140
12. L'empirismo logico 140
    a) La logica matematica 142
    b) Il Circolo di Vienna 146
    c) La naturalizzazione della filosofia 149
13. La filosofia della scienza 152
    a) Il falsificazionismo 153
    b) Le rivoluzioni scientifiche 155
    c) La questione del realismo 159
14. Il pragmatismo 162
    a) Le origini del termine 164
    b) Credenze e verità 166
    c) Il naturalismo empirico 169

III. Il pensiero esistenziale   173
A. Nietzsche e Kierkegaard 175
15. Vita e volontà 175
    a) La carriera di un genio 176
    b) La genealogia della morale 179
    c) L'affermazione della vita 182
16. L'esistenza del singolo 184
    a) Gli stadi dell'esistenza 186
    b) Il paradosso del cristianesimo 188
    c) La verità soggettiva 190
B. La corrente fenomenologica 195
17. Le ricerche di Husserl 197
    a) L'intenzionalità della coscienza 198
    b) L'epoché fenomenologica 201
    c) L'intersoggettività e il mondo della vita 203
18. Il senso dell'essere in Heidegger 206
    a) L'esserci 208
    b) La temporalità 212
    c) Essere come linguaggio 214

19. Sartre e l'esistenzialismo 218
    a) Essere-per-sé 220
    b) Essere-per-altri 223
    c) Essere liberi 226
20. L'altro in Lévinas 229
    a) Il volto dell'altro 230
    b) Al di là dell'ontologia 234
    c) Dio come illeità 236

IV. Il pensiero linguistico — 239

A. Wittgenstein e la filosofia analitica 241
21. Il Tractatus logico-philosophicus 242
    a) La forma logica delle proposizioni 244
    b) La raffigurazione del mondo 248
    c) I limiti del linguaggio 250
22. Il linguaggio ordinario 253
    a) I giochi linguistici 255
    b) Il linguaggio privato 259
    c) Gli atti linguistici 262
23. La filosofia della mente 265
    a) La critica del dualismo 266
    b) Il comportamentismo 268
    c) Materialisti e funzionalisti 270
24. Le teorie del significato 274
    a) Senso e denotazione 275
    b) Le descrizioni definite 278
    c) La teoria causale 281
B. Le tradizioni continentali 284
25. L'ermeneutica filosofica 285
    a) Il circolo ermeneutico 286
    b) La fusione degli orizzonti 289
    c) L'identità narrativa 292
26. Lo strutturalismo e la decostruzione 295
    a) Linguistica e semiologia 297
    b) L'antropologia strutturale 300
    c) La decostruzione 302
27. La fine dell'epoca moderna 306
    a) Il pensiero postmoderno 308
    b) Modernità e modernismo 311
    c) Quale ragione? 313

Bibliografia essenziale 317
Indice dei nomi 321

 **PHILOSOPHIA**
Collana della Pontificia Università Gregoriana

 4   FINAMORE Rosanna (ed.)
Realismo e metodo

2014 • pp. 296
ISBN 978-88-7839-297-7 • euro 24,00

 3   GORCZYCA Jakub
Essere per l'altro

2011 • pp. 272
ISBN 978-88-7839-194-9 • euro 23,00

 2   GILBERT Paul
Le ragioni della sapienza

2010 • pp. 160
ISBN 978-88-7839-165-9 • euro 15,00

www.gbpress.net

THEOLOGIA
Collana della Pontificia Università Gregoriana

15 RENCZES Philipp G.
Agire di Dio e libertà dell'uomo

2014 • pp. 436
ISBN 978-88-7839-298-4 • euro 30,00

14 MILLAS José M.
Cristianismo y Realidad

2014 • pp. 338
ISBN 978-88-7839-292-2 • euro 15,00

13 AA. VV
Evangelii Gaudium: il testo ci interroga

2014 • pp. 304
ISBN 978-88-7839-290-8 • euro 30,00

www.gbpress.net

THEOLOGIA
Collana della Pontificia Università Gregoriana

12 MILLAS José M.
    Cristianesimo e Realtà
    (vol II)

    2014 • pp. 208
    ISBN 978-88-7839-284-7 • euro 15,00

11 BRODEUR Scott N. SJ
    Il cuore di Cristo è il cuore di Paolo

    2013 • pp. 448
    ISBN 978-88-7839-263-2 • euro 33,00

10 MILLAS José M.
    Cristianesimo e Realtà
    (vol I)

    2013 • pp. 144
    ISBN 978-88-7839-252-6 • euro 15,00

www.gbpress.net

THEOLOGIA
Collana della Pontificia Università Gregoriana

9   SALATIELLO Giorgia (a cura di)
Karl Rahner
Percorsi di ricerca

2012 • pp. 304
ISBN 978-88-7839-237-3 • euro 30,00

8   CALDUCH-BENAGES Nuria
The perfume of the Gospel:
Jesus' encounters with women

2012 • pp. 160
ISBN 978-88-7839-231-1 • euro 17,00

7   MEYNET Roland SJ
«Selon les Écritures»

2012 • pp. 224
ISBN 978-88-7839-215-1 • euro 25,00

www.gbpress.net

Finito di stampare nel mese di aprile 2015
presso Mediagraf Spa - Noventa Padovana (PD)